“十二五”国家重点图书出版规划项目

王逢振　主编

詹姆逊文集

第2卷

批评理论和叙事阐释

陈永国　等 译

Fredric R Jameson

中国人民大学出版社

·北京·

目　录

元　评　论*

在我们这个时代，诠释、解释、评论已经声名狼藉：有些著作，例如苏珊·桑塔格的《反解释》一书，强调一种对现代文学和现代哲学同样重要的发展，其中提到的所有20世纪的伟大学派——不论形式主义或现象学，也不论存在主义、逻辑实证主义还是结构主义——无一不放弃内容，在形式主义中，在否认一切关于本质和人性的预想中，以及在用方法对形而上学体系的取代中，求得它们的实现。

当然，被视为内容的东西因历史境遇而变化：例如象征的概念曾经适用于一种否定的、批判的作用，仿佛是针对更早的维多利亚道德化批评的一个楔子。但现在，随着新批评思想方式的其他基本成分，例如反讽和观点，它却常常鼓励对伦理或神话及宗教人物进行极不负责任的解释。命名一个象征就是把它变成一种寓言，说出“反讽”这个词便是发现事物本身因其各种不可能经历的张力已经化为虚无。难怪我们觉得小说中的象征主义是这样一种欺骗；难怪威廉斯对隐喻的抨击像是对整整一代美国诗人的解放！

关于意义的问题，由于经常表现出对一个写得晦涩的客体的困惑，显示出一种致命的浮躁；对读者方面的认识，对读者日益

---

* 此文原载《PMLA》第86卷第1期（1971年1月），曾获1971年美国现代语言协会最佳论文奖。后收入《理论的意识形态》（明尼苏达大学出版社，1988）第1卷。

用抽象思想简化认识过程的倾向，都显得浮躁。然而，正如每一种思想，在我们能够将它的观念环境、它的意识形态的歪曲，回归到它本身时都是真实的一样，只要我们找出使隐晦显得非常自然而不被注意的角度，每一部作品也都是清晰的。换言之，只要我们确定并重复那种观念活动，那种常常属于极其特殊而又有局限的观念活动，即产生风格本身的观念活动，每一部作品都是清晰的。因此，格特露德·斯坦因的句子"你从未有过的一只狗发出叹息"，在纯句子构成层次上是清晰的，就像释译机器或转变语法的作用一样具有范例的性质。但是，若说它有一种意义我就会感到犹豫。实际上，格特露德·斯坦因是她那类作家的典范，这类作家独特的素材——家庭琐事，绳线，盒子，生菜叶子，垫子，扣子——使现代批评失去能力，因为它们既不求助于视觉感知，也不用深层心理的象征纠缠思想。因此，我们无法解释这些句子，但我们可以描绘独特的精神活动，它们是这种活动的一个标志，在目前这个例子中（像尤奈斯库模仿法国中产阶级那样谈话的远亲），这种活动在于拼凑美国词语，以纯句法的方式，在超出任何个人意义的情况下，揭示美国习语中独特的平淡性。

换言之，就艺术问题而言，尤其就艺术感性认识而言，要想决定，要想解决某个困难就是错误的，它需要的是一种精神过程，这种精神过程会突然转变方式，将一切事物在解不开的纷乱中抛向更高的层次，并将真正的问题本身（这个句子的晦涩性）通过扩大其框架变成它自己的消解（晦涩性的多种多样），其所用的方式使它现在既包括自己的精神过程，又包括精神过程的客体。在早期的天真状况里，我们努力找出所说的客体：在这种提高了的自觉状况里，我们观察自己努力找出客体的活动，并着手耐心地说明它们的特征。

因此，解释的欲望常常产生于一种视觉的错觉，毫无疑问，是一种非常自然的、最初的思想，想像在某个最终可以达到的地方，存在着某种最后的、明晰的阅读，例如对马拉美后期的一首十四行诗的阅读。但是，那种最终的阅读——我们总是差一点不能达到——结果常常只是其他人的阅读，只是印出来的字的声望，只是一种本体的自卑情结。马拉美的著作通过它们的结构本身加剧了这种无望的效果，因为——整个关系上——即使从最详尽的阅读中，从最彻底的了解中，什么东西也没有留下。因为诗人设计句子所用的方式，使它们不包含任何我们可以用来替代作品本身的明确的本质和目的，甚至作为一种记忆方法也不行。所有明显的象征又融进了纯粹的过程，它们只能随着阅读的延续而延续。因此马拉美向我们表明，为什么在批评家方面，对解释的犹豫倾向于转入艺术家方面的一种审美活动，倾向于在作品本身里重现为不可解释的意愿。于是，形式易于不知不觉地滑入内容，而桑塔格小姐的著作本身便不可摆脱对这种状况的观念困迫；这种状况开始于否定一切解释、一切内容的权利，结果只是保护一种特殊类型的（现代主义的）艺术，即一种不可解释的、按照旧的看法似乎没有确定内容的艺术。

对于解释问题本身，我们必须运用我为解释各个有争议的作品所提的方法：不是一种正面的、直接的解决或决定，而是对问题本身存在的真正条件的一种评论。因为对企图发明一种连贯、确定、普遍有效的文学理论的努力，对企图以衡量各种批评“方法”来找出对所有时间和地点都适用的某种普遍结合的努力，我们现在都能断定其毫无结果：从坏的意义上说，对方法的幻想似乎已经成了一种抽象的、系统的事业，与它所代替的旧的关于“美”的理论并无二致。[1]对我们的目的更有用的是，保罗·瑞古尔在他研究弗洛伊德的重要著作（《论解释》，巴黎，1965）中对否定和肯定阐释的区分：肯定阐释的目的在于恢复某种原始的、被遗忘的意义（就瑞古尔而言，他只能以了解“圣文”的形式来设想这种意义），但否定阐释的主要作用是非神秘化，并因此与大多数关于意识形态和错觉意识的现代主要批评相一致，而这种批评则与尼采、马克思和弗洛伊德的名字联系在一起。

所以，关于解释的任何真正有意义的讨论的出发点，绝不是解释的性质，而是最初对解释的需要。换句话说，最初需要解释的，不是我们如何正确地解释一部作品，而是为什么我们必须这样做。一切关于解释的思考，必须深入阐释环境的陌生性和非自然性；用另一种方式说，每一个单独的解释必须包括对它自身存在的某种解释，必须表明它自己的证据并证明自己合乎道理：每一个评论必须同时也是一种评论之评论。

因此真正的解释使注意力回到历史本身，既回到作品的历史环境，也回到评论家的历史环境。据此可以明白，为什么伟大的、传统的阐释体系——犹太教法典的和亚历山大（古希腊后期）的，中世纪的和夭折的浪漫主义的努力——产生于文化的需要，产生于该社会为吸收其他时期和地区的伟大遗产的极端努力。这些遗产的原始动机与它们毫不相关，因而需要一种重写活动——通过详细评论和人物分析方式——以便在新的事物组合中处于适当的位置。于是荷马被寓言化了，异教的文本和《旧约全书》也都以新的形式与《新约》一致起来。

当然，人们会反对说，这种重写在我们所处的时代失去了信誉，而且如果历史的发明有什么意义，它也意味着尊重过去本身和其他文化之间的内在差异。然而，由于我们变成了某种单一的世界体系，由于其他文化的消失，所以我们便单独继承了它们的过去，试图掌握那种遗产：一方面是《为菲尼根守灵》，另一方面是马尔罗的《沉默的声音》，它们成了试图建造一种不同信仰相结合的西方体系的两个例子——神话的和观念的。在社会主义国家，有意识地精心建造一种普遍的世界文化和世界观的感觉，比在我们自己国家里更为强烈，而马克思主义阐释问题本身也显得日益迫切；恩斯特·布洛赫的著作可以表明它迄今为止所取得的一切。然而我们最初的困境依然存在，因为在现代时期，迫切要求解释的不是其他文化的艺术，而是我们自己文化的艺术。

于是，似乎我们注定要进行解释，而同时又对这种做法日益反感。不过，矛盾的是，拒绝解释并不一定导致反对唯理智主义，或者导致作品的神秘：在历史上，它本身也是一种新方法的根源。我指的是俄国形式主义，它的独创性显然已经在文学客体及其“意义”之间的分离中，在形式与内容之间的分离中，引起了一种关键的转变。因为形式主义者使通常艺术技巧的概念达到了它合乎逻辑的结论；在亚里士多德哲学里这种技巧的概念总是引向艺术作品本身之外，导向它被构成的“结果”或目的，导向它的效果，导向心理学或人类学或道德伦理。

形式主义者颠倒了这种模式，把一切技巧的目的仅仅看作艺术作品本身的结果。现在，一部作品的意义，它所产生的效果，它所体现的世界观（例如斯威夫特的愤世嫉俗，福楼拜的无聊厌倦），本身就成了技巧：素材的存在是为了使这种独特的作品形成；而且随着这种优先次序的颠倒，作品本身也翻转过来，现在要从生产者的观点来看它，而不是从消费者的观点来看，于是完成了一次批评的革命，与胡塞尔的现象学里括号之间现实的“出现”或嵌进惊人地相似。因为现在作品的参照价值（它的意义，它所表现、反映或模仿的“现实”）被中止了，而作品的内在结构，第一次以其作为一种构成的独立性为肉眼所见。

与此同时，大量人为的问题得到了清除：例如，在一篇论《果戈理的〈外套〉构成》的著名文章里，鲍里斯·艾亨鲍姆能够持久地中止那个烦人的问题，即究竟把果戈理视为一个“浪漫主义作家”（怪诞的人物、结尾处的幽灵、偶尔哀婉的情调）还是“现实主义作家”（使人想到圣彼得堡，想到贫困，想到小人物的生活），因为果戈理的出发点不是一种“生活的想像”，不是一种意义，而是一种风格，一种独特的句式：他想把典型的传统俄国大话故事（与美国的吹牛或马克·吐温的小说相似，形式主义者喜欢引用）的姿态和讲故事的技巧，提高到艺术故事的水平。因此，认为在果戈理的作品里形式完全适合内容是一种误解；相反，正是因为果戈理希望用一种特殊的形式写作，以那种大话故事的声调说话，他才想法寻求适合这种形式的素材，寻求轶事、名字、有趣的细节以及风格的突然转变。现在已经清楚，为什么怪诞或哀婉都不能视作故事的主调：因为大话故事靠它们的对立而存在，靠它们突然互相交替而存在。[2]

维克多·什克洛夫斯基以大体相同的方式证明，人物的意义，明显是神话人物的含义，产生于一种类似的视觉错觉：堂吉诃德根本不是一个真正的人物，而是一个可以使塞万提斯进行创作的组织策略，他具有把许多不同类型的轶事以某种独特的形式贯串在一起的主线作用。（因此，哈姆雷特的发疯使莎士比亚可以将多种不同的情节来源串联在一起，而歌德的浮士德则是将许多不同情绪戏剧化的一个借口。实际上，人们开始怀疑，在这些西方“神话”人物和他们作为一种方式将大量不同素材串联统一的技巧作用之间，是否不存在某种更深层的相互关系。）

当然，形式主义学说的含义，最终会流溢到作品之外而进入生活本身，因为十分清楚，如果内容的存在是为了使形式存在，那么就会出现经历过的那种内容的源泉——社会经验、作者的心理偏执和倾向——也要受到形式的激发，也要被视为方式而不是最终的目的或意义的情况。马拉美说，“世界上，一切存在都是为了写书”，而形式主义以类似的方式将生活彻底美化，但只是相对非神秘的、艺人的多样美化中的一种。在一篇论“托尔斯泰的危机”的文章里，艾亨鲍姆指出，甚至托尔斯泰的宗教转变本身，也可以视作一种“方法的动机”，因为它为一种艺术实践在其即将枯竭时提供了新的材料。这样，作家本人只是变成另一个使他作品产生的手段。

因此，正如我们已经提出的，形式主义是那些拒绝解释的人的基本解释方式；同时，特别要强调的是，在较小的形式里，在短篇小说和民间故事里，在诗歌、轶事以及大作品的修饰性细节里，这种方法发现了它所特有的客体。由于一些在这里无法适当论述的原因，形式主义的模式基本上是共时性的，不论在文学史方面还是在单个作品的形式方面，它都无法充分进行历史性的分析，这就是说，形式主义作为一种方法，在长篇小说作为问题一开始就失去了效用。

因为长篇小说——不再真正是传统意义上的一种“文类”——可以被认为是一种与时间相协调的努力，而且由于它是一个时间的过程，在任何一个点上都不能充分存在，所以每一种从概念上理解它的努力，退后一步把它作为一个客体来考虑，都必然是在这个事实之前的解释。因此最亟待解释的不是我们对小说的解释，而是我们并不总觉得有必要这样做，因为有些类型的小说，不论什么内部结构的原因，似乎总以某种方式进行自我证实，排除外部的评论。我所考虑的实例是古典作品精心设计的情节，即关于阴谋和揭露阴谋的小说，而其中的典范无疑仍然是《汤姆·琼斯》。

因此，在这一点上，我们得到评论之评论的第二个基本原则，这就是，任何不需要解释的情况本身就是一个亟待解释的事实。尤其在情节小说里，完整感被用来代替意义感：关于理解各种情节的组成部分所需要的注意力的类型，关于单个作品的句子被某种生活想像的突然的综合感所代替的改变过程，似乎会存在某种互相排斥的东西。情节决定的过程倾向于使我们更深地进入经验事件本身，并在轶事固有的某种逻辑中找出它们内在的满足。事实上，精心设计的情节的“哲学”效果——如果我可以用这样的术语表示——首先是说服我们相信这样一种逻辑存在：事件随着自身的发展具有自己内在的意义，不一定要转变为形象。但是这样的“哲学内容”不是思想和见识的问题，而是与法国经典哲学所说的形式概念更一致的某种东西，它只能通过感觉到的外表发生作用，而不能抽象出来，不能以一般的形式存在，而只能以独特的、感觉的方式存在。因此，情节小说不是作为对抽象论题的说明，而是作为对经验本身的真正条件的体验，它以具体的方式使我们相信，人的活动，人的生活，在某种方式上是一个完整的、联结在一起的整体，是一个独特的、构成的、有意义的实体。

当然，从长远来看，这种经历的统一体的根源，不在于形而上学或宗教，而在于社会本身；这在其发展过程中的任何特定时刻，都可以从这样的事实来判断：不论它是否那样提供素材，情节都可以由素材构成。因此，情节剧的张力在古典情节中的出现（特别是 19 世纪中叶）就成了一种标志，它标志着事件不再连贯一致，作者必须求助于魔鬼，求助于坏人和阴谋，以便恢复他感到无力以事件本身表达的某种统一。

不言自明，一种确定的文学形式的存在，总是反映该社会发展阶段的某种可能的经验。因此我们对情节完整性的满足，也是某种对社会的满足，它通过这样一种事件安排的充分可能，已经将自己呈现为一个连贯的整体，而且暂时与个体单位、个人的生活不相矛盾。情节的可能性可以作为社会有机体活力的某种证据，对此我们可以从自己的时代向前推断。在我们自己的时代，那种可能性不复存在，内部的和外部的，主观的和客观的，个人的和社会的，都已经彻底崩溃，以致它们意味着两种无法比较的现实，两种完全不同的语言或信码，两种独立的、相等的体系，而且迄今尚未找到任何改变的方法：一方面，个人生活存在的真理——少则不可言传，多则是普遍性的——最后也只不过是个人的历史；另一方面，那种关于集体机构的社会学的总看法，当它不是以统计资料或概率直接表现时，则会论及人物的类型。但在古典小说时期，情况还不是如此，面对着个人命运互相交织方式的明确表现，以及通过它们的相互作用过程在我们面前逐步变为集体性质，我们当时不会不愿意把自己限定于一种现实主义思考生活的方式。因为现实主义方式总是排斥象征的、解释的方式：我们不可能既看生活的表面同时又将它看穿。

不过，情节剧只是这种现实破坏的一个征象：从文学史的观点来看，用某种新的东西，例如用所谓的心理小说，来取代情节小说更有意义。这在于用人格的统一代替行为的统一；由此，我们前面所说的基本的“哲学”满足，从事件的完整感转向时间中单元的统一感或观点的永恒。但是，那种转变无疑是一次质的飞跃，也就是贝舍拉所说的一种“认识论的中断”，一种从生活到我们思考生活这段过程中的转变。关于心理小说，与我们这里的目的有关的是，在观点小说（Novel of point of view）里，作品的活动逐渐与主人公的意识一致，解释再一次被内在化，为作品本身所固有，因为现在是观点人物（point-of-view figure）本身通过思考他的经验的意义，从作品内部当着我们的面为我们进行实际的解释工作。

因此，观点不仅仅是纯技巧的问题，它还表现出我们社会的日益分裂。在我们社会里，集体生活特有的会集地，集体命运互相纠结的地方——餐馆、市场、公路、法庭、林阴道、教堂，甚至城市本身——都已经腐败，而且因为它们，充满活力的轶事的源泉也已衰败，单一讲故事的基本形式问题，无疑是适当的窗口所在地：在这个意义上，当让·卢塞在隔墙偷听中发现小说形式的真正范例时——从《克莱夫的公主》到《索多姆和高莫尔》[3]——他因此指出了心理小说的基本叙述姿态，而不是指出一般小说的叙述姿态，因为后者不可能有什么范例。最终，处于观点——封闭的主体性的孤立和并列——背后的社会现实，在形式超越本身的努力中被揭示出来：不妨想想纪德表现个人存在真理的那些叙述，然后想想他在惟一一部长篇小说中将它们以添加方式进行“结合”的努力，仿佛他想通过意志的某种作用形成一种真正的集体结构。

随着主体的丧失，随着支配观点的意识的丧失，失去行为统一性或人物统一性的小说，变成了后来一致称作“无情节”的小说，而由于这种无情节的小说，解释再次强烈地坚持它的主张。因为这又一次成为一个纯属阅读时间、纯属长短的问题，例如《裸露的午餐》这本书，每一页都涉及电影或梦的幻觉的强度：一种感知的麻木。但是，经过较长一段时间，思想会打开它的保险，它的抽象的、构成模式的作用会暗中再现出来，人们会说，理性在无意识地发挥作用，不可能停止制造那些似乎被作品表面所否定的复杂的相互参照和相互关联。

因此，无情节小说在我们面前似乎是用叙述语言写的字画谜，一种用事件或象形文字写出的陌生的密码，与原始神话或童话故事相似。所以在这一点上，由对这种特殊客体的研究而发展起来的一种新的阐释将自己推出，这就是结构主义的阐释。结构主义作为一种研究方法或方式是形式主义的，因为它研究的是组织构成而不是内容，它假定语言模式是第一位的，在安排有意义的经验时，它假定语言和语言结构具有支配的作用。社会生活各个层次，只有形成它们自己的语言才构成秩序和系统，它们与纯粹的语言极其相似：衣服的式样，经济关系，吃饭的习惯和民族的烹饪，亲属系统，资本主义国家的宣传机器，原始部落的宇宙传说，甚至弗洛伊德的精神解剖方法——这些全都是符号系统，以差示观念为基础，由交流和转化的范畴所支配。[4]

因此，结构主义可以看作是对整个存在主义思想的最彻底的反动之一，实际上它提出了用关系和纯关系的观念来代替实体（或真实存在）。用我们自己的方式来说，这意味着它避开了旧式的、基本上是存在主义的解释，因为正如亚当为造物命名时创立了名词的某种诗意，同样对于旧式的解释象征也是视觉的名词，人们将它们译回到它们的意义；因而对一般内容的依恋则可以视作是相信实体本身的一种标志。但是，如果像结构主义那样实体被关系取代，那么名词、客体，甚至个人本我自身就只能变成互相参照的地方：它们不是事物，而是差示的观念，就是说，对一个给定成分的统一性的某种感觉，这种感觉只能从我们对它与其他成分差异的认识中产生，而最终也是从它与它的对立面的暗中对比中产生。因此，结构主义作为一种方法的主要范畴是二元对立的概念，即一切意义都是按照音位学的模式，以成对的对应或确定的差异加以组织。

二元对立作为一种解释方法的价值，也许在列维-斯特劳斯对俄狄浦斯神话的著名分析[5]中表现得最为明显，他区分为成对组合的情节插曲具有广泛的包容性。例如，一方面是与怪物的斗争（斯芬克斯、长德摩斯的龙）；另一方面是躯体的残废（如用俄狄浦斯和他祖先的名字从词源学上加以暗示）。而在其他地方，亲属间的一种反常的亲近与杀父弑兄形成了鲜明的对照。但是，这种组合或分类不是根据经验产生的，“因为对素材的基本结构组织最初若无成对对立的方法论预设”，它们几乎不可能制定出来。例如，按照一种不同的事物安排，安提戈涅的情节很可能对照父方乱伦来理解，作为维护正常法则而反对非正常的破坏禁忌。不过，人们会觉得这里两个情节有结构上的联系：它们被分在一起是由最初对素材的安排预先选定的，素材被安排为一种二元对立，一面是由它们体现的“过高评价的亲属关系”，另一面是“过低评价”的杀父弑兄的亲属关系。

因此，通过二元对立的解释依赖于一个不断抽象的过程，依赖于一个“如此这般”否则无关的情节可能是互相对立的概念的进化，这个概念要有充分的普遍性，使两个相对异类和偶然的现象在它之下可以被归为一种肯定与否定的对立。这个过程最清楚地表现在第一对对立的构成当中。在第一对对立里，它一般是非人的范畴，使我们把怪异可怕与畸形残废等同起来，因此使人们把杀死怪物（作为人对黑暗力量的胜利）与标志在它们手下部分失败的躯体伤残关联起来。

当然，正如它只是语言结构的一个方面一样，二元对立只是一种结构主义分析的启发式方法。我觉得它对探讨暧昧不明的作品是一种非常有用的方法，例如中世纪的传奇，其中一连串明显是任意性的插曲必须以某种方式从意义上互相联系起来。然而，当结构主义者开始论述更常规的文学形式时，我们发现二元对立的概念被归到整个话语的类比之下，而且这种分析的标准程序也成了确定一部单独作品统一性的努力，仿佛它是一个独特的句子或信息。这里最能说明问题的范例也许是弗洛伊德的《梦的解析》，尤其是其中描述无意识的方法被拉康用于一系列的修辞形象时更为明显。[6]为了完整起见，这里还应提到罗曼·雅各布逊所说的隐喻与转喻那种根本的语言对立，这种对立同样也被拉康在描写心理力量时所采用。因此，作品作为根据这些方法精心设想的一种交流是可以分析的，而这些方法就是语言和一切语言系统或符号系统的基本方法。

但是，一个句子肯定也有某种意义：如果回到列维-斯特劳斯对俄狄浦斯神话的分析，我们会在那里意外地发现一种不易察觉的从形式向内容的滑动，这也是其他所有类型的结构主义分析的情形或另一个特征。因为列维-斯特劳斯一旦制定了他的基本对立模式，他就开始对它进行解释：怪物是大地之神，或者是大自然的象征，而为它们所占有或从它们中解放出来的人，则必然是意识的形象，或者毋宁说是整个文化的形象，“对血亲关系的过高估价等于是对后者的过低估价，这就像逃避本土的努力等于是这样做的不可能性”[7]。神话变成了一种对自然与文化间神秘对立的沉思：变成了一种关于文化目的（亲属系统和乱伦禁忌的创造）的陈述，一种关于它最终由自然本身否定的陈述，因为从长远来看，它未能组织并征服自然。但我想强调的并不是对知识的过分重视（众所周知，对列维-斯特劳斯来说，所谓的原始思想是一种观念科学，虽然与我们自己的不同，但却值得像尊重我们自己的一样尊重它），而是神话最终获得内容的方式，即神话（文化）本身的真正创造：列维-斯特劳斯在其他地方[8]曾说，“神话意味着精神，这种精神按照它本身是其中一部分的世界来构成神话”。因此，通过把神话或艺术作品视作语言系统或信码本身而开始的一种方法，其结果是认为这种作品或神话的真正主题是语言或交流的出现，而解释作品便是关于语言的一种说明。

因此，作为一种纯形式主义，结构主义为我们提供了对艺术作品的一种类似恒等式的分析，其中的变项我们可以自由地填充我们感兴趣的任何类型的内容——弗洛伊德的，马克思主义的，宗教的，实际上是次生的，可以说是结构主义本身无意识的内容，或一种关于语言的陈述。其特征似乎是赫什（追随弗里格和卡纳普）所说的作品的意义[9]，它的本质的、不变的形式组织，它的意义、不断变化的评价和几代读者对它的运用，甚至还有我们所说的解释，即在更传统的意义上提出一种类型的内容。但是我认为，对于有关的更深层的理论问题，这种文学上的不可知论至多提供一种暂时的、实用的解决。

在我看来，结构主义的真正超越（这意味着对它的完善而不是将它抛弃），只有我们将结构主义的基本范畴（隐喻和转喻，修辞手段，二元对立）——被结构主义者设想为最终的、康德式的思想形式，是固定的、普遍的组织和领悟经验的方式——转变为历史的范畴才成为可能。因为结构主义不可避免地缺乏真正的元评论，而这是因为它禁止自己对自己的一切评论，禁止它对自己观念方法的一切评论，认为它的观念方法是永恒的东西。但对我们来说，历史范畴不仅是解决斯芬克斯之谜的问题，即把它理解为一个产生“对立”的地方，而且一旦那种情况完成，它还是以拉开距离的方式来理解这个谜本身作为文学类型的真正形式的问题，是理解我们的认识作为具体和确定历史时期的反应的真正范畴的问题。

因此，元评论所包含的模式并非不像精神分析的阐释（确切地说，由它自己独特的内容、对无意识的解析，以及力比多的性质等衍生出来）：这种模式的基础是区分症状与被压制的思想，区分明显的和潜在的内容，区分掩饰的行为和被掩饰的信息。这种初步的区分已经回答了我们的基本问题：为什么作品首先需要解释？它从一开始就直接将问题提出，并暗示不会注意信息的某种潜意识压抑力的存在。对传统的阐释来说，那种潜意识的压抑力最终是历史本身，或者是文化的差异，因为后者歪曲了原始的力量，模糊了原始启示的透明度。

但是，在我们可以确定我们自己时代的潜意识压抑力之前，我们必须首先了解信息本身，这可以被非常粗略地说成是某种经历过的经验——不论这种经验多么少或多么特殊。这种素材和潜在内容的基本特征是，它最初绝非没有形式，绝不像其他艺术未加工的物质那样最初是偶然的，相反，它本身从一开始就具有意义，完全是我们具体社会生活的组成部分：词语、思想、目的、欲望、人、地点、活动等。作品不是赋予这些成分以意义，而是将它们最初的意义改变为一种新的、提高了意义的构成，而那种改变几乎不可能是一个任意的过程。我这样说并不是指它一定是现实主义的，而是指所有的风格化，所有形式方面的抽象，最终都在其内容方面表现出某种深刻的内在逻辑，最终它的存在要依赖于素材本身的结构。

因此，在这一点上，我们涉及了关于对“解释”的攻击的最基本的论证，也涉及了关于元评论或元批评的坚定的形式主义的论证。内容不需要探讨或解释，因为它本身已经具有本质的和直接的意义，像在具体环境中的手势一样具有意义，像谈话中的句子一样。内容已经是具体的，因为它基本上是社会的和历史的经验，我们说到内容就像雕刻家说他的石料一样。石头足以使雕刻家去掉所有多余的部分让雕像呈现出来，而雕像已经潜存在大理石的石块当中。因此，与其说批评过程是对内容的一种解释，不如说它是对内容的一种揭示，一种展现，一种对受到潜意识压抑力歪曲的原始信息、原始经验的恢复：这种揭示采取一种解释的形式，说明为什么内容会这样受到歪曲，因此它与对潜意识压抑方法本身的描述不可分割。

由于我在前面提到了苏珊·桑塔格，所以我想以她论科幻小说的杰出论文为例来说明这个过程。在《对灾难的想像》里，她重构了科幻小说电影的基本范例，从中发现了一种“关于当代生活存在……关于自然灾难、世界支离破碎乃至毁灭的前景……[但尤其是] 关于个人心理状态的最深处的不安”[10]的表现。情况确实如此。她的论文提供了一种对采用自己方式的科幻小说素材的彻底突破。但是，如果那些方式本身只是一种掩饰，只是“明显的内容”用以掩盖并使我们在形式中脱离对作品的某种更基本的满足，情况又会怎么样呢?

因为在这些消遣作品表面的转移之下，在我们的思想随着观察它们而出现的表面的偏见之下，内省活动揭示出一个第二层次的动机，与前面描述的那种大不相同。因为一方面，这些作品，尤其在战后20世纪50年代它们鼎盛时期的时代气氛里，相当直率地表现了科学家的神秘性：我并不是以此指外界的声望或社会作用，而是指一种关于科学家本人状况的集体的民间梦——他并不做真正的工作，然而他有权并有决定性的影响，他的报酬不是金钱，或至少金钱看上去不是目的，他的实验室令人神往（他的家庭工作室扩大到公共机构的地位，是一种工厂和诊室的结合），他夜间工作的方式令人销魂（他不受常规或一天八小时的约束），他的智力活动本身是非知识分子所想像的脑力劳动和书本知识所采取的方式。此外，这些作品还提出了回到旧的劳动组织形式的暗示：回到更富人情的、心理上令人满意的、中世纪的行会社会，其中老的科学家是师傅，年轻的是徒弟，而老年男人的女儿相当自然地成为作用转变的象征，如此等等，这些特征举不胜举。我想说明的是，这其中任何一个都与科学本身毫无关系，而只是我们自己关于作品的——异化的和非异化的——感情和梦想的一种歪曲的反应：它是一种愿望的实现，理想作品的幻想被当成了目的，或者说赫伯特·马尔库塞称之为“在力比多方面令人满足的”作品的幻想被当成了目的。不过，这是一种奇特类型的愿望实现，而且正是这种结构我希望还要坚持，因为这里我们不一定要论述那种直接的、公开的心理自居作用和愿望实现，它们可以通过作品，例如C.P.斯诺的作品来（对科学家的论题）加以说明。但是，这是一种象征性的满足，它希望隐蔽自己的存在：对科学的认同在这里不是情节的主要动因，而只是它的前提，仿佛这种象征性的满足以一种颇似康德式的方式不是将自身依附于故事的事件，而是依附于那种构架（科学的宇宙、原子的裂变、天文学家对外部空间的观察），没有这种构架故事从一开始就不可能产生。因此，按照这种看法，科幻小说叙述中的一切灾变暴力——坍塌的房屋、东京湾升出的怪物、戒严状态或军事管制法——只不过是一种托词，它们有助于把思想从最深处的活动和幻想移开，从而激发那些幻想本身。（按照这种方式，元评论即使不接受俄国形式主义的思想方式，至少也接受它的有效的技巧，将作品本身的优先顺序完全颠倒过来。）

毫无疑问，我们可以继续下去，说明随着对作品的幻想还有另一种涉及集体活动的幻想出现，它把科幻小说中宇宙的紧急状况用作一种方式，展现某种战时的集体性和士气，某种在幸存者之间的团结——这本身只不过是对更人道的集体性和社会组织的一种歪曲了的幻想。在这种意义上，作品表面上的暴力具有双重的动机，因为现在它既可以被看作打破了中产阶级日常生活中的烦闷，而且在它本身之内还包含着对未能实现这样唤醒的无意识幻想的怨恨和报复心理。

但是，对于这种深层内容，这种确定而无意识的幻想的掩饰，其关键在于那种幻想本身的真正性质：我们已经在主题方面把它依附于作品使人满足的思想，而且毫无疑问，经验把作品本身也作为它最基本的结构，作为产生价值和改变世界的地方。然而，关于这种经验的内容不可能事先决定，而且从最大的活动形式到意识可以具体化的最小、最有限的感情和感觉也会发生变化。对这种现象的特征进行否定地表达比较容易，可以说经验的概念总是预设它自己的对立面，即预设一种只是单调呆板的生活，一种常规的、空洞的、消磨时间的生活。艺术作品因此证明，要把作为内容的经历过的感受，与作为其形式的关于经验真正可能性的某种隐含的问题结合起来。

由此它服从于一种双重的动机：一方面，它保持主体与真实生活的适当联系，具有保存他的宝贵而支离破碎的经验片断的作用。另一方面，它的技巧具有一种潜意识压抑力的作用，其任务是防止主体方面任何有意识地使他自己的贫困成为现实；使他不致对那种贫困和残缺的原因，对它们在社会制度本身中的根源，作出任何实际的结论。

当我们从一种像科幻小说这样的集体产品转到我们可以称之为官方文学或官方文化的产品时，上述情形只是在程度和复杂性方面发生变化，而它的基本构成则不会改变。因为，一方面，现在有被考虑进去的写作本身的价值，精心创作的风格的价值，或作品各个句子的价值，但正如我们已经提出的，这种价值（它使形式主义对作品的颠倒成为可能，并证实文体学可以作为一种进入作品的方式）可以马上被转变为作品使人满足的条件，因为非常明显，现代时期的作家正是首先以句子的形式来构思具体的作品。另一方面，作品在其原始成分或最初内容的基础上，现在表现出一种更大程度的有意识和无意识的、精心的艺术生产活动，但正是这种精心的艺术生产及其技巧，形成了上面描述的方法的客体。不过，元评论的目的在于找出潜意识压抑力本身的逻辑，找出它从中产生的环境的逻辑：一种在它自己作为语言的现实之下隐藏它的表现的语言，一种通过回避过程本身而显出被阻碍的客体的闪光。

【注释】

[1] 遗憾的是，甚至最近研究这个问题的一部力作——E. D. 赫什（Hirsch, Jr.）的《解释的有效性》（*Validity in Interprelation*, New Haven, Conn., 1967），也是如此。这部作品使我觉得像是它那种英美“分

析”方法的受害者：实际上，书中最有意思的思想——对一切阅读都适用的“一般”尺度，关于制约我们对各个部分理解的那种本文或整体的类型和性质的预想——反倒是一种纯理论的、辩证的思想。

[2] *Théorie de la litérature*, ed. Tzvetan Todorow (Paris, 1965). 比较什克洛夫斯基论关于世界上存在物的一种特殊的作者方式的决定性，例如“感伤”：是因为艺术本来没有独立的内容，感伤也不能用作艺术的内容。从一个“如果只从感伤的观点描述事物，是一种特殊的描述方法，就像从一匹马（如在托尔斯泰的《霍尔斯托密尔》里）或一个巨人（如在斯威夫特的《格利佛游记》里）的观点来描述它们。艺术基本上是超越感情的……冷漠的——或超出同情心的——只有同情感用作艺术构成的素材时除外。”（See T. Lemon and Marian J. Reis, *Russian Formalist Criticism: Four Essays*, Lincoln, Neb., 1965；译文做了修正。）

[3] *Forme et signification* (Paris, 1965).

[4] 此模式产生于费迪南德·索绪尔的《普通语言学教程》，马瑟尔·茅斯的《论天才》曾提出更广泛的关联。在《论天才》一书里，各种行为模式都按照补给或交流进行分析，从而使它们很容易与语言范围内的信息交换相似。

[5]《结构人类学》(巴黎，1958)，“神话的结构”，尤其是235～242页。

[6] 参见A. G. 威尔登：《自我的语言》(约翰斯·霍普金斯大学出版社，1986)，尤其是30～31页：“省略与烦冗，倒置或兼用，复归、重复，并置——这些是句法上的取代；隐喻、词的误用、代称、讽喻、转喻，以及提喻——这些是语义的凝聚，弗洛伊德教我们阅读这种凝聚里的意图——夸示或指示，掩饰或劝导，报复或引诱——而由于意图主体调整他的梦的话语。”

[7] *Anthropologie Structurale*, p. 239.

[8] *Le Cruet le cuit* (Paris, 1964), p. 346.

[9] *Validity in Interpretation*, pp. 8, 211. 参见巴特在《批评与真理》(巴黎，1966)一书的56页对文学科学与文学批评所作的类似的区分。

[10] *Against Interpretation* (New York, 1966), p. 220.

（王逢振 译）

论岛屿与壕沟：中立化与乌托邦话语的生产

啊，时势，在其中发挥作用的
各种各样的风俗、法律以及法规
贫弱、陈腐、令人生畏的表现形式旋即
吸引住了置身罗曼司的国度的注意力……

——华兹华斯

有关20世纪60年代，最不出人意料的情况就是，它对乌托邦这个问题的再发明。“贫弱、陈腐、令人生畏”，这一文类的各种基本文本，就像假面剧或神秘剧等那些已成旧日陈迹的形式一样，令人绝望地不可解读；而它们的内容，也跟政治科学的种种经典中的章规草案和自然的或契约的理论一样，同消费社会毫不相干。不过，真正成为旧日陈迹的东西，倒是这样一种类型的读者：我们一定会想像得出来，他们对于某个卡伯特[1]，或某个贝拉米[2]作出的种种了无生气的预测产生的痴迷，跟我们自己可能对托尔克恩[3]、《教父》、《拉格泰姆音乐》[4]或侦探小说表现出的痴迷如出一辙。这样的读者之所以会销声匿迹，原因在于，对幻想的容忍程度，由于社会关系当中出现的某种变化，而在一夜之间大大减弱。这样，在晚期资本主义密不透风的闭合当中，对于要坚持某种有力且特别压抑的“现实与行为原则”的人来说，如果想像者要对现实存在的事物修修补补的话，似乎在过去就早已变得越来越了无益处，越来越稚气十足了，更不用说想对它改头换面再建构了。

与此同时，即使是在那些执著于社会革命的人们中间，马克思和恩格斯反对乌托邦社会主义的经典辩论，也因早已成为对这个词及其所指事物本身的污蔑，而似乎由像查尔斯·利奇的《美国的绿化》（1960）这样的著作加以再确认。因为后者对资本主义的“批判”（意识 I），如果比较详细地加以审视，原本是要收容这种要让人感到舒服得多、放心得多的信念，即某种幻觉性的未来，其种种实质早已隐含于消费社会本身之内，正伺机待发、骚动不已，因而只要进行最后的努力便可以得而获之。可惜的是，这种努力，最后证明竟然只是“意识”的某种努力！与此同时，利奇的小前提，也是 1848 年后的各种乌托邦当中的很多所拥有的，但它的政治功能则要严肃得多。因为，它要强调的是，不管是什么乌托邦，也不管可以用什么样的方式把它构想出来，只要希望把它建构出来，都绝不可能同马克思式的社会主义建立任何形式的联系。也就是说，都不能同今天这个世界支持社会变化的各种现存政治运动中的任何一个，建立任何形式的联系。

尽管如此，如果同可怜的傅立叶相比，同他无人回应的广告相比，查尔斯·利奇的畅销著作在商业上的巨大成功，恰恰证明了 20 世纪 60 年代对乌托邦话语复苏的要求。这样，机缘巧合，那个时期的各个伟大的乌托邦思想家仍有必要阐明，既然当今无可匹敌的技术可能性已经可以满足诸多需求，那么，“如果说仍然受惠于马克思的批判理论并不希望止步于仅仅是对事物的现状有所改进的话，它就必须在其自身之内安顿争取自由的各种极端的可能性……质上的差异这种令人激愤的东西。马克思主义一定会以这样一种方式冒险去界定自由：人们逐渐意识到并且识别出，它竟然是在任何地方都已经不复存在的某种东西”[5]。20 世纪 60 年代的历史，证实了马尔库塞在这个特殊的社会的和历史上的关节点上，对乌托邦观点和乌托邦冲动的爆炸性政治力量策略性的再评价是正确的。原因是，乌托邦观点和乌托邦冲动，并没有因此以马克思和恩格斯对 19 世纪 40 年代的那个十分不同的政治上的关节点的解读的名义，被贬斥成不可控制的。这不仅仅是新左派的意见。这一点，可以通过卢卡奇本人对当代历史“不平衡的发展比率”所作的精彩分析判断出来：“我们必须在根本上将我们今天的情景，同像傅立叶或西斯蒙第[6]这样的人在 19 世纪开始置身其中的那种情景相比较。只有意识到我们自己就处于那样的情景之中；只有逐渐明白存在着这种意义——从傅立叶到马克思的那种发展，不论是在理论上还是实践上，都始终是有利于未来的一项任务——这时候，我们才可能赢得有效的行动。”[7]如果情况果真如此，那么，“1968 年 5 月”，就会远远与我们的 1848 不同，但与我们的“7 月革命”相去不远；因此，我们就至少必须承认乌托邦著作中的某种革命潜在性这种可能性，尽管这样的著作跟它们 19 世纪的先驱们一样，是在为一个看上去甚至根本就不像是一场革命的情景中的一个情景中某个遥不可及而且不可想像的 1848 做准备工作。

不管我们最终决定怎样对乌托邦冲动本身加以评价，至少有一点是可以肯定的。这就是，反乌托邦主义目前已经形成了一种相比之下轻而易举就有解码性的而且也是毫不含混的政治立场：从有关某种人类中心性的社会秩序的邪恶傲慢的宗教性争论，一直到对当代反革命传统的种种生动的“极权主义的”反乌托邦（陀思妥耶夫斯基、奥维尔[8]等），乌托邦都成了社会主义本身的某种透明的代名词。而且，乌托邦的各种敌人，竟然迟早都要成为社会主义的敌人。

由 20 世纪 60 年代到 70 年代的转折，就是从自发的实践到复苏的理论反思的过渡。这一点，在乌托邦话语这个领域，跟在别的地方一样，都是事实。因此，毫不奇怪的是，在经过了上一个十年的乌托邦冲动的再觉醒之后，我们竟然会逐渐目睹到，全新的一代文学乌托邦的成熟，其中就包括自斯金纳的《沃登湖第二》问世以来的最为重要的一种乌托邦文本，此即厄休拉·勒奎恩的《被剥夺者》。[9]如果认为，这一乌托邦实践的理论成就，应该定位——同恩斯特·布洛赫的不可穷尽的、预测性的“未来哲学”的再发现和重新振兴的研究一道——于叙事分析这一领域，那可能就更具悖论意味了。不过，如果叙事分析同各种各样的专门化的学科——文学符号学、人种方法论、人类学的神话研究和历史学家们对历史学本质的探讨，甚至对自然科学的各种试验的“叙事”结构的那种晨曦初现的意识——的多元交叉，被理解为可以把目前为止仍是一片空白的叙事实践的整个哲学的空间草拟出来，使构成这些实践的诸多事件的以及语言的生产者有望提供出一种比较适宜的概念框架，而不是比较陈旧的纯粹的认识论系统中的任何一个，以及比较新颖的交流的框架，那么，这一术语似乎就会少些限制意味。

无论如何，我们都必须把路易·马林的《乌托邦学：空间的游戏》[10]解读为对这样一种叙事哲学的根本性的贡献，同时也是对由其倾向以及文类本身引发的、乌托邦冲动的涵盖面最大的结构分析。这部著作，正好与勒奎恩的小说在同一时期出现，是在马林的“南特里”学术研讨会势头正劲、在 1968 年 5 月的那场台风的风眼里精心撰写而成的，因而使对这一乌托邦事件本身的沉思余脉不绝——“革命的节日；［在这期间］有好几个周，历史性的时间被悬搁起来，诸多制度以及‘法律’本身在其总体性意义上在言语之内并被言语加以挑战，而交流线路也在远远近近被引入其中的那些人中间被重新打开”（15 页/3 页）——直到这个事件，缓慢地被变为文本，并最终为叙事分析所触及。

不过，这样重新建构成的文本，仍然属于托马斯·莫尔的《乌托邦》[11]这样一部举世罕见的著作。因为不论先驱们是何等面目，它毕竟开创了整个一个文类：不仅为这一文类命名，与此同时还穷尽了它整个系列的形式上的可能性。如果把马林在他的《乌托邦学》中对莫尔的研究视为是对列维-斯特劳斯广为人知的"结构主义的神话研究"项目的颠倒[12]，那将是最为简便易行的。对于列维-斯特劳斯来说，神话是这样一种叙事过程：部落社会通过它可以找到一种想像性的解决办法，一种依赖于表象思维的解答，以消除基础结构同上层建筑之间的（从他所举的俄狄浦斯神话这个例子来看，则是指亲属关系系统这种部落基础结构，同似乎跟它势不两立的各种宗教的或宇宙论的系统之间的）真正的社会矛盾。列维-斯特劳斯相对而言并无系统的论著，而是要为处理神话提出两种方法论上的可选择性。不过，每一个选择都充斥着这种信条：神话在本质上是一种中立化的过程。的确，在他的论著保守意味较浓的第二个部分，列维-斯特劳斯刻意突出了神话叙事中的中介性的人物的作用——矛盾心理、双性同体、双重编码的形象，如双子星座、骗子，或灰姑娘、土少年等人物，他们凭借着内在于他们的矛盾情景的对立项的再生产，能够作为后者［矛盾情景］似是而非的解决方法的叙事必要性发挥作用。他所举的第一个例子就是俄狄浦斯神话传说，尽管冗长，但在很大程度上有厘定前提的作用。因而，其原创性在于，它必然已经超越了个体性的"人物"所具有的那些更具拟人性意味的范畴（即使在这种人物属于中介性的人物情况下），进而提出了叙事性事件本身的某种非个性的神秘过程：这一过程完全彻底地将个体性人物明显的统一分解成一束示意特性，与此同时也就消解掉了叙事本身的各个表面单位。既然《乌托邦》在某种意义上就是那种既没有一个叙事主体，也没有人物的叙事的原型本身，那么，这第二种选择的相关性便是显而易见的了。

不过，马林的著作毕竟指出了，我们甚至可以更加条理分明地对列维-斯特劳斯的神学研究法进行详尽说明。因为，很明显，后者在根本上是把中立化理解为某种施加在根本性的矛盾或二项对立本身的两个“主”项之上的操作。为行文方便，我们可以把这两个主项写作 S 和－S：

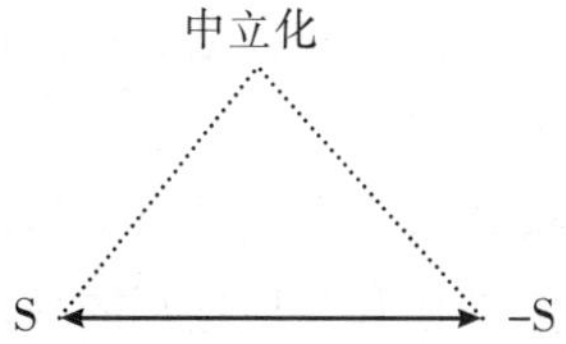

但是，格雷马斯等人早已告诫过我们，这样做根本无法穷尽这一最简单的二项对立当中内含的各种逻辑可能性以及可变换的组合。不仅 S 和－S 的各种逻辑矛盾一定会推出两个比较独立的项，而且，由此产生的各种各样的轴心（诸多正负指别成分、蕴涵、矛盾）都会显示，即使是最基本的“指意的基础结构”（格雷马斯所说的“符号学矩形”[13]）也能够产生很多截然不同的“中介性的”组合，同在列维-斯特劳斯的神话解决方案当中发挥作用的那种组合并行不悖。在格雷马斯的系统中，这些组合是用复合项 C 来表示的：

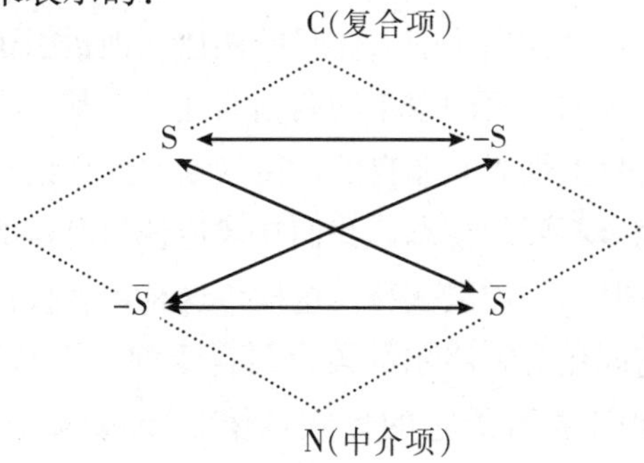

这样，有了这一逻辑图式，我们一眼就可以识别出来，马林为乌托邦确定的立场是十分不同的。在他看来，结构主义是在下述意义上对神话加以颠倒的：乌托邦叙事，作为神话的叙事操作，是要在 S 与－S 这两个对立的主项之间施行媒介化，也就是要形成一个有可能成为造成它们解体的复合项。因而，这种叙事，是由起初的对立的孪生矛盾的联合，即－S 与 S 的组合构成的。而这一组合，纯粹是对起初的矛盾本身的某种双重的取消，因而可以说也就造成了后者的中立化，并且进而产生出一个新的项，即所谓的中性形式或者说中介项 N。

在后文中，我们将就这一过程举出大量的例子，目的不仅是要给予从别的方面看似乎是有关乌托邦的极端抽象的命题的东西以内容，而且最重要的是希望阐明有关乌托邦操作的功能这一命题，有可能作为对各种文本本身进行解读和分析的一个实践性方法，在其中发挥作用的那些方方面面。不过，在进一步展开之前，有必要突出这种方法的各种辩论性的含义，尤其是它同就再现的本质和意识形态的功能展开的那种争论所形成的关系，因为再现已经成了当代文学理论中的关键问题之一。

在我们试图面对语言或语言现象时，再现这个难题，可以以它最简单的形式，在我们遭遇的所有方法论上最根本性的选择或替代物中所形成的语境里加以理解。早在浪漫主义时期，洪堡就已经对这样的选择作出了引人注目的阐述。他援引了作为创造力和作为被创造物的言语的孪生的两副面孔——某种类似于语言领域本身之内的自然性质和非自然性质（斯宾诺莎语）的东西；而且，这两个完全不同的模态，我们在建造任何既定的个体性的言词事实或实体时，都可以获得。这样，这种可替换性（不应当操之过急，将它同化为索绪尔的语言与言语的对立），已经证明是一种以当今语言学给予它的形式，作为 *énonciation* 和 *énoncé*，即发音行为与已完成的表述之间的一种有区别的、有力的分析工具。[14]

如果我们现在把整个再现问题引入事物的这一图式，并且认为有关创造的和被创造的某种语言学基本上倾向于捕捉作为再现的语言对象，而对语言的创造或类似过程的特征的强调倾向于逐渐破坏再现的范畴，那么，我们就会开始看到这一难题的种种意识形态的坐标。因此朱丽叶·克里斯蒂娃将这一语言的区别——更确切些说，是可能存在的两种类型的语言学之间的那种区别，即运用于言词和文学现象的研究的两个整体性的方法——同化为市场体系中的商品的交换价值同它们以前或后资本主义社会形式出现的使用价值之间的那种经典的马克思主义的区别。这些现象中的第一个占有首要地位，因而突出了这样一种分析模态：交换的诸范畴在这里是主导性的，不管这是马克思本人对成熟的资本主义的剩余价值和金钱的作用的研究，还是在意识形态上关乎交流理论以及有关已完成的“言语行为”的某种交换的视角的语言学：“从社会分配和消费的角度，的确也从交流的角度来看，工作总是一种价值，不论是利用的还是交换的。换言之，如果在交流当中价值总是而且也不可避免地［从这一视角］被捕捉为被具体化的工作的碎片，那么，工作本身并不代表它在其中被具体化的那种价值之上以及之外的任何一种东西。”[15]

但是，正如克里斯蒂娃所指出的，即使在马克思主义对资本主义的分析当中，也隐含着适用于经济现象的某种非常不同的研究方法的逻辑的和历史的可能性，而这种方法同时也可以为语言研究提出一个非常不同的替代物：“另一个空间是可以设想的：在这里，工作可以理解成独立于这样的价值之外；这一空间先于交流线路中的商品的生产和流通。在这里，这项工作还没有代表任何一种价值而还是‘意向性的’［ne veut encore rien dire］，换言之，还不具有任何意义的所在［scéne］，在另一个空间，它只能是一个身体与能量［消耗］系统之间的关系问题。”（88 页）众所周知，克里斯蒂娃还进一步提出了一种以生产为基础的“符号学”，以取代交流和再现的那种比较陈旧的“符号学”，或者至少使它与之共存。

这里没有必要探讨《泰凯尔》以及《荧幕》小组的研究工作给这项研究带来的转变。只需说，在这样的社会中，我们只可能从已经制成的商品（物化）的角度[16]，以及与它并列并且同它关系十分密切的、根据再现的诸多范畴展开的解读习惯的角度，间歇性地打破思维习惯。因此，不论种种可能性都是什么，就某种真正的再现性的话语（或正如克里斯蒂娃对它的称谓，“文本的生产力”）来说，我们都必须对这些文学或文本现象，产生一种强烈的兴趣，因为它们可以揭示出，那些比较陈旧的再现范畴对我们自己的思维和解读的约束的韧性。而且，这也就是马林的《乌托邦学》在其中为我们上了特别突出的一课的那个语境。要从中立化这个角度去理解乌托邦，确切地说，的确就是要计划将它视为一个过程，视为创造、表述、生产力加以捕捉，并且隐性或显性地对那种作为纯粹的再现、作为这种或那种理想社会或社会理想的“理想化了的”幻想的、乌托邦的比较传统的和保守的观点加以摒弃。不过，颇有启发意义的是，不论是在哪里，要想做到这一点，似乎都没有像在对文本的解读中这样难以应对。因为，文本的诸多旅游线路以及没完没了的指南中的解释，文本对诸多建制以及地理的和建筑的布局的静态描述，似乎都是一心致力于在完全脱开任何怀疑或摇摆的可能性的基础上，把再现对象的一致性和稳定性确立起来。这样，马林的著作的根本性任务之一，就是要使我们信服，如果把乌托邦文本理解成实践的一种明确的类型，而不是再现的一个特别的模态，是有可能的。而这种实践，与其说同某个人关于某种“完美无缺的社会”的“观念”的建造和完善有关，不如说同施加在预先给予的确定类型的原材料，也就是当代社会本身，或者用等同于同一个事物的话来说，施加在为我们对日常生活的经验规定秩序的同时充斥于我们的意识形态之中的、当代社会的那些集体性的再现之上的一套具体的思想操作活动有关。

不过，对作为一套思想操作活动——更不用说作为中立化——的文学文本的这种描述，同我们不可救药地要把乌托邦文化重新收编进小说或叙事的更加保守的范畴这种倾向之间，似乎依然有很大的不同。因为，在保守的范畴中，人们旅游、行事，而且其中“存在”的是稳固的风景、王国、权力以及公国。因此，如果直接点出，这种把叙事视为过程的观点，呈现出了一些意想不到的优点，尤其是对某种“外向性的”批评的那种陈旧的（虚假的）两难局面的一种解决办法，或许不无益处。而在有些情况下，上述两难局面被错误地视为指示物的难题；也就是说，在文本之外某个地方有某种“真实的”东西，因而在假定当中文本就要形成对它的隐喻——或者更确切些说，并没有形成隐喻。

不过，如果我们不断尝试，顺应把叙事文本视为一种过程这种思路，相沿成习，认定凭借这一过程，才能把某种东西施加给“实在”，根据“实在”展开诸多操作活动，并且也才能以这种或那种方式对它加以“管理”（诺曼·霍兰德）或真正使之“中立化”，或在别的境况下把它表述出来并使之达到更高层面上的意识，那么，很明显，我们就会逐渐认识到，必然不能把“实在”视为置于作品之外，使之作为一个意象站立出来或形成一种再现的某种东西，而是某种诞生于文本本身之内并且由文本本身加以媒介化的东西；它在文本的肌质本身当中被加以内化，目的是［要它］提供资料和原材料，以保证文本操作必然在它们的基础上发挥作用。在乌托邦叙事当中，“实在”的位置——这种东西，必须首先在作品之内构造出来，然后才可能被作为过程的作品消解或“中立化”——有可能凭借对现实性的纠缠不休的各种指示而被识别出来。因为这些指示似乎是这样的文本的种种常规的组成部分，贯穿于叙事之中主题性的隐喻重复不停的游戏。它在使更加适宜的指别成分的力量纵横交叉的同时，总是跃跃欲试，试图把文字片断化成一系列叙事性的、不连续的垂直指示物。这样，比如说，如果伽利佛真的捕获了小人国的舰队，而且随后的确出现了外交谈判，那么，它“指的就是由托利党人促成、使同法国的战争得以结束的[17]乌得勒支[18]条约”。这样，斯威夫特的文本，对于我们中间依然致力于某种“内向的”批评的意识形态的那些人来说，真的应该成了一个反感的对象（属于某种比较陈旧的类型的文学史的从业者，则对这样一段话不会有任何不安——他们自己的困难是在别的地方——尽管他们试图“超越”新批评向前推进，还是必然会迎头遭遇政治讽喻这个难题，更不用说一般的以及类似的讽喻难题了）。

尽管如此，仍有理由相信，这样的脚注还不仅仅是主题性的和当代人使用的早就寿终正寝的隐喻所形成的蜘蛛网，现在的读者要不顾一切地将其扫除干净。实际情况是，某种主题性的隐喻这样的游戏，从结构上说，在这样的乌托邦文本的构造中是不可或缺的。因而，如果我们一定要把乌托邦同它的幻想曲或田园乐曲领域中的文类的邻居们截然区分开来的话，那么，这样的游戏就可以提供必要的、与众不同的特色之一。像 W. H. 哈德森的《一个水晶时代》（1887）[19]这样一部退化的牧歌，当然具有这一文类里的各种经典作品所共同拥有的乌托邦特色，但主要是由于那些一对一的隐喻——一般是以颠倒的形式表现出来的——即可以把对诸多乌托邦的解读，变为讽喻的译解的一个过程的那些隐喻中的任何一种的缺席，而与乌托邦迥然不同。而在巴特勒的《埃瑞璜》[20]中，正是因为在维多利亚时代的英国，工业进步是事先预定的以及毫无异议的一种意识形态价值观念，因而，机器就是邪恶的和非法的了。但是，哈德森重新拾起某种比较早的前资本主义的形式——不论是原始状态的，还是野蛮主义的——因而，这是向一种被一般化了的和球际性的怀旧病的诉求，而不是向一套精确的解码操作的诉求。换句话说，这种类型的田园诗或空想，不同于乌托邦，而正是一种再现，并且集合起了它叙事的资源以便强行推出属于不同形式的生活的某种意象的完满性。而对意象的这种被迷惑的沉思，既将焦虑，也把渴望包含在它本身之内。

一般而言，乌托邦文本并不追求这种幻想的激化，而是恰恰相反，通常总因为它的透明的直接性以及它非想像的和讽喻的贫瘠性而遭到我们的抱怨。它的诸多主题隐喻，尽管构成了这个文类的结构的一个根本特征，但它们自身仍然免不了存在问题，而这样的问题因此会在对乌托邦的理解过程当中把我们带得很远。因为，尽管这种文本要求它自身之内的这种主题性的网络或肌质作为那种“实在”站立出来，以便对它加以中立化，但是，与此同时，对当代事件的大量隐喻又会使它面临灭顶之灾：这些隐喻存在着要把它整个消解掉的威胁。因此，所有真正的乌托邦，都会无意当中暴露出一种复杂的设置：之所以把它设计出来，是要在它生产主题性的隐喻并且对它加以强化的同时，使之“中立化”。所以，比如说，厄休拉·勒奎恩的小说《被剥夺者》乍一看来，似乎是对我们今天的星球所谓的“自由世界”（在她这本书里，是指富裕的星球厄拉斯）与社会主义阵营（厄拉斯贫瘠的和革命的卫星安纳里斯）之间的当代分裂的一种直截了当的、毫无问题的易位和虚构化。因此，这一认同，对于读者来说，由于谢维克在他到厄拉斯访问期间将消费货物和消费主义引入而得以进一步得到证实。因此，他才不得不去领会表示“包装”的语词的意思，因为在他自己的世界中这种实践是不存在的。（176 页）他到闹市豪华的商业区逛街，简直是像在做噩梦一样。（116～117 页）最后，他对商品的反感本身，成了表示厄拉斯本身的一个比喻：“那是一个盒子……一种包装箱子，蓝色的天空，草地以及森林和大都市整个都被美仑美奂地包裹了起来。不过，你如果把盒子打开的话，里边会有什么东西呢？一个黑色的地窖，满是尘土，还有一个死人。”（305～306 页）非常明显的是，谢维克在他的故乡要面对各种难题——他意欲发表其科学发现但困难重重；科学机构形成了苟且迎合之风，攻击他没有爱国精神，并试图阻挠他获得“所有国”（propertarian）厄拉斯颁发的一个奖项。这些难题，可以解读成对有关最近公布的苏联对知识分子的限制的常规性的隐喻。的确，这样的隐喻的常规性本身以及小说中消费资本主义的物化同社会主义的种种政治限制之间的根本对立的透明性——在勒奎恩的小说家的幻想当中根本算不上瑕疵——实际上界定了我们对她的乌托邦文本的解读的真正特性。换一种不同的方式来说，只有从文学更具常规性的小说家的角度以及更为适宜的再现标准这样的角度，才能在对她的这部著作的探讨当中发现其政治概念的贫穷及其对当今世界历史的看法的天真。如果我们反过来采用马林把乌托邦之物视为过程和生产这种观点，那么，就会发现，正是这样的常规性和勒奎恩本人的自由主义的保守性，才构成了她的乌托邦实践必然以此为基础发挥转换作用的原材料。

做到了这一点之后，我们就必须注意到，对当代情景的这样的主题性的指涉还未及推出，就暗中被跟它水火不容的主题性的隐喻的某种新系统逐渐摧毁。的确，我们可以发现，我们一开始将那两个孪生星球本身认同为“第一世界”和“社会主义阵营”，但一旦面对这个事实，即那种分裂，在厄拉斯这个星球本身单一的框架之内，又一次被复制出来，而且条分缕析更加显赫，便很难保持这种认同。而厄拉斯同谢维克访问的那个资本主义国家并行不悖，最终同样也可以证明是某个类型的苏联，由“苏”这个集权制国家社会主义代表。而且，除了这两个国家之外，还有两个庞大的超级大国对它横加干涉的那个资源贫乏的次大陆（本比里）。因此，我们最后要把它认同为我们自己地球上的第三世界。

而且，这一特殊的过程并没有到此止步。这一对应系统，一旦安置就绪，便由于意想不到的事情的突然出现而不再可信：在勒奎恩想像性的宇宙结构学之内，在厄拉斯和安纳里斯这两个星球本身所归属的那个星际联盟（即厄克人同盟）之内，真正的“地球”依然如故地存在着，只不过能量耗尽，已成为一个空壳，其生态系统也已经因战争和污染而遭到毁灭性打击，徒然以与革命的安纳里斯的那种政府组织有质的不同的政府组织为代价苟延残喘。因而，它利人的善行以及“一尘不染的”严正，反射出的是某个邪恶的、恶毒的荒原这种消极意象。很明显，在这一点上，这已经不再是对各种适宜的指涉加以破解的问题了，而是一个使在这些指涉当中发挥作用的明显矛盾的过程的性质具体化的问题。

这一研究方法，或勒奎恩这本重要的小说从其诸多指涉系统，即从这些对某个主题性的亚文本的认同而且同时又是同亚文本之间的诸多区别中的回撤，无意之间暴露出了在所有乌托邦当中发挥作用的某种本质上的机制的在场。比如说，在具有原创性的一种乌托邦中，主题隐喻采取的是英国鬼魂般的替身或幽灵这种形式，在文本当中从乌托邦岛屿这一“弗是地”后边浮现出来。对这样一种虽朗现目前、历史却时断时续的民族国家，那些嚅嚅低语地评论它们的学者们的脚注，坚持进行各种各样的指涉，并且把它作为一个亚文本重新建构出来，甚至不惜把叙事的表面意欲获得任何“圆满的”再现的所有的最后机会尽数毁掉。但是，对这样的“解释”——“这个岛国囊括了 54 个城市国家”，原因是都铎王朝时的英国有 53 个郡，外加伦敦城（莫尔，61 页，第 7 段）；安德鲁斯之所以要跑 60 英里才能赶到海边，那是因为“泰晤士河在 24 小时之内‘的确要两度涨潮落潮达 10 英里’”（64 页，第 2 段）；另外，乌托邦的屠夫们之所以必须在城外屠宰牲畜，原因是“有一项法案禁止在伦敦城内屠宰任何一种类型的动物”（78 页，第 4 段）；等等——用不着痛心疾首，认为那全是历史—文学研究因急欲追求某种现在已失去信用的理想而横生枝节因而要引人误入歧途的狂热表现，而是应该将其理解为指涉性的亚文本，即乌托邦文本结构本身范围内的某种本质上的和有决定意义的制度或“他者”的间歇性的和症候性的表达。

在后来的乌托邦中，莫尔的乌托邦跟与他同时的实在的英国的这种幽灵性的空间性重合，由于一个全新的元素，即历史本身以及新的资本主义对历史变化和进化的意识的出现，而被及时地重新表述出来，并且在某种意义上合理性地得到了辩护或“促动”（在俄罗斯形式主义者所赋予这个词的那种意义上）。这样，乌托邦文本并不是在比喻意义上跨过它指涉性的亚文本建立起来，而是实实在在地在后者的历史性的排列基础之上建立起来并且得到强化。因此，《向后看》的叙事者，在具有同一个名称、陈旧而又喧嚣肮脏的 19 世纪工业都市的所在地，竟然发现了一个崭新而且比较完美的波士顿；而《乌有乡消息》[21] 中的幻想性的睡梦者，发现“英国满目青翠、令人欣喜的田野”已经取代了旧时代陈旧肮脏的伦敦一眼望不到边的周围地区，竟然会目瞪口呆。只有在这个时候，贝拉米和莫里斯才会感到责任在肩，为从旧到新，或干脆说是从现实到乌托邦的转化作出历史性的论述。而且，也正是在这里，由于他们对乌托邦社会主义者们对纯粹的理性和说理辩论之术的过分强调的痛斥，也由于没有能够捕捉到诸多政治的和社会的动力的各种对立，马克思主义的缔造者们才会登上舞台，对这些对立加以解释。[22]

不过，对于马林来说，19 世纪种种伟大的乌托邦的历史性——尽管相对于某种托马斯·莫尔［的乌托邦］的非历史幻想来说，从别的方面来看有可能标志着某种进步，不论它们的作者政治上忽略了什么东西——同样也可以当作是一种神秘化的标记，以及某种比较真实的乌托邦实践的抑制，因为它极力要填满再现的表面的种种裂缝，并且用某种历史上可以实现的和积极意义上可以想像的社会的更完满的意象，在作为某种“无是地”和中立化的某种过程的乌托邦基本结构之上涂抹上厚厚的一层灰泥。对于马林来说，也就是这种意义，即在对作为将人类社会概念化的一种理性模态的历史唯物主义进行过精雕细刻之后，乌托邦本身便不再是可能的了；换句话说，乌托邦实践便不再是一种可靠的思想模态。下文将很快重新论及这一观点，以突出对它的强调。

现在该是引入对《乌托邦学》的核心命题的初步论证的时候了；此即，乌托邦文本同我们在本文当中一直讲的，它的指涉性的亚文本是一种中立化这种东西之间的，或者从莫尔的《乌托邦》角度来看，就是同作为对历史上的英国本身逐点对应的否定或取消而发挥作用的、具有那个名称的岛屿之间的基本关系。不过，如果仍能记得这后一个实体［历史上的英国］应该理解成一个亚文本，而它本身就是由乌托邦文本本身建构起来的（并进而加以中立化的）的话，那么，我们就能理解，对这样一个命题，就不应该在某种陈腐的社会学的意义上加以理解。相反，正是在这里，格雷马斯的符号学矩形，可以发挥其战略性的作用，使我们有办法建造起“英国”（或者也就是它在莫尔文本中的历史上的同盟国及其替代品，以及希斯拉德本人诞生的故乡——“葡萄牙”），正好使它成为一个复合项，成为莫尔时代的种种基本矛盾的结合或想像性的综合。这样，与它相对立的那个中介项或乌托邦项的回声，就有可能对这一复合项作出应答。

不过，暂时来看，我们只能够以某种外在的，而且可以说是地理学性质的方式，把这一点显示出来。的确，作为这个星球上的一个“地方”，“英国/葡萄牙”可以说具有彼此判然有别的两个特别的矛盾。一方面，它与“新世界”相对立。因为，这一世界，不管怎么凭借文艺复兴的想像，如何通过文艺复兴的希望加以雕凿，在任何可能想到的领域，都与旧世界不同。而另一方面，它也与亚洲相对立。原因是，后者也与欧洲不同，尤其是与英国不同。而这两个矛盾项，分别构成了类似于英国/葡萄牙之间积极的和消极的负载沉重的对立的某种东西：

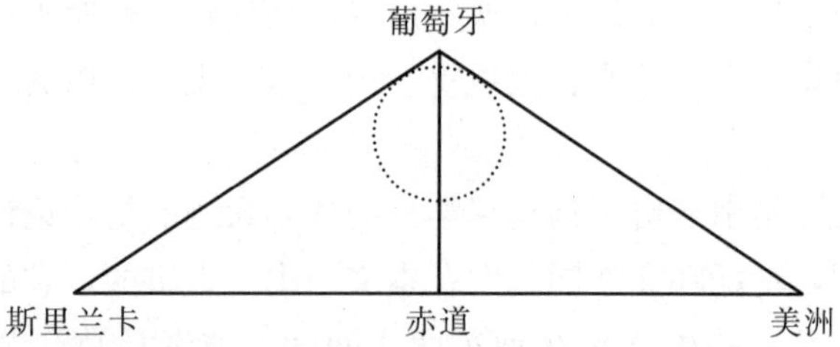

拉斐尔航海行程中的地名结构（马林，71页/47页）

希斯拉德是在美洲与斯里兰卡的中途，发现乌托邦的。在阿美里哥·维斯普奇[23]的最后一次航程当中，他被丢弃在美洲。但他最终在返回故土的旅途当中来到斯里兰卡。因此，斯里兰卡也就扮演起某种复杂的角色：在这里，两个已经是否定性的项，也都依次又被否定：

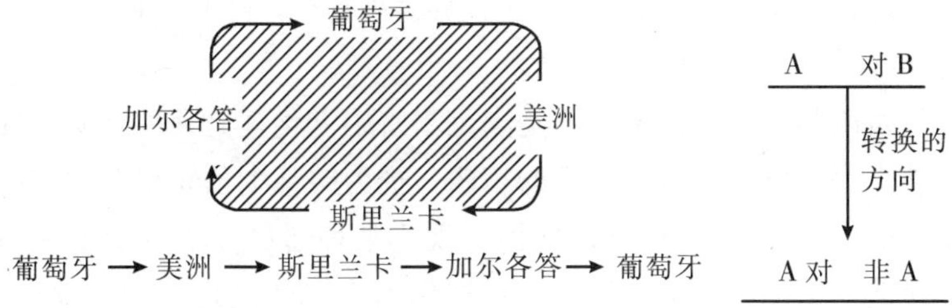

拉斐尔航海行程的图式再现（马林，66 页/43 页）

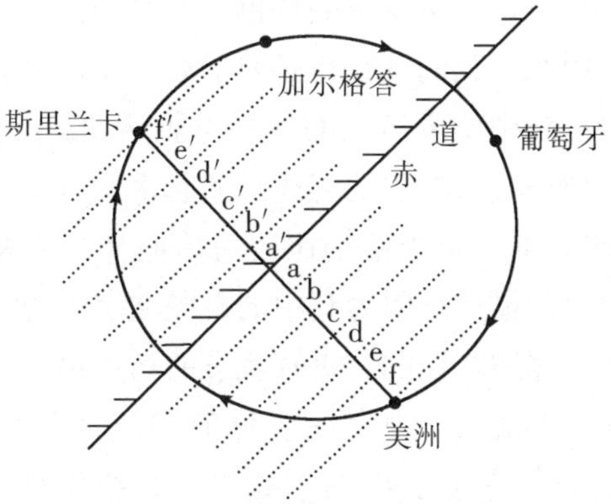

拉斐尔旅游叙事的并联图（马林，70 页/46 页）

不过，这就是中性形式或中介项本身的真正成就：“我们知道，这个神圣的岛屿位于斯里兰卡和美洲之间。而且，我们也明白，它置身于地名的线路之外，也处于从世界延伸到反世界的轨道之外。这样，它便——超越所有的空间——将圆周线与直径、时间与空间、历史与地理合而为一于这样一个地方：它既不是历史中的某个时刻，又不是地图上的某个部分。这个地方只能是纯粹的非连续性［*écart*］——某种中介形式。因为，只有在这里，一旦旅游叙事展示出跟它等距的那两极的绝对的相等性，这个岛屿便会逐渐显现出来：与葡萄牙和英国同出一源，跟斯里兰卡和美洲属于同一个半球，但又明显与这些地区判然有别，既不是反世界，又不是新世界，而仅仅是另一个世界。”（马林，71 页/47 页）

目前为止，我们都一直是满足于将中立化视为某种类似于具有独立存在价值的客观过程的东西，视为向某个预先存在的结构发生的“事件”，或更准确些说，视为某种通过文本本身出现的再建造，来加以捕捉。但是，这样做本身当然只是一种修辞格，所以，如果加以认真审视，我们一直称为“中立化”的东西，便是一种特色，但不是文本本身的特色，而是我们（马林）的文本模式的特色。因此，我们现在有必要退后一步，尽力去理解这样一个模式的建造当中所牵涉到的各种思想活动。要做到这一点，我们就要暂时把马林对莫尔的解读悬搁起来，行文中额外加入从《乌托邦学》较后的一章中某个比较简单但又在某种意义上较具戏剧性的对当代的描述，因为其中的有关文字写的是作曲家兼建筑师埃安尼斯·谢纳基斯的“垂直状态的乌托邦”。

这一指涉对准的是，由谢纳基斯在 1965 年想像出来的所谓的宇宙垂直城。[24]它呈现出的形式是，某个类型的两英尺高、自我封闭的建筑，而这在当代有关未来的别的形象中并不是人们所不熟悉的（比如说，科幻小说的读者们会回想起，罗伯特·西尔维伯格在他的小说《内部的世界》中，正好是在这样一种垂直的“乌托邦”范围之内，对日常生活进行描绘的）。

不过，如果试图对这样一个未来“社会”进行叙事探索，可能就要重新确认像谢纳基斯的这样一种语词性建构的再现地位；或者换句话说，就要把我们解读的焦点，从过程转移到某个静态的乌托邦形象或“幻想”这种惰性的成品上，进而对乌托邦文本加以误用。在这个意义上，马林这一章的文字——的确，正如我们上文已经分析的，整个《乌托邦学》——与其说是对乌托邦文本的某种分析，不如说是对后者的“有益的运用”（bon usage）的一套用法说明，即为解读所做的提示以及为把文本适当运用于“实在”所下的命令。谢纳基斯这个例子可以说明，如果把乌托邦话语视为叙事的一种模态，比如说可以与小说或史诗互资比较，那就不会对人有多大启示；还不如把它作为中立化的对象加以捕捉，认为它类同于各种不同的神秘传统中的种种难解之谜或公案，或者是经典哲学中的这种困惑：其功能是要激发起某种收获丰硕的迷惑，刺激人的思想进入对它本身的力量、功能、目的及其结构极限的，某种业已提高但不可概念化的意识之中。乌托邦实践，“因而，用康德的术语学来说，是社会的和政治的某种意欲图式化的活动，但后者还没有找到它的概念”（马林，211页/163页）。不过，这样的前概念的形象思维——由于它同梦，同列维-斯特劳斯的神话思维，并且同黑格尔作为“绝对精神”的一个比喻阶段的“表象”（Vorstellung）具有诸多亲和性——在我们建构出一个模式以作参照，使它盲目地试图加以解决的那些问题变得一目了然的情况下，才能在行动中加以观察。

在谢纳基斯的文本中，很明显，这一难题跟可以不确切地称为都市的当代的意识形态的东西是一致的。但是，作为文学分析者，我们不可能从文本本身这个出发点开始，因为只有文本在我们面前存在，而它进入存在要“加以解决”的意识形态矛盾则有待（再）建构。因此，身为批评者，我们的第一项任务就是要投射出某种矛盾，换言之，投射出一套二元项，一种概念上的对立。这样，我们面前的这个文学的或形象的文本，才可能被捕捉或被再解读为对以这种方式推出的那个假定的对立的“解决”（神话）或“中立化”（乌托邦）。显而易见，以这种方式加以描述，解释的过程似乎才会分裂成两个独立的步骤或阶段。因而，如果认为解释者对他或她要走向何处一无所知，对这样一种重新建构起来的矛盾有可能采取的形式根本没有预先的直觉，那显而易见就是虚假的、不切合现实的。尽管如此，仍有必要对再建构过程本身加以强调，以便使它成为对这种天真观点的矫正：分析者或历史学家能够审视社会的，或民族的，或政治的意识形态的某个“客观的”领域，并在那里经验主义地找到解决他或她的结构难题的办法。意识形态的确是客观地存在着，但不是以文本这种形式。因此，它跟无意识一样，是我们无法直接触及的：只有在我们把它再建构于今天已经逐渐被称为“文本性的”形式的东西之中的情况下［它才是可以触及的］。因为，这样一来，就可以把文学文本置入反应、转换、反思、抑制或诸如此类所形成的某种动态的关系当中。如果略去对这个阶段——对指涉性的亚文本，即意识形态的前提性的文本化的再建构——的描述，那就等于使这种错觉永久存在下去：“社会学的”分析，是人可以附加在对文本的结构分析之上的，或者说不是在人一时的好恶的致使下作出的某种东西。

就谢纳基斯这个例子来看，在对那个根本性的、缺席的、社会性的文本的再建构中，我们可能会感到稍微自由一些，因为他本人的乌托邦方案，就其基本的原材料正好就是我们本身对当代都市产生的诸多焦虑和形成的常规而论，只是对文本的一种反应。要进行这样一种再建构，我们的出发点便是谢纳基斯的乌托邦本身的本质，那个终极的“乌有地”或“无是地”的种种根本性的特色。原因是，他之所以要把它们杜撰出来，目的在于对有关都市的当代思维的种种矛盾加以中立化。因此，我们有必要以有效的方式尽力去重新组织后者［这些矛盾］，以便能够把我们自己的都市意识形态、我们自己模糊不清的常规和幻想，表述为由诸多有决定意义的自相矛盾以及困惑所形成的某种系统。这样，也就可以显示出能够把西方城市居住者们有关自己的都市的思想锁入其中。谢纳基斯的方案，以及一般的乌托邦话语，不能正好理解成某种对这样的自相矛盾和矛盾的意识的逐渐触及；也还不能在像法兰克福学派对否定之物呈现出的矛盾的疏离和强化的认识加以描述时的意义上，把它理解成批判性的。尽管如此，在某种较低的、仍然属于前概念的层面上，还是可以认为，乌托邦话语对这样一种矛盾的“中立化”，是把人的思想提高到它自身的意识形态极限的近处：面对双重捆绑，人的思想陷入了一片困惑因而不知所措，一下子垮了下来。

我们今天对都市所产生的主要焦虑，也许从纯粹的都市的集中化这个角度可以得到最好的表达。在这里，科幻小说的种种常规，有益地如实记录了当代资产阶级意识中无意识的广场恐怖症，及其人口过剩的警示性意象和所有类型的业已板结的乌托邦。从某种历时性的视角来看，这种恐惧或都市的集中化，显而易见是那种较早时期的、意识形态上要透明得多的 19 世纪暴徒，即革命群众所造成的恐怖本身的一个 20 世纪的变体，一种被编码的或“被沉淀的”存留。这样的焦虑，从劫掠放火、损毁财物的角度，对暴乱加以主题化（司各特、曼佐尼[25]以及狄更斯提供了丰富的戏剧化）。但是，它为恐吓提出的真正凭证，却要到1789—1794 年间的那场伟大革命的“岁月”中才可以找寻得到。在目前的语境中，我们感兴趣的东西则是，有关都市集中化的这种焦虑—幻想，代表着对“都市的自由”这一比较陈旧的资产阶级概念的一个深层的结构上的逆转。这个概念，是在中世纪的高潮时期和晚期，是在使都市生活恢复活力的过程当中逐渐发展起来的。从这一意识形态视角来看，都市是你希望能摆脱乡村生活的束缚的地方，或者在更根本的意义上，是摆脱奴隶制和封建秩序的那些束缚的地方。这样，“自由的”都市的这种理想，便同资本主义的合法化的解释以及市场本身的起初的策略相互一致起来，因而，它所应许的那种个人主义，也就同为自由事业的种种较早时期的意识形态所称颂的那种公社的美好（douceur du commerce）所形成的种种文明化的、有益的效果密切地联系起来。

因此，作为个体性自由的一个所在的都市这一较早时期的理想，同“个人主义”本身以及资产阶级的主体的出现是一致的。20世纪中后期噩梦般的幻想对它的否定——比如，在《大豆给予的绿色》所描绘的21世纪的曼哈顿，汇聚一处的人体要在某个特权化的精英阶层的公寓大楼的楼梯上过夜——可以认为，与其说是对个人主义意识形态的某种颠倒，不如说是后者的种种内在矛盾的某种混乱不堪的、比喻性的逐渐浮出。

因为，与此同时，在我们头脑的其他某个登记处以及集体性的再现的另外某个层面，都市要行使的是一种十分不同的意识形态功能，并且作为对与资产阶级个人主义的那种理想截然相反的理想的支撑物发挥作用，因而会将它的内容借与完美化的社团或集体性的存在的幻想：从基督教末世论中的天城的形象，一直到公社这个设想本身［都是如此］。这两个十分不同的意识形态——个人主义的以及集体性的——在事物的正常趋势下毫无疑问能够共存，而不至于在阿尔都塞所说的意识形态的陈规俗套和幻想的那种庞大的旧物堆藏室中引发不和。因为在正常情况下，它们行使着不同的功能，并且是为了不同的目的、在不同的场合才被拖运出去的。但是，在危机当中，它们结构上的不可通约性便会显现出来，因而，它们所表达的有关资本主义的那种根本性的矛盾（在个人利益这一基础之上组织起来的某种集体性的社会形式这一悖论），作为一种概念性的自相矛盾使其在场为人所感知。我们只需观察到，最适宜缓和对都市的集中化个人主义的恐怖的解决办法——它显而易见就是非中心化这个观念——同时删除了都市作为集体生活的地点和比喻的另一种基本使命，就可以轻而易举对它加以戏剧化。

应该补充说明的是，我们在这里就社会的基础结构中的矛盾，与这一矛盾在逐渐被记录于思想与意识形态区域之中，或记录于上层建筑之中时所采取的形式——此即自相矛盾——之间所作的区分，是一种本质上的区分。如果我们希望，一方面要驳斥时而会触及马克思主义本身的某种黑格尔式唯心主义的非难，而另一方面又要提出某种更加适宜的解决办法，以处理像米歇尔·福柯这样的当代历史学家，针对诸多认识型在“历史”当中自我接续时的根本性的断裂问题，所作出的强调（《词与物》提供了这样的认识型的断裂的一个一览表；而《知识考古学》则推出了有关断裂的理论）。这一强调——以及与它相伴而行的对线性的和连续性的、“唯心主义的”历史学的攻击——源自这样的确信：意识形态是一封闭的体系；而某一既定的认识型，并不是某种可以根据黑格尔式的辩证法那种保守的常规加以修改、发展、“解决”或理解（aufgehoben）的东西。恰恰相反，意识形态产生出的可隐含于其结构之中的所有的逻辑上的可能性和排列组合，进而便被抛在一边，逐渐由一个新的认识型取而代之。正是由于这个原因，我们才用自相矛盾而不是矛盾这一术语，来对我们自己有关意识形态的描述加以表达。由于后者［矛盾］隐藏于思想的生命各种较深层次的结构的下层地窖当中，所以一定要把它理解成，正是通过这样的表面的噪音以及机能失常，才将其运作引入歧途的：前者［自相矛盾］就存在于噪音和机能失常之中，而它们又会发挥作用，成为可以用于既定的意识形态系统的各种概念性的极限或闭合的方法的一个标志。这样的自相矛盾，是不可能从它们自身的角度加以解决或解除的。相反，它们要由某种基础结构性的实践，暴力性地加以重新建构。因为这种实践在使种种比较陈旧的对立变得毫无意义的同时，现在可以为与以前的某个概念系统或意识形态没有任何直接的联系的新的概念系统或意识形态设立下各种前提。在这个意义上，即使是社会性的矛盾本身，也是不可能解决的；只有在轮到它、在它的诸多元素从根本上被重新加以组织时，才可能对它实施关节断离，加以毁灭。因而，毋庸置疑，这就是“死亡”的那个比喻的马克思主义的对等物：在《现象学》中，黑格尔就是凭借这个比喻发出信号说，从“时刻”到“时刻”的那种断裂性的严重挫折，总是非常错误地被建构成了以前的矛盾的某种类型的“综合”。

如果我们现在把它的闭合视为一个系统加以强调，就会发现，格雷马斯的符号学矩形，是既可以绘出既定的意识形态的内容，也能绘出其种种逻辑上的极限的图示的一种有用的工具。尤其值得指出的是，它可以使我们有办法以下述方式对当代都市的意识形态重新加以表述：

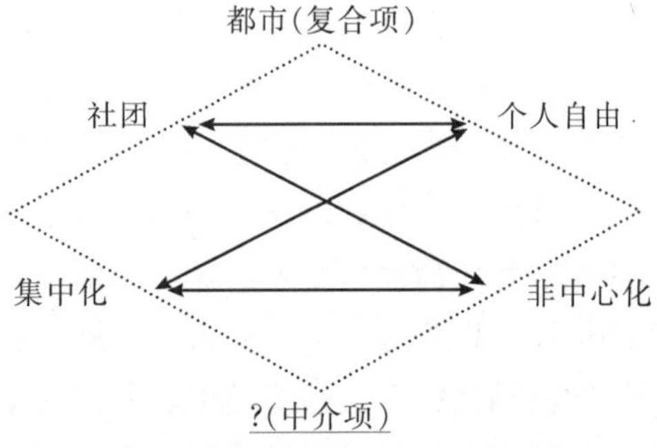

格雷马斯的图式清楚地表明，对这一自相矛盾的系统当中任何单一的项的否定，都会把我们更深地锁入这一封闭系统本身的双重捆绑当中。它同时也显示出，这一目前为止还空空如也的中介项的职能，就是要听任某种不顾一切的（而且是不可能的）最终企图凭借某种极端的姿态，把这一系统的种种矛盾尽数抹去。意想不到的是，这一姿态不是别的什么，而正是谢纳基斯的两英里高的城市：现在尘埃落定，作为集中化与非中心化这两个否定性项的不可思议的联合体，它安然就位。这样，谢纳基斯的垂直状态，便是对这种循环的实质的调整：它作为话语、作为文本（而不是作为意象或社会现实，甚至不是未来的那种）的存在，戏剧性地摒弃了这种比较陈旧的概念性的两难局面；它作为某种平面的、二维的和在平面的表面上对城市进行思考的努力，是一种被锁入［集中］点与分散［线］的不可能的替代物之中的意识形态矛盾。因为，如果按照某种悖论性的、难以想像的方式，谢纳基斯的宇宙城，从“中心性”中升起进而进入另外某个向度，它既被非中心化，同时又被集中化；而且，它作为一个比喻，还可以指代这样一个地方：某种未来都市的概念性，尚属不可思议、无法投入使用的某种具体的集体性的和城市的生活的种种范畴，在这个地方仍有待发明。

如果不进行最后的资格认证，我们便不可能把谢纳基斯的乌托邦这个例子丢开。因为，这一例子处理的正好是乌托邦的文本化中的这种“这一概念的缺席”。尽管马林并没有这样讲（不过，若欲了解他本人的意识形态分析的形式，可参见已经成为他的著作当中最为有名的那一章“作为变质的乌托邦的迪斯尼乐园”），但是，它隐含于他的历史性的图式之中：在我们生活的这个时代，谢纳基斯的乌托邦的批判性的价值——它作为可以对意识形态的矛盾加以中立化的一种机器所具有的功能——也根本不可能保证它可以避免某种比较适宜的意识形态性的利用。而且恰恰相反，谢纳基斯对比较陈旧的意识形态系统的超越，在我们或许可以将之称为当代的交流的意识形态这一活动中，最终证明同他对一个新的意识形态系统的精心雕琢是完全一致的：“谢纳基斯写道，都市集中化引起的种种难题，将是无法解决的：无论是通过非中心化在地图上酣畅地运笔，还是通过宣扬将巴黎的生活复杂性驱散进更小的中心——因为那只能使它的各种不便有增无减罢了；因而，只能通过对都市的凝集当中的交流、交换以及信息这一一般性的难题有力的关注。”（马林，328 页/261 页；不无意义的是，在勒奎恩对这一难题的“解决办法”中，同一个母题重又出现——不仅关乎都市的集中化——而且也关乎作为一个整体的工业社会的必要的中心化；安纳里斯旧调重弹：就像在谢纳基斯的宇宙城中一样，新的去中心的组织原则，在这里也是由电脑来保证的［勒奎恩，84～85 页］。）这样，对旧的意识形态的乌托邦式的中立化，最终要以对那种新的交流的意识形态的生产作出贡献而宣告结束。而后一种意识形态的诸多变体，在某种程度上，可以在麦克卢汉主义、系统论、哈贝马斯的“社会交际理论”以及结构主义那里找到，即这些变体中的每一个，都高于并且超越了它作为分析工具所具有的价值，投射出某种更加适宜的意识形态的人类学或“人性”的理论；而那种社会之所以能组织起来，其命题就要以它们为根据。

我们现在或许最后可以回到对莫尔的《乌托邦》本身的正式分析上。正是在这里，马林创始性的模式，被给予了丰富的历史内容，而且由于涌现过程中的某种形式的各种断裂性而变得复杂起来。这部著作的第一部分，通过希斯拉德同朝臣们就英国的状况展开的冗长的辩论，提供了素材并且勾勒出种种根本性的社会矛盾；第二部分则以这些矛盾为据展开它的转换、中立化以及乌托邦生产的工作。

正如马林所指出的，矛盾已经隐含于对英国社会的混乱精彩的、预见性的诊断当中。希斯拉德就是利用这个诊断来为他对极刑的抨击辩护的。不过，问题在于，这一诊断本身就是异质性的，并且还包含着两个相对而言各自不同的解释系统。一方面，希斯拉德认为，乞丐人数的骇人的增加——现在或许可以把这些人称为乡村游民无产者——是比较陈旧的封建庄园的崩溃造成的结果。而封建庄园这一扩大了的社会单位，除了封建主及其家族之外，还包括供养他们的农民和手工业工人，确保其权力的封建随从。的确，在莫尔生活的时代，在世界范围的通货膨胀以及皇室的中央集权的双重压力下，封建主们越来越感到有必要彻底摆脱掉数目庞大的军队和小贵族阶层压在他们身上的开支负担。而士兵以及这些小贵族，忽然丢掉了职业，为求生计，不得不铤而走险，干起了拦路抢劫以及强取豪夺的勾当，虽然这还算不上革命的方式（就像在同一个时期里出现的德国农民战争那样）。莫尔在农村的社会混乱同作为一个体制的封建主义的内在崩溃之间建立起的显性的联结，过去一直被视为他的著作当中最具创见的洞见之一而为人们所津津乐道。

不过，麻烦的是，这种创始性的诊断，由于另一个相当不同的类型的第二个诊断的存在而横生枝节，叫人无所适从。这就是希斯拉德对当时的圈地运动的历史的和经济上至关重要的控诉。众所周知，由于圈地运动，农民们被逐出家园，进而被转化成某种不同类型的乡村游民无产者，而不是上文提及的那种失业的小贵族阶层所形成的暴民。但是，跟前面对封建主义的内在的分崩离析的批判不同，这里的批判针对的是萌芽初露的资本主义，因而也就为这种视角定下了基调：它同第一种批判拉开的距离，在第二部分的结尾最为戏剧性地得到了衡量。到这个时候，希斯拉德才把威胁到这样的乌托邦体制的种种邪恶或越界行为一一点出。

如果说对封建制度衰微的批判以及对市场体制各种不同模态的腐败的贬斥都可以归入对某种比较健康的封建秩序的怀恋，而后者又是一种具有其自身存在价值的连贯一致的阶级立场，那就未免太过随意了。这里，没有必要追问，从封建的视角对资本主义进行的真正连贯一致的批判，在结构上和意识形态上究竟是否可能。可以肯定的是，希斯拉德在他对这个岛屿的描述的结尾处逐渐对乌托邦的美好作出陈述之后，由这一理想价值所投射出的那两种判然有别的对立面或邪恶——它们以傲慢为一方，以金钱为另一方——无意当中显示出了，它们的社会学的根源就在于，封建的铺张卖弄以及商业贸易这两种截然不同的环境。（因此，本尼楚曾经指出，在后来，即 17 世纪，使傲慢蒙羞何以会成为一种旨在揭穿封建的虚张声势的策略[26]：如果不是中产阶级的策略，那也是穿袍贵族[27]的策略。）这两种终极性的诊断的结构上的不一致，或许也可以被表述为，对社会进行的某种原始的经济分析，同局限于由美德与邪恶构成的等级制度这一太古的宗教框架之内、始终是伦理性的分析之间的越来越大的距离。至少可以说得通的可能是，两种意识形态之间——阶级意识的两种形式之间——的距离，开辟出一片空地，《乌托邦》本身便从这里脱颖而出。

因为，这两种解释系统之间的摇摆不定，其本身就反映出了这一转折时期的种种概念性的极限（就此而论，封建主义或资本主义的任何一种替代品还都是不可设想的），因而也就解释了，为什么在任何真正的历史和社会的自我意识缺席的情况下，一直在概念上都是不可成形的东西竟然变成了适宜于非常不同的类型的思想活动的原材料以及机会，即必然被称为比喻表达法的作用这种东西。

的确，如果我们能开始捕捉到马林的著作对神话或梦幻的分析中与我们业已耳熟能详的那种属于不同序列的“比喻表达法的作用”的论证所具有的原创性，那么，我们就已经抵达它真正的心脏地带。而且，如果能指出马林的著作这方面的探讨，同阿尔都塞的研究小组中某些人沿以发展的那种探讨之间，存在着种种比较深刻的契合，那也一样是不无益处的。比如，在这一小组中，最引人注目的是皮埃尔·马歇雷[28]的开拓创新之作《关于文学生产的理论》(*Pour une théorie de la production littéraire*)[29]，尤其是论述儒勒·凡尔纳（Jules Verne）的一章，其中描述了既定的意识形态本来是要赋予自身以文学和叙述的比喻表达法（无奈徒劳无功），但就在这一过程当中，最终无意之中把自身暴露出来，因而提供出对它自身的自我批判。

但是，正是因为我们正在研究的是比喻表达法，换句话说，是前概念性的思维或话语，上文刚刚勾勒出的意识形态“矛盾”就不能成为我们对文本进行分析的出发点，而必须作为对后者［文本］的证实和解释。的确，马林本人的出发点，具有一种独一无二的方法论特色。它与其说是得益于已经列举出来的比喻性的分析的各种比较传统的模式（比如弗洛伊德，列维-斯特劳斯等），不如说是归功于他在绘画的符号学这一领域所做的工作(尤其可参见他的《符号学研究》[30]。因为，他这部著作特别关注的研究对象，已经是以某种方式在结构上业已同语词性的文本联系起来的那些意象。而这种文本，要么是在作为箴言、手迹或标志的意象本身之内清晰可见，要么是要作为它的历史的或神话的来源以及因此得以描述的经典性的隐喻由它暗示出来)。在这样的形象化的物体之中能观察到的语域的这种二重性，确保了它们可以抵御诱惑，因而不至于使其中一个折叠进另一个，不至于把文本仅仅视为一个前文本，或者从另一方面来说，不至于把形象化的语域简化到仅仅是虚构性的或解说性的东西。的确，正是由于马林把他的研究对象构造成了一种关系，或者更确切些说，构造成了一种结构上的断裂（écart)，他最近的研究工作朝着这样一些文学文本方向的进展，才能得到合理的解释：因为在这些文本中，可以发现语域的一种类似的二重性（就像在寓言或童话中那样，某一结论性的寓意推论性的结构，与寓言本身十分不同的叙事形成相互并置）。

意象和文本两种语域所具有的这种二重性，在莫尔的《乌托邦》的结构之中（而且，的确也程度不同地在所有真正的乌托邦话语的结构之中）拥有它的对等物：它仅仅是，想像性的“弗是地”的地图与这个地方及其诸多机构得以在其中被重新讲述出来的语词性的话语之间存在的那种关系，以及将这二者一分为二的那道鸿沟。不过，在这里，地图并不是作为书卷之内的一种陪衬性的招牌或者插图被给予的，而必然是从由希斯拉德的描述所提供出的数据当中重新建构出来的。在这个意义上，这两个语域，跟《符号学研究》所描述的那些绘画中的物体不同，对语词性的文本本身来说，它们都是内在固有的。（因此，这种内在性，就成了能够解释《乌托邦学》后边几章中的两章何以灵巧地实现翻转的东西，因为在这两章中，马林对隐含于一系列的历史遗迹的经典地图之中的潜伏性的语词文本，进行了重构。）

因此，在描述与叙事之间，在文本试图确立起某个稳定的地理实体的种种坐标，与它作为纯粹的运动和不停的置换、作为行程表与探索并且终极意义上作为事件这另一个职能之间，就出现了一种在深层次上具有所有乌托邦话语特色的张力。毋庸置疑，这是一种在场于所有类似的旅游叙事之中的张力，而乌托邦与这种叙事有显而易见的文类上的亲戚关系。不过，在经典意义上，旅游者的叙事，由于它内部带有属于某个真正偶然性的和不可简化的、历史性的和地形学的现实的抵制性的内核，因而，一般要成为这样一种转换的过程：凭借着它，给予的物体，那到目前为止还无人涉足的风景——大自然——可以得到巨细不遗的研究，直到它能够被某种有比较真正欧洲意味的超自我——换言之，

"文化"——消解进而同化。[31] 与此相反，在乌托邦话语当中，是叙事本身倾向于被纯粹的描述涂抹掉，进而为它所同化。这一点，凡是面对种种经典性的乌托邦喋喋不休的解释性文字，曾经昏昏欲睡的人，都会心领神会。的确，这种形式的基本局限之一似乎就是，它存在于行动或事件与那个"弗是地"本身的无时间性的、图示般的无限扩展之间的不可通约性。换句话说，如果事情真的可以在乌托邦发生，如果真正的无序、变化、越界行动、新颖性，简而言之，如果历史是根本可能的，那么，我们就要怀疑，它究竟能不能在根本上真正成为一个乌托邦？因而，它的诸多制度——从对集体性的生存的成就的期许——逐渐缓慢地开始向它们的反面转化，[这个反面就是] 对个体性生活独一无二的存在经验的某种比较严格意义上的反乌托邦的压制。（而且，这同一种倒转，还可以在人物层面上看到，因为，在这里，由于乌托邦公民们都要带有个体性的特性，他们作为抽象的公民，其典型的价值便遭到逐渐破坏。所以，他们只能作为代表不和、代表不可向这种乌托邦式的和谐同化的东西的比喻而存在，其本身已经相互关联地经受过向暴政性的一致辩证的翻转。）

尽管如此，即使在莫尔那里，描述对叙事的吸收，还远远不是完备的。因而，正是由于二者之间缺乏一致性，才为对马林的解读引出了各种线索，并且提供了分析的工具。的确，在希斯拉德给予的对这个岛屿的话词叙述，与其几何性的实现的诸多可能性之间存在的不一致，可以把我们引向《乌托邦学》的各种最为重要的发现。但这里只能对此作简短的综述。这样的发现对准的是，分别在乌托邦社会结构、政治组织以及经济活动这三个根本性的领域里表现出来的文本与地理的相互脱节；其要点是，不论在其中哪一个领域，希斯拉德的叙述，都不可能以一对一的对应形式，完美无缺地跟由他提供的数据所投射出的那张"理想地图”相搭配。不过，这还不仅仅只是某种草率马虎或想像失效一类的东西。相反，因此揭示出来的这种种不协调是系统性的，因而各种结构上的不一致，不是杂乱无章的而是界定性的不一致，它们的缺席以及空隙作为文本之内的某种较深层次的矛盾的症候因此也就具有了可读性。

在对乌托邦的社会结构的描绘所突出的种种难题当中，最重要的一个就是，在使其亚群体的内在组织同它们相互之间所保持的外在关系网络重新协调起来的过程当中所遇到的困难。本来是要对希斯拉德这方面的所有数据加以协调，但在把各个地区划分为不同的公社群体时，却造成了某种类型的不平衡这一结果：各群体在其住所周围共同拥有一个花园，并对他们的集体餐厅共同拥有管辖权。但是，由于这些餐厅又要从将各个花园分离开来的街道相互对立的两边吸收其成员，因而，可以假定，尽管并非显而易见，群体会把来自两个不同社团的人混在一起：

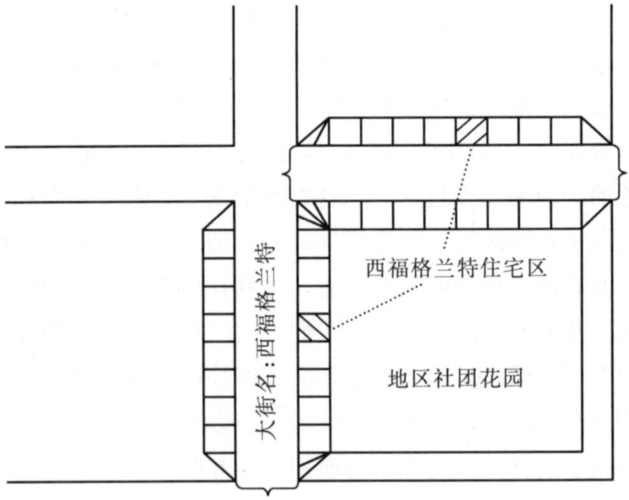

一个地区和街道的地图（马林，166页/127页）

这样，如果想把各个餐厅本身坐落的位置绘制出来，便是不可能的。这便使上述特别的不平衡继续存在。因为，按照设计，长老们要在这些餐厅里按照一定的距离席坐在其他公民中间，借此来表达这样一种意图：要把政治或行政的结构，和谐地同各个家庭单位的更加根本的社会和经济的结构合而为一。这绝不仅仅是莫尔本人的疏忽大意，而是应该被质询为一种有意义的症候，可以通过把这一制图学的两难局面翻译成某种自相矛盾的比较严格意义上的概念形式，把它展示出来。因为，我们可以把这一显而易见的技术操作上的微不足道的失误解读为，在将某种等级制度性的社会秩序——以家庭群体之内的长老们的权威为基础——与被认为能够支配作为一个整体的乌托邦的组织的绝对的平等这一理想重新调和的过程当中，遇到的意识形态上的困难。

因此，如果发现这一特殊的矛盾在乌托邦国家本身的整个政治组织这一层面能找到自己的对等物，那就不足为怪了。这个岛屿是一个由 54 个完全平等的城市国家组成的联邦；与此同时，阿莫罗塔姆作为首都顺理成章也就成了君主的住所，而且也是代表大会的所在地，因而严格按照几何比例坐落于这个岛屿的中心位置。可是，一个联邦怎么可能有一个中心？而且，更糟糕的是，由城市国家组成的一个联邦，又怎么可能有一个君主？显而易见，这一两难局面的历史源头，在于具有莫尔本人所在的时代特色的集权化的专制主义。在这里，君王把自己推举为处理封建贵族阶层与城市资产阶级之间的纷争的仲裁人[32]，“超然于党派之上”，进而不断加大他自己的权力。从地图上看，由此产生的结果便是，尽管君主的宫殿以及国家的议会按照设计应确实无误地坐落于阿莫罗塔姆市的地理中心，但这个城市却绝对没有中心，而是被分割成了四个同样大小、完全相同的地区。

制图学上的诸多不一致愈演愈烈，最终在文本中的经济层面上达到高潮。因为文本将这个岛屿的商业活动，分派给了中心市场，但是，在希斯拉德·莫尔所给出的叙述的滴水不露的文字当中，竟然找不到一处是论及这种市场的。不过，如果我们还没有忘记，莫尔对乌托邦的构想，其永世长存的历史原创性就源于对这样的金钱市场完全彻底的摆脱，那么，市场的这种结构性的缺席，无意中透露出了比上述任何一种矛盾都更深刻的某种矛盾，这种感受就很难克制了。因而，通过它所暗含的对某个要以某种方式同作为中介的金钱本身一刀两断的交换系统进行的思考当中存在的真正困难，显示出那个时代的认识型中的那种根本性的空白或盲点。由于这一认识型就是资本主义这个观念本身，因而它只能由 18 世纪和 19 世纪不断发展的政治经济学来逐渐加以填塞充实。尚且有待发展的理论话语的这种缺席，这种采用空白或漏洞的形式对按照事物的真正本质不可能加以概念化的东西作出的比喻性的预期，对于马林来说，就是这个文类本身的真正发源地和创始性冲动的真正位置所在："乌托邦话语，是具有属于某个理论类型的预期价值的那一个形式的意识形态话语。但是，这样一种价值，只有在理论本身已经被详细阐述之后，也就是说，紧随着适宜于新的生产力的各种物质条件的涌现，才可能出现。"(255 页/199 页)

这就是乌托邦的形象，尽管破损严重，但毕竟在其自身之内负载着其本身只能是片断性的和不均衡的超载的那种缺席。现在，有待我们去做的，就是从马林叙述的生产这个角度对他的叙述加以重写；而且，在进行重写时，第一部分（写作时间要晚于对这个岛屿的描绘，但是，明显是由作为它本身的生产的一个前提的后者［这个岛屿］导致产生的）将再一次引起我们的兴趣。因为，如果超出第一部分提出的种种历史性的改革与第二部分的乌托邦"空想"之间的不可通约性并且置身其外，已经开始捕捉到马林所采用的方法的精神的读者，便会发现他或她的注意力，为某种令人困惑不解的、片面的乌托邦形象——波利莱瑞蒂斯这个例子——被前者［第一部分］的推论性的肌质之内的嵌入所唤醒并且吸引过去。因为，这一形象，从某些方面来看，似乎是以小的比例以及轶事性的形式对后者［第二部分］的一种预期。因此，在由“真正生活中的”历史人物们就历史状况展开的某种政治争论正在进行的时候，某个乌托邦形象几乎是不由自主地忽然出现，似乎便成了对一般的乌托邦生产的过程加以理解的一个特别值得关注的机会。

但是，要想做到这一点，我们就必须再回到希斯拉德同朝臣们的争论的种种前提上来，以便辨别出其中含有的那种极端的缺陷，因为它似乎是在强求乌托邦轶事的产生，从而使其自身走向圆满。上文已经指出希斯拉德对“卡底拉尔”（Cardinal）的伟大讲演的根本性的矛盾之一（对封建主义的批判，与对萌芽初露的资本主义的批判共生并存）。现在，有必要突出的是另一个截然不同的矛盾，它就是——马克思和恩格斯在他们对乌托邦社会主义的批判中，已加以强调——对一般的合理性的权力的过分强调，以及对这种特殊的修辞与规劝在历史过程当中所扮演的功能性的角色的某种基本的和构成性的过高评价，这种评价即凭借这一过程，不完美的世界，有可能被转换成一个比较令人满意的世界。这样，或许可以说，希斯拉德向“卡底拉尔”的呼吁，勾勒出了文艺复兴时期的人文主义者们本身所在的位置及其具体的社会和历史情景。有关这些人文主义者，马克斯·韦伯曾经指出，他们的思想研究规划，跟一次流产的革命以及某个贵族阶层意欲把自身构造成与经典的中国的官员的那种类似的官僚统治阶级的企图没有什么两样。（这样，他们有关努力的失败，便为以后几个世纪里以专制君主为中心而形成的那种比较严格意义上的中产阶级官僚的出现，敞开了大门。）因此，从事后来看，我们便可以联想到文艺复兴时期的修辞以及人文主义者的规劝这一阿基米德式空间。它是在封建主义后期的英国与必将来临的都铎王朝及斯图亚特王朝时的某种官僚体制这两个世界之外，被投射出来的那个想像性的支撑点，是作为一个群体的知识分子比较一般的立场。尽管众所周知的是，他们总是对其自身在政治和历史进程中的结构性的角色作出过高评估，不过，尽管如此，仍不妨碍我们对质性的区别作出某种意义上不同的解读。这种区别，毕竟是我们在莫尔的《乌托邦》与同一时期的人文主义话语所具有的那些惟一的特色性的表达（《愚人颂》，《考提吉阿诺二世》[33]，的确甚至还有《君主论》本身）之间一直感受到的，尽管《乌托邦》在别的方面似乎与人文主义话语颇有共同之处。就此而论，乌托邦形象可能是一个符号，标志着莫尔对修辞与规劝这些根本性的人文主义工具的软弱无能，产生了曙光初现的警觉。这样，与其说是理性的各种权力的过高评价导致了《乌托邦》的产生，不如说是对它的失败的未及表述的意识以及希斯拉德（在第一部分里）对历史的形成或至少是它的转换中的推论性的争论和辩论的疲软的经验促成了它的产生。

这样一个解释，在马林对波利莱瑞蒂斯这个“初创期的乌托邦”的分析当中，可以得到证实。值得记住的是，后者是作为对朝臣们就希斯拉德有关极刑的观点的反对意见作出的回应而被引入的。当时，希斯拉德拿它作“证据”，来说明他所提出的用苦役（作为对偷盗的一种惩罚）来取代死刑判决，事实上在操作上是可以实现的。也就是说，在我们目前的语境中，它是能叙事的，换言之，能够进行叙事性的比喻表达。因此，从修辞性的描述到叙事性的例子的方式改变，也就应运而生。

尽管如此，在波利莱瑞蒂斯这个例子中的乌托邦的和轶事性的、叙事性的“证据”，与它按照设计要如实记录的智慧和/或实践性的那种抽象策略之间，最终仍然出现了一种结构性的不一致。波利莱瑞蒂斯的乌托邦社团，“整个满足于他们自己的土地上的产品”，过着一种“不求辉煌但求舒畅，不思声名显赫或暴得大名但求幸福的生活”（莫尔，31 页）。因此，在某种意义上，这一社团当然不比一个前文本所起的作用大多少，因为它的题旨是要阐明希斯拉德提出的策略的种种效果，并且就罪犯可能是什么样子加以描述：“[他们] 穿着同一种颜色的衣服，头发……没有正常理过，而是露着双耳向上长起，但一边的顶则被齐齐剪掉。”（32 页）真正的问题在于希斯拉德本人对有关情况的讲述——在这块幸福的土地上，首先过去是不应该有任何小偷的，那么，这样一来，公正的（也就是说，乌托邦的）惩罚的真正可能性，便必然同它按照设计要做到的犯罪活动的消失是一致的。在这里，我们一下子便可以看到这种乌托邦想像中的某种旨在总体化的逻辑。这种逻辑，汇集着它自身的运动势头，同时又把按照设计要在它的整个运行过程当中所有片面的以及纯粹的改良主义的“洞见”，尽数破坏掉并且使之失去信用。这样，即使是对作为适用于人文主义修辞的改良论证的说明或例子的乌托邦材料的利用，也要陷入一种矛盾，因而毫不留情地驱动着文本，一直把它推入作为正式的乌托邦这种它本身的悖论性的实现。

这种叙事材料，尽管它可能是轶事性的和说明性的，但毕竟为它最后赢得叙事的再现性或比喻表达预设出了一定数量的前提。既然如此，这一过程甚至就可以在波利莱瑞蒂斯这一初创性的乌托邦的另一个特色中，更加引人注目地显示出来。在那些前提当中，就波利莱瑞蒂斯王国这一例子来看，最主要的是这一文本义务，即重新协调它们在与都铎王朝时期的社会同时的那个历史性的世界之内的存在（单单这一存在，本身就足以使它们成为都铎王朝社会可以领略到的一个教学法性的或政治性的模式），同跟现存的历史性的空间及历史性的社会的不完美的那种必然的分离之间的关系。因为，假若没有这样的不完美，它们的风俗习惯的乌托邦式纯粹性，就一定始终是不可设想的。正如马林所指出的，莫尔以某种方式框正了这种循环。不过，他运用的那种方式在我们目前的语境中颇有启示意味：波利莱瑞蒂斯人的这个国家，据说是波斯帝国的一个保护国，因而也就在双重意义上同历史性的世界相隔绝。首先是因为它四周群山耸立；其次而且也更重要的是，一个历史性的社会给予它存在的许可权，但同时竟又准许对它不予置理。赫胥黎笔下的帕拉的阴影难除，因而它能够引发幻觉的运气（bonheur），竟然毫无根据地可以找到庇护所，避开塞耶尔斯-罗巴克清单（the Sears-Roebuck catalog）上迫在眉睫的危险！但是，赫胥黎的想像是他的乌托邦的诞生之源，因而必然将这一想像本身托付给不可换位的叙事的和历史的逻辑，进而才能把这种逻辑再一次抹掉并重新吸收进外在的真实世界本身的暴力和愚昧当中；而莫尔的想像——是由甚至就隐含于这一微小的乌托邦片断当中的某种倒转的逻辑生产出来的——沿着乌托邦文本的生产的这一相反的方向发展：总是要逐渐减弱其历史的依赖性，而只有由越来越绝对的一套乌托邦边界，由越来越具有根本性和先占权的某种分离来加以保证。

众所周知，这一新的边界，就是乌托普斯王让人挖凿的深深的壕沟，它把大陆同因此变为乌托邦岛屿的海角相互分离开来。这样，它还成了那种空空如也的大气：几只古代的太空船，经由这里将奥多尼亚的居民运输到他们荒凉的星球，他们贫瘠的乌托邦。[34]这种操作当然不仅是属于分离的操作，而且也同样是属于排斥的操作。的确，乌托邦经济学的另一个基本特点（上文尚未触及），为与在城墙之外进行的市场以及商业活动——比如说动物的屠宰——相联系的很多令人不快的任务提供了定位。与这种乌托邦疆域之内的仍然是地方性的排斥模态相对应的，是制约着它同整个外部世界的关系的具有更大球际意味的排斥模态：不仅金钱本身遭到排斥——它无一例外地被运用于对外贸易并且用来使敌国政府等腐化堕落，而且暴力本身——它由雇来为乌托邦打仗的大陆雇佣兵体现出来——也被摒弃并且因此在可以巩固乌托邦国家的有神力护佑的圆圈之外加以重新确立。暴力和金钱——难道说这不就是，我们已经看到可以在莫尔对都铎王朝时期的英国的诊断以及他对被乌托邦美德唾弃的这对孪生邪恶的终极阐述当中发挥作用的真正替代物吗？一方面是封建随从和雇佣兵们高视阔步的傲慢气焰，而另一方面则是市场体制的沉默且又不可见的溶解。在乌托邦美德侵入种种比较陈旧的社会形式时，这一对孪生的邪恶现在被地理学上的禁令外在地否定，正如同它们的内在的原则已经在结构上被乌托邦话语秩序本身中立化了一样。

把乌托邦作为一个文类建立起来，这种分离/排斥行为，同时也是与它有关的一般关于“中性形式”的立场的任何有问题的事物的根源，不论是在这一体系之外，还是这一体系之内。不过，这一观测点［“中性形式”的立场］，跟科学本身的种种辩证法以及想像的知识主题（the sujet supposè savior）不同，因为它没有属于自己的任何一个真正的前提或立场（有关中性形式的哲学地位的探讨，可参见马林开卷的一章“乌托邦的复合项”［Du neutre pluriel et de l'utopie］）。在对乌托邦解读进行的、回响着俄罗斯形式主义者们的某个基本的前提回声的一个反思中，马林写道：“我们首先要提出这个问题：‘这个故事叙述什么？这个描述要描述的对象是什么？’但是，一旦我们这样做了，这一个创始性的问题就马上转化成了另一个问题：‘这个故事是怎样叙述这个对象的？它的描述怎么可能对它进行描述？’于是，我们最终便带着这种认识宣告结束：故事得以讲述所使用的方法，就是故事本身；叙事除了它自身叙事性的程序之外，实际上从来没有叙述过任何别的东西［la maniére dont elle s'y prend pour raconter］，因而这些程序也就成了它真正的题材。”（151 页/114～115 页）因此，从这个观点来看，乌托邦叙事或许可以描述成这样一种叙事：由于它被“分离”的某种极端行为推入存在，因而必然会聚集起它所有的进入那种创始性的分离的“动力”之中的能量，冲进这种精细的、没有尽头的、不可能的展示，即同历史以及的确还有读者在其中存在的那个“实在”世界的“存在”所具有的、不可摆脱的总体性的这种不可想像的分离，实际上，一开始就是不可能的。这样一来，乌托邦话语的终极题材，就有可能最终证明是它本身作为话语的可能性的条件。不过，这种不顾一切的形式主义，以及一个文类提着自己的鞋带要把自己提升进存在这种排场，或许仅仅是它要求本真性的最真正的机会的反面以及推论。因为在这种情况下，随之出现的是，乌托邦的最深层的主题，以及有关它最具生气的政治性的所有东西的来源，确实就是我们意欲对它构思但最终表现出来的无能，我们试图把它作为一个幻想生产出来但终而显示出来的无力，我们希望把属于现实存在的东西的“他者”投射出来而陷入的失败。而这一失败，如同烟花弥散进黑色的夜空，必然会再一次把我们孤单地丢在现世的历史里。可以肯定，这就是终极的意义：“乌托邦话语，伴随着作为它的反面的意识形态话语，进而标志出了一个科学的社会理论的那种依然空空荡荡的所在。”（253 页/198 页）

1977 年夏

【注释】

[1] 卡伯特（Étienne Cabet，1788—1856），法国共产主义者，写有乌托邦罗曼司《威廉·卡里斯戴尔勋爵伊卡里亚岛冒险航程》（1840）。——译注

[2] “从 1886 年即‘草料场暴乱’的那一年，一直到 1896 年即保守盟主权得以恢复的那一年，……有一百多部乌托邦小说问世。”见 Jean Pfaelzer，*American Utopian Fiction*，1888—1896：*The Political Origins of Form*，载 *The Minnesota Review*，6，题为 *Marxism and Utopia* 的特刊（Spring，1976），114 页。贝拉米（Edward Bellamy，1850—1998），美国作家。下文将提及他的乌托邦作品《向后看：2000—1887 年》（1888 年）。——译注

[3] 托尔克恩（John Ronald Reuel Tolkien，1892—1973），英国小说家、学者，1945—1959 年间做过牛津大学英语语言文学教授，发表过哲学和批评方面的论文及以他自己虚构的神话为基础的小说，如《指环王》。——译注

[4] Ragtime，一种源于美国黑人乐队的早期爵士音乐，又可译为“拉格泰姆舞”及“拉格泰姆调”。——译注

[5] Herbert Marcuse，*The End of Utopia*，in *Five Lectures*（Boston，1970），pp. 68-69.

[6] 西斯蒙第（Léonard Simond de Sismondi，1773—1842），意大利裔法国历史学家，他最著名的著作是《中世纪意大利共和国史》（*L'Histoire des Républiques italiennes du Moyen-Âge*，1809—1818）。——译注

[7] A. H. Holz，L. Köfler and W. Abendroth，*Gespräche mit Georg Lukacs*（Hamburg，1967），p. 93.

[8] 奥维尔（George Orwell），Eric Blair（1903—1950）的笔名。他生于孟加拉，童年时被带到英国接受教育，曾参加西班牙内战，后来对共产主义的幻灭感越来越沉重。

[9] Ursula LeGuin，*The Dispossessed*（New York，1974）.

[10] Louis Marin，*Utopiques*：*Jeux d'espaces*（Paris，1973）. 这部著

作现在已可见到英文译本 *Utopics*：*Spatial Play*，Robert A. Uollrath 译（Atlantic Highlands，N. J.，1984）。文中的译文是笔者对法文原著的翻译。行文中给出了两个页码：第一个指的是法文版的页码，第二个则指 1984 年译本的页码。

［11］这里所有的页码，指的都是 Edward Surtz 的版本（New Haven，Conn.，1964）

［12］参见 Lévi-Strauss，*Structural Anthropology*（New York，1961）中“结构主义的神话研究”一章，即该书 206～231 页。

［13］参见 A. J. Gremas and François Rastier，*The Interaction of Semiotic Constraints*，载 *Yale French Studies*，41，主题为 *Game*，*Play and Literature*（1968）的特刊，86～105 页；Frédéric Nef 编，*Structures élémentaires de la signification*（Brussels，1976）。

［14］“言语行为”这一奥斯汀—塞尔概念，看上去可能属于 énoncé 这个范畴，即意义的某种业已完成的因而也是成功的传送。这个概念有时引起的混乱，很可能可以归结为“行为”这一术语的含混性，因为后者过去一直误导人们要把它同化到属于实践与生产、属于意义的出现的相反范畴中去。See Stanley Fish，*How to Do Things with Austin and Searle*：*Speech Act Theory and Literary Criticism*，in *Modern Language Notes*，91，no. 5（October，1976），pp. 98-125.

［15］Julia Kristeva，*La Sémiologie*：*Science critique et/ou critique de la science*，in *Théorie d'ensemble*（Paris，1968），p. 88.

［16］See Georg Lukacs，*Reification and the Consciousness of the Proletariat*，in *History and Class Consciousness*（Cambidge，Mass，1971），pp. 83-222；若欲了解消费社会中的物化的理论，可参见 Guy Debord，*La Société du Spectacle*（Geneva，1967）一书。

［17］Jonathan Swift，*Gulliver's Travels*，Robert A. Greenberg 编（New York，1970），36 页，n. 1。

［18］Utrecht，又可译为“乌德勒支”，荷兰一城市。——译注

［19］哈德森（William Henry Hudson，1841—1922），英国作家。据

Sir Paul Harvey 编 *The Oxford Companion to English Literature*（Oxford：Oxford University Press，1967）463 页所言，这里提到的《一个水晶时代》（*A Crystal Age*）是 1906 年出版的。——译注

[20]《埃瑞璜》（*Erewhon*，1872），英国小说家巴特勒（Samuel Butler，1835—1902）的作品。Erewhon 是 nowhere（乌有乡）一词的颠倒。在这部作品中，巴特勒在很多地方都以对现实颠倒的方式来描绘他的乌托邦社会。——译注

[21] *News from Nowhere*（1890），即下文提及的英国作家莫里斯（William Morris，1834—1896）的作品。——译注

[22] 可以假定，在经过某种质询之后，他们就会允许莫里斯过关。至于对莫里斯（以及超出他以外的浪漫主义传统）同激进的和革命的思想的关系的重要性的再思考，可参见 Edward Thompson，*Romanticism，Utopianism，and Moralism：The Case of William Morris*，载 *New Left Review*，99（September-October，1976），83～111 页（作为“后记”复收入 William Morris，*Romantic to Revolutionary*，New York，Pantheon，1977）。

[23] 阿美里哥·维斯普奇（Amerigo Vespucci，1451—1512），意大利航海家，他证实哥伦布所发现的新大陆并不是印度。“美洲”就是以他的名字命名的。——译注

[24] 谢纳基斯对宇宙垂直城的描述，发表于 Françoise Choay 编，*Urbanisme：utopies et réalitiés*（Paris，1965），335～342 页。

[25] 曼佐尼（Alessandro Manzoni，1785—1873），意大利小说家、戏剧家和诗人。——译注

[26] See Bénichou，*La Demolition du heros*，in *Les Morales du grand siècle*（Paris，1948），pp. 97-111.

[27] 穿袍贵族（noblesse de robe），指中世纪（法国）官僚贵族。——译注

[28] 马歇雷（Pierre Macherey，1938— ），法国哲学家。——译注

[29] Pierre Macherey，*Pour une thèorie de la production littéraire*（Paris，1966）.

［30］Louis Marin，*Etudes sémiologiques*（Paris，1971）.

［31］有关对这一过程的论证，可参见 Michel de Certeau 在 *L'Ecriture de l'histoire*（Paris，1975）中论述 Jean de Léry 的旅游叙事的一章。

［32］原文这里用的是 abriter，可能有误，译者根据上下文意思进行了处理。——译注

［33］《考提吉阿诺二世》（*Il Cortegiano*，1528），意大利人文主义者 Baldassare Castiglione（1478—1529）的散文体对话作品。——译注

［34］若欲对乌托邦与分离之间的关系有进一步了解，可参见拙文 *World Reduction in LeGuin：The Emergence of Utopian Narrative*，载 *Science-Fiction Studies*，7（vol. 2，no. 3；November 1975），221～230 页。

（蔡新乐　译）

拉康的想像界与符号界*

主体的位置与精神分析批评的问题

如果我们企图调和马克思主义批评和精神分析批评——诚然它们已经以一个问题的形式在主题上结合起来——我们便会遇到这样一个实际上是内在于一切精神分析批评的困境，即在置入主体方面的进退两难，用另一种术语表述，就是在社会现象与那种必须被称为私人的而不仅仅是个人的事物之间提供媒介的困难。恰恰是那些在马克思主义批评看来明显是社会性的东西——诸如作品与它的社会或历史语境的问题，或作品的意识形态内容的重要地位问题——在那种更特殊化的，或更被人习惯了的精神分析批评中却经常是含而不露的，因而这种批评幻想自己对那种外在的或社会性的事物毫无兴趣。

的确，在“纯粹的”精神分析批评中，在那种病例史里，个人幻想或儿童经验里的私人事物必须首先面对的社会现象只不过是语言本身。语言甚至先于官方社会现象的确立而构成了基本的社会实例，而远古的或潜意识的经验的前语言、前社会的事实却正发现自己在某种度上被嵌入到这种实例之中。[1]无论是谁，如果他试图给别人复述一个梦，他便是在测度生动的梦的记忆与所

---

* 本文据詹姆逊来华讲学（1985 年）时提供的英文打印稿译出。原载《耶鲁法国研究》（1978 年春季号，Nos，55～56）。后重刊于 *The Ideologies of Theory*, Vol. 1。译者根据最新版本对原稿的注释进行了增补。打印稿略有修改。本文力图从社会—历史的角度阐释拉康的心理—符号理论，这集中表现在作者把从“幻想物”到“符号物”的转化视为主体在社会历史语境中的自我构造。

有我们能找来传达这种记忆的沉闷无味的词句之间的巨大裂隙和质的不可通约性；然而这种特殊与普遍、真实与语言本身之间的不相通性却是我们所有生活的坐落之所，而一切文学和文化作品也正是从这里面必然地产生出来的。

因此，精神分析最成问题的东西并不是它坚持文学作品和那种“晦涩的隐喻”，或遥远的不可企及的孩提时代以及潜意识幻想之间的潜在关系，毋宁说是缺乏任何对转换过程的反映，而私人事物正是通过这种转换变成公众的事物——可以肯定，这种转换往往是和言语本身的行为一样没有什么戏剧性和惹人注目之处。但既然言语具有突出的社会性，我们就应该时刻记取杜尔凯姆（E. Durkheim）的严正警告，并把它作为对精神分析批评所提出的种种模式进行估价时的一个标准：“凡当一种精神分析的现象直接地说明了一种社会现象，我们就不妨确信这种说明是错误的。”[2]

一

无论如何，是弗洛伊德自己第一个而且是经常地感到了在把精神分析技术应用于那种作为文学艺术作品的主体间的对象时出现的方法问题。他在这个领域里的主要言论，即《创作者与白日梦》（1907），非但没有把文学创造性和作为前本文的私人幻想等同起来以使后者压倒前者，反而特地列举了这种等同必然面临的理论困难。他的观点是，要调和文学接受的综合的本质与精神分析的基本信条——即把愿望满足（或者其更玄奥的当代变体：欲望）的逻辑视为一切人类思想和行为的组织原则——并不像看上去的那么容易。弗洛伊德孜孜不倦地强调无意识的孩子气的利己主义，它的幸灾乐祸（Schaden-freude）和它对他人的满足的嫉妒的盛怒，弗洛伊德把这些提高到这样的地步，以至于它很明显是文学作品的幻想或愿望满足的组成部分，它构成了文学作品被公众接受的最严重的障碍：“你们应记住我曾说过白日梦者是怎样把他的幻想对他人隐藏起来，因为他感到自己有道理为它们而感到羞耻。我还要补充一点，即使他把他的幻想告诉我们，他的开诚布公也不会给我们带来什么快感。当我们知道了这些幻想，就会觉得它们是排斥我们的，至少是没能打动我们。”[3] 在此，梦再次提供给我们一个有用的证明，无论谁听了他人的梦的叙述都会自然地把那种千篇一律同自己的梦的记忆的不可穷尽的迷醉作一番对比。因此，在文学中，在这种自我梦幻化，或更确切地说是自怜自爱的可探访的现实中，幻想足够导致人从一种意想的阅读和接触中收缩回来。巴伦·考尔沃（Baron Corvo）的小说，或畅销书可以用来作为说明；即便在巴尔扎克那里，许许多多薄薄地掩饰起来的愿望满足最好的情况不过变成与读者的娱乐相勾结的对象，而最糟的情况则是成为直言不讳地令人发窘的对象。[4]

弗洛伊德并没有下结论，而是提出了一个说明诗的过程本身的二重性的构想，他把这一过程描绘为“克服我们身上的行动的感情的技巧，这无疑同那种在个别的自我和其他自我之间出现的障碍相关……作家通过替代和掩饰自己的白日梦而缓和了它的利己主义色彩，并且他还用在表现幻想时提供给我们的纯形式的（即美的）收益来贿赂我们。给予我们的这种收益是为了使那种从深层心理源泉中涌出的巨大快乐的释放成为可能，我们称它为‘物质刺激’（incentive bonus）或‘预悦’（for-pleasure）”[5]。一方面，是对私人或个人的幻想的切关性的压抑，或换种说法，即它的普遍化；另一方面，是用一种形式游戏替代愿望满足的内容给以人的直接愉悦——弗洛伊德把这两种“方法”纳入一种二重的单释系统，这贯穿于他所有的文章，从关于梦的到关于文学和文化对象的著作，但最令人震动的话语也许在那篇名为《笑话及其与潜意识的关系》的文章之中，就是说，这篇文章从内容方面考察愿望满足，换句话说，探讨正在满足的愿望的本质，以及可以说是达到满足的象征的途径。与此同时他还说明了那种来自作品的组织构成的更为纯粹的形式快乐的“补偿”，以及这种组织所实现的心理秩序。因而，在这种对诗的过程的双重考虑中找到那些自始而然的移置（Displacement）与凝聚（Condensation）的弗洛伊德式力量的潜在表现或许并不过于穿凿附会；愿望由于被移置和伪装而成为一种愉悦，同时，借助形式的便捷和直接性，通过一种多元决定（over-determination）的叠加，心理能量得以释放。在此我们必须坚持的不是弗洛伊德的结论，而是他通过一种个体欲望和幻想与语言及接受的集体性质之间的辩证法而对问题进行详细阐发的方式。

我们不能说，正统弗洛伊德主义文学批评，即便是最好的，在对这些问题的思考上也是遵循弗洛伊德本人的标准的；相反，它封闭了个体或个体经验的范畴（如霍兰德指出，对人物、作者或公众都统统进行精神分析），却没有看到这些范畴本身在某种程度上也是颇成问题的。倒是从精神分析方法在文学上的运用的反面或异端中我们还能发现一些对于问题本身的更进一步的详细阐明。

比如，萨特就曾提出一种超越某些正统精神分析与传统传记批评的错误问题的心理——传记方法，在这方面他可谓先驱。的确，在萨特和埃里克森那里，私人的与公众的、无意识的与有意识的、熟悉的与未知的、普遍的与可理解的之间的习惯性的对立被移置并安放在一个历史和心理的环境或语境的新概念之中。如今热奈特的风格或路德的神学命题的意义已同直觉无关，也同从外在的或外部的意义中探寻一个隐藏的意义的分析者或解释者的本能的敏感无关；可以说，这些文化的宣言和个体的创作已被归结于一种决定的环境，并作为一种纯粹的姿态而获得可理解性，它给我们提供了一个由充分的复杂性重新构成的语境。因而，从同情的努力出发，分析过程就转化为那种环境的假设性的复活，对它的重构同时也便是对它的理解（Verstehen）。[6]甚至估价问题（路德的政治行动和独特的形式内涵的伟大之处）也变得与那种各自表明环境并因此被视为一种对环境典型反应的方式相关联了：按这种观点，对结构的答复最终便第一次带来了一个对象化的环境，它通过它的同时代人以一种混乱而不太清醒的方式存活着。因而这里的语境或环境的概念并非是外在于语言或心理本文的，而是由后者在开始起作用并改变前者的瞬间从后者中生成的。必须补充一点，在萨特和埃里克森的重建中，家庭被证明是心理戏剧与心理戏剧最终在其中上演并“获得解决”的社会或政治领域（教皇极权之于路德，19世纪的阶级社会之于福楼拜）之间的核心媒介机制。

无论如何，至少在萨特看来，维持这种环境的稳定与一种主体的彻底的非个人化是相伴相随的。在此，尽管拉康主义者攻击《存在与虚无》中的笛卡尔主义，攻击设想的心理——传记的自我精神分析化以及萨特早年攻击弗洛伊德的无意识概念时表现出来的明显的修正论，但必须看到另一个萨特——即“超越自我”中的萨特——是与自我心理学斗争的一个重要的前辈，而拉康和他的集团长期以来从事的正是这种斗争。在那部作品里，如同《存在与虚无》中论述心理的章节，传统意义上的自我——个性、人格、自我同一、自我意识——被表明是意识的一个对象，是后者的“内容”的一部分，而非后者的一个构成性的、结构的因素。因而，在主体中出现了纯粹意识与它的自我或心理之间的距离，这可以同那种拉康图式中的主体（s）和自我（a'）的分裂相比较。人们并未很恰当地理解萨特的“笛卡尔主义”，尽管人们还是抓住了与此相伴的对于意识的非人格化、对它的质的或个人化内容的外在缺乏以及它的那种仅仅作为一个没有实质或一致性的点的本质的强调，在那种本质之中，你、我、路德、热奈特、福楼拜都是绝对平等且无从区别的。我们的题目是谈主体的置入，在此我们要同时在他的历史形象与他的原始环境的关系中以及在心理—传记重建他的计划中来讨论这一问题：个别与普遍的对立已被转换成一种非人格化的、绝对可以互换的意识同一种独特的历史性构成之间的关系。如果这么说，就必须指出，心理传记形式仍然是束缚于个体经验的范畴，它没有超越个体的病例（传统存在主义的残余仍坚持个体经验的首要性，这种思想也支配了《辩证理性批判》和对19世纪客观精神的表现——这被称为“客观的精神病”——见《家庭的白痴》卷三）因而它无法达到文化的和社会的一般化水平。

相反，综合了马克思与弗洛伊德的法兰克福学派却把晚期资本主义条件下的一般主体的命运纳入自己的研究范围。回顾一下，他们的弗洛伊德—马克思主义并不是结合得天衣无缝，在阿多诺的文学研究或音乐研究段落中，弗洛伊德的图式往往是被敷衍了事地引进关于文化或形式的历史的讨论中。[7]当阿多诺或霍克海默在一种特殊的诊断之上，即在关于内驱力、抑制机能和焦虑的决定性构造的局部描绘的基础上建立其历史分析之时，杜尔凯姆关于社会现象的精神分析解释的警告不禁在我们耳边响起。

但这部分著作里无论如何还是有一些强有力的东西，这便是压抑的更为全球化的模式，这是从精神分析那里借来的，它为他们对于晚期资本主义的整体系统，或官僚行政化的世界体系（Verwaltete Welt）的社会学观点提供了支撑。法兰克福学派对于医学的弗洛伊德主义的运用显得极为笨拙，这是因为它的根本的精神分析灵感并非得自诊断的本文，而是得自《文明及其不满》，及其末世学（eschalological）观点：发展（或 Kultur，该词在古典德语意义上指技术上和官僚体制上的“进步”）与本能的日益衰败贫弱之间的联系是不可逆转、无可挽回的。因而对于阿多诺和霍克海默来说，这种衰败的招魂术与其说是心理诊断，不如说是文化批评；而像“压抑”这类技术术语也很少在其本身的内涵价值上使用，而更多的作为一种工具来构造一个矛盾，一个关于“幸福”（bonheur）和本能满足的新的乌托邦图景。马尔库塞的著作便可理解为在一个极为不同的条件下，即在一个消费社会（société de consommation）的条件下运用这一乌托邦观点以及它的“压抑的升华”，它的商品化了的许可，这与那个老欧洲工业社会的权威个性结构和严厉的本能禁忌已相去甚远。

如果萨特的研究倾向于强调个体病史，以致更具集体性的结构变得很成问题了，那么法兰克福学派关于解放了的集体文化的极有影响力的图景便倾向于不给个别主体的独特历史——无论心理的还是社会的——留什么余地。切莫忘记正是法兰克福学派率先倡导研究作为社会和个人心理之间的中介的家庭结构[8]；然而现在这个结果显得过时了，这部分地归咎于现代社会里家庭的解体，这曾是他们所谴责的。另外，他们的那些发现相对过时也是由于某种方法上的转变，他们自己对此负有责任，就是说，强调的重点改变了——特别是在他们生活在美国的时期——从作为一种社会体制的家庭转变到一种诸如法西斯个性结构之类的更为真切的心理概念上来。不管怎么说，在今天，当我们都已清楚恶是多么司空见惯，当我们一再地目睹那种对政治立场的心理学解释（如把学生的反抗看作一种俄狄浦斯式的宣言）的反动运用，这一切便不再适用了。法兰克福学派的弗洛伊德—马克思主义终结于极端右翼对“民主”的威胁的分析，在 20 世纪 60 年代左派轻而易举地进行了这场转变；但原始的弗洛伊德—马克思主义的综合——即威廉·赖希在 20 世纪 20 年代进行的工作——发展、演变为一种我们今天称为文化革命的急迫的责任，并且它传达了这样的意思：只有当那些从旧的、前革命社会里遗留下来并由其本能禁忌加固了的个性结构适时地、明显地转变之后，政治革命才能被完成。

另一种与萨特或法兰克福学派的个体心理或社会结构都不一样的模型可以在夏尔·莫隆的一本重要却被人忽视的著作中找到，这本书便是《对喜剧风格的心理批评》（巴黎，1964）。莫隆的书论述了个体与集体间的那种基本对立，我们在上面的讨论中已考察了这种对立的效果，我们引进了一种介于它们之间的中介的风格结构，这种结构能在个体满足和社会结构两种层次上同时起作用。

喜剧在任何情况下都是文化和心理材料的特别而又得天独厚的材料，弗洛伊德的那本论笑话的书一直给我们以理论启发便是明证。莫隆把古典喜剧以恋母情结式的分析解释为年轻人的胜利，这对于英美读者来说并不是特别新鲜的事（在诺思洛普·弗赖的著作里可以找到对喜剧的类似的分析）。即使在这里，精神分析式的阅读也提出了人物的地位以及与此相符的范畴的基本问题：古典喜剧里的人物——英雄或主角、爱的对象、分裂的内驱力或力比多能量的片断，作为超我或俄狄浦斯的对手的父亲——像其他表现形式中的人物一样彼此在结构上是同质的呢，还是有某种更基本的结构上的不一致性在起作用，而戏剧框架却帮它带上了面具？

在莫隆看来，正是这种不一致性构成了阿里斯托芬的形式的源头，这同莫里哀或罗马喜剧是相反的。他向我们表明，只有当戏剧表现的框架以及人物范畴的首要性被打破，才能把恋母情结式的分析运用到旧喜剧上来，在此，爱的对象或俄狄浦斯的对手的位置不是像在莫里哀或普鲁图斯那里被其他的人物取代了，而是被波里斯（城邦）取代了，就是说，被一种辩证地超越了任何个体存在的实体取代了。因此，阿里斯托芬的喜剧反映了社会和心理发展的一个阶段，在这个阶段里，产生了作为一种同质单位的家庭结构，而力比多冲动仍服从于更大的集体结构——作为一个整体的城邦或部落，莫隆的分析可以同玛丽—塞西尔和埃德蒙·奥尔蒂格关于传统非洲社会里的俄狄浦斯情结的功能的研究结果相提并论："俄狄浦斯情结的问题不能被吸收进一种人物学，或遗传心理学，或社会心理学，或心理符号学，它界定了一种基本结构，根据这种基本结构，恶与痛苦的问题，欲望和要求的辩证法对于社会和个体来说就是一种清清楚楚的事了……而俄狄浦斯情结也不能简化为关于儿童对父母的态度的描述……父亲并不仅仅是第二个母亲，一个男性的教育者；父母间的不同，就其作为在社会整体中的男人与女人的投射来说，是一种结构的逻辑的一部分，这种结构的逻辑同时在社会学的或心理学的几个层次上表现出来……（俄狄浦斯问题在塞内加尔社会和欧洲社会里的表现）原则上的分歧就在于负罪感的形式。换句话说，在这里负罪感并非作为压抑和自我谴责所验证的谵妄的消失，它并非作为自我的分裂而出现，而是以被集体抛弃和失去对象时的焦虑的形式出现的。"[9]在奥尔蒂格看来，这些缓减的源泉是祖先的祭礼，在这里面含有许多西方父亲形象的权威功能："（塞内加尔社会里的）集体性把父亲的死加于自己身上。从一开始传统塞内加尔社会就宣布每一个个体在集体社会中的位置是由一个祖先即生身父亲的引证而被指明的。通过颁布父亲的法律，社会便在某种意义上把一代代的历时性系列抵消了。实际上，年轻的俄狄浦斯式的主体的死亡幻想转向了他的旁系，即他的兄弟或同辈人。进步性不是在垂直的或历时性的各代人之间的冲突中发展，而是在旁系之间的亲密一致或激烈竞争的构架中禁锢在一种限于同一代人的水平的表达里。”[10]

莫隆在方法上求助于形式上不同的文本结构，而《俄狄浦斯的非洲》则求助于社会学的不同环境，这样做的好处是把精神分析模型从它对传统西方家庭及其个人主义和主体或人物范畴的意识形态的依赖中解放出来。这反过来提出我们对一种新的模型的需要，这种模型不是封闭在个人与集体间的传统对立上，而是能以一种截然不同的方式思考这些不一致性。而这正是拉康关于三个层次（幻想、符号、实在）的概念许诺给我们的，现在我们就要来决定关于这些经验的记载或部门之间的辩证差异状态的假设能否保存在一个单一的系统之中。

二

我们面临的困难是这三个层次至少部分地是从它们之间的不可分割性中迸发出来的。的确，根据拉康的认识论，意识行为、成熟主体的经验必然暗含着幻想性东西、符号性东西和实在性东西间的一种结构性协调。“实在之物的经验同时预设了两种相关的功能，即幻想功能和符号功能的活动。”[11]如果实在之物的概念是三个当中最成问题的一个——因为它永远也不能被直接经验到，而只能通过另外二者的中介来达到——那么它也是最容易因这种显现而被混淆的。我们将会在结论中回到这个概念上来——它既非秩序也非记载，在此只需强调实在之物之于其他两种功能的深刻的异质性，我们期待在这两者之间也能发现一种类似的不相称性。

然而说幻想之物独立于符号之物便是在加强一种错觉，好像我们对二者都可以具有一种相对纯粹的经验。比如，我们仓促地认定符号之物是属于语言和一般的话语功能之维的，那么很明显，如果我们不预设前者就不能传达任何关于幻想之物的经验。同时，由于幻想之物被理解为插入我的独特的个体性比如定在（Dasein）或我自己（corps propre）的处所，因而把符号秩序的概念构造为根本就不包含同个别主体关系的某种纯粹的句子网络就变得越来越困难。

事实上，不管怎么说，方法上的危险只不过是其明显的一面，就是说，是在引诱它把这两种秩序或功能的概念转化为一种二元对立，并使它们在彼此的联系中说明对方——当一个人把实在之物悬搁起来并把它遗弃在考虑之外的时候就更容易发现他自己的所作所为。无论如何，我们会认识到这种通过二元对立达到的认识过程本身带有深刻的幻想性质，因此让我们的计划感受它的影响，本身就已使我们的描绘通过它的两个研究对象之一而带上了倾向性。

幸运的是，精神分析的发生学的成见为这种困境提供了一个解决途径。因为弗洛伊德不仅在精神失常的病因学基础上，而且在作为一个整体的心理本身的形成过程的更大的视界中和在一种婴儿发展阶段概念上建立了他的心理诊断，我们应看到拉康在这一点上追随弗洛伊德，并以一种新的、出人意料的方式重写了弗洛伊德的心理历史。但这意味着，尽管在成熟的心理生活里幻想之物和符号之物是如此难分难解，我们还是应该在它们各自出现的时候把它们辨别出来，另外，我们还应该通过检查它们彼此之间的成熟关系破裂的阶段以及显示出倾向于一方或另一方的严重的不平衡的阶段而对它们各自在心理经济学里的作用作一个更可靠的估价。这种不平衡往往会以把符号之物贬低到幻想水平的形式出现："精神病患者的问题在于失去了构成他情结结构的中心点的能指的符号的指称。这样患者就可能压抑他的症候的所指。这种象征符号的指称价值的失去使他退化到幻想的水平，丧失了自我与观念之间的任何媒介。"[12]但在另一方面，在拉康看来，如果意识到在某种程度上，语言的学徒身份是一种心理异化，那么很清楚，以牺牲幻想之物为代价的符号之物的过度膨胀一样是一种病理现象。近年来强调对科学及其异化了的"假设的课题"的批判就确实是以这种符号功能的过度发展为依据的："象征符号是一种幻想的形象，在其中人的真理已被异化了。智慧对于符号的精心制作并不能使它非异化。我们只有个别地分析它的幻想成分才能揭示主体藏匿在其中的意义和欲望。"

在对这两种表达作一个发生学研究之前，我们必须看到它们自己带来的一个初步困难，这便是它们各自的先前的历史：幻想之物无疑是从形象和心理意象的经验里产生出来的，我们是想保留它的空间性和视觉性内涵。然而拉康使用这个词时还带着某种相对狭隘和技术性的意味，因此它不能直接地引申到哲学的美学里的想像的传统概念上去（也不能引申到萨特的术语"想像物"上面去，尽管后者的研究材料无疑是拉康意义上的幻想）。

而符号或象征这个词甚至更为麻烦，因为许多被拉康定义为幻想的东西在传统上却被定义为诸如象征或象征主义的表现。我们试图把拉康的术语从它与寓言相对立，尤其同浪漫主义思想相对立的丰富的历史中解放出来；它也不能含有任何与文学意义相对立的更为宽泛的形象暗示（象征主义与东拉西扯的思想对立，毛斯的符号交流与市场系统对立，等等）。的确，我们必须指出，拉康的符号秩序应被看作与习惯意义上的象征或象征主义毫不相干，它并不是关于那种经典的弗洛伊德主义的梦的象征机制的问题。

拉康对弗洛伊德的重新改写的独创性可以由他对这种材料的彻底改造来判断，先前这些材料——房屋、塔、雪茄烟等一切都被用来构造一些普遍的象征的仓库。而现在这一切在梅兰尼·克兰的意义上被理解成器官的和充满力比多胆量的身体的“部分的对象”。我们随之便会看到，这些部分的对象是属于幻想之物的范围而不是属于符号之物的范围。一个例外——近于庸俗弗洛伊德主义文学批评的臭名昭著的男性生殖器象征——是拉康以语言学方式重新解释弗洛伊德的工具，在此，男性生殖器——它是区别于作为身体一个器官的阴茎的——既不被视为幻想也不被看作符号，而是被当成一种能指，真正的成熟的心理生活的根本的能指，从而成为符号秩序本身的基本的组织范畴之一。[13]

在任何情况下，拉康所说的符号的本质是什么？很清楚是幻想之物，一种前语言的，以基本的视觉为其逻辑的表现作为一种心理发展的阶段存在于它之前。它的形成阶段——在此生存环境中它的特殊性被惊人地戏剧化了——被拉康称为“镜像阶段”，这指的是婴儿6到18个月这一阶段，他或她首次在镜子里清清楚楚地看到了自己的形象，从而在自己的内在运动机能和他在镜子里的运动之间建立起一种切实可感的联系。重要的是不要急于从这种早期经验中归纳出某种心理学意义上，甚至黑格尔的自我意识反思意义上的自我或身份的终极本体论的可能性。无论镜像阶段还意味着什么，对于拉康，它的确标明了主体与他自己的自我或形象之间的永远也不能沟通的鸿沟：“重要的是这种形式（处于镜像阶段的主体）还在任何社会决定之前就把自我的事例在一条虚构的线索里固定下来，这条线索对于个体自身来说是永远不能被简约掉的。或者不如说，它会按渐进线的形态重新加入到主体的进化中去，不管那些认为一个自我必须解决自己与现实之间的不一致的辩证假设偏爱什么结果。”[14]在我们目前的语境里，我们想保留“在一条虚构的线索里”这句话，它强调了叙事和幻想的心理功能，即主体试图重新与他的异化了的形象的结合。

镜像阶段是初期自恋的前在条件，它还在幼儿和他的伙伴之间打开了一个同样不可跨越的鸿沟，而这正是人的攻击性的根源。的确，拉康早期著作里最根本的特点就是它坚持这两种驱动力之间的难解难分的结合。[15]确实，一旦当一个孩子得以审视自己身体的形象，他怎能不形成一个自我？而那种自我形成又怎能不让他把自己的形态同他人的形态区分开来呢？结果是造成了一个只有身体和器官却缺乏一种现象学的中心和一个特许的观点的世界：“我们可以在这一阶段从头到尾看到那种冲动反应和规范传递（transitivisism，这是夏洛特·布勒尔［Charlotle Büher］关于主体和对象的非区别化的术语）。小孩撞到别人或别的什么东西时会说他被撞了，看到别的孩子跌倒他就会哭。同样，通过与他人的认同，儿童使他从‘卖弄’到‘慷慨’的整个反应范围变得生动起来，他的行为毫不掩饰地揭示了他的结构的模棱两可，奴隶与暴君等同，演员与观众等同，受害者与强奸者等同。”[16]这个“结构的岔路口”（拉康）与那种美学组织的前个人、前模仿、前视点阶段是一致的，这种美学组织一般地体现为“游戏”[17]，而游戏的本质在于主体不断地从一个固定位置变换到另一个位置，像是主体置入一种相对固定的符号秩序过程中的一种自由选择的多样性。在语言学和心理诊断领域里，关于“转移”效果的最基本的文献便是弗洛伊德的“一个孩子被打了”，它对于当前理论有相当典型的重要性。[18]

因此，关于幻想之物的描述在一方面要求我们必须接受一个独特的决定性的空间构造——它并非围绕我自己私人身体的个体性而组织起来，也不是从我自己的中心视点出发区分等级差别——它充满了以不同的方式直觉到的身体和形式，它的基本规定似乎是可见性，但这种可见性并不是任何特殊观察的结果，而是已经被看见的东西，是镜像与自身的叠加，仿佛这是他们身着衣服的颜色或他们表面的构成形态。在存在与感知（不知道感知者的感知）彼此不分的情况下，这些想像之物的身体典型地表现出镜子形象的逻辑。但成年人日常生活的普通对象世界的存在预设了这种先验的、幻想的空间经验："一般来讲，对象的不断加强的补贴是通过一种幻想性转移的游戏的可能性获得的，在一般所谓的感情层次上——通过一种增殖（proliferation），一种所有幻想的风扇般转动的平衡使人类在这种转移里具有几乎无限数量的对象，这在动物界里是独一无二的——对象在他周围的世界（Umwelt）里带有一种完形价值，对象被孤立在它们自己的形式里。"[19]

对这些对象的感情补贴最终来源于人类在镜像阶段的形象第一性：显然一个对象世界的投入必然这样或那样的依赖于象征联想的可能性或把无生气的东西与人类身体的本能第一性相认同的可能性。在此，我们不妨借用梅兰尼·克兰的术语"部位对象"——器官，比如乳房或与身体相关系的对象，比如粪便，实物的投入被转化为对他物的主宰，变成一种与外在世界（我们下面就会看到，这个外在世界最终稳定为善或恶）更为一致的内容。"拉康坚持认为，这些对象的共同特征是它们没有镜子形象，也就是说它们不知道可替换性。'它们是主体自身的排列，是主体自身的材料或者说是幻想的填充，它把自身与这些对象认同。'"[20]在梅兰尼·克兰所倡导的儿童精神分析那里，拉康的幻想之物的基本特征被描绘出来。正如我们期望一种从现象上不同于我们自己的空间经验一样，事实上还存在着一种特别的幻想空间的逻辑，它的决定范畴是容纳者和被容纳者的对立；那种内在与外在的基本关系显然起源于婴儿对于作为部位对象的贮藏所（分娩与排泄之间的混淆等）的母亲身体的幻想。[21]

这种幻想秩序的空间句法不久便可以说被一种不同类型的轴线隔断了，这种轴线的连接使它成为一种经验：拉康把这种类型的关系定义为侵略，我们知道这是自我与他者的本能竞争的结果，而这个阶段先于对自我的精心制作或一个本我的构成。在幻想空间的轴线上，我们必须再一次想像一些深深地根植在我们自身经验里但却埋没在成年人日常生活的理性之中（埋没在符号之物的活动下面）的事物：一种作为纯粹关系，作为斗争、暴力和对抗的关系他者的环境经验，在其中儿童能够无差别地占领其中一种形式，或在一种转移中同时占领两者。圣奥古斯丁有一句著名的话，被人刻在碑上作为这种同别的婴儿的形象竞争的原始性的箴言："一个婴儿曾嫉妒地看着我，我知道这是什么意思。他还太小，不会说话，然而一旦当他的哥哥吃奶，他就会盯着他，嫉妒得小脸儿发白"（"et intuebatur pallidus amoro aspectu conlactaneum suum"）。[22]

这一阶段与之后的他者的干涉（拉康的大写字母 A，双亲）阶段颇为不同，它认可了那种关于主体进入语言或符号秩序领域的假设，我们可以很恰当地把这一镜像阶段的原始竞争指定为一种他者关系，在此我们可以更好地认识那些关于善、恶的判断的暴力环境内容，它此后将平静下来沉积在各种伦理体系之中。尼采和萨特两人都在这种伦理的谱系从这么一种古老的空间补贴中出现时对之进行了穷形尽相的探讨，在这种补贴空间里"好的"只是与"我的"位置相联系的东西，而"坏的"则代表了我的镜子竞争者那一方面。我们可以进一步表明道德伦理思想的古代的或返祖的趋势，只要我们认识到它在符号秩序或者说在语言自身的结构里显得没有位置，这种语言结构的变化是一种位置的转变，从结构上说不能支持这种环境同暂时占据它们的主体间的同谋关系。因此我们可以把幻象描述为一种特殊的空间构造，它的实体使那种内在/外在的关系互相娱乐，之后又贯穿了那种原始竞争和形象的转移的替代，并由它们重新组织起来，原始的自恋主义和攻击性是没有区别的，虽然我们日后关于善和恶的概念是由此而来的。这一阶段已经是一种异化——主体被自己的镜中形象迷住了——但用黑格尔的方式来说，这是为一种更积极的进化所必不可少的异化，它与那种进化是不可区分的。我们必须这样来理解心理发展的下一个阶段，在这个阶段，幻象自己通过进入语言的异化而被符号秩序接收了。黑格尔的辩证历史的模式——正如让·伊波利特在拉康的第一篇讲演中的插话所表明的——在此仍是一个基本的模式："这种发展（人的自足体，尤其是大脑皮层的发展）是作为一种时间性的辩证法而存在着的，它决定性地投射出那种作为历史的个体形成：镜像阶段是一出戏剧，它的永恒的动力状态总是从不充分状态变化到期待状态——对于它的主体来说，这出戏剧捕捉到了空间同一性的海市蜃楼，载着整个幻想的系列，这种幻想系列涉及从碎片的身体形象到那种我们称为整体的矫形形式的东西——到那种最终的关于一个异化的同一性的防护甲的假设；这种防护甲的坚硬的结构标志着主体整个儿的心灵发展。这样，内心世界（Innenwelt）和外在世界（Umwelt）结合于其中的循环便破裂了，这造成了那种要清算它的不可穷尽的企图，而这正是自我的收获。"[23]

到了符号阶段，就应该指出拉康关于精神分析里的语言功能概念的独创性。新弗洛伊德主义者把语言在分析情境或"谈话疗法"中的作用理解为一种我们或许会称为表达和表现性的美学：患者吐露自己，他的"解脱"来自他得以用词语表达了什么（或者，根据一种眼下的意识形态，来自他已同别人"沟通"——交流）。对于拉康来说，事情正相反，这一后来的分析情境中的言语活动是由于它完成与满足了以前的早期童年没有完全实现的进入语言或符号的阶段而获得其治疗效力的。

拉康对于儿童语言发展的强调——在这个领域他的著作必然援引了许多皮亚杰的观点——一直被批评者误解为是对弗洛伊德的“修正”，即采用某种更为传统的哲学的形式，用镜像阶段的心理学材料和语言获得来替代婴儿性和恋母情结等更为典型的精神分析材料。显然拉康的著作必须被当作对经典弗洛伊德主义的整个内容的预先设定来读，不然的话它只不过是另一种哲学或思想体系。在我看来，语言学材料并不是要用来替代“性”的材料，我们必须把拉康的“符号秩序”概念理解为这么一种企图，它要在力比多分析与语言学范畴之间创造媒介，或者说是提供一个让我们能在一个共同的概念构架中谈论两者的译码体系。这样，弗洛伊德的心理概念中的奠基石，即恋母情结，便由拉康转换进一种语言学现象之中，他把那种情结指定为主体对“父亲的名字”的发现，换句话说，它包含在幻想关系朝一种特殊形象的转换中，这是实在的双亲转换为一种新的、恶意的父亲角色，这种父亲角色是作为母亲的占有者和以法律地位出现的（同时，我们前面已经看到这一概念是怎样使奥尔蒂格继续在社会和家庭环境中坚持恋母情结的有效性，虽然在这种环境里这种关系的教区特点和纯粹的欧洲式特征已经不复存在了）。

因此，正如我们看到的，符号秩序是主体的进一步的异化；而这种一再的强调也进一步帮助我们从结构主义思想家对语言第一性的称颂声中辨别出拉康的位置（我们曾把它称为他的黑格尔主义）。也许同列维-斯特劳斯的原始主义的联系是经由卢梭达成的，在卢梭看来，社会秩序以及伴随着它的一切压抑首先同语言本身的出现相关。在拉康那里，不管怎样，语言的异化功能的类似意义已被一种明显的不可能性——不可能退回到一个古代的、前语言的心理阶段——堵截在乌托邦的半途中（虽然德勒兹和伽塔里鼓吹的精神分裂看上去仍是在企图这么干）。特吕弗的影片《野孩子》（*L'Enfant Sauvage*）似乎给我们提供了一个语言不可避免地异化的悲剧象征，它比精神分裂者或自然人更为合适，在这部影片里我们看到的是，语言学习像一种折磨人的酷刑，一种那个野孩子只能接受但又不能完全接受的肉体上的痛苦。

梅兰尼·克兰提供了这种令人烦恼的从幻想到符号的转移的临床相应物，并分析了一个孤独的、自我中心的孩子，并向我们表明那种使孩子接近言语和符号的"治疗"，伴随着一种日益增长的焦虑，而非教益。这一病史（1930年以《自我发展中的符号形成的重要性》为题发表）也可以帮助我们纠正我们自身表现的不平衡以及从幻想到符号的"转移"概念，因为它展示了符号的习得是完全掌握幻象的先决条件。这就是说，孤独的、自我中心的孩子不仅不能说话而且也不能游戏，就是说，不能把幻想表现出来并创造出一些"符号"（象征物），在此上下文中象征物意味着对象的替代。迪克手边的那几个贫乏的对象表现了一种无差别状态，这是一种"幻想化了的（关于母亲的身体的）内容。对于母亲身体内部的施虐狂式的幻想构成了同外界和现实的第一个也是最基本的联系"[24]。心理投入外在世界，或换句话说，幻象自身的发展被它的最基础、最退化的形式吸引住了。那些小火车是狄克和他父亲的表现，而那种黑暗或车站则代表了母亲。焦虑的恐惧阻止了孩子进一步发展符号的替代和拓展他狭小的对象世界。

梅兰尼·克兰的疗法在于引入这一未加败坏的语言和符号秩序领域，正如拉康所看到的，这里并没有什么特别的狡诈或戒心。[25]词语化本身在形象的幻想之上设置了一个符号关系，孩子们幻想火车开进车站，“车站是妈妈；迪克进到妈妈身体里去了”[26]。

这就足够了：从这一点开始，孩子神奇地开始发展他同他者的关系，嫉妒、游戏以及替换和语言活动的大为丰富了的形式。符号之物如今释放了原先一直被阻塞了的全新对象的幻想性投入，并允许了那种梅兰尼·克兰在其文章里称为“符号形成”的发展。这种符号的或替换的形成是心理进化的一个基本的先决条件，因为它独自引导主体去爱那些本原的、现在却被禁止或忌讳的母性存在的对应物。拉康会把这一过程吸收进语言学领域的转喻的转义活动之中[27]，而这种新的、复杂的“修辞学的”机制的深刻效果是在想像之物的前语言领域里无法获得的，在那里，就像我们知道的，只有内在与外在、好与坏的最初步的对立在起作用；这种修辞机制的效果能用来强调一种转换并使之戏剧化地表现出来。语言给“欲望”带来了这种转换，而如果没有这种语言的转换，欲望便还不能被称为欲望。

现在我们不妨尝试一下更为完备地描绘出拉康的语言概念，或至少是那种表达言语的特征，它在心理的结构过程中是最为基本的，因而可以说构成了符号秩序。我们不妨就把这些特征分成三组来考虑，尽管这样，它们还是很明显地彼此紧密地联系在一起的。

第一组——我们已在父名的俄狄浦斯式的现象中认识了它的作用——可以被普遍化为语言的命名功能，它的深刻的后果对主体自身也不是没有影响的。因为一个名字的获得是在主体在其对象世界里的彻底的位置转移之中完成的：“一个名字无论它多么含混都指定了一个特定的人——这正是走向人类状态的过程所包含的。如果我们必须确定它是一个男子（原文如此）变成人的那一瞬间，那么我们便可以说，正是在这一瞬间，你把它想得多么短暂都可以，人进入了一种符号关系之中。”我们应该看到拉康对语言的对应物的注意集中于那一类词——首先是名字和代词——集中于那些狭窄的缝隙，（它们像是一些移动装置，一些搬运者，把一个自由流动的句子固定在一个特定的主体上）集中于那种动词的衔接（在这种地方，主体置入象征之物的活动特别容易被人察觉到）。

然而即使在这里，我们也必须在这些词的类型的各种各样的可能的效果之间作出区分：名词，尤其是父名本身，唤醒了主体的功能意识，这在某种程度上是客观的，独立于他自身的存在。这种名字带来了从这里和现在的幻想之物中解放出来的可能，因为通过语言而达到的父亲功能和生父之间的分离正是允许儿童以自己去取代父亲地位的条件。那种拉康称为规律的抽象化程序同样也把主体从他的直接的家庭环境和前符号阶段的“坏的直接性”的束缚中解放出来。

而代词却是一种联系着的但是却彼此区分的发展的焦点，这种发展只能是无意识本身的显露。对于拉康来说这的确具有分开所指和能指的符号学分数的分数线的重要性。代词，第一人称，能指，作为主体的划分的结果派生出“真实的主体”，仿佛它是一种隐蔽的东西；它们在自己的位置上留下了一个“代表”——自我：“主体是在符号之中由替换或置入塑造成形的，不管我们是否与人称代词‘我’，与给予他的名字或加于他的‘某某的儿子’打交道。这种植入是符号秩序或能指秩序的东西，这种秩序只是在后来才被永恒化了，这是通过能指与其他能指之间所包含的关系达到的。以语言为中介的主体不可避免地被划分开来，因为当它在符号链——能指在自身间的关系——中变成一种‘被表现出来的东西’时，它便被符号链排斥出来。”[28]因此，语言学家所坚持的陈述（énoncé）与主体构建之间的不一致性［或如洪堡在作为被创造出来的对象（ergon）的语言与作为语言创造力的语言（energeia）之间所作的更为宽泛的区分］便与无意识本身的出现相一致了。在接受名字的过程中，主体转化为一种自身的表现，这个被压抑、被异化的过程正是主体的现实。

无意识通过无非是获得语言的压抑而产生出来的东西在作为一个整体的交际环境中被重新解释了；拉康对能指的重新定义——“能指是为另一个能指代表主体的东西”[29]在此启发我们，比起以前那些特征来，它不如被称为语言异化的另一种形式，不过当然是不同方面的异化，即，无可逃避的他人中介或调解进入了视野，这个他人可能带着个大写字母 O 或 A，或就是父母。然而在此，由双亲尤其是父亲体现的法律进入了语言本质自身之中，这种语言的本质由儿童从外部接收，并像他学说话一样明白地说着他。因此，在这个主体通过语言异化的第三阶段，我们遇到了这一战略的更为复杂的迹象，在别的地方我们一般地把这种战略描绘成结构主义的根本的能力获得机制，也就是说，是一种由语言自身的模棱两可的本质所提供的、在作为一种语言结构的言语概念中向前或向后细微地移动的可能性；这种语言结构的对应物可以平列出来，而从一个相反的方向来理解，即把言语视为交际，则允许了语言过程（发送者/接收者，主动者/被动者，等等）[30]的戏剧化。拉康的“字母 A”便是这种叠加的焦点，它同时构成了俄狄浦斯式环境中的戏剧化人格（尤其是父亲或他的替代）和表达的语言自身的结构。

因此，符号异化的第三个方面，即由他人导致的异化便越入一种更为人熟悉的形态，即拉康在他的成熟言论中给出的对于“符号链”的思考[31]，它潜伏了一场反自我心理学的斗争，这是通过一场长期的关于分析抗拒和主体的自我的强化的争论而出现的，这是新弗洛伊德主义强调的重点。拉康的论断最终在一个概念上面建立起它的原则和有组织的主题，“这个概念是关于能指的功能的概念，这种能指展示了这么一个位置，在此主体必须从属于它，并且从属到这样的地步以至于它自己已在实际上被颠覆了（suborné)”[32]。结果便是主体为语言所决定——这并不是说它是一种语言决定论——这是通过一种对弗洛伊德的经典无意识概念的语言形式的重写而达到的。我们不妨引一句无疑是拉康的最有名气的话：“无意识是他者的话语。”[33]对于那些我们当中的仍然习惯于传统的无意识形象，即把它视为一个久远的本能的沸腾的大锅（并倾向于把语言同思考、意识而不是其反面的东西相联系）的人们来说，拉康的重新定义必然令人惊诧。就语言的相关所及，求诸黑格尔在解决这种惊诧以及更为哲学性质的对于普遍的异化，尤其是与他人的异化（主人/奴隶那一章当然是最基本的文献）的关心方面具有战略性作用：如果我们能使我们自己把语言当作一种异化结构来思考——尤其包括我们上面所阐明的那些特征——我们便已在定向欣赏和赞同这一概念的半途中了。

这条路的另一半路程无论如何有着更多的障碍，我们的先入之见倒并非关于语言，而是关于无意识本身。无疑，当我们回想弗洛伊德通过“设想的体现”[34]这个概念提出的暧昧不清的意思时，无意识和本能之间的关系还显得不很成问题，在这些少有的片断中，诸如在他的死的愿望的假设里，弗洛伊德自己显得在目的上和理论上表达不清。然而这个概念的功能是清楚的：弗洛伊德想避免给人这样的印象，即本能或内驱力（triebe）是可以在一种纯粹状态下设想出来，甚至只是为了构筑一个心理模型的目的；而他的同一反复的形式意味着强调，不管我们退回到心理历史的多么远的地方，在那里发现的本能同这些本能被束缚于其中并且必须通过它们表达自己的幻想或对象之间的联系都是不可分割的。可是说本能或力比多本身，不管它们是多么的充满沸腾的能量，都不能独立地从它们的再现中构想出来，简而言之，用拉康的话来说，不管它们多么久远，本能已具备能指的秩序又是什么意识呢？因此拉康地形学的 A 的位置无差别地指定了他者（双亲），语言或无意识，在此被称为“能指的室库”，或换一个词，是破烂杂货堆藏室，里面仍存放有主体的最古老的幻想或幻想的碎片。两种著名的但却并没有很好被人理解的曲线以一种既动态又静态的形式表明了这种地形学。那种静态的例子当然便是所谓的 L 图式[35]，在此，主体的有意识的欲望——他自己理解为他的欲望对象（a）与他自己或他的自我（a'）之间的关系——是由一种更基本的介于真实主体（s）与大写字母 A，即他者、语言或无意识之间的关系调解的。在这种地形学的动态例子（即所谓的“欲望的曲线”——graphe du désir[36]）里，这种主体的结构便已然由欲望的运动投入到运动之中了，这种欲望的运动被视为一种宣言，一种表明的行为：这种曲线的不可穷尽的魅力来自思考它的交叉点的困难，在这些交叉点上，主体的言语行为在从发送者到接收者的路途上被“能指链”的回溯性效果逆转过来，朝相反的方向运动，在这种方式中，大写字母 A 构成了这两种轨道的源泉和满足。

然而，我们将会看到，即使语言被赋予了主体的异化的内容，它仍会以精神分析创立阶段对性的决定作用的强调来修正拉康的语言学癖好。换种说法，即使人们赞同把阳具的临时状态视为一种能指，语言和性之间的关系仍然有待说明。令人疑惑的是，一个使人能够用谈论语言来代替谈论性的系统必然泄露了一种修正论的，甚至干脆是唯心论的企图。关联是通过在需要（“纯”生物学现象）和要求（纯粹人与人之间的、只有在语言出现之后才能想像的现象）之间作出一种区分来达到的：性欲望从质上说是一种新的、更为复杂的领域——这个领域是由于人类与其他动物相比要成熟得晚而被打开的——在这个领域里，原先那种生物本能必然经历了向一种基本的交际的或语言的关系的一种异化——这便是被他人认识的要求——以便寻找满足。但这种异化也说明了为什么对于拉康来说性欲望从结构上说不能带来最终的满足："快感"（plaisir）——作为一种纯粹肉体上的紧张的瞬间的缓解——同"愉悦"（jouissance）是两回事，它涉及一种被他者认识的要求，这在事情的本质上（在语言的本质上?）永远也不能得到满足。这种主体和他的欲望之间的结构的距离可以用来作为拉康的神经病和性反常的类型学的赋予能力的机制；而在此，拉康比为那些人类心理的原始性失常的本体论尊严所作的辩护更具有说服力："歇斯底里的象形符号，病态的恐惧的文身，曲折费解的阳痿的护符，禁忌的谜语，焦虑的宣论，人物的盾徽，自我惩处的印记，恐惧的伪饰——这些是我们的释义学辨明的奥义，是我们符咒的召唤解开的含糊不清的谜，是我们的辩证法破除的诡计，这是一种被囚禁的意义的解放，它把意义从隐迹纸本（palimpsest）[37]的揭示转移到言语的神秘和宽恕的经过的词上面来。"[38]

然而，作为前语言要求的欲望概念以及作为一种语言或"能指链"的无意识概念导致了某种类似的对显露出来的心理过程进行修辞分析的活动。众所周知，对于拉康来说，不仅欲望是一种转喻的功能，症候是隐喻的产物，而且整个成熟主体心理生活的机制——正如我们前面所看到的，它包含在无限的替代的产物之中，用梅兰尼·克兰的话说，包含在"象征形成"之中——也可以说在本质上是一种形象的东西，形象化是语言的特征，它使得同一个词可以在好几个意义上使用。与能指链对应相关的是"所指的滑动"概念（glissement du signifié），它使得心理所指被从一个对象移置到另一个对象。在这里，幻想之物的材料再次被用作说明符号之物的一种有用的对立项：象征之物及其所指的滑动不仅知道精神分裂者语言中的结构性失调（这种人的能指链的句法经验由于他人的激烈的排斥和禁止已经崩溃了），它还可以说具有某种在所谓的动物语言里类似一种零种的东西，这种动物语言构成了适于想像之物的信码的类型，它并不含有对他人的要求，只有一种固定的能指与所指、信号与地点间的一对一关系，在此，更具人类特性的形象化现象是不存在的。[39]

主体的移置和把无意识重新定义为语言，欲望的地形学和类型学及其具体化——这是"拉康主义"的梗概，但如果要使之完整，我们就必须提到在拉康毕生的著作中的第三种占压倒优势的成见，它最符合一时的需要而且最容易为门外汉所忽视，这便是分析环境本身的战略，尤其是分析者的参与和传递的本质在其中所起的作用。很清楚，在拉康的关于事物的图式里，分析环境的独特性以及它的象征的及治疗的价值是从这样一个事实里生成出来的，这个事实便是，在同一个交际环境里，他人被告知但却并没有在功能上卷入。分析者的沉默于是导致了主体对于他者语言的大写字母 A 的依赖，这是为了成为一种看得见摸得着的东西，而主体在任何具体的人与人之间的环境中从来也未能成为这样。因此，主体关于他附属于一种异化的能指的日益增长的经验是与理论家摒弃主体的哲学在同语言整体的关系中指定给主体一个偏离圆心的位置的哥白尼式企图相一致的。

我们现在可以问，除了那种偶尔附带地提一下诸如动物语言之类的东西，我们关于后来教育中的想像之物的地位还能说些什么呢？我们随后就会看到，幻想之物在拉康后期著作里逐渐被遮掩得暗淡无光与符号之间的特定的过度估计并不是毫不相关的；符号之物的这种过高估计可以很恰当地说是一种意识形态的东西。在此，我们不妨提出，想像的思想方式以一种我们一般认为是伦理判断的形式植根于成熟的心理生活之中。在那种内在或外在的维持或拒绝里，“好”与“坏”只不过是一种现象的地理关系的位置描绘，这种现象是关系到我自己的关于中心的想像性概念：我们可以目睹一场喜剧，它不仅在这个行为世界之中，也在思想世界之中，在这个世界里，作为消费资本主义社会的思想生活特征的私人语言的巨大增长，围绕着思想家出现的私人宗教——正如目前被人研究的——只有他们通过第一流的竞争“信码”发出的诅咒方能与之匹敌。激情的想像来源，诸如伦理学，总要被它们当中的双重行为以及环绕在二元对周围的主题的组织所同化。我们必须考虑这种思考的意识性质，不是考虑它的中心范畴的形而上学性质，而是，如德里达和列奥塔（Lyotard）强调指出的，考虑它以集体的历史和历史性的个体转移现象来替代个人关系的范畴。

在拉康的论文《康德与萨德》中，这种伦理学观点似乎找到了一种确证。在这篇文章里，通过第一人称构筑一种理智的、连贯的（换句话说，符号的）伦理系统的尝试的原型因一种同第二人称的谵妄的理性的结构性类比而受到彻底的怀疑。康德试图把伦理学普遍化，并为一个普遍适用的伦理规则建立标准，而这个规则并不建立在个体环境的逻辑之上。然而康德仅仅在把主体同他的对象（a）剥离开这一点上面获得了成功，他努力把愉悦性同善分离开来，因此把主体独自留给了规则（A）：“道德戒律难道不可以说是在这样一种环境中表现了欲望，即在其中欲望不是主体，而是缺乏的对象么?”[40]然而这种结构的结果却证明同性反常相一致，拉康把它解释为以主体自身为代价的对他人愉快的迷狂，这也由萨德的长篇大作不厌其烦地表现出来。

不管这种分析有多少哲学价值，在目前的语境里它有这么一种长处，即能使我们设想把想像之物与象征之物之间的地形学区分转化为一种真正的方法论的可能性。《康德与萨德》在道德哲学领域的确像是一种逻辑上的悖论，这使得拉康的其他领域的读者大惑不解。比如，我们找到一个合适的例子，即关于分析环境的时间选择的精神分析考虑，但它却出人意料地被关于一种逻辑混乱或无逻辑悖论的沉思所打断（见“逻辑时间”），其结论是要迫使我们重新把个体的主体的时间引回到被设想为普遍的或非个人化的心灵活动中去。在另一些地方这种实验颠倒过来，或然率的规律被用来表明符号规则性（用弗洛伊德的语来说，是结构的重复性），如果没有这种规则性，主体便只能被纯粹的个别的机遇所撞击。拉康不管怎样也自己解释过这些离题，并计划，用他的话说，“引导那些追随我们的人进入到这样一个区域，在那里，逻辑本身也由于幻象和符号之间的触目的不可通约性而动摇了；这并不是出于同作为结果出现的悖论一起的自鸣得意，也同任何所谓的思想的危机无关，而且相反，是要恢复被揭示出来的结构鸿沟的非法的光芒，这个鸿沟永远能指导我们，并且首先会锻造出能够通过它自身的不可同化性而解开自己的秘密的微分学方法。”[41]

《康德与萨德》以一种相同的方式把道德哲学的谋划转化为不可解决的思想的悖论，这是通过反复循环地叙述这一悖论使得主体与规则之间的内在鸿沟被人所理解。而现在我们则可以问是不是也可能在美学理论和文学批评领域中运用这种相同的幻象与符号的区分，从而给精神分析方法提供一个比它在传统的文学精神分析活动中更富有成果的使命。

三

关于弗洛伊德式的批评，我们每个人——不管好歹——都对它的终结有一番极为生动的想像，但这未免为时过早，因为我们先得问问能否设想出一种真正的拉康式的批评。拉康同他的创始者之间的关系——他是重写了这位始祖呢还是仅仅复活了这位始祖？——本已暧昧不清，现在更成问题了：在阐释的基点上，无论是以拉康式的阅读截然改变自弗洛伊德以来所有精神分析批评的经典主题——恋母情结、双倍与分裂、男性生殖器、失落的对象等——的企图，还是继续捍卫“字句的实例”（I'instance de la lettre）的语言灵感的尝试，它们都造成了隐喻与换喻之间的分歧；这种分歧被扩大到如此地步，以致任何正统的精神分析的成见都似乎被不留痕迹地遗忘了。[42]无疑，从某些方面来讲，这种方法上的波动可以从我们上面所讲到的观点来看，也就是说，在阐释符码的水平上，拉康的位置并不是一个经典精神分析概念的语言学替手，毋宁说，是两者间的中介：这关系到一些战术技巧，而这些战术技巧并不是在每个本文中都能够得到成功的实施。

然而这个问题还有另一个方面，一个更具结构性的方面，它提出了艺术作品的意群（syntagmatic）组织问题，而不是提出——这更像一种恰当范例——“破译”或阐释艺术作品的阐释性图式的问题。弗洛伊德本人的两篇最精彩的叙事阅读——关于詹森的《格拉迪瓦》和霍夫曼的《睡魔》——转向了妄想。妄想使主体的毁灭得到缓解但又同时使之达到极点，它们扼要地表明了治疗的流程，这也是疾病的轨迹，并且最终是心灵自身进化或成熟的轨迹。因此我们具有了一种叙事，它正式要求一种规范（成熟、心理健康、治疗）的终极形态；这些叙事就驾驶着它们的航程朝向这个规范行进，不管这个航程是灾难还是幸运。而关于这个航程本身，叙事什么也说不出，因为它并不是一个领域或范围，而只不过是一种组织机制，或者说，一种形态界限。

想像一种拉康式的批评并不困难，虽然我还不知道曾有这么一种批评，在这种批评里，从幻想之物到象征之物的转换（我们在前面已描述过）在组织意群运动中起到了与从混乱无序向符号秩序自身的形态界限转化的叙事相类似的作用。这一举动的风险在于把拉康独创的东西同化为一种从自然走向文化的结构主义范式，这种范式更广为蔓延，如今已变成一种惯例化了的东西了。此刻我们无疑应该问自己，拉康对于法律以及主体进化中阉割焦虑的必然性的强调——这与布朗的多态性反常（polymorphous perversity）包含的本能的和革命性的乌托邦、赖希的生殖器性行为、马尔库塞的母性的超我在精神上是多么的不同——是否同经典结构主义范式一样具有一种内在的保守性呢？拉康的文本创造出了它自己的修辞法，这种修辞法赞美对法律的服从，更确切地说，赞美主体对于符号秩序的臣服，因此，它免不了产生出一种保守调子，更确切地说，它免不了有种把明显反乌托邦的图式错误地与一种保守主义同化起来的可能性。从另一方面看，如果我们还记得对于拉康来说，“服从法律”所指的并不是压抑，而是一种颇为不同的东西，即异化——在此这个概念的意义很暧昧，黑格尔便是在这种意义上设想这一现象的，这同马克思相对立——那我们就可以十分清楚地看到拉康思想的悲剧性，而它所包含的辩证法的可能性便也尽在其中了。在拉康发表过的文学诠释中，最站得住脚的是那篇《论（爱伦·）坡的〈失窃的信〉》[43]的讨论，它提示我们，在拉康看来，规范可以是叙事探索的所在地，尽管还有一种特殊的说教或“图解”的类型[44]，这与弗洛伊德是截然相反的。在拉康看来，坡的故事权威性地表明了“一种形式化的语言决定主体”[45]的方式：在与信本身或能指的结构性关联中我们可以看到三种互不相同的位置——国王的位置、王后的位置以及大臣的位置，这种能指在叙事的结局中证实了位置的变化，杜宾取代了大臣的位置，而大臣则取代了从前王后的位置，这就把一种结构力量施加于在某段时间里占据这些位置的主体身上。因此，能指链变成一种恶性循环，而关于规范本身，关于符号秩序的故事，也就不是关于一个“愉快结局”的故事，毋宁说，是关于一种永恒的异化的故事。显然，拉康对于这个叙事的阐释是一种寓言性阐释，在这里，叙事的所指被证明恰恰是语言自身。这种阅读的相对的丰富性再一次从交流过程和从中获得的不同位置的多元性的戏剧性结构中派生出来，但如果我们考虑到其中进行的抢座位游戏，拉康在这方面的阐释便重又加入到目前已经惯常化了的结构主义概念中去，这个概念便是本文的自身指涉性（auto-referentiality），我们在“太凯尔”作者的著作里，在德里达以及托多洛夫的阐释中都曾看到过它。[46]以这种方式阅读——不过后面我们要指出，这并非我们阅读拉康文章的惟一方式——《论（爱伦·）坡的〈失窃的信〉》，我们便会看到，由于它对能指的首要性的纲领性展示，它为一种我们不妨称之为结构主义意识形态的东西提供了强有力的进攻手段，我们这么说是为了同它的其他方面的成就相区分（这种意识形态激烈地表现为用一种系统的替代物即“指称对象”来取代所指；这样一来，它就使人合乎逻辑地从一种正确的语言学论断即所指是能指的组织结构的结果或效果转向这样一个颇为不同的结论：指称对象，例如历史，根本不存在）。然而当前的语境为这种充满意识形态的暴行提供了一种说明，这种意识形态效果是通过拉康的揭示出现在我们面前的，或者说，是由拉康制造出来的：的确，在它的开场白中，拉康多方面地修正了那种“想像性的影响范围”（“它还没有表现出我们经验的本质，它仅仅揭示出其中那些反复无常的东西”[47]），并作出一个诊断，这个诊断牺牲了想像性的东西而过高估计了符号性的东西，它把想像性的东西置于一种几乎是无可逃避的呈现状态之中。

这样，我们由拉康本人的文字批评的曲折又重归我们自己的假设，就是说，幻想之物与符号之物之间的区别，以及对一种能够公正对待它们之间的质的鸿沟的特定分析的要求可以被证明是一个对于测度一种特殊思考方法之范围和界限的毫无价值的仪器。如果我们总是不能满足于冥思苦想拉康的文字批评在将来会是什么样子，如果显然《论（爱伦·）坡的〈失窃的信〉》不可能构造一个这种批评的模型，既然情况相反，文学作品只是一种为非文字性主题的令人眼花缭乱的展示服务的前文本，那么至少我们可以把这两种秩序或记录的概念用作展示其他批评方法之不平衡性的手段，并提出它们或许可能结合到一起的路径和一个折中的多元论解决。因此，举个例子，再明显不过，整个研究形象和捕捉形象的范围必须被转移，当我们抓住了一个给定文本的形象内容，这不是通过这许多线索进入它的观念内容（或“意义”），而是一种想像性材料的沉积，作品必然在这种材料之上达到效果，也必然在这种材料上发生转变。因而，文字文本同它的形象内容的关系——尽管在自浪漫主义以来的现代文字中感性具有一种历史性优势——并不在于它是幻想的产物，相反，却由于它是幻想的主人和驾驭者，在控制的种种手段之中，既有直截了当的压抑（它把感情形象转换到某种让人更舒服的观念符号中去了），也有那种超现实主义的更为复杂的吸收同化的模式，而其新近的发展则是精神分裂式的文字。[48]只有通过把握形象——还包括纯真的神话和妄想的残存的断片——并且把它当作幻想性的东西的踪迹，当作纯然私人的或生理意义上的经验，当作象征符号下面的起伏变幻的大海，这一类批评才能够重新发现它同文学本文间的充满生命力的阐释学关系。

然而形象批评提出了一个我们拖延到现在的问题，就是说，既然批评实践的问题如今毋宁说是个抽象理论问题，那么，我们怎样来确认这种幻想性材料呢？问题尤其在于某些同样的内容会在不同的时候或不同的上下文中既是一种幻想经验的一部分，又是一种符号系统的一部分。勒克莱尔（Leclaire）的那个关于青铜烟灰缸的有用的例子阐明了这种显示的渐变，这种显示的渐变表现为对物体的形状和发黑的金属表面的内在感知，对于它在手中的质地和它的光洁度对于眼睛的内在感知，其后它又慢慢借助名字进入了各种各样的符号系统中去，在那里它仿佛找到一个暂时的家，首先作为一件有其功能的物件（“烟灰缸”），其次作为一件古董，再进一步又成为田园式陈设的某种特殊风格的样品，诸如此类。这种直接的感性知觉经验同各式各样的抽象系统（一件物品的名字允许它在其中植入）之间的分歧对于我们已不是什么陌生的东西了。

不管怎么说，我们还是有可能阐明一个给定对象分别被想像和象征功能决定的更为具体的规划，比如说“对同一件事，如果我们绝对地看它便会把它看作是幻想性的，而如果我们把它摆在相应地限制了它的其他因素中，把它当作一种区分的价值，那么它又会变成一种符号性的东西”[49]。这个精彩的阐述——这归功于奥尔蒂格——似乎不应在一种前历史的系统中加以普遍化，虽然奥尔蒂格仍要不停地为我们提供这种东西，在这种前历史系统中，幻想之物变成了眼睛的统治方式，而符号之物则成为耳朵和语言的统治方式；在这个系统中，“物质的幻想”以及它对那种单一的意义充填的迷恋是同那些区分性系统对立的，因为这种系统从根本上说具有一种语言的、社会的性质。不幸的是正如我们将会看到的，这种对立恰好是一种幻想性的对立。然而惯例却有效地坚持认为幻想对象有一种使自身绝对化的趋势，它排斥同其他事物的关系，并以一种自由不羁、落落寡合的方式把感觉机制弄得黯然失色。与此相反，符号系统的成分总是明显或不明显地被嵌入一种复杂的二元对立之中，并彻头彻尾地服从于格雷马斯称为“符号学的抑制游戏”的那种东西。

随这种确定性而来的问题是，当我们重新把主体引入关系中时，它所估的份额已经有所变化，原先有助于通过个别幻想对象的孤立化进行指定的东西，现在却成了一种二重关系，就是说，我们必须理解符号性东西的二元对立系统在原先的幻想性东西的二重逻辑中引进了第三种因素：“因此雅克·拉康正确地把幻想性东西的本质定义为‘一种二元关系’，一种暧昧的反复加倍，一种‘镜像’反射，它是主体与它的他者之间的直接的关系。在这种关系里，每一方都转瞬间过渡到另一方从而迷失在无穷无尽的反射游戏中。幻想、欲望和有限性存在的现实——这种现实只有当生成第三种形态时才会从主体与他者的矛盾中出现——在这个决定每一方的‘中介’概念的安排下进入一种逆向的然而却是积极的关系之中。这种关系会在语言中得到发展。整个符号化的问题便在于此，在于这个从二元对立过渡到三方关系的通道之中。这个通道正是从欲望到概念的通道。”[50]从另一面说，我们在前面已经讲过，把一种激烈的对立关系搬上舞台在某种程度上正是暗地里把幻想性思考本身重新引入了一种思想，这种思想明显的是要克服那种幻想性；但这并非要遗弃幻想性东西取而代之以符号性东西——好像一个“坏”，一个“好”——而是要构造一种方法，它能够在保留它们彼此间尖锐的不一致的同时把它们阐明。

从这个角度我们可以回到我们对当前文学方法的批判中去。现在已经很清楚，我们必须在形象批评之外和之上把现象学本身作为批判性反思的目标。迄今为止，现象学的基本分析材料——时空经验、元素经验、主体性构成机制的经验——几乎完全是从幻想或想像的国度取来的。现象学批评以胡塞尔的著名口号“回到事物本身”为一面大旗，显然它在疗救那种过分智性化了的艺术作品概念方面起了重要作用，因为它试图在审美本文中重建生活经验的本真性和感性的圆满性。回顾一下就可以看到，由现象学主义者，尤其是梅洛-庞蒂发展的美学是把感知作为它的首要概念的，而这又是通过精心构筑一种艺术语言而建立起来的，这看上去简直就像是那种从幻想性东西中构想出来的符号性东西的理论原型。从另一方面看，我们不能够说这种现象学批评以其最严格的形式在美国已被广泛运用。在美国，试图取代这种批评但又时时声明它的权威性的批评是一种更为明显的意识形态阐释，它通过“自我”及其种种认同危机来解释作品。当我们阅读这种显然已占主导地位的学院派解释的意识形态以及那种所谓的“多元主义”时，我们会看到它没完没了地摆满在主体、自我和他者之间，这反映出了幻想性东西本身的视觉上的错觉，而拉康全力攻击自我心理学的力量也许在这里面临崩溃。

无论如何，我们必须在这一研究领域里专门进行一种重要的变换，因为这种在前社会形态中构架起来的研究有一种货真价实的政治后果。这种研究方法——即在他者性中阅读文化现象——出自萨特的《存在与虚无》中的他者关系的辩证法。在此之外，它还来自黑格尔《精神现象学》中关于主人与奴隶的思考。这种辩证法，尤其经过《圣·热奈特》的发展，为积极地批判那种决定关系奠定了基础。因而，它的一个特别分支，即法农（Frantz Fanon）的第三世界理论和殖民地的精神变态，以及与它相似的关于他者的理论总是毫无疑问地内在于一种政治学中，它以阶级代替了种族，以阶级斗争本身代替了殖民地独立斗争。

与此同时，福柯在文化和历史分析中验证了这种日益增长的他者理论的影响，并考虑了一种排斥理论的更具结构性的形式。

因此，继萨特在《圣·热奈特》中分析有罪性之后，福柯向我们表现了一个发展理性概念的社会如何发现同样有必要设置一个不健全和不正常的概念，并生成一种边缘化的现实，在同它的对立中确定自己；他论监狱和监禁的近期著作又重新参与进美国自阿提卡以来最为重要的政治现实潮流之中，即关于监狱本身的运动之中。

在另一方面，不能否认《圣·热奈特》是一部“镜像阶段”的史诗[51]，这种政治现实同那种理论构架一样揭示了那种流氓无产者的政治学，那种边缘性的政治学或“分子政治学”（德勒兹）都是一种意识形态。这种意识形态在某种意义上是 20 世纪 60 年代法国和美国学生运动的继承人，它本质上是一种伦理政治学，而不是公开的无政府主义政治学。这种政治学是由幻想的范畴支配的。然而，在漫长的航程中，一种伦理政治学本身便是一个用语上的矛盾，无论我们多么钦佩它的激情和它的义愤，这一点我们将在结论中讨论。

这些便是我们诊断为牺牲符号性东西而抬高幻想性东西的病症在当前批评中体现的某些形式。这不仅仅是一个方法问题或理论问题，而且是一个关于审美生产的应用问题。我们不妨举出布莱希特的例子，他的反亚里士多德的戏剧理论概念以及拒绝观众的同情和“认同”的美学概念提出了一个问题，这个问题可以由我们当前的语境来予以澄清：我们应当指出，布莱希特对于“烹调剧”（culinary theater）的攻击——包括他的“史诗剧”理想带有的明显的悖论——最好被理解为这样一种企图，即阻塞幻想的投入，从而把观察主体与历史的符号秩序之间的颇成问题的关系戏剧化。

至于那种沉思的极端，即那种对符号秩序本身的过分估计，则较容易加以描绘，因为这种特殊的“异端邪说”或“错觉”得益于符号学的发展。在这方面，符号学的根本规划可以说是一种符号秩序的名副其实的勘测绘制。因此，它的盲点或空白对于把幻想之物插入一个符号系统的模型中去这样的问题具有特殊的教益。我在此只举一例，不过这无疑是文学批评语境中最重要的一例——即，叙事学结构分析中的“人物”范畴的问题。[52]

由于“认同”和“观点”的意识形态已为人熟知，“人物”正是叙事本文中的一个点，在此，把主体置入符号秩序的问题最为尖锐地暴露出来。这个问题无疑不能由普罗普和格雷马斯的妥协政策解决——尽管他们在实践方面具有无可怀疑的价值——在他们那里，行动主体的拟人化残余仍然在“功能”或“动素”（actant）的伪装下继续存在。这里缺乏的是分析的工具，它能够说明主体与它的叙事表现之间的不相称，或换种说法，普遍意义上的幻想性东西与符号性东西之间的不相称性，除此之外，还缺乏一种能阐明主体的各种“体现”自身之间的不一致性的工具，也就是说，我们想要弄明白的不仅仅是那种本韦尼斯特（Benveniste）教导我们的把第一、第二人称放在一边研究而把第三人称放在另一边研究的做法，而且还首先包括拉康所强调的第一人称自身的主格形式和宾格形式的不同。在某种程度上，叙事分析中主体地位的理论问题本身反映了要把过时的主体从文学文本中剔除出去的现代主义实践的历史性尝试。我本人的感觉，一方面，你不能否认主体会在叙事中充分地再现出来的可能性，另一方面，你却还应该继续探索一种更令人满意的表现范畴，如果是这样，那么主体与这样那样的个体或“视点”的关系——这仍是一个尚待说明的关系——就应该被研究那种主体恰当地植入其中的人物系统所取代。[53]

然而在一种更为普遍的方式中，这一进退两难的困境提示我们当今文学理论最迫切的需要是发展一种概念的工具，它们能适合于当代生活本身和当代本文中的主体的后个人主义(postindividualistic)经验。这样一种要求一直被当代修辞学反复强调，这种修辞学是主体的零散化的修辞学（也许最值得注意的是那本德勒兹和伽塔里的《反俄狄浦斯》，它把精神分裂病人抬高成“欲望的真正英雄”）；但是马克思主义者却深信，意识之非中心化的理论和实践必然服务于“清除资产阶级个人主义残余并为即将出现的后个人主义思想模式准备基础”[54]，然而这种认识仍很抽象，未能更加恰当地解决问题。不管作为一种分析机制它们最终能给我们提供什么实践价值，无论如何，拉康“颠覆主体”的结构主义图解还是让我们得以回过头去审度一些概念性先兆的参与性价值和它们的黑格尔主义局限，这些概念性先兆既包括《圣·热奈特》与热内·吉拉尔德的《欺骗、欲望与小说》中的辩证因素，也包括萨特在后期的《辩证理性批判》中提出的“系列性”（seriality）概念，这一概念预示了探索的未来领域，在这个领域里，巴赫金提出一种对话式言语的前结构主义概念以及这一概念从中出现的社会经验的前个人主义形态。[55]因而，如果我们试图扭转拉康的论辩（在《论（爱伦·）坡的〈失窃的信〉》及其他地方），并设想有朝一日语言和符号秩序的首要性被人广泛地理解——起码是被广泛地肯定了——那么这一切肯定是在对幻想性东西的估计不足和主体植入的问题中发生的，那时，海德格尔所谓的“真理之无蔽状态”也许就会出现在我们面前。

四

德里达的指控完全正确，就我们的问题来说，拉康以及一般的精神分析寻找的是真实；退一步说，这种真理概念加入到经典的存在主义概念之中（如海德格尔的遮蔽与去蔽概念，萨特的间歇地改造“坏信仰”——mauvaise foi 的概念)。[56]正因为这个原因，把逻辑中心主义与语言中心主义划为一类——因为它是结构主义的——提倡主体的非中心化的思想就似乎有些自相矛盾；而由于它又是“存在主义”的，它又被一种真理概念所引导，但它并非与现实相符（如德里达所指出），它是通向实在之物（the Real）的一种关系，至多不过是一种渐近地走向实在之物的途径。

这里并不是讨论拉康的认识论的地方，但毫无疑问，此刻我们应该回到一个概念上来，这是拉康术语的三价原子的第三项，而我们不得不承认我们竟在这样长的时间里对它闭口不谈。正如符号秩序（或语言本身）通过在原先幻想之物的镜像二元性的无穷反复之中引入第三种因素从而重新结构了幻想之物，我们也不妨希望实在之物这个新的第三者的迟缓的引入能了结那种幻想性对立，我们先前讨论拉康的两种秩序时总不能免于一再跌入这种对立中的危险。然而我们千万不能指望从拉康本人那里得到太多帮助，在考虑这一领域时他曾有这样的看法：“实在之物，或我们感知到的诸如此类的东西，是绝对地抵制符号化的。”[57]（如果我们把贯穿他全部著作的零零星星的关于实在之物的精到评语汇编起来，那一定很有益处。）

然而，说出在拉康那里实在之物究竟意味着什么并不是比登天还难的事情。它就是历史本身；而如果对精神分析来说有问题的历史足可以是主体的历史，那么这个词的回声就提示我们，一种特殊的唯物主义与马克思的历史唯物主义相遇在一起业已无法避免了。这场冲突的第一回合是由拉康自己挑起的，他提出，他所运用的符号之物的概念可以同马克思主义和平共处（因为马克思主义语言理论仍待开发，这倒是大多数马克思主义者愿意承认的)。[58]与此同时，他的全部著作毫无疑问地渗透着辩证法的趋势，那种相对说来黑格尔化的特点我们已在前面讲到。除此之外，他的著作让人着迷之处还在于它们总是在辩证阐述和静态的、结构主义的和空间化的地形学之间暧昧地猜疑。不管怎么说，在拉康那里有一种近似于形式分析的东西，这保证了能把这些结构转换为一种更具有过程趋向的某种类型的"阶段"，这与其他形形色色的结构主义图解有很大的不同。因此，在《论（爱伦·）坡的〈失窃的信〉》中，我们原先视为一种"结构主义宣言"的表面价值，那种反对所指的视觉幻觉的宣言在另外一些段落里却相反地指出，能指的循环往复的轨迹或许同辩证的自我意识的出现具有比人们通常所认为的更为密切的关系，此外，它还在业已描绘出来的结构主义阅读之上树立了一种更为辩证的阅读方式。特别是当坡笔下的大臣暗示，正是在对符号之物的意识之中我们才能找到从幻想之物的视觉幻觉中解脱出来的途径："如果现在的问题同以前一样是要使信不被搜寻的眼睛发现，那么他惟一能做的事情便是搬用那已曾被他识破了的技巧：把它搁在谁都看得见的地方。我们有理由怀疑他知道他正在干什么，因为我们看到他立即被一种二元关系捕获了，在这种关系里我们发现了一种模仿的诱惑或者说是一种动物装死的特征，他落入了误以为自己没有被人发觉的典型的幻想情境之中，却没有发现真实的情境是，他没有发现自己被人看到了。"[59]

这段文字诊断出了结构主义的自我意识，但即便如此，它也仍然是一种辩证的自我意识，当然没有必要跟着说这种辩证法是一种马克思主义的辩证法，虽然精神分析无可置疑地是一种唯物主义。与此同时，那种流产的弗洛伊德-马克思主义整个系列的经验以及当前论文勾勒出的模型提出的尖锐的不一致性的方法论标准都向我们提示了一点，即仓促草率地把它们结合成一种统一的人类学的企图并没有一个能为天主效力的目的。说精神分析和马克思主义都是唯物主义就是断言它们各自都揭示了一个领域，在这个领域里，“人类意识”并不是“它自己房屋里的主人”：只不过它们各自加以非中心化的领域颇为不同，一为性，一为社会历史的阶级动力。这些领域都有一些局部的交叉，比如赖希就向我们表明性压抑就像是把社会的权威的砖石粘合在一起的水泥，这一点是无可否认的；但这些本能的或意识形态的离子交换——在其中各系统的分子成分暂时地借给对方以获取稳定性——从来也没有把性与阶级意识之间的关系造成一个整体模型。无论如何，唯物主义思想应该具备足够的异质性、间断性的实践以便容纳这样的可能性，即人类现实从根本上是以不止一种的方式被异化的，并且这些方式彼此之间也并没有太多的相干。我们能够做的只是表明，这两个系统在方法上可以互相学习，因为它们各自都在本质上是一种阐释学。这么说较为谦虚，但却有较多的成功的希望。马克思主义与精神分析的确在结构上表现出一系列惊人的相似之处，把它们的主题列一份清单就能说明问题：理论与实践的关系；拒斥错误意识以及关于它的对立面的问题（它是真理还是知识？是科学还是个人的确信?）；真理的助产士的角色及其风险，不管体现为分析者还是先锋队政党；对异化了的历史的重新据为己有以及叙事的功能；欲望、价值以及“错误欲望”（或“虚假欲望”的本质的问题；关于革命过程的终结的悖论，这同精神分析一样，必须被视为一种“无止境”的过程而非一个“目的论”的过程；等等。因此，这两种19世纪的“哲学”在当今的思想氛围里由于它们“天真的语义主义”而成为同一种攻击的目标也就不足为奇了。

显然，无论在马克思主义还是在精神分析中，19世纪都要因为它的不在场而受到责难，直到出现一种语言概念能够允许对这种反驳作出回答。因此，从这个角度来看，拉康是一个有代表性的形象，他使我们把他的毕生著作看作是那种内在于弗洛伊德实践的语言学理论同精神分析解除婚约，而不是从弗洛伊德转换到语言学。然而我们看到拉康尚没有一些得心应手的概念工具，很清楚，拉康的第三个概念，即他在那种相对无害的幻想与符号的概念对立中加上的实在之物的概念却让人难以消化，就是这个概念引来了所有的麻烦。在这两种“唯物主义”中它成了令当代哲学难以容忍而必欲中伤的东西——它们强调任何“理论与实践的统一体”以及那流俗的哲学自身之间的根本性距离——却是一种顽固不化的保留物，老于世故的哲学家长期以来一直把它放在括号里，这便是指称对象概念。对于构造模型或指向语言的哲学家流派来说（在我们时代里已包容了从尼采到日常语言哲学，从实用主义到存在主义和结构主义的广阔的潮流和风俗）——我们的思想气候被这样一种信念支配着，即在我们面前出现的那种预先形成、预先决定了的、为我们所遭遇或经验的现实与其说是由人类“心灵”决定的（这是古典唯心主义的形式），不如说是由语言在其中发挥作用的各种各样的模式决定的——很显然，在那种关于隐藏在我们的表象后面的存留物的断言之中有许多无法接受的东西，拉康把这种无法破坏的内核称为“实在之物”，而我们在前面说过，它只不过就是历史本身。如果我们能对它获得一个观念，它便会立即遭到反对，于是它便已经成为我们表象的一部分了；如果不是这样，那么它不过是另一种康德式的“物自体”（Ding-an-Sich），我们都会同意这样的观点，即那种个别的解决是毫无用处的。然而那种反对倒是预设了一种认识论，在它看来，知识不过是同事物的这样或那样的认同：这种预设对于拉康的非中心化主体的概念毫无冲击，因为后者既不同语言结为一体，也不同实在之物结为一体，它在本质上同这两者保持一种结构上的距离。拉康对“实在之物”进行一种“无症候”研究，这一概念给出了它的实际境况的地形图，在这一境况中，这种“不在场的原因”可以被理解为一种词语限制，它既与符号性东西（或幻想性东西）无从分辨，又保持着自己的独立性。

这种反对意见的另一种形态——认为历史是一种文本，而这种文本不过等于另一些文本，因此从中不会产生出真理的“基础”——提出了对于精神分析和历史唯物主义双方都十分基本的叙事学问题，它向我们提出了建立马克思主义语言哲学的基础的要求。无论精神分析还是马克思主义都在一个极为根本的方面依赖于另一个意义上的历史，即作为故事或讲故事的历史：如果我们不承认马克思关于人类社会之不可逆转的运动进入资本主义阶段的叙事，那么马克思主义作为许多人为之浴血奋斗的行动的系统和意义也就几乎荡然无存了。与此同时，如果精神分析不是作为“主体的过去”[60]的系统的重构或重写，不是作为那种由弗洛伊德的全部著作树立起来的巨大的叙事分析的形象，那么精神分析情境无疑什么都不是。我们在此无法充分地讨论马克思主义与弗洛伊德主义共同的叙事学倾向同我们上面提到的那种非指称性哲学的分歧。我们只需指出这一点就足够了：历史并非完全是一个文本，而是一个即将被构造（或重新构造）出来的文本。更确切地说，这样做是我们义不容辞的责任，这些方法和技巧本身便是历史性地不可扭转的，我们并没有随意构造任何历史叙事的自由（比如说，我们就没有返归神的、上帝的叙事的自由，甚至没有返归民族主义叙事的自由），拒绝马克思主义的范式会逐渐演变成拒绝历史叙事本身，至少演变为拒绝它的系统的先在准备和那种战略界限。

我们必须在语言的形态中把我们自己的历史叙事——不管是精神分析的还是政治的——同那种实在之物区分开来，这种实在之物是“绝对拒斥符号化”的，我们的叙事只有在那种无症候状态方面才与它相近似。我们也不能把那种由精神分析或马克思主义武装起来的历史范式——即由俄狄浦斯情结或由阶级斗争提供的范式——视为比某种经典文本或某种抽象的东西更为"实在"的东西，它甚至不比那种原始叙事更"实在"，因为我们通过它们把我们自己具体实在的实践构筑在文本之中。在这一点上，拉康关于真理和知识（或科学）的根本区分介入进来，它无疑是决定性的：精神分析或马克思主义历史哲学的抽象图式构造了一个知识体，我们大多数人也许更愿意把它称为科学知识；但它们并未体现主体的"真理"，它们在其中精心构制的文本也并未被人认为是一种"充分的许诺"（parole pleine）。唯物主义的语言哲学为这种科学语言保留了位置，它指明了实在之物但却不声称同它具有一致性，它不相信它能充分地预示对于幻想和符号的超越，并提供了自身的这种无能状态的理论。拉康在评论牛顿定律时说："至少在某一段时间里，那种出自幻想的阐述是同实在不分彼此的。"[61]

所有迄今为止的唯物主义的主要缺欠在于，它被认为是一系列关于物质的命题——尤其是关于物质与意识的关系，这像是在那种所谓的人文科学中说自然科学的事情[62]——而不是一组关于语言的命题。唯物主义的语言哲学不是一种语义主义——不管是原始的还是别样的——因为它的基本宗旨在于严格区分所指（这是语义学的领域，是阐释的领域，是研究文本的表面意义的领域）——和指称对象。研究指称对象，不管怎么说，是研究它的意义的界限，它的历史的先在条件以及那种同个人的表达无法通约的东西，而不是研究文本的意义。在我们目前的讨论中，这意味着同客观知识的关系（或换种说法，同那种在其巨大的构造秩序上与个别主体迥然不同，以至于后者作为有限的词语保留下来的生活经验永远也无法充分予以"表现"的东西的关系）只有为那种能正确对待尖锐的不连贯性的思想所设想出来。这种不连贯性不但存在于拉康的各种“秩序”之间，而且也存在于语言自身之中，并在各种类型的命题容纳它们同主体之间迥异的结构关系时存在于这些命题的类型之间。

拉康把科学作为一种主体非中心化的历史性起源形式——而非“真理”的所在——的概念对于那些仍封闭在过时的意识形态—科学对立的老框框中的马克思主义者来说是富于启发性的，他们仍把这种对立视为两种合理的东西互相间的矛盾；而阿尔都塞却在他各阶段的著作中提出了一种关系，它的各种各样、充满矛盾的模型业已反映出这种令人眼花缭乱的变化。我们在别处将会看到阿尔都塞也就秩序提出了拉康式的概念，从运用这一概念方面看，他不会从这一图式中获益多少，因为在这一图式里，知识与科学、主体与他或她的个人真实、主人（master）的地位，以及同符号之物与真实之物的偏执的关系都已在一种联系中被标示出来。

很明显，马克思主义与精神分析之中同样存在一个主体的问题，甚至可以说是危机：我们只需在实践层次上举出那种在自我牺牲的、压抑的斯大林主义与鼓吹主体直接的此时此地性的无政府主义之间的令人无法容忍的选择就足够了。在理论领域里，马克思主义主体概念危机的最富于戏剧性的表现是那种我们所谓的德国传统和法国传统的对立——从卢卡奇的《历史与阶级意识》中出现的黑格尔化的辩证潮流在法兰克福学派的著作中找到了具体体现，而那种对马克思进行结构的、科学性的阅读则把索绪尔的传统同毛泽东在《矛盾论》中的教导（也包括拉康的精神分析）结合起来，这带来了阿尔都塞及其小组的理论实践。

的确，主体这一主题澄清了阿尔都塞立场中许多含糊不清的地方。他的多元论反对那种被称为人道主义的关于主体的特殊意识形态，这无疑有一种相对的当地色彩，它不但针对那些非共产主义甚至反共产主义的法国左派，同时也反对法共自身的某些成员，最明显的是加罗迪，他的多元主义反对黑格尔，这显然意在制止那种用早年马克思即黑格尔化的、持异化理论的马克思来反对后期的《资本论》的马克思的做法。[63]然而这种多元论在英美世界里却没有同马克思主义的命运发生什么特别的关系。在英美世界，黑格尔从来也不是一个人们首先会向它祈灵的名字，在那里占支配地位的个人主义从来不会彻底地扔掉那种人道主义的修辞。我们当前的语境使我们清楚地看到了在“唯心主义”中的幻想性东西的商标以及这种幻想之物的扭曲变形。阿尔都塞正是在这种唯心主义中重新研究黑格尔，这使我们看到黑格尔是怎样煞费苦心地把他那些概念工具——整体、否定性、异化、扬弃，甚至根本的唯心主义意义上的“矛盾”——从他自己的那不连贯的、结构性的概念中区分出来。[64]以这种方式重写阿尔都塞的批判旨在从那种关于黑格尔“唯物主义核心”的断言（阿尔都塞反对它无疑是正确的）同他的一揽子反对意见的对立中解脱出来，并引申出一种更富于成果的把握各种“意识形态的”哲学的方法。这种看法似乎已内在于阿尔都塞把历史视为“没有主体的过程”[65]的后期概念之中（这一多元论针对卢卡奇的黑格尔主义，它排除了那种把无产阶级人格化为“历史的主体”的做法）。然而这一差异并不妨碍卢卡奇和阿尔都塞共同具备一种马克思主义历史视野的内容。不如说，它表明阿尔都塞思考的问题，即反对在关于集体过程的讨论中运用主体的范畴，因为这一集体过程同那些主体范畴以及那种个人的或存在的经验在结构上都是不可通约的。[66]不过阿尔都塞确实对科学的强调在这方面看来像是一种极端的过度反应，它没有给从卢卡奇传统中呈现出来的、被人习惯地称为日常生活的现象学的丰富的研究领域留下任何余地。

而法兰克福学派持久的成就恰恰在于这一领域，尤其是在于它关于后期资本主义条件下主体异化的生动展现——这种展现贯穿于阿多诺关于审美感知（以及艺术形式）拜物教化的诊断以及马尔库塞在《单向度的人》中的语言解剖和思想样式之中。我们必须看到这一点，即这种展现是从一种假定中获得力量的，这个假定便是在某种先前的历史阶段中，主体仍然是相对完整和自足的。然而那种心理观念和个人主义——即那种被他们确认为后期资本主义的原子化主体的东西——却阻碍了任何从资产阶级文明社会返归某种前个人主义和前资本主义社会形式中去的幻想，因为它们正是先前构成资产阶级主体所必需的东西。因而，法兰克福学派不可避免地从这样一个历史阶段获取一种自足主体的规范，在这个阶段里，资产阶级自身仍是一个上升的、进步的阶级，它的心理构造是由当时仍然富于生命力的核心家庭结构决定的。正是在这个意义上，他们的思想不无道理地被人指责为带有一种潜在的倒退性和怀旧色彩。

然而在法国——这里最引人注目的东西不是阿尔都塞小组，而是“太凯尔”小组——左翼知识分子却欢呼着“人的终结”（福柯），从中业已生成了一种修辞学，它所包含的正是那种所谓的自主的主体，或者说，自我或自主性幻觉；在此它被贬黜为一种意识形态的、资产阶级的现象，它的种种崩溃迹象——法兰克福学派把它们视为症候——作为一种新的后个人主义阶段的先兆而受到欢迎。这种理论分歧的历史原因——法兰克福学派从纳粹主体中间获得了意识的质的经验，但这种经验在法国这个“消费社会”（Société de consommation）里，在它的美国式的日常生活的反文化“革命”中便不存在了——并不足以解决主体的地位这一摆在今日马克思主义面前的理论问题。

在我看来，解决这一问题的出路惟有进行一种新的乌托邦式的思考，在历史时间的另一个终点，在超越了阶级组织、商品市场、异化劳动以及那种非人性所能支配的历史逻辑决定论的社会秩序中对主体的位置进行一种新的创造性思辨。只有这样，我们才能在资产阶级全盛期中产生的“自主的个人主义”和那种带着后期资本主义的主体拜物教痕迹的分裂的局部对象这两者之外想像一个第三者，在这个第三者的视野中，这两种意识的形式都可以从它们自身的历史性关系中找到它们本来的位置。

要这样做，就必须阐明一种马克思主义的“意识形态”。切莫忘记，正是拉康给我们灵感，使我们找到了一种新的然而却尚未充分开发出来的关于意识形态本质的概念，这自马克思和尼采以来还是第一次：我指的是阿尔都塞对意识形态的富于创新的定义，他把意识形态视为“个人幻想同存在的实在条件之间的关系的‘表象’（representation）”[67]。因此，这个意义上的意识形态便是在那些秩序的国度里植入主体的地方；无论符号秩序（换种说法，社会自身的共时性网络和位置与角色的运动系统）还是实在秩序（换种说法，历史本身的历史演进、时间与死的国度）都在它们的结构中激烈地超越了个人经验。如果我们这样理解意识形态，那么显然它在任何可以设想的社会秩序中都具备其功能，而不仅仅在马克思所谓的“前历史”或阶级社会中起作用：我们必须把意识形态表象理解为一种必不可少的幻想和叙事的地图，个人主体用它创造出同集体系统之间的“被经验过的”关系，否则他或她便会被种种界限排斥在外，因为他或她生来进入的就是一种早已预先存在的社会形式及其预先存在的语言。

这样看，马克思主义意识形态方案以及那种马克思主义“科学”并非像我们想见的那么矛盾。这里不是探讨为什么其他的意识形态传统——无政府主义暴动的传统，甚至基督教贫穷与博爱的传统——曾得到了更充分的发展并发挥了更强大的影响这个问题的地方；而马克思主义在它最为强大的阶段曾生成了公社式的集体性远景，比如在劳动武装（这是最伟大，但也是最模糊的瞬间）中，在苏维埃的短暂的活力中，以及在中国经验丰富的集体性蕴涵中。对于这样一种远景来说，对于这样一种集体意识形态的理论建设来说，拉康的非中心化主体的学说——特别是那种对主体的结构性“颠覆”所指向的不是压抑的摒弃，而是欲望的现实化——提供了一个模型，这已不只是一种暗示了。

【注释】

［1］参见黑格尔：《精神现象学》，第一章，并参见 V. N. Voloshinov, *Marxism and the Philosophy of Language* (New York, 1973)。

［2］Emile Durkheim, *Les Riegles de Méthode Socioloque* (Paris, 1901), p. 128.

［3］《弗洛伊德全集》（标准版），152 页，伦敦，1959。

［4］应看到，旧式传记批评把作者的生活视为泛本文，视为原因或可以说明本文的东西；而新的传记批评却把“生活”或它的重新构造视为一种更为延伸的本文，与作者其他的本文处于同一水平，并形成了一个更大的可供研究的本文综合体。我们现在应该仔细地审视一下旧的传记批评中的禁忌的意识形态功能。

［5］《弗洛伊德全集》，153 页，伦敦，1959。与这种机制更为接近的模式体现在《玩笑及无意识》而不是《释梦》之中，因为其最终目的是在交流情景中的讯息传递。

［6］萨特的语言理论与狄尔泰的非常一致。

［7］阿多诺在讨论斯特拉文斯基的《春之祭》中的少女牺牲片断时写道：“由音乐烘托的愉悦是一片没有主体的空洞，是一种受虐狂式的愉悦。欣赏少女献身的并不是观众中的头脑简单的个体。相反，作曲家潜入到作为群体的观众中去，并作为这一群体的潜在的受害者而尽情享受着这种魔

术般的精神倒退的集体力量。”［参见阿多诺：《现代音乐的哲学》（纽约，1973），159 页］在此我要补充的是，对受虐或进攻冲动的迷幻力量的依赖总是暴露了一种未加中介的、心理化的意识形态。而阿多诺对“倒退”这一概念的使用则以形式的历史为中介，因而朝原始本能的倒退往往表现为或导致了向更早、更简陋的形式技巧的倒退。

［8］参见霍克海默：《批判理论》（纽约，1972），47～128 页，“权威与家庭”；杰伊：《辩证的想像》（波士顿，1973），第 3～5 章。萨特在《寻求方法》中转向家庭这一社会体制去探索儿童心理形成与阶级现实之间的关键中介。这是萨特发展马克思主义方法论的努力在此书中的重要体现。See Sartre，*Search for A Method*（*New York*，1968），pp. 60-65.

［9］Marie-Cécile and Edmond Ortigues，*Oedipe African*（Paris，1966），pp. 301-303.

［10］Ibid.，p. 304.

［11］Serge Leclaire，*L'Evolution Psychiatrique*（1958），p. 383. 除了拉康的早期著作《文集》（巴黎，1966）和《（讨论班）讲演集》（巴黎，1975）之外，对理解幻想/符号问题大有帮助的著作还有：Anika RiffletLemaire，*Jacques Lacan*（Brussels，1970）；A. G. Wilden，*Language of the Self*（Balt imore，1968）；Edmond Ortigues，*Le Discours et Le Symbole*（Paris，1962）；路易·阿尔都塞：《弗洛伊德与拉康》，载《列宁与哲学》（纽约，1971）；《新左派评论》（1968-9-10 月号＃51）上登载的拉康的《作为“我”的功能的形成的镜像阶段》的英译。关于拉康的新著多得不胜枚举。自拉康 1981 年谢世以来，较为个人化的传记文字亦大量出现，可推荐的有 Catherine Clément，*Lives and Legends of Jacqnes Lacan*（New York，1983）；Stuart Schneiderman，*Death of An Intellectual Hero*（Cambridge，MA，1983），美国较晚近的拉康研究的资料在 Ellie Raglund-Sullivan，*Jacques Lacan and the Philosophy of Psychoanalysis*（Urbana，Ⅲ，1984）及 Jane Gallop，*Peading Lacan*（Ithaca，NY，1986）中有所体现。

［12］Rifflet-Lemaire，*Jacques Lacan*，p. 364.

［13］Ernest Jonses 的“符号理论”，见 *Paperson Psychoanalysis*

(Boston，1961)，这是十分基本的文献。

［14］《镜像阶段》，见《文集》，94 页。

［15］参见《讲演集》，卷一，202 页。

［16］“精神分析的侵略性”，见《文集》，113 页。

［17］参见伽达默尔：《真理与方法》(图宾根，1965)，97～105 页。

［18］参见弗洛伊德：《弗洛伊德全集》，卷十七，179～204 页。

［19］《讲演集》，卷一，98 页。

［20］Rifflet-Lemaire，*Jacques Lacan*，p. 219. 关于精神分裂的部位对象式的语言，参看德勒兹为 Louis Wolfson，*Le Schizo et Les langnes*（Paris，1970）一书所写的序言。

［21］参见 P. J. Farmer 的经典小说《母亲》，见 *Strange Relations*（London，1966)。

［22］圣奥古斯丁：《忏悔录》，卷一，第七部，转引自拉康：《文集》，114 页。

［23］《镜像阶段》，见《文集》，97 页。

［24］Melanie Klein，*Contributions to Psychoanalysis* 1921—1945（London 1950)，p. 238.

［25］参见《讲演集》，卷一，81 页。

［26］Melanie Klein，*Contributions to Psychoanalysis* 1921—1945，p. 242.

［27］参见《文集》，515 页。

［28］Rifflet-Lemaire，*Jacques Lacan*，p. 129.

［29］《文集》，819 页。

［30］参见詹姆逊：《语言的牢房》（普林斯顿，1972)，205 页，在此我要补充一点，即在那本书中对拉康及阿尔都塞的思考现在看来已经不合适，也没有用了，让现在这篇代替它吧。

［31］参见《耶鲁法国研究》（*Yale French Studies*)，＃48，1972，39～72 页。

［32］《文集》，593 页。

［33］《文集》，814 页。

［34］弗洛伊德：《弗洛伊德全集》，卷十四，152～153 页。

［35］参见《文集》，53 页。

［36］参见《文集》，805～817 页。

［37］即把羊皮纸上原先的字迹擦去，再写上新的字句的稿本。化学家借助试剂可使原先的文字重新变得清晰可辨。——译注

［38］参见“the Function of Language in Psychoanalysis,” Wilden, *Language of the Self*，44 页。

［39］参见《文集》，297 页。

［40］《康德与萨德》，见《文集》，780 页。

［41］“主体的颠覆与欲望的辩证法”，见《文集》，820 页。

［42］Guy Rosolato 的《论象征》一书中的美学章节能为这一命题提供证据。See *Essai sur le symbolique* (Paris：Gallimard，1969).

［43］爱伦·坡的《失窃的信》故事梗概如下：王后收到一封密信，适逢国王走进王后的卧室，她便把开了封的信放在桌面上，心想这样反而不会引起国王注意，然而大臣 D 却在王后的眼皮底下用调包计把信偷走，因为国王在场，王后不便声张。事后王后命警长找回失窃的信。警长竭尽全力，甚至搜查 D 大臣的家也无法找回那封信，只得求助于业余侦探杜宾，他不费吹灰之力就弄到了失窃的信，捞到一大笔酬金。当警长请教杜宾时，他说，根据推理，大臣会像王后那样把信放在一个最显眼的地方，以此来作为密藏的方法。于是，杜宾便在壁炉上挂着的文件架里找到了这封信，把它偷回来，并放上了一封相似的信。——译注

［44］参见德里达：“The Purveyor of Truth”，载《耶鲁法国研究》，1975 (52)，45～47 页。

［45］《文集》，42 页。

［46］参见《语言的牢房》，182～183、197～201 页。

［47］《文集》，11 页。

［48］See Leclairc，*A la recherche*，p. 382.

［49］Edmond Ortigues，*Le Discoure et le Symbole*，p. 194.

[50] *Yale French Studies*, p. 205.

[51] Mehlman, p. 182.

[52] See Roland Barthes, "An Introduction to the Structural Analysis of Narrative," *New Literary History* (vol. VI, No. 2, Winter 1975), pp. 259-290; "Francois Rastier, Un Concept dansle discours des etudes litteraire," *Essais de Semiotique*, Paris: Mame, 1973, pp. 185-209.

[53] 我近来两篇文章试图探索这种方法的可能性。参见"After Armageddon Character: Systems in Philip K. Dick' [Dick's] s 'Dr Bloodmoney'", 载 *Science Fiction Studies*, 第 5 期 (March, 1975), 31～42 页; "The Ideology of Form: Partial Systems in La Vielle Fille," 见 *Substance*, 第 15 期 (Winter, 1976), 29～49 页。

[54] Jameson, "On Goffman," in *Theory and Society*, vol. Ⅲ, No. 1, Spring, 1976, pp. 130-131.

[55] 论系列性，见《马克思主义与形式》(普林斯顿大学出版社)；关于对话概念，参见巴赫金:《陀思妥耶夫斯基诗学问题》，150～169 页，密歇根州安阿伯，1973。

[56] Derrida, *The Purveyor of Truth*, pp. 81-94.

[57]《讲演录》，80 页。

[58]《文集》，879 页。

[59]《论（爱伦·）坡的〈失窃的信〉》，载《耶鲁法国研究》，61 页；《文集》，30～31 页。

[60] 参见哈贝马斯:《知识与人类旨趣》，246～273 页。

[61] 拉康:《无线电话》，in *Scillicet*, 75 页，1970 (2，3)。

[62] Sebastiano Timpanaro, "Considerations on Materialism", 载《新左派评论》，3～22 页，第 85 期 (1974 年 5～6 月号)，无疑是当前重构老式唯物主义的尝试的最强有力的文献。

[63] 参见 Mark Poster, *Existential Marxism in Postwar France*, 第二章，Princeton, 1975。

[64] 参见阿尔都塞:《论辩证唯物主义者》，见《保卫马克思》，191～

192 页，巴黎，1965。

［65］阿尔都塞，*Résponsc á John Lewis*，91～98 页，巴黎，1973。

［66］我们可以指出卢卡奇在《历史与阶级意识》中对资产阶级哲学的批判揭示了我们上面所说的指称对象与所指的区别，它尤其系统地展示了那种哲学的内在结构的局限。

［67］阿尔都塞：《意识形态和意识形态国家机器》，见《列宁与哲学》，192 页。

（张旭东　译）

三角度的布莱希特

布莱希特作品的独特而明显无误之处似乎只能在误导的范畴内加以描述，主要是风格、思想和情节的范畴，对此，我们将按顺序讨论。这样，首先要谈的显然是布莱希特的风格问题，对此，“语句的转换”（转义的真正意思，一如迂回的意思，被从普通语言中劫持和误导过来）的确是恰当之词。然而，“恰如语言处于文学的这个方面一样，”巴特告诉我们：

> 所以我们称为风格的东西几乎超越了语言：意象，一种特定风俗，一种词汇，都从身体和作家的过去中喷涌而出，逐渐变成了他的艺术的反射……风格……只具有垂直维度，垂直落入主体封闭的记忆中，从对事物的独特经验中构造自身的不透明体……它的秘密就是关闭在作家身体内的一种记忆。[1]

但是，如果这就是风格，一种独特的主体性的标志，有如指纹或熟悉的声音，那么，布莱希特的作品就可以经过多年的慢慢观察而抹去所有这些，将其束之高阁或尽可能不留剩余地消化掉：早期诗歌中惯用的暗灰色、苍白风格的黯淡色彩，惯于使用像苍白的（fahl）等词的倾向，以及那些与此相关的溺水的身体和我们已经提及的缓慢的水下动作……这些事物构成了主题和风格的星云，在晨空中渐渐逝去，而所剩下的：

矗立在湖边，深藏在冷杉和银杨中
由围墙和篱笆所掩蔽，一座花园……

（《诗集》，439）

留下了烟囱还在冒烟的一所房子：

倘若这烟消去
那该多么可怕
房子，树木和湖。

（《诗集》，442）

迄今为止表达身体世界观（Weltanschauung）的这些客体已经成了晚期诗歌的内容；早期的“风格”已不再是一种媒介，现在成了语言本身所质疑的和像客体一样生产的东西，如阿尔都塞所说的艺术地体现的意识形态的东西。[2]这与巴特所想到的伟大的现代派作家和诗人完全不同，他们的使命就是深化这种本能的语言习性，他们忠诚而顽固地追求终极的言语障碍，矫揉造作而远离普通语言。

如果说风格有把我们带回到主体性中以寻求终极解释的危险，那么，修辞也许更适合于我们。因为与风格完全相反，修辞旨在外向，旨在影响它的可能有的读者，正如任何政治的、大众的、反主体的文学大概应该做的一样。那么，在该词的最宽泛的意义上，也许存在一种布莱希特式的修辞，其抱负就像亚里士多德的抱负一样远大，寻求最威严的古典城邦式的善，对此，有人说这是“对社会日常生活的第一次系统阐释”[3]。在那种情况下，那就不仅是比对手胜算一筹而更具包容性了，也意味着超越我们的词语概念的思想和行为的策略。

但是，还有一些狭义的修辞概念似乎也是适当的：比如，我们在布莱希特的句子中经常遇到的反讽，作为一个综合范畴，它包括辱骂、讥讽、冷嘲热讽的背谬和诡诈的颠倒。反讽的概念具有双重优点：它是少数几种被认作狭义上的转义的修辞策略之一（或在比较后当代的意义上，如在保罗·德曼的著作中），而作为更为普遍的一种态度，它一般用来指所有伟大的现代派的世界观，或至少在后现代时期现代主义受到攻击和被历史所淘汰之前，它还是现代主义意识形态的重要组成部分。所以，“反讽的德国人”（埃里希·海勒对托马斯·曼的性格描述，后者的确有一种反讽崇拜）曾一度把这个范畴的影响传遍整个现代文学；反讽的态度便享誉各个领域，从像食盐一样保存语言的鲜活性（如在托·斯·艾略特的作品中），到疏远无用的和公开的政治立场，现在反讽可以使人对这种立场同时既表示同意又表示拒绝。这当然不是布莱希特所理解的反讽，的确，他的反讽是那种比较受局限的“稳定的反讽”，韦恩·布斯试图将其与我们所暗指的一般的现代反讽的世界观区别开来。[4]然而，我们越是从过时的修辞的角度探讨布莱希特的反讽，就越不能够用风格概念提供给我们的概念进行描述，这种修辞意义上的“反讽”就越成为布莱希特本人的世界观（如果他有世界观的话）的属性，或至少是他的戏剧表演的一个特征。

无论在哪种情况下，我们都把布莱希特从现在已成习俗的现代主义观念中解救出来（独一无二的主观风格，颇具特性的反讽态度），但是，同样，我们感到无力在每个人，包括外国人都认识的一种语言中去描述某一特性，这种语言运用中枯燥、机智、反讽的性质，易于使人把布莱希特加在尼采（是以一种相对的反德精神）列出的三本最佳德语书中（路德的《圣经》，歌德的《与艾克曼的谈话》和他自己的一本书）。然而，这会加强那种风格分析，使之变成寓言的和“地缘政治的”解读，在这种解读中，语言的各种属性构成了对作家的同胞的尖锐叱责——他们选择了法西斯主义，但他们的暴虐也是个符号，标志着从 18 世纪起的一种“第三世界类型”的落后（“保持快捷、轻便和强壮”，在谢世前不久去往英国的途中，他警告他的剧团；要牢记外国人认为我们的艺术“相当沉重、迟钝、费力和平常”）。[5]所以，当用这个或那个术语描写这种语言时，不管是风格的还是修辞的，总会出现一种阐释，它变换行头，即刻把我们置于一个不同的层面，即**姿态**（haltung）的层面，集体的相互关系或象征性行为的层面，在社会和关系的意义上的“修辞”层面，或以某种超越纯语言或词语符码而进行“阐释”和“意义”的层面。

所以，布莱希特作品的那个维度是其语言或风格的内在或象征意义，它似乎保留了一种自身的独特性，然而仍易于在至少其他两个不同的领域里得到系统阐释：我们完全可以感到，给予这种语言以独一无二的布莱希特特色的东西恰恰是布莱希特独一无二的思维方式；否则，这种语言的动作形态——自不必说它的姿态——最终就不会被看作独特的象征性行为。这第三种可能性把我们引向布莱希特作品中情节构成的方面，标志着布莱希特式的情景或叙事之特点的那些“特殊的”和“独一无二的”特征（以便继续我们的母题），或布莱希特对别人的叙事的挪用和改造。

那么，在我们转向第二领域，即可供选择的另一个特殊学说时，我们可以停下来，回忆一下托·斯·艾略特在现代主义运动的端倪就“思想”与文学文本的关系提出的发人深省的观点。这些观点激发了对系统和思辨哲学抱有敌意的实用主义哲学的氛围（这里，我们想到艾略特本人曾深得教益的那个美国流派，但从完全不同的观点看，还有维也纳学派，布莱希特的许多哲学观点就是通过卡尔·科尔施的介绍而从维也纳学派那里学到的[6]）；

但在文学中还有一个一般的意象主义，它［比起影响相当有限的哈尔米安（Hulmean）运动来，这个意象主义的影响要广泛得多］表达了现代作家的一种普遍感觉，即文本中的思想是一个陌生的总体；这些“文学”思想要求予以特殊注意，就最极端的情况看，它的外部界限要求追踪索迹，彻底清除（“不要用思想而要用实物说话”）。这种文学—意识形态观把概念性与文学性的关系问题变成了关键的时髦的形式—问题（在隐含意义上，旨在彻底排除说教）。艾略特令人难忘地在赞扬亨利·詹姆斯的文章中指出：“他有一种如此细密的心智，任何思想都不能侵犯它。”[7]然而，布莱希特作品中形式的解决方法显然涉及其他现代派所避免的一种综合——把内在性凌驾于超验性之上，而在布莱希特那里，一种说教或教育姿态要么全然缺席——为其他现代派所回避，要么就采取了我们尚未加以充分检验的形式。因此，庞德顽固的小学教师式的姿态便被作为次要的和无足轻重的因素而被打发掉了（由于他颇具异国情调的经济学，孔子思想，或其他什么）。但是，艾略特却是一个有趣的例子，一方面，一种标准的天主教信仰和保守的保皇态度抵消了观念内容，把思想表现为保守、体面，因而是看不见的，而艾略特身上带有浓厚的说教色彩又与布莱希特的说教色彩并非不构成类比。于是我们看到正是艾略特饶有趣味的第二个观点、第二个教导，在当下语境中对我们具有同样的教益。在论威廉·布莱克的一篇颇具启示意义的文章中，他与后者的“哲学”达成一致见解。他干巴巴地观察道：

> 我们对布莱克的哲学……就像我们对一件精巧的手工家具一样抱以相同的敬意：我们羡慕用零星散碎的东西把房子拼凑起来的人……但是，我们实际上离欧洲大陆并不那么遥远，甚至离我们自己的过去也不那么遥

远，因此不至于被剥夺文化的优越地位，如果我们想要的话。[8]

"文化"在这里对艾略特意味着一种已经形成系统、在社会上已得到广泛接受甚至已经制度化了的学说，它对作家的明显"优越性"在于它消除了把相当一部分创造力转向个人的"理论化"的需要，而且（我们可以说）也为他自己和他"独特的"现代主义作品"修补"了一种私人哲学。我们先不要说那么多的现代派作家感到有必要在显然拥有私人语言的同时为自己捏造一种同样的私人哲学：如劳伦斯或普鲁斯特，里尔克或华莱士·史蒂文斯，穆西尔或赫列勃尼科夫所目睹的。这番告诫也关系到读者：尽管难以想像精神力在何种程度上才能揣度出所论的体系本身或私人神话学，但可以满有道理地说，对读者来说这种必要的努力将不可避免地消耗或转移精神和感知资源，而这些资源最好应该用于纯粹揭示和评价诗性（poeticity），即用于评价语言本身。当然，正是这种努力使有些人把现代主义或形形色色的现代主义的经历描写为一种准宗教的皈依，同时也号召我们皈依它的主导意识形态，学习它的符码，领会其价值的概念结构，作为进入所论的独一无二的现象"世界"的门票，而就我们的文学兴趣而言，这种努力也倾向于以一种相对排外的方式阻碍其他对立的文学符码和语言，直到最后，我们在省悟中解除信仰，迟疑地退出教门，过渡到对这个或那个现代派作家的类似承诺，这时，整个（实际上的现代主义）过程将周而复始。不管这番特殊描写有什么价值，值得注意的是，艾略特本人提出消除它，为诗人或艺术家的作品推荐另一种完全不同的框架："一个众所接受的传统思想的框架，这些思想能防止他沉溺于自己的哲学。"[9]即是说，在艾略特的情况下，这就是英国国教仪式中保留的罗马天主教传统。

而又恰恰是这个建议，即把思想内容与诗歌语言之间的不相容性加以抵消的建议，使我们能够用新的眼光看待布莱希特作品中的思想和意义问题。因为在后者的语境中，与基督教教义等同的东西显然是马克思主义，也许是惟一被完全编码了的哲学，为所有的集体和国家权威所承认，这可以与基督教及其经典传统和文献评论相比肩（伊斯兰教和犹太教都没有这种教义编码，而其他“主要”宗教甚或世俗哲学都从来没有与国家权力建立起这样的关系）。

毫无疑问，布莱希特的马克思主义完全可以用这种方式解读，即作为一个框架，它已经消除了拼凑“私人哲学”的需要，因此为一种未受质疑的审美生产提供了一个框架。但是，布莱希特的马克思主义的本质恰恰在这里提出了一个严肃（然而却是生产）的问题：按照一种观点，他从科尔施那里学到的东西刚好不是可用作这个框架的一套教义和原则，而是对一般的体系都抱有敌意的一种态度，即维也纳团体的所谓“逻辑经验主义”，它对说教（以及对黑格尔式的马克思主义）也同样抱有敌意，而且，在致力于激进的马克思式的政治的同时，又感到有能力像上述现代派文学那样以完全彻底的方式摈弃抽象教义和信仰。那么，首先到哪里去找寻布莱希特的作为教义的马克思主义呢？他的思想在哪里呢？正如卢卡奇在《何为正宗马克思主义》一文中提出的著名暗示所示（这是阐释马克思传统“观念”的一篇决定性论文，有如上述艾略特阐释非俗界的资产阶级哲学的文章一样重要），“正宗马克思主义……专指**方法**。”[10]——我们将在下文中探讨这一暗示——剩下的只有布莱希特的作品旨在教导的思想内容问题了，因为恰恰是说教论为我们设置了另一个难以逾越的障碍。

然而，我们或许要考虑一下在传授某一特殊精神态度的过程中固有的一种说教，一种颇具布莱希特特色的实用主义（而非“马克思主义”），对此我将举出三个例子。我们可以首先对其进行如下描述（先撇下其哲理推论的结果和前提不谈）：你把一个问题变成结论，据此误解了问题的实质，将其抛入一个比限制它运动的死胡同更具生产力的新方向。比如，古代柏拉图对演员的蔑视（苏格拉底问：你是更相信他还是像相信你的医生一样相信他，比相信你的政治家和你的法官还相信他?），布莱希特建议以这种蔑视为基础，利用它，而不是通过进入角色而试图抛弃它：

> 关于演员职业的公众舆论是荒诞而令人愤怒的，而正是由于那种愤怒，它才是值得注意的；这个公众舆论属于演员自身的生产工具。他一定要利用这种舆论。因此演员必须采纳关于他自身的这种公众舆论。
>
> （XXI，388）

我认为，他的意思是不要掩盖表演的行为（以及由此而产生的表演职业），作为整体的演出应该努力向观众表明我们都是演员，而表演是与社会和日常生活不可分割的一个范畴。

然而，最彻底地表明这一步骤的是著名的“三便士审判”(Dreigroschen Prozess)，其中他把不满变成了真正的起诉，又把后者写成了书面起诉，然后又把这个书面的和想像的起诉变成了一种社会学实验，最后将后者本身“纳入”（**扬弃**）一种正在变成其他东西的社会学批判。

最后一个说明可以用来反驳这一观点，即布莱希特自己断言的“庸俗马克思主义”（所谓的“粗俗的思想”）是功能主义，把意识形态甚至文学作品归结为为物质“利益”服务的东西。但是，布莱希特所说的却似乎与此相反，因为恰恰是由于那些“无结果的东西”[11]——没有产生特定的物质结果，也没有孕育特定变化的东西——他才被谴责为空想家。人们的确易于认为布莱希特的乖巧恰恰就是他的方法，甚至是他的辩证法：一个问题的不同等级的颠倒，大前提向小前提、绝对向相对、形式向内容的正反两个方向的转变——所有这些操作把所论的二难问题翻了个底朝天，开辟出一条始料未及的攻击路线，它所导向的既不是无法解决的问题的死胡同，也不是论非逻辑矛盾的陈旧方式。

为了重新评价，我们已试图在布莱希特的语言实践中寻求其作品的一种特殊性，在风格和修辞两方面似乎设置了一个语言外的研究领域，即表达他的各种观点或态度的领域（布莱希特本人在整个生活和创作中一直称此为**意见**甚或**意识形态**）；另一方面，即准戏剧的和准叙事的立场、姿态，有特色的动作，也许正是这些构成了他的叙事本身及其同类作品的萌芽和轶事来源。但是，关于他的思想的问题似乎把我们带回到一种形式主义，其中，由这种审美话语所传达的主要“观点”只不过是关于方法自身的许多空洞的建议：那么多想法本身却没有内容，但从根本上包含着这样一个设想，即先搞清应该思想什么，应该如何思想的问题。

甚至在马克思主义内部，这看起来也是危险的，犹如资产阶级哲学中无处不有的那种纯方法论“体系”，尤其是被科学探讨真理的前景所迷惑的那些方法体系，其中，某一古老系统的形而上学被以这种或那种“方法”的名义排挤出去［不管它是否是可评价的规定，如美国的实用主义或德勒兹的“问题解决”（problem-solving），或经验主义，逻辑规则，或实证主义的一些更加基本的形式］。对“方法”的这种强调的真正内容——在现代哲学中随处可见——显然在于其否定效果，在于否认形而上学的原则或内容，这种否认的结果正是它现在不管用知识的还是哲学的技巧所力图征服的。但是，对“方法”的盲目崇拜不仅应该招致对它的辱骂，而且，对（也许自文艺复兴时期一种世俗哲学开始的时候起）似乎不断要求哲学进行的那种制度化的自我辩解来说，也是最根本的组成部分和不可避免的伴随物，这完全可能遭到一种相当不同的、这一次是由布尔迪厄（Bourdieu）发起的叱责。

那么，又如何为《布莱希特与方法》寻找正当理由呢？自不必说布莱希特思想或教义的创新性所引起的普遍争论了。然而，这种创新性是以某种不同的形式出现的——或如我禁不住要说的，被卓有成效地**间离**了——当我们把“方法”看作一种姿态，凌驾并超越于总是暗含于修辞之中的“戏剧的”和人际间的框架时，我们就势必要恢复这些行为所暗示的内在的或本质的叙事环境。

所以，正是我们禁不住称为“方法”的东西，当我们在某一第三维度将其作为一个抽象思想来研究时，它便戏剧性地自行展开，成为一个教育环境，并以各种方式得以展示、嘲弄、分析、预见，并以乌托邦的方式抛射出来，在一部作品中由始至终一心一意地执迷于这个具体的理想，保证使其发展成《论费尔巴哈》所说的“对教育者的教育”，最后，被解作变化主题的对应物和另一面或反面。与变化并驾齐驱，赶上变化，综合各种变化倾向，使变化的向量在你自己的方向发生曲折变化，这就是布莱希特式的教育：现在出乎意料地揭开了整个这部作品上面的遮盖物，这既不是语言和风格以及句子的微观逻辑，也不是内在思想或概念的逻辑，不是布莱希特思想和哲学思考的逻辑，不是他哲学思考的“方式”的逻辑，即他探究概念及其外表和不同方面时的那种乖巧；而现在恰恰是具体体现和故事讲述的独特现实，或者，如果你愿意用“具体个人”的话（马克思本人的话）说，他们“在发展物质生产和物质交流的同时，也改变了他们的思想和思想的产品，以及他们的真实存在”[12]。马克思在这里告诉我们，所谓思想的东西，不仅是工厂生产的产品（如《资本论》中的许多转义所示），而且是普通的日常生活的产物（“他们的物质交流”）。我希望，这不至于把马克思文本中的唯物主义的颠倒与令人震惊的冲动抵消而融入叙事学中来，并暗示故事讲述，或更准确地说，是具体的故事讲述，实际的表演，使其在关于“思想的外形”的语言游戏和概念比喻中，成为其抽象余像蕴涵的更深邃真理的领域。

然后还有行为的外形：在所谓叙事符号学（或叙事学）的正式术语出现之前，人们无疑朦胧地或无意识地认识到，作家倾向于根据他们自己内心里的**情节**和**事件**的图式来构思他们所再现的事件；或把自己“主观”的互动幻想抛射到**实在界**的屏幕上来，即便这种抛射将受到整个文化和集体认识的严格控制，甚至通过它们的主观性而表现为社会的，因而也是“客观的”。因此，标志着中世纪伟大诗歌之特点的特殊运动无疑是存在的——姿态或态度之类——在那个以农业和封建生产方式为主导的社会里，诗歌规定了现实和日常生活的程序；而希腊悲剧和日本能剧的传统手法则提供了独一无二的“原始场面”，以供通过类似于解梦或解读谵妄的方式来进行的社会分析之用。

然而，就大部分来说，解读这种特殊的故事叙述结构正是古典的主客观之争的目标：主观叙事步风格研究的后尘，希望把所论的场面带入独特的储藏个人幻想的私人库房（然而却标有独一无二的或特殊的主导价值，无疑是天才或疯人的产品），而在另一方面，叙事的个人特异风格往往会僵化成传统手法，这些传统手法本身又总是趋于变成不动的人类形式，在心理上永恒的、在无论简单或复杂的历史社会中似乎可发现的形式。下面我们将论及安德列·约尔斯（Andre Jolles）于 1929 年发表的至今仍鲜为人知的作品《简单造型》（*Einfache Formen*）[13]，它至少具有语义含混的优势，以致能容纳主观和客观之类的解释，而不在二者间作出选择，并在对结果不抱任何偏见的情况下进行历史分析。然而，就当下来说，我们必须简明扼要，因为甚至布莱希特本人的戏剧论范畴——从**姿态**本身到间离效果和间离效果所要求的判断——以及作品中许多最著名的场面，如《高加索灰阑记》（*The Chalk Circle*）中的法庭场面，还有同一部戏中的“深渊”（mise en abysme），其本身就是一部大型“法庭戏”的一次展出——所有这些都证实了达尔柯·苏凡的卓有成效的建议：正是安德列·约尔斯所说的**案例**（casus）——需要进行判决的典型“案例”——才是布莱希特叙事实践中的主导因素，而不仅仅是戏剧中的主导因素。无论如何，我们无意中卷入了这种证明的纠缠之中，如此看来，布莱希特式的故事讲述的确渗透着一种像是“方法”的东西，但却显然是非形式主义的，因此，回避了对上述梗概介绍的纯方法的哲学反对。换言之，**案例**必须表明是带有真实内容的一种形式，而不仅是可以规规矩矩地安排和容纳各种叙事内容的一个抽象框架。

然而，我们现在必须从三个角度来看待这些命题，因为人们认为，已经涉及的布莱希特作品中的领域或维度——他的语言、思维方式，最后是故事讲述——都没有孰优孰劣之分，但却可以看成是抛入不同媒体的许多相互投射，正如晶体现象在光波中可以呈现完全不同的结构外形，但实际上却仍然是“相同的”。因此，研究和描述的对象——可以模糊地认同为布莱希特式的东西——当用所论的三个基本范畴来观察和判断时，便呈现出各种各样的细节。但是，这种三角度的、看不见的客体并没有自己的或独立的分析语言，因此，我们必须继续把每一维度转换成另外两个维度的语言，同时用下一个维度加以证实和矫正。讨论的顺序大可不必采取本项目所暗示的循环式，而且必然会唤起这种短文不可能令人满意地实现的各种期待（每一种语言特征都在教义和寓言中找到同义语，反之亦然）。但在我看来，一个工作假设至少具有捷足先登的优势，以防止多余的决定论或等级制（如把一切都回归语言的诱惑，即便不是回归**世界观**甚或**幻想**的话）。

但是，在所有这些当中已成为“方法”的东西，已被成功地从本项目中抹去了吗？我希望没有全部抹去。布莱希特对我们今天的“有用性”和指望能使我们开展的一整套可能的活动，二者之间的关联仍然是我想要保留的。诚然，我想要说明的是，布莱希特的任何文本对文学史本身都那样有趣、那样重要、那样有意义，这些成就与其他任何“伟大作家”的文学创作相区别的恰恰是它们所摆脱的某一比较普遍的教导或精神。这等于说，“布莱希特的思想”与他的个别文本一样重要；或许，再谨慎一点说，它有别于（同时又包括）那些个别文本。我相信，我们仍然可以生存和运动在这种思想当中，而且正是这种思想卓有成效地帮助我们消解了我们现在都历史地陷入其中的众多瘫痪，它衍生于对所有这些层面上实践的不可能性的敏锐观察，衍生于事实本身，也衍生于铁板一块的“生存条件”。我希望完全摆脱资产阶级对那种“强化生活”的虔诚，就像摆脱幼稚左派的志愿主义的危险一样。但是，考虑到创造条件的观点对于发放我们所说的新的精神能量来说并不是个坏主意，颇具特色的德勒兹的“快乐”也并非不合时宜（我认为二者的意思完全相同）。

这么说，我们是应该决定保留“方法”一词了，那就对其稍加虚构吧，并将其融入一种语言、思想和叙事实践，使其具有独特的布莱希特式的共鸣和特性。我们现在就来剥去它的伪装，不是把它作为一般的方法，而是作为“伟大的方法”，即在不同于我们自己历史的另一史前时期由传奇式人物墨翟所教导的教义。的确，布莱希特未译的《易经》(*Book of Changes*) 显然对我们这里的讨论大有裨益。正如葛兰西称为"实践的哲学"委婉地修正了他希望在法西斯的审查之下偷运的马克思的"辩证法"，布莱希特式的伟大方法也以非常不同的方式把同一个辩证法传统搬上了舞台，揭示出它的形而上学或前苏格拉底的维度［"在伟大的方法中，休息只是一种特殊的斗争"(XVⅢ，184)］，完全不同于斯大林的辩证唯物主义，以一种马克思式的**道**的形式给马克思主义提供了它自己独特的非西方的或至少是非资产阶级的哲学：

> 墨翟说：不仅根据伟大的方法思想，而且根据伟大的方法生活，是有利的。不与自身相同，欢迎和激化危机，把小变化变为大变化，等等——人不仅需要观察这些现象，人也能把它们付诸行动。人活着，可以利用较多或较少的中介，可以处于较多的或较少的关系中。人可以通过改变自己的社会存在努力实现更持久的意识改造。人可以帮助使国家制度陷入更多的矛盾从而使其更快地发展。
>
> (XVⅢ，192～193)

【注释】

［1］Roland Barthes，*Euvres completes* (Paris：Seuil，1993)，vol. Ⅰ，pp. 145，146.

［2］See Louis Althusser，"Letter on Art"，in *Lenin and Philosophy* (New York：Monthly Review Press，1971).

［3］Martin Heidegger，*Sein und Zeit* (Tübingen：Niemeyer，1957)，p. 138.

［4］See Wayne Booth，*The Rhetoric of Irony*（Chicago：University of Chicago Press，1974）.

［5］See Werner Hecht，*Brecht Chronik*，p. 1249；Willett，p. 283.

［6］See Karl Korsch，*Gesamtausgabe*，vol. 5：*krise des Marxissmus*：*Schriften* 1928—1935，ed. Michael Buckmiller（Amsterdam：Stichting beheer IISG，1996）.

［7］T. S. Eliot，*Selected Prose*，ed. Frank Kermode（New York：Harcourt Brace，1975），p. 151.

［8］T. S. Eliot，*Selected Essays*（New York：Harcourt Brace，1950），p. 279.

［9］Ibid.，p. 279.

［10］Georg Lukács，*History and Class Consciousness*，trans. Rodney Livingstone（Cambridge，MA：MIT Press，1971），p. 1.

［11］比如："我们全部的为发展意识形态而设的机构（换言之，是'意识形态的国家机器'?）视为基本职责的，就是首先防止意识形态产生任何后果；与下面的文化观点达成一致，即由文化和文化的构成已经发生，因而无需进一步的创造。"（XXI，554）这显然是一种完全为教育让位的教义，既利用政治艺术又限定图依—知识分子（Tui-intellectual）之本质（以保证不产生任何后果）的教义。

［12］Karl Marx and Friedrich Engels，*The German Ideology*（Moscow：Progress，1974），p. 42. "道德、宗教、形而上学和其他意识形态…… 它们没有历史，没有发展，而发展着自己的物质生产和物质交往的人们，在改变自己的这个现实的同时也改变着自己的思维和思维的产物。"（中译引自《马克思恩格斯选集》，2 版，第 1 卷，73 页，北京，人民出版社，1995）

［13］Tübingen，*Niemeyer*，1982。

（陈永国　译）

寓　　言

寓言包括从某一特定再现中抽取它自足的意义。这种抽取标志着这个再现本身的根本不充足性：鸿沟，谜一样的象征，等等；但在现代时期尤其经常碰到的是，除了继续意指自身、看上去连贯的再现之外，它还采取小型楔子或窗口的形式。戏剧又一次成了寓言机制的尤其特殊的空间，因为戏剧必然总存在着再现的自我充足性问题：不管外表多么奢侈豪华，多么令人满意，不管看上去多么充分地表现自身，模仿的动作总会使人产生一点怀疑的感觉，一种令人烦恼的感觉，即认为这些表演是模仿别的东西，因此是表现别的东西。即便那种"表现"一般指现实主义的，作品内部也会打开一段寓言的距离，哪怕是非常短的距离，这是各种意义一点点渗入的一道裂隙。因此，寓言就是一道逆反的伤口，文本中的伤口；它可以被密封或控制（特别受到警觉的现实主义美学的控制），但作为一种可能性它永远不会完全消失。

我禁不住要说，对文本的每一次阐释都总是一个原型寓言，总是意味着文本是一种寓言：全部意义的设定总是以下列为前提的，即文本总是关于别的什么（allegoreuein）。这样（由于已经把这种现象的意义扩展得如此普遍，致使它已经显得不那么有用了），我们就应该把注意力转向对文本的控制方式上来，这种控制的目的是要限制意义，限制意义的纯粹的量，指导无处不在的阐释活动，把寓言变成只在适当的时候才发生作用的特殊信号。

历史剧是特别具有寓意同时又是反寓意的，因为它的确设定一个现实，以及它所要求的外在于它的一个历史指涉，不管这种要求强烈与否，它都将这个指涉作为启示因而也是阐释的再现。与此同时，纯历史存在的事实似乎又拉直了这个圆，关闭了这个过程，暗示说如果再现的确最小限度地意味着别的什么，即实际存在的历史事件，那么，那就是它所意味的一切，不再需要什么补充的阐释了。（比如，只有一种古老的宗教历史编纂才认为历史也是一部书，即上帝之书，书中的事件也有其自身的寓意。）

另一方面，任何一个历史再现都始终存在着一个缘由的问题：何以是这个事件？何以是现在？从过去无数的轶事中拣取这个特殊的历史插曲加以展示的意义何在？对这个问题布莱希特无需思考就能答复，不仅见于民主德国上演《伽利略传》时的节目说明书中，也见于文本内部的暗示和典故中：该剧提出了关于科学家及其责任的问题。如果我们回归伽利略本人，那么，这就是由于奥本海默和原子弹，所以，该剧不知不觉地成了对反核武器运动的比喻（正如在东方和西方的各种裁军和反大西洋公约组织的运动所反映的），在布莱希特以战争为背景的戏剧中找到丰富的素材——实际上，战后他在欧洲导演的第一部剧作，由海伦·维格尔主演、在瑞士上演的《安提戈涅》，就是极其巧妙地作为反战戏剧上演的。

但这只是更普遍的大量的寓言生产的开始，如果伽利略放弃科学而屈服教会的权力暗示着奥本海默对制造原子弹的默许，那么，一定还会找到许多其他的时事问题的类比，最明显的（却无疑出于各种各样的原因而极少有人提及的，尽管布莱希特本人却提到了）则是在公开审判时布哈林向斯大林的屈服。[1] 1934年戈林接受公开审判时季米特洛夫在为其辩护时引用了伽利略的例子，似乎使后来的“忏悔”更显得臭名昭著了。它已经确立了这种情况在左翼文化中的普遍存在。

如果如圣奥古斯丁所说（就其自身来说并非不是令人愤慨的

一种说法），一事物或意味自身或意味其反面[2]，于是我们就有了寓言的表意机制，它可以不加区别地作用于**同一性**和**差异性**，并指望这些将转向**对立**，最终导致**矛盾**。这种机制说明了我们何以不必判断伽利略（在这个问题上或许还有布哈林）是否有他的正当理由，我们所要做的就是注意这个问题本身，展开争论：这种怯懦是否可以看作是我们常常听到的那种“英雄的怯懦”？或仅仅是那种平常普通的怯懦？倘如是，后者是怎么成为“英雄”的？这个问题继而把物质主义本身包括了进来，因为施威克（Schweyk）或骗子们的诡诈所体现的英雄气概恰恰在于他们对身体和生命的承诺。

黑格尔早已在主奴辩证法中看到了这一点[3]：主人愿意为了名誉而牺牲生命（为了得到后来将包括权力和作为奖励及补助的物质特权在内的一种认可）。正是这种不惜牺牲自己的生命和活的身体的自愿把他与奴仆区别开来，后者极不情愿丢掉已经得到的一点利益。奴仆是物质主义者，主人是理想主义者，所以，物质主义就是这种不情愿献身的终极原因，不管有什么样的关于报酬的承诺（而这些一般说来无论如何都会付诸理想主义的修辞和空洞的赞誉之词，最终与主人的封建特权比起来可就远不会是“物质主义”的了）。

对身体的眼前利益的依附还应包括一种对享乐的珍惜：曾节衣缩食的布莱希特在这里赋予伽利略一种对食物的迫切关注，尤其在晚年，确切说不是贪食，而是要证实任何事情都没有满足物欲重要；当然不是指思想和理论的争论，因为在他早年致力于发明的阶段，这些争论很容易使他废寝忘食，不修边幅，放弃自己的兴趣。毫无疑问，正是前期和后期的伽利略之间的这种对比改变了某一特殊评价方面的烹饪特征（还记得在论间离效果的文章中他给予这个词的贬义内涵吧）。然而，我们还是要保留这个问题的含混性，这似乎把一种绝望的矛盾和张力置于肉体和灵魂、物欲满足和精神或科学追求之间，以至于二者之一总是处于被“抛弃”或牺牲的境地——在这种环境中，现代的布莱希特式的人不再会仅仅因为权威的迫切要求而不加思考地实现那种“牺牲”的价值了。以什么名义呢？这就是那个古老的破坏性问题，既可以回溯到文艺复兴时期的现实政治（realpolitik）中，又在当代存在主义以降的形形色色的拒绝中再度体现：什么东西值得我们丢掉现在，丢掉眼前的利益？向我们提出的其他建议有什么能超过现时的无与伦比的直接而明显的价值呢？

与此同时，正是在与被牺牲的东西相平衡的砝码上，一种不同但却相关的寓言过程开始了。屈服的行为已经在以前的时刻得到了寓意的讨论：现在进入焦点的是被背叛的东西，在这方面奥本海默和布哈林对我们都没有什么直接帮助，因为这两人的例子都以一种价值为前提——科学探究或革命活动——仍有待于分析和证实。（然而，我们在下文中仍将保留这些层次的二元系统：科学和政治。）

该剧以无限的精力和充溢的喜悦所清楚表现的是，伽利略的根本否认内含一种反对新事物、反对创新的罪过。此时还不能说是新科学，还不能说是以一种实验方法出现的“物理学”，也还不能说是对理性和实验、对培根、对系统的怀疑和探究的出新应用，而是相当宽泛的东西——它本身通过革命的直接比喻表现出来，是历史车轮的一次转动，是时间河流中的一个巨大漩涡，是作为新时代之黎明的万物的变化过程。的确，该剧最宏大的方面莫过于在了不起的第一场戏中从散文向诗歌的过渡（无疑还有从词语向音乐的过渡）——这是由舞台表演本身所标志、被置于婴儿口中的层面转换，伽利略把印刷的书卷交给男孩安德列阿斯来读，后者则开始朗诵这首伟大诗篇的开头：

噢，开端的快乐！噢，清晨！
第一棵草，当没有人记得
绿色的模样。噢，第一页书
久已盼望的，它的惊奇。读啊
慢慢地读，太快了，那未读的书页
将对你太薄。还有水的第一次喷溅
在流汗的脸上！那崭新的
凉爽的衬衫。噢，爱的开始！噢，迷茫的目光！
噢，工作的开始！把油倒入
冰冷的机箱。第一次触摸和第一声哼唱
引擎骤现生机！还有那第一曳
充肺的烟！而且还有你
新思想！

（XXⅡ，811；《诗集》，337）

就这样，这首诗把伽利略刚刚罗列的经验变化概括起来：使用杠杆撬石头的新的建筑方法，车可以在棋盘上自由运动的新棋法，给人一种直线无限延伸的新观念——所有这些例子的凝练使我们看到了新事物本身，破晓的黎明和新时代的到来给人以无与伦比的快乐。

这将成为剧中第二个阐释时刻的寓言工具：这里已不再是作为焦点的“科学”，尽管在布莱希特的作品中，科学总是呈现一种从属的寓言化。因此，科学以及学习，便与游戏和纯娱乐、与操纵和实验的乐趣、与不仅对于变化而且对刺激变化和促使新事物发生的能力的满足相同化了。但在更宽泛的意义上，如《伽利略传》作为布莱希特特有的作品上演所示，新事物必须清楚地带有它自身众多的寓言指涉，在这方面似乎清楚的是，我们必须至少在两个层面上加以阐述。一个是新的人类关系的出现，因而也是一个新型社会的出现，这显然是社会革命的层面，因此把文艺复兴时期的科学革命与马克思主义所激发的20世纪的政治革命相认同。（这里，把马克思主义作为科学、实际上作为著名的“社会的科学”的观念，是一个次要的表意步骤，本身就需要纠正和限定：它的确认为，不管在哪种意义上，马克思主义都是一种科学，但**只能是**在伴随新事物并对新事物加以理论化的比喻意义上。）

因此，这是一种即刻就可以作出自己的明确决定和得出结果的寓言运作。在那种情况下，我们必须追加一句，文艺复兴时期的“革命”是短命的，伽利略的故事也证明是一个反革命的时刻，因此很快就被控制住了，它的最初冲动和兴奋被系统地消解和挫败了[4]，甚至在自由资产阶级的荷兰这个乌托邦空间里，在斯宾诺莎开始思考他的唯物主义和乌托邦思想时，这个端倪就已被关闭了几年，由一个变换了形式的等级制度和贵族政府所取代。[5]那么，在苏联20世纪20年代鼎盛时期的伟大的苏维埃文化革命的时刻，他们那些无限的实验，继而是斯大林主义强行的纪律和秩序，以及发明的终止，是否反映了列宁主义的废弃？而且，如果追随奥本海默的指涉的话，在何种程度上才能窥探出对西方出现的冷战，以及对20世纪30年代西方（尤其是北美）左派的各种冲动进行的新的战后钳制和系统灭绝呢？现在这些当然已是对主要寓言层面的次要阐述了，这个主要层面就是作为革命创新的新事物。

但是，所暗示的这场运动，从政治革命和作为“科学”的马克思主义，到文化革命和众多新的文化形式的繁荣，就是我们现在必须阐述清楚的这个过程的第二阶段。如果政治和社会革命是这个新事物的寓言结构的一个层面，那么，美学便是其另一个层面，而在这里，伽利略的革新则可解作对我们所说的现代主义的类比。这里——仅就布莱希特的作品本身也是现代主义作品这一点来看，如我们上面讨论的，它不仅是其他现代主义中的一种，而且是现代主义创新的坚挺形式和惟一合法的形式——涉及自动指涉性的另一个重要例子：伽利略的科学—美学革新在这里隐含地与布莱希特美学本身相关。（关于这种新美学的发展的一些疑虑，也许需要与现行的戏剧传统调和起来，从而为强调快感和消费的间离效果提出一种新解释的慰藉——在战后发表的《戏剧小工具篇》中，即所谓“伟大戏剧”以观众为指向的丰富性。也许应对所有这些进行重新思考，包括布莱希特理论所清楚要求的关于彻底革新风格的种种说法，本身就被寓于由此而展开的寓言运动之中了。[6]）

作为一种寓言艺术，《伽利略传》除了“直义”外至少还给出另两种不同的信息（即是说，如果你喜欢这种历史指涉的寓言信息的话）：作为一种神秘解释层面的政治革命信息，以及作为一种道德层面的美学革命信息。我禁不住用中世纪寓言的四个层面来结束这番讨论，而这也是正当的“寓言”层面，其中我们首先谈到的明确的时代指涉（奥本海默和布哈林）起到了发起这个寓言过程的作用。这样，中世纪的意义的四个层面便以一种新的结构得以保留和复杂起来。不应忘记的是，它们是从直义的层面，即历史事实（比如，走出埃及的以色列人），到寓言的层面（如基督复活和从地狱的回归），再到道德和神秘解释的孪生表意层面：灵魂在皈依的过程中净化自身，人类则在最后审判中面对自身的集体复活。

这里，我们可以说，伽利略和他所处的历史环境就是第一个直义的层面，新事物和革命的整个观念都是与之相符合的。正当的寓言层面，在道德层面上又由于对新事物的背叛而发生内部变化：新物理学偏离轨道而滑入冷战和原子弹的制造，斯大林对布尔什维克主义的滥用及其在大清洗审判中受到的嘲弄（和实际灭绝）。在神秘解释或集体的层面上，或许要记住戏剧与一般文化革命的同一性，从原创的学习剧的绝对纯洁进化到这出壮观的《伽利略传》充满烹饪兴趣的享乐，便提供了关于其自身的一种评论，关于其自身风格和妥协的一种狡猾的自动指涉。

倘如此，案例分析的形式便在那里把问题敞开了：在直义层面和寓言层面上的反复尝试，强求观众拿出判断的态度，转移由寓言框架本身促成和激发的比较“自然的”第一人称判断。然而，在布莱希特的作品中，法律和教育态度之间的张力一直持续着。托·斯·艾略特在戏剧手法上更加卓越，更加惊人，在《大教堂的谋杀案》的结尾，他让凶手们直面观众讲话，谴责他们，宣布他们作为世俗社会的公民而对圣托马斯·贝克特的殉身负有最终责任：“如果你们现在已经得出正当的结论，把教会的权力屈从于国家的福利，那可要记住是我们迈出了第一步。”[7] 只有在一个资本主义社会里，在献身于市场和私有财产的大众面前，这才起码是一种适当的逆转。然而，甚至在反纳粹的作品中，布莱希特对自己的德国观众和读者的攻击也是讽刺性的，意在培养罪过感和羞耻感，从而最终迈出他们要学会自己教育自己的集体再教育的第一步。然而，《伽利略传》对这个困境和张力的探讨实在勉为其难，只能在时间和变化中，在驶向未来的航行中找到终极结论：装在瓶子里的信息只能在其他海洋里和其他世界的乌托邦彼岸才能开启出来。

【注释】

[1] See Roy A. Medvedev, *Let History Judge* (New York: Knopf, 1971), pp. 174－179.

［2］See *De doctrina christiana*，Book Ⅲ.

［3］See G. W. F. Hegel, *Phenomenology of Spirit*, trans. A. V. Miller(Oxford: Oxford University Press, 1977), Chapter 4, section A, pp. 113-119.

［4］我认为从拉伯雷短命的开端也可得出同样的对应，如米·巴赫金在《拉伯雷和他的世界》(坎布里齐，1968）中所述。在巴赫金看来，拉伯雷是在中世纪的传统或习惯束缚与巴罗克反改良主义强加的新的复杂的人造文化和政治戒律之间透出的一丝生息：这个寓言显然指向对伟大的苏维埃文化革命的赞颂，那是在可谓中世纪的沙皇主义与 20 世纪 30 年代初新兴的斯大林主义的正统压抑之间爆发的一场革命。

［5］See Antonio Negri，*The Savage Anomaly*（Minneapolis：University of Minneapolis Press，1991)，Chapter 1.

［6］然而，通过把伽利略的和布莱希特的“现代主义”发现与爱因斯坦的发现相并置，还可以引出另一个不同但却相关的遗腹寓言。爱因斯坦的相对论在接受根本的不定性方面划定了界限（“上帝不与宇宙掷骰子”)，因此，可以将他的现代性与更加彻底的作为其结果的新物理学的后现代性对峙起来。这正是后布莱希特的戏剧理论可能会谴责现代主义的折中大师的地方（与马克思主义、与列宁主义、与国家的折中)，从而提倡建立一个无审美中心和异质的更自由的荷兰。这也是布莱希特自己的寓言仍葆其“有用性”的地方，尽管我本人还是不想以这种方式使用它。

［7］T. S. Eliot，*Completed Plays*（New York：Harcourt Brace，1967)，p. 50.

（陈永国　译）

论阐释：文学作为一种社会的象征行为

本文将论证对文学文本进行政治阐释的优越性。它不把政治视角当作某种补充方法，不将其作为当下流行的其他阐释方法——精神分析的或神话批评的、文体的、伦理的、结构的方法——的选择性辅助，而是作为一切阅读和一切阐释的绝对视域。

这显然是比下述谦虚但当然为每一个人所接受的主张要极端得多的一种观点，这种观点认为有些文本具有社会的和历史的——有时甚至具有政治的共鸣。诚然，传统文学史从来不阻止在但丁的作品中探讨佛罗伦萨的政治背景，或弥尔顿与分裂教会派的关系，或乔伊斯作品中的爱尔兰历史典故等时事话题。然而，我要论证的是，这样的信息——甚至在大多数情况下不再包含在思想史的唯心主义观念之中——并不产生如是阐释，而充其量是这种阐释的（不可或缺的）先决条件。

今天，与文化的过去的这种尚古关系具有一种最终不再令人满意的辩证对应物，我指的是大多数当代理论家依据自己的美学，尤其是依据现代主义的（或更准确说是后现代主义的）语言观来重写选自过去的文本的倾向。我在别处曾表明[1]这种“文本的意识形态”建构一个稻草人或无足轻重的术语的方式——这个术语被冠以“可读的”或“现实主义的”或“指涉的”文本等不同的名目——以相对于那个重要的术语——“可写的”或现代主义的或“开放的”文本，书写或文本的生产——就是据此而得以定义的，并因此被看作是一次决定性的突破。但是，克罗齐的伟大名言“一切历史都是当代史”并不意味着一切历史都是**我们的**当代史；而当你的认识突破开始根据你当下的兴趣及时置换自身的时候，问题便出现了，于是，当你力主把福楼拜作品中的“文本的”或现代的东西全部挖掘出来时，巴尔扎克便会成为蒙昧的再现性的代表；而当你决定像罗兰·巴特写作《S/Z》那样把巴尔扎克重写为菲利普·索勒斯，重写成纯粹的文本和书写时，他又变成别的什么了。

在尚古精神与现代化的“相关性”或投射之间存在着这种不可接受的选择或意识形态的双重束缚，表明了历史主义久已为之困扰的那些两难问题——尤其是某一遥远的甚至远古时代的文化丰碑要求在一个文化上完全不同的现在立足的问题[2]——并不仅仅因为我们对其不予理睬而消失。我们的后续分析的前提是，只有一种真正的历史哲学才能尊重过去的社会和文化特性和根本差异，同时又能揭示出它的论争和热情，它的形式、结构、经验和斗争，都与今天的社会和文化休戚相关。

但是，真正的历史哲学从来就不多见，而在当今世界的消费资本主义和跨国体系中，适当的、可用的、真正的历史哲学又所剩无几。在以下的章节中，我们将有足够的机会强调基督教历史主义对方法的关注，以及西方传统中第一个伟大的阐释系统的神学根源，进而观察在奥古斯丁的《上帝之城》（413—426）中达到巅峰的基督教历史哲学，都已不再对我们具有特殊的约束力。至于英雄时代的资产阶级的历史哲学，它的两个主要变体——于法国启蒙运动的意识形态斗争中产生的进步幻想和体现中欧与东欧各民族的截然不同的历史性，一般来说与赫尔德的名字密切相关的有机民粹主义或民族主义——当然都没有绝迹，但至少由于它们分别在实证主义、古典自由主义和民族主义的霸权体现中败坏了名声。

我在此提出的观点是，只有马克思主义提供了在哲学上符合逻辑的、在意识形态上令人信服的解决上述历史主义困境的方法。只有马克思主义才能充分说明文化的过去的本质**神秘性**，就如同吸血的提瑞希阿斯，这种文化的过去暂时恢复了生命和体温，再一次被允许讲话，在完全陌生的环境里传达那早已为人忘记的信息。只有当人类冒险是一种神秘时，这种神秘性才能再次展现出来；只有这样——不是通过尚古的嗜好或现代主义的投射——我们才能瞥见要求我们亟待解决的那些久已作古的问题，如原始部落的季节交替的经济，关于三位一体的本质的激烈争论，城邦（**polis**）或宇宙帝国的众多冲突的模式，抑或在时间上离我们更近一些的，如 19 世纪的民族国家枯燥乏味的议会和新闻论战。这些问题只有当它们在一部伟大的集体故事的统一体内得到重述的时候，才能恢复它们对我们的原始迫切性；不管它们采取怎样的掩盖和象征形式，都只能认为它们共有一个单一的基本主题——对马克思主义来说，这就是从必然王国攫取自由王国的集体斗争[3]；只有把它们理解成一个单一庞大而未完成的情节中的关键插曲："至今一切社会的历史都是阶级斗争的历史。""自由民和奴隶、贵族和平民、领主和农奴、行会师傅和帮工，一句话，压迫者和被压迫者，始终处于相互对立的地位，进行不断的、有时隐蔽有时公开的斗争，而每一次斗争的结局都是整个社会受到革命改造或者斗争的各阶级同归于尽。"[4]正是在查找那个未受干扰的叙事的踪迹的过程中，在把这个基本历史的被压抑和被淹没的现实重现于文本表面的过程中，一种政治无意识的学说才找到了它的功能和必然性。

从这个视角出发，社会和政治的文化文本与非社会和非政治的文化文本之间适时出现的运作差别已变得比一个错误还要糟糕，即是说，它已成为当代生活的物化和私有化的征候和强化。这样一种区别重新证实了在公有和私有之间、社会和心理之间、政治和诗歌之间、历史或社会和“个人”之间的结构的、经验的以及概念的鸿沟，作为资本主义制度下颇有争议的社会生活法则，严重地残害了我们作为个别主体的生存，麻痹了我们关于时间和变化的思考，正如它无疑使我们从我们的言语本身异化出来一样。假定在万能的历史和无法缓解的社会影响的保护下，一个自由的王国已经存在——不管它是一个文本中微观词语的经验的自由王国，还是形形色色的私人宗教的极乐和激情，这都只能加强必然性对所有这些盲目地带的控制，个别的主体就是在这些盲目地带里寻找避难所，追求纯粹个人的、绝对心理的救助。从这些束缚中的有效解脱只能开始于这样一种认识，即一切事物都是社会的和历史的，确切地说，一切事物“说到底”都是政治的。

政治无意识的主张假定我们所从事的恰恰是这样一种终极分析，并探索多种揭示文化制品作为社会象征性行为的途径。它提出与上面已经罗列的那些阐释相抗衡的一种阐释；但是，如我们将看到的，它并不拒斥那些阐释的发现，而是论证它在哲学和方法论上对那些比较专门的阐释符码的终极优越性，这些符码的洞见在策略上既受到其环境根源的限制，同时又受到它们理解和建构研究客体的狭隘的或局部的方法的限制。

然而，把本文中包含的解读和分析说成是许多**阐释**，把它们作为一种新**阐释学**建构中的许多展品而呈现出来，已是在宣布一整套论战计划，它必然要与不同程度地敌视这些口号的一种批评和理论氛围相一致。[5]比如，越来越清楚的是，阐释或解释活动已经成为法国当代后结构主义的基本论战目标之一，它以尼采的权威为强大的后盾，旨在把这些阐释活动与历史主义相认同，尤其是与辩证法相认同，以及其辩证法对缺场的高扬和否定性的高扬和对总体化思想的必然性与优越性的肯定。我赞成这种认同，赞成对理想的解释或阐释行为的意识形态亲和性和隐含意义的这种描述，但我将论证这种批判是错位了的。

诚然，近来对阐释发起的最富戏剧性的攻势之一就是吉尔斯·德勒兹和伽塔里的《反俄狄浦斯》，它恰如其分地把弗洛伊德式阐释而非马克思式阐释作为它的攻击目标；它认为弗洛伊德阐释的特点是把具体日常生活经验的整个丰富随意多样的现实简约和重写成被控制的、在策略上事先限制的家庭叙事——不管它是神话、希腊悲剧、“家庭罗曼司”，甚或是俄狄浦斯情结的拉康式结构的翻版。因此，它所拒斥的是一整套寓言阐释的系统，其中，一条叙事线索的证据由于根据另一叙事范式的重写而丧失殆尽，而这另一个叙事范式则被当作前者的主符码（master code）或元叙事（Ur-narrative），被认为是第一个叙事的终极隐蔽的或无意识的**意义**。毋庸讳言，《反俄狄浦斯》论证的有力之处与本文的精神相吻合，因为该书的两位作者所关心的，也是要重新提出日常生活的政治内容和个人幻想经验的独特性，把这种独特性从那种简约中归还给纯粹的主体，使其回归到心理投射的地位，这更加典型地体现了当今美国的文化和意识形态生活，而非仍然政治化的法国。我举此例的目的就是要指出，对某一陈旧的阐释系统——被过急地同化为一般阐释学的弗洛伊德式重写——的拒斥，在《反俄狄浦斯》中与一整套阅读文本的新方法的投射是同时进行的：

> 无意识不提出任何意义的问题，而只关注应用的问题。欲望所提出的问题不是“那是什么意思?”而是**“它如何作用?”**……［无意识］不再现什么，而只生

> 产。它不意味什么，而只作用。欲望以“那是什么意思?”这个问题的全部瓦解开始。除非语言学家和逻辑学家首先废除意义，否则没有人提出语言的问题；而只有当一部**作品**被看作是一台机器，产生某些效果，经得起应用的检验时，才能发现语言的最伟大的力。马尔柯姆·罗利这样评说他的作品：只要它发生作用的话，你想让它是什么它就是什么——“相信我，我发现它也好用”——一件机器。但条件是，意义只能是应用而非其他，并要制定这样一条坚定的原则，即只有我们有随便支配的能决定合法使用的**内在标准**，以对立于把应用与假设的意义关联起来并重新确立一种超验性的非法使用。[6]

然而，从当下的观点看，对文本进行内在分析，拆解或消解文本的组成部分，描述文本的功能和功能障碍，这个理想与其说全套地废除了一切阐释活动，毋宁说要求建立某一新的、更充分的、内在的或反超验的阐释模式，这将是下文所要提出的任务。[7]

一

然而，这股尼采式的反阐释潮流在当代的某种马克思主义中并非没有等同物：建构一种正当的马克思主义阐释学的事业必然会面对有影响的人称结构主义或阿尔都塞式马克思主义学派提出的对传统阐释模式的激烈反对。[8]阿尔都塞本人关于这个主题的看法在他关于因果律（或“功效性”）的三种历史形式的理论中有所论述，这一文献对于当代理论如此重要，值得在此长篇引述：

> 马克思通过根本改造政治经济学而提出的认识论问题可归结为如下问题：用什么概念才能思考刚好被认为是由某一特定区域的结构决定那个区域的现象的新型决定论？……换言之，怎样才能定义结构因果律的概念？……
>
> 我们可以非常简略地说，古典哲学……有两个而且只有两个概念系统来思考功效性。源于笛卡尔哲学的机械论系统，把因果律简约为**可递的**和分析式的功效性，不能用来思考一个整体对其各个组成因素的功效性，除非以超常的曲解为代价（如在笛卡尔的“心理学”和生物学中的曲解）。但是，第二个系统是可利用的，恰恰是为了处理整体对其各个因素的功效性而设计的，即莱布尼茨的**表现**概念。这是支配黑格尔全部思想的模式。但在理论上假定所论的整个问题都可简约为一个**内在的本质**，对于这个本质，整体的各个组成因素只不过是表现的现象形式，在整体的每一点上呈现的本质的内在原则，这样，在每一时刻都可能写出直接充足的等式：某某因素（黑格尔哲学中经济的、政治的、法律的、文学的、宗教的因素等）＝整体的内在本质。这就是可能使人思考整体对其每一组成因素的功效性的模式，但是，如果这个范畴——内在本质/外部现象——随时随地都可应用于所论的总体中出现的每一现象的话，那么，它就假定整体具有一种特定的本质，恰恰是一个“精神”整体的本质，其中，每一个因素都作为一个“部分整体”而表达整个的整体。换言之，莱布尼茨和黑格尔确

> 实有一个整体对其因素或组成部分发生功效的范畴，但其绝对的条件是，整体不是一个结构……
>
> ［功效性的第三个，即结构因果律的概念］可以完全归结于“再现”（Darstellung）这个概念，这是整个马克思主义价值理论的关键的认识论概念，这个概念的目的恰恰是要表明结构在其效果中的**在场**的模式，因此也表明结构因果律本身。……结构并不是外在于经济现象来改变这些现象的面貌、形式和关系的一个本质，作为一个缺场的原因而作用于现象，之所以缺场是因为它在它们之外。原因在结构对其效果的“置换因果律”中的缺场仅就经济现象来说并不是结构外部的错误，相反，它恰恰是结构作为结构在其效果中的内部的形式。这因此意味着这些效果不在结构之外，不是结构在其中打下印迹的一个先存的客体、因素或空间；相反，它意味着结构内在于它的效果之中，在斯宾诺莎所用该词的意义上，意味着内在于它的效果之中的原因，结构的整个存在包括它的效果，简言之，纯粹作为其特定组成因素的特殊综合的结构绝非外在于它的效果。[9]

阿尔都塞的第一种类型的功效性，即机械论的或机械的因果律，是典型地说明弹子球因果律的例子，长期以来在思想史尤其是科学史中是人皆熟悉的一件展品，它相关于伽利略和牛顿的世界观，在现代物理学提出不确定性原则时被认为是过时的。这种因果律一般来说是当代对这种因果范畴的“过时了的”性质的随意审查。然而，甚至这种因果分析在今天的文化研究中也绝不是完全名誉扫地。比如，在技术决定论中仍然可以看到它的影响，这种技术决定论在当代最引人注目的表现是麦克卢汉主义，而某些比较正统的马克思主义研究如瓦尔特·本雅明含混的《波德莱尔》也为其变体。事实上，马克思主义传统中含有往往被斥责为机械论的或机械的东西——最明显的是人皆熟悉的（或臭名昭著的）“基础”概念（基础结构和上层建筑）——因为它对这种因果律的重新检验所下的赌注绝非小可。

我想要论证的是，机械功效性的范畴在文化分析中葆有一种纯粹的局部合理性，表明弹子球因果律仍然是我们这个特别堕落的社会现实的（非共时的）法则之一。换言之，从我们的思想中排除“非本质的”范畴并没有什么好处，后者对我们计划要思考的客观现实仍具有约束力。比如，在 19 世纪末出版危机这个公认的外在事实与小说自身“内在形式”的变化之间，似乎仍然存在着一种无可争辩的因果关系，当时，占支配地位的图书馆藏三卷本长篇小说被较廉价的一卷本所取代。[10] 因此，像吉辛这样的作家在小说生产上的变化，必然会由于文学研究者试图根据个人发展或纯粹形式变化的内在动力来阐释这种新形式的努力而被神秘化。某种物质的或偶然的“事件”作为形式的“突破”和“原因”变化似应在吉辛的叙事范畴和他的小说的“情感结构”中留下痕迹——这无疑是一种臭名昭著的断言。然而，臭名昭著的还不仅是关于一种特定形式的变化的这种思维方式，而是客观事件本身，即我们这个世界上文化变化的性质，其使用价值与交换价值的分离所导致的恰恰是这种“臭名昭著的”和外在的断裂，最终不能“从内部”或现象地理解的，但却必须将其作为征候加以重新建构的远距离的断裂和行动，其原因在于产生于其结果的另一种现象秩序。因此，机械因果律与其说是可据自身评价的一个概念，毋宁说是我们这种特别物化的社会和文化生活的许多法则和次系统之一。这也不是对文化批评家毫无益处的偶然经验，对他来说，这种来自外部的臭名昭著的断言却是有益的，使人想起文化生产的最终的物质基础，以及“由社会存在所决定的意识”[11]。

因此，对阿尔都塞关于机械因果律的“概念”的意识形态分析必须提出异议，这个令人不满意的范畴不仅仅是一种形式的虚假意识或错误，而且是我们仍然存在的客观矛盾的征候。澄清了这一点，就也能清楚地看到阿尔都塞的核心论证以及当今文化批评的关键问题（和热点），正是阿尔都塞所列举的第二种功效形式，即所谓的“表现性因果律”。“总体化”的反对口号不能成为对阿尔都塞的“表现性因果律”批判的直接回应，如果总体化没有任何其他理由而跻身于这个术语所诬蔑的那些方法之中，从形形色色的世界观概念或某一特定历史时刻的时代风格（泰恩、里格尔、斯宾格勒、戈德曼），到当代结构主义或后结构主义者对这一或那一历史时期的主导知识型或符号系统加以建构的努力，如福柯、德勒兹—伽塔里、于瑞·洛特曼，或关于消费社会的理论家（其中让·鲍德里亚为佼佼者）。这样一个目录表明，不仅可以认为阿尔都塞的批判比黑格尔的著作受到更广泛的理解，后者是阿尔都塞所要阐述的核心内容（在公开的非黑格尔或反黑格尔思想家那里都可以派上用场），而且这里的赌注似乎颇有意义地关系到一般的文化分期的问题，尤其是在历史“时期”的范畴。然而，阿尔都塞所拒斥的比较正统的马克思主义的“表现性因果律”模式受到了来自相当不同的角度的苛评，指责其参与了中介实践，并且把关于个人和集体实践的相对理想的概念戏剧化，我们将在本章稍后再来讨论这两种指责。

至于分期化，其实践显然被标识为“历史主义”的阿尔都塞的基本概念指向所包围[12]，可以承认，关于某一历史或文化时期的概念的任何有益的使用都不由得给人一种轻率的总体化的印象，一个浑然一体的现象网络，其中每一种现象都以其自己的方式“表达”某一统一的内在真实——一种世界观或一种时代风格或标志所论“时期”之经纬的一整套结构范畴。然而，这样一种印象具有致命的还原性，即是说，我们已经看到德勒兹和伽塔里拒斥弗洛伊德式家庭还原的统一操作。因此，阿尔都塞的批判本身就是无法反驳的，表明了一个历史总体的建构在方法上必然涉及那个总体**内部**的某一因素的分离和特权（如一种思维习惯，对特定形式的倾向性，某种特殊信仰，一种“有特性的”政治结构或支配形式），以至于所论的因素成为能够解释所论“整体”的其他因素或特征的主符码或“内在本质”。因此，这样一个主题或“内在本质”可以看作是对现在不允许解释的“那是什么意思”的阐释问题的隐含或明确的回答。（这样，如我们将看到的，可以认为，“中介”的实践看上去更具辩证性质，但对于从整体的一个层面或特征向另一层面或特征的转移或调整来说也堪称为理想主义的机制。然而，如资产阶级的分期化所示，这同样是对围绕某一主题或思想的整个社会领域产生同样统一效应的一个机制。）

分期化与其范畴的问题在今天已无疑陷入危机，但其对于任何文化研究工作都似乎不令人满意却又不可或缺，更加重要并超越于此的更大的问题是历史本身的再现问题。换言之，对这个问题有一种共时的说法，即某一个别“时期”的状况问题，这个时期内的一切都天衣无缝地相互关联，以至于我们面对着一个总体系统或某一时期的理想“概念”；还有一个历时系统，即以某种“线性”的方式把历史看作这些时期、阶段或时刻的连续。我认为，第二个问题是要优先考虑的，而个别时期的形成总是暗地里暗示或投射历史序列的叙事或“故事”——叙事性再现，这些个别的时期在这种叙事中找到了自己的位置，并由此衍生出其意义。

因此，阿尔都塞称为“表现性因果律”（以及他所称的“历史主义”）的最完整形式将证明是一个宽泛的阐释性寓言，其中，一系列历史事件或文本或人造制品根据某种更为深刻的、基础的、更加“根本的”叙事而得到重写，一个隐蔽的宏大叙事，即是第一个序列的经验材料的寓言手段或比喻内容。因此，这种寓言的宏大叙事将包括先知的历史（如黑格尔或马克思的历史），以灾难的眼光看待的历史（如斯宾格勒眼中的历史）和循环的或维柯眼中的诸如此类的历史。我读到阿尔都塞的名言，“历史是没有目的或主体的一个过程”[13]，惟其如此，这句名言就是对这种宏大叙事及其叙事封闭（目的）和人物（历史主体）这对孪生范畴的拒斥。这样的历史范畴也往往被描述为“神学的”，而且，由于我们稍后就有机会再次论及那种惊人的细腻的阐释，即《圣经》的早期经典的和中世纪体系的四层面阐释，那么，现在也许应该依据那个现已过时的累赘的寓言框架来说明这个宏大叙事的结构，在这个框架内那个宏大叙事的操作是最显见的。

阐述这个中世纪体系的最便捷的方法也许是通过它在古代后期的实践功能，作为把《旧约》同化为《新约》的手段以及以对异教徒有用的一种形式重写犹太文本和文化遗产的意识形态使命。这个新的寓言系统的独创性可以通过它是否坚持原文本的文学性来加以判断：这里的问题不是要把原文本化解成纯粹的象征主义，如理性的古希腊文化在面对荷马史诗的古老和多神教的文字时，根据自然元素的相互斗争或善恶之间的斗争重写了后者。[14]相反，这里《旧约》被看作历史事实。同时，它作为比喻系统的可用性，远远超越了这个直接的历史指涉，而深深植根于把历史本身看作上帝之书的观念之中，我们可以研究这部上帝之书，诠释据说其作者已被刻写在里面的预言信息的符号和踪迹。

所以，正是基督的生活，作为《旧约》中隐蔽预言的实现和天使传报的符号的《新约》文本，构成了第二个正当的寓言层面，后者可以根据这个层面得到重写。寓言在这里敞开了文本的多元意义，敞开了作为诸多层面和诸多补充解释的连续重写和多元书写（overwriting）。所以，根据基督的生活而对《旧约》的某一特定段落加以解释——一种熟悉的甚至已成俗套的例子就是把以色列人在埃及所受的束缚重写成基督在十字架上死去之后进入地狱的情景[15]——与其说是封闭文本和压抑偶然的或异常的阅读和理解的一种技巧，毋宁说是为这种文本进一步的意识形态投资而做准备的一种机制，如果我们把**意识形态**这个术语解作阿尔都塞所说的再现结构的话，这个再现结构允许个别主体构思或想像他或她所经历过的与超个人现实（transpersonal realities）的关系，如社会结构或历史的集体逻辑。

就眼下的例子来看，这是从某一特定的集体故事——以色列人的故事，或另言之，在文化上相异于早期基督教的地中海和日耳曼门徒的历史——向某一特定个人的命运的运动，因此，第一个叙事的超个人维度（transindividual dimentions）便从根本上“简约”到第二个纯粹的传记叙事，基督的生活，而这种简约与德勒兹和伽塔里对弗洛伊德家庭三角关系给日常生活带来的丰富经验的压抑性简约并非不构成类比。但其结果却相当不同：就四个层面的情况看，恰恰是这种相异集体向传颂的个人传记的简化导致另两个阐释层面的产生，而恰恰是在这两个层面上个人信徒才能够亲自“插入”进来（用阿尔都塞的公式来证明），恰恰是通过**道德的**和**神秘解释的**阐释才把文本的机制改变成为“力比多的机制”，即进行意识形态投资的一种机制。比如，在第三个或道德的层面上，埃及以色列人的束缚这一直接的历史事实可以被重写成潜在的信徒受罪孽和世俗繁忙的束缚（“埃及的满足肉欲的场所”)：个人的皈依可以使他或她得以解脱的一种束缚（既象征着埃及的拯救又象征着基督的复活的一次事件)。但是，这第三个个人灵魂的层面显然不是自足的，因此即刻产生第四个或神秘阐释的层面，在这个层面上，文本依据整个人类的命运得到终极的重写，于是，埃及便预示了那段长期忍受炼狱痛苦的世俗历史，从这段历史中最终发放出基督的重临和最后的审判。因此，历史的或集体的层面再一次由于基督的牺牲和个人信徒的戏剧而迂回达到了，但是，它从一个特定的世俗民族的故事转换成了整个人类的普遍历史和命运——这恰恰是这个四层面的系统最初设计所要达到的功能和意识形态的转变：

神秘阐释的	政治的解读（历史的“集体”意义）
道德的	心理的解读（个人主体）
寓言的	寓言手段或阐释符码
直义的	历史的或文本的指涉

这个四层面或四种意义的系统尤其具有启示意义，它给一种阐释困境提供了解决的办法，这就是在一个私人化的世界上，我们还要比亚历山大时代和中世纪的接受者过着更加紧张的生活，也即上面提到的私下与公开、心理与社会、诗歌与政治之间的不相容性。基督教的方案在神秘解释与道德解释之间投射的关系在今天已不为我们所用，但这个方案的整体封闭性却是有意义的，尤其是在当代美国“多元主义”的意识形态氛围中，以其对开放(“自由”）的未经检验的评价相对于它的必不可免的二元对立，即封闭（“极权主义”)。多元主义在表示多种方法和阐释在知识和学术市场上的共存时是一回事，而当将其作为关于意义和方法的无限生成及其与这些意义和方法的相互替代和最终相等的命题时，却完全是另一回事。作为实践批评，任何就某一特定文本进行多种方法实验的人都必须清楚的是，在给这些发现归类并在各

种解释中创造一种等级关系之前精神是不会满足的。我猜想，在某一特定的文本语境中的确只有一些有限的可能的阐释，而多元主义的各种当代意识形态最紧密依附的方案大部分是消极的，即预先阻止阐释结果的系统表达和总体化，这些结果只能引起关于它们之间关系的令人难解的问题，尤其是关于历史地位以及叙事和文本生产的终极基础的问题。不管怎么说，中世纪的理论家都清楚他们的四个层面构成了方法的上限和各种阐释可能性在本质上的枯竭。[16]

那么，在其最宽泛的意义上，阿尔都塞对表现性因果律的批判可以看作是超越了所谓黑格尔唯心主义的直接目标，而击中了隐含的或明显的神正论，这种神正论必定产生于使各个层面相互同化并证实其最终同一性的诸多阐释。然而，阿尔都塞的著作——如同它之前的许多哲学体系一样——给人一种既隐秘又通俗的感觉，同时对两种不同的公众讲话，不理解这一点就难以对其作出公正的评价。我们以后将论述编码系统，并借助这个系统，论述表面上抽象的哲学命题也包括关于马克思主义内部的各种问题的论战立场。就眼下的例子来说，对寓言的主符码的较普遍的攻击也意味着对庸俗马克思主义层次理论的特殊批判，这种理论的基础和上层建筑观念，以及经济的“终极决定因”的相关观念，一旦用下面的树图表示出来，就能表明与上述描述的寓言系统具有较深刻的亲缘关系：

上层建筑		文化 意识形态（哲学、宗教等） 法律系统 政治上层建筑和国家
基础或基础结构	经济或 生产方式	生产关系（阶级） 生产力（技术、生态、人口）

这个正统的图式从本质上说仍然是寓言的，无论何时只要对其加以阐释，这一点就清楚了。在这方面卢卡奇论现实主义的文章可用作主要例证，其中，文化文本实际上被作为整个社会的寓言模式，包括社会的表征和组成因素，如文学“人物”，在其他层面上被解作组成因素的“典型化”，尤其是作为形形色色的社会阶级和阶级团体的比喻。但是，在其他种类的分析中——如对哲学立场或法律措施的正统“意识形态分析”，或从阶级的角度对国家的结构加以非神秘化——也发生了寓言的解码运动，其中，阶级利益的观念为上层建筑征候或范畴与它在基础的“终极决定”的现实之间提供了一种功能性联系。

然而，我们在前面对中世纪四个层面的讨论意味着这绝不是全部，而要完全掌握这个图式投射出来的本质上的寓言操作，我们必须放大它的主符码或寓言方法，直到后者成为一个独立的宏大叙事；当这一时刻到来时，我们就将意识到任何一种个体的生产方式都投射和暗示着这种生产方式的整个序列——从原始共产主义到资本主义和共产主义本身——这构成了某种正统的马克思式的“哲学史”叙事。然而，这却是一个自相矛盾的发现：因为对最有效地败坏马克思的正统目的论历史之名声的阿尔都塞学派来说，他们的工作也就是在我们的时代最盛行的那种工作，即恢复生产方式的问题框架，另将其作为马克思主义的核心组织范畴。[17]

本文概述的政治无意识的观念就是试图通过在客体内部重新找到它的位置来解决这一困境的。对表现性因果律的步骤稍加辩护就能大体呈现出我们在前面对机械因果律的讨论的相同形式：我们可以把此二者看作是我们的历史现实内部的局部法则。换言之，其想法在于，依据表现性因果律或寓言的宏大叙事进行的阐释如果仍然是一种持续不变的诱惑的话，这是因为这些宏大叙事本身已经刻写在文本和我们关于文本的思考之中了；这些寓言的叙事所指构成了文学和文化文本的一个持续不变的范畴，恰恰是因为它们反映了我们关于历史和现实的集体思考和集体幻想的一个基本范畴。与这个范畴相对应的不仅仅有那些交织缠结的时事典故，即非历史的和形式化的读者试图不予理睬的因素——那种枯燥的、令人难以忍受的、啰啰唆唆的脚注使我们想起弥尔顿或斯威夫特、斯宾塞或霍桑作品中暗指的那些久已死去的当时的事件和政治形势；如果现代读者由于这些文本深植于他们自己所处历史时代的偶然状况的根而感到厌烦或反感的话，那么，这无疑证明了他对自己的政治无意识的拒斥，证明了他对自身内部历史文本的解读和书写的否认（在美国是整整一代人的否认）。因此，像巴尔扎克的《老处女》(*Vieille Fille*) 这种作品的展示就暗示了资本主义时期文学中这种政治寓言的重要变化，表明这种老式政治典故网的脚注—潜文本向叙事机制的同化，这里，关于社会阶级和政权的思考变成了整个叙事生产的**野性的思维**（参见下面第三部分)。但是，如果这就是"表现性因果律"研究所引导的方向的话，那么，在源头将其关闭就将导致历史文本和政治无意识在我们自己的文化和实践经验中的实际压抑，而这又恰恰是在愈加严重的私有化使那个范畴变得如此微弱实际已经销声匿迹的时刻。

对表现性因果律的功能的这种分析意味着对阿尔都塞为历史所作的反目的论公式（既非主体亦非目的）的一种暂时限定，其基础是拉康的"绝对拒斥象征化"的关于**实在界**的思想[18]和斯宾诺莎的"缺场的原因"的思想。阿尔都塞这个公式的势如破竹的否定性是误导的，因为它随时都可以同化为当代形形色色的后结构主义和后马克思主义的论战主题，对它们来说，（大写的）**历史**，在其糟糕的意义上——对某一"语境"或"基础"的指涉，一种外在的真实世界，换言之，对备受中伤的“指涉物”本身的指涉——不过是许多文本中的另一个，在历史文献中找得到的东西，是对人们经常称为“线性历史”的历史序列的编年叙事。阿尔都塞本人坚持认为历史是一个缺场的原因就清楚地表明了这一点，但是，这个公式中缺乏的，如其规范的措辞所示，就是他根本没有得出那个时髦的结论，即，因为历史是一个文本，所以“指涉物”并不存在。我们因此可以作出下面的修正过的表述，即历史**不是**一个文本，不是一个叙事，无论宏大叙事与否，作为一个缺场的原因，它只能以文本的形式接近我们，我们对历史和实在界本身的接触必然要通过它的事先文本化（textualization)，即它在政治无意识中的叙事化（narrativization)。

这种重新表述一方面承认阿尔都塞对表现性因果律和对一般阐释的有力驳斥，同时又为这种操作找到了局部位置。我们尚未考虑到的是，阿尔都塞的立场是否不只是一种消极的二度的批评立场，或者是对随时可能出现的黑格尔符码的幻觉的一种矫正；抑或他的正统“结构因果律”概念是否有其自己的内容，有区别于上面概述的特殊的阐释可能性。我们也许通过另一种方式（见下图）重新建构传统马克思主义的层面概念（如上述）来最清楚地表明他的模式的创新性。如果这个树图能即刻表明阿尔都塞的“层面”观念与传统马克思主义之间的一种惊人的根本的区别，那它也就达到了目的：后者或是把“终极决定因”或生产方式看作狭隘的经济层面，或是在缺乏有力的概念化的情况下使这个印象持存下来——即是说，将其看作“决定着”其他层面的社会系统内的一个层面——阿尔都塞的生产方式概念把这个概念与整个结构视为是同一的。因此，对阿尔都塞来说，比较狭隘的经济层面——生产力、劳动过程、技术发展，或生产关系，如社会阶级的功能性的相互关系——不管多么具有特权，都与整个生产方式不是同一的，正是这个生产方式给予这个狭隘的“经济”层面以特殊的功能和效率，正如它也给予其他层面以功能和效率一样。如果人们因此而把阿尔都塞的马克思主义描写成一种结构主义，那就必须用一个关键的附带条件来完成这番描写，也就是说，这是只存在着**一种**结构的结构主义，即生产方式本身，或是整个社会关系的共时系统。这就是说这个“结构”是缺场的原因，因为它在经验上并未作为一个因素而存在于任何地方，它不是整体的一部分或许多层面之一，而是这些层面中的整个**关系**系统。

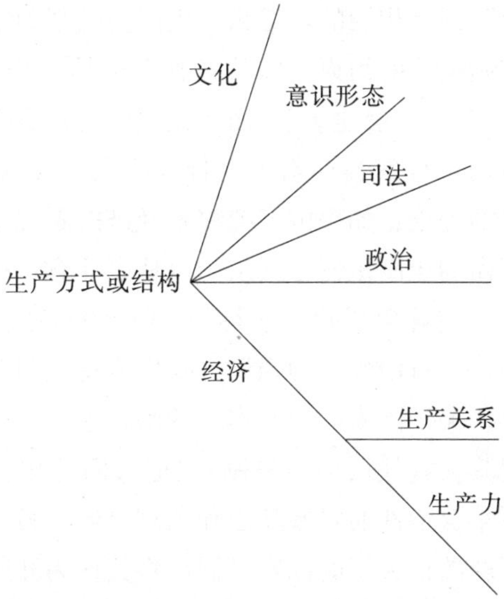

这种结构概念应该使理解（否则便不可理解的）阿尔都塞革命的声望和影响成为可能——这场革命在众多学科中掀起了汹涌的、具有挑战性的对抗潮流，从哲学本身到政治科学、人类学、法学研究、经济学和文化研究——同时也恢复了在翻译中容易丢掉的、被掩盖在它借以进行战斗的时尚编码的伪装之下的政治内容。对这些不同层面的“半自治性”的坚持——粗心的人会轻易将其当作学术上的含糊其辞，但我们现在却认为这与对黑格尔的

表现性因果律的攻击相关，在黑格尔的表现性因果律中，所有那些层面似乎都是“相同的”，都是如此众多的表达和相互调整——现在可以解作在法国共产党内部进行的反斯大林主义的编码的斗争。看起来似乎似是而非的是，“黑格尔”在这里是用来表示斯大林的一个密码（正如在卢卡奇的著作中，“自然主义”是表示“社会主义现实主义”的密码一样）。仅举一例，在苏联马克思主义的唯生产论的意识形态中可以窥见斯大林的“表现性因果律”，即坚持生产力的基本优越性。换言之，如果所有的层面“在表现上”都是相同的，那么，生产力的基础结构变化——国有化和私有制关系的消灭，以及工业化和现代化——就将足以“几乎迅速改变整个上层建筑”，而文化革命就是不必要的了，正如发明新型劳动过程的集体努力一样。[19]另一个关键的例子可见于关于国家的理论：如果国家纯粹是经济的副现象，那么，有些社会主义革命的压制机器就无须予以特别注意，在到达适当的生产阶段之时它们就会开始“枯萎”。现行的马克思主义对国家和国家机器的“半自治性”的强调（我们应将此归功于阿尔都塞们）有意给这些关于国家的“文本”的阐释罩上一层最浓浊的疑云（简单地视其为其他层面的复制），把人们的注意力一方面引向苏联制度下半自治性的贵族动力和国家机器，另一方面引向资本主义制度下新的扩大了的国家机器，将其作为开展阶级斗争和政治行动的场所，而不是人们要“打碎”的一个纯粹障碍。[20]这些阐述应该表明，在上述列举的学科领域内，出现了类似于文化研究本身的一个两难问题：文本是否是自身独立的一个自由流动的客体？它是否“反映”某种语境或基础？在那种情况下，它是否仅仅在意识形态上复制后者？它是否具有可将它看作否定那个语境的某种自治力量？这仅仅因为我们都无法挽回地闭锁在我们的专业化的学科之中，以至于没有看到这些问题的共性；而马克思主义可以重新宣称它作为一门跨学科和普遍科学的地方显然就在这个特殊的问题框架之内。的确，文化研究的特权地位可以通过下面的方式表达，即这些文本的和阐释的问题本身对研究和反思来说比更加明显的经验科学更直接便于观察和利用。

另一方面，学术科目的问题可用来戏剧化地表现阿尔都塞立场的歧义性。仅就其对层面或事例（instances）的半自治性的坚持来看——尤其是在人们认为哲学已经被克服、被包容在“理论与实践的统一”的一个传统里，它要为哲学重找一块特权之地的臭名昭著的、自讨苦吃的那种企图——在他的对手看来，阿尔都塞的结构概念往往似乎构成了对资产阶级学术科目的物化了的专门化的一种重新辩解，因此，在本质上是反政治的借口。[21]的确（在那篇奠基性文章“意识形态的国家机器”中）仿佛另一个阿尔都塞在亲口教导我们，在这个社会里，看上去像是观念的东西，都需要作为多种机制和官僚机构的基础结构（如大学）的信息而进行小心的解析。但是，他的批评家们拿这种观点来反对他，把他自己的半自治性层面的体系解作法国共产党的一种正统思想，于是，在资产阶级国家内部便又多了一个惰性的制度。要在关于阿尔都塞运作（无论是反斯大林主义或斯大林主义）的这些对立评价中作出选择，似乎是轻浮之举；相反，这些评价标志的是在客观和功能运作上引起歧义的一个空间。

然而，我们可以查找出这种歧义的根源。它可见于任何文学或文化分析的策略领域，即在**中介**的概念之中，也就是各个层面或事例之间的关系和把在一个层面上的分析与发现用于另一个层面的可能性。中介是一个经典的辩证法术语，用来指对艺术品的形式分析与其社会基础之间，或政治国家的内在动力与其经济基础之间的关系的确立。首先应该明确的是，阿尔都塞本人把中介的概念与黑格尔意义上的表现性因果律等同起来，即是说，他只把中介的过程理解成不同层面之间象征性**同一性**的确立，解作每一层面向下一个层面展开的过程，从而失去其结构独立性而发挥其表现**同源**的功能。于是，国家权力被看作是作为其基础的经济体系的纯粹表现，正如以不同方式表现的司法机器一样；文化则被看作是基本的政治、司法、经济等事例的表现。以此为出发点，这种关于各种中介的分析旨在表明的不是事物表象中显见的东西，而是它们的基础现实，也即在文化的各种特殊语言中亦如在各种生产关系的组织中发生作用的**同一**本质。阿尔都塞对中介的这种抨击是至关重要的，因为它抨击的目标已不再局限于黑格尔和卢卡奇传统，而且包括像萨特和葛兰西这样的思想家（对后者的抨击相对比较谨慎）。

但是，中介的概念在传统上一直是辩证哲学和马克思主义本身借以阐述其使命的方式，即打破（资产阶级）学科专业化的分隔，把普遍社会生活中看上去各不相关的现象联系起来。如果需要对中介进行更加现代的描述的话，我们说这种运作被理解成一种**符码转换**（transcoding）的过程：作为一套术语的发明，对某一特定符码或语言的策略性选择，以便相同的术语可以用来分析和表达两种相当不同的客体或"文本"，或现实的两个非常不同的结构层面。因此，中介是分析者的一个手段，借助这个手段，破碎性和自治化，社会生活的不同区域的分隔化（compartmentalization）和特殊化（换言之，即意识形态从政治、宗教从经济的分离，日常生活与学术实践之间的鸿沟），至少在某一特定分析的场合得到了局部克服。这种瞬间的再联合将是纯象征性的，纯属一种方法的虚构，除非把社会生活的基本现实看作是一个不可分的整体，一个天衣无缝的网络，一个难以置信的、超个人的（transindividual）单一过程，在这个过程中，没有必要发明新的方法去把语言事件和社会变革或经济矛盾联系起来，因为在那个层面上，它们从来就不是相互分离的。分离的领域，破碎的领域，符码爆炸和学科多元化的领域，这些不过是现象的现实。如黑格尔所说，它不完全**自为**地存在，而是**为我们**而存在，是晚期资本主义制度下我们的日常生活和生存经验的基本逻辑和根本法则。因此，对不同“层面”的某种终极的基本的统一的诉诸，不过是形式上的，是空洞乏义的，除非它为我们这里所论的比较具体的、于局部实践的中介提供逻辑理由和哲学依据。

现在，关于阿尔都塞在这方面的结构概念还必须要说明的是，“半自治性”的观念必然既**关联**又**分离**。否则，那些层面将**仅仅**是自治的，分化成资产阶级学科的物化的空间；我们已经看到，对一些读者来说，这最后一种恰恰是阿尔都塞学说的要旨。但是，在那种情况下，很难看清阿尔都塞何以坚持一种结构总体性的决定论。显然，他旨在强调各个层面之间某种终极结构的相互依赖性，但是，他是根据一种通过那个结构的中介来掌握这种相互依赖性的，而非通过使一个层面直接向另一个层面展开的比较**直接**的中介。这意味着阿尔都塞结构因果律观念的哲学要义与其说在于这样一种中介的概念，毋宁说在于辩证法传统可能会称之为的未经反射的无中介性（unreflected immediacy）：在那种情况下，阿尔都塞真正的攻击目标就和黑格尔是一致的，后者的全部作品是对早熟的无中介性的长期批判和未经反射的统一性的确立。在某种并非严格的专业意义上，或许可以说，阿尔都塞的结构，与所有马克思主义一样，必然坚持某一社会构型内部各种因素的相互关联，只不过他是通过这些因素的结构**差异**和相互间的距离将其关联起来的，而非据其终极的同一性，如他认为表现性因果律所能做到的那样。因此，差异在这里被解作一种关系概念，而非不相关的多样性的纯粹惰性的储存。

在表现性因果律中，类似的过程发生在两种不同的社会生活领域。这种因果律的实践是中介所能采取的形式之一，但当然不是惟一的一种形式。对阿尔都塞本人关于这个问题的阐述必须提出的反驳是，对两种现象的相互区分，它们的结构分离，而且是以相当明确的方式断言它们并非是同一的，这**也是**一种中介形式。因此，阿尔都塞的结构因果律正如与它相对立的“表现性因果律”一样从根本上说都是一种中介实践。把中介描述成可用于两种不同现象的一种编码的策略和局部发明，并不意味着在这两种情况下必须要传达相同的信息；换言之，除非与某一比较普遍的同一性背景相抵抗，否则我们是不能列举事物之间的差异的。中介的任务是确立这种最初的同一性，在这个背景之下——也只有在这个背景之下——局部的认同或区分才可能实现。

这些阐释的可能性说明了中介的实践对于寻求避免各种形式主义平静的禁闭的文学或文化批评何以是尤其重要的，这种批评旨在发明一些方法把文本向文本外（hors-texte，extratextual）的各种关系敞开，而非上述提到的那种粗暴和纯偶然的机械因果律方法。（如我们在本文中常常要做的一样）发明关于物化、破碎性和单子化的一套术语，使之交替用于描述晚期资本主义制度下的社会关系以及后者的文化和文学产品内部的形式关系和语言结构，这大可不必证实这两种事物之间的同一性（表现性因果律），从而得出结论说后者即上层建筑现象乃是基础结构现实的纯粹反射，即作为基础结构的副现象的投射。在特定层面上这的确是事实，而现代主义和物化则是同一个巨大过程的组成部分，这个过程所表达的就是晚期资本主义矛盾的内在逻辑和动力。然而，即令我们作为文学分析家的目的是要表明，现代主义——绝非是对19世纪末社会生活的物化的纯粹反映——也是对那种物化的一种反叛和一种象征性行为，涉及在日常生活的层面上对愈加严重的非人性化的整个乌托邦式的补偿，我们首先也要在这两个区域或部分之间——文学作品中语言的实践与客观世界（Umwelt）或日常生活的世界上**混乱的**经验、标准化、理性的世俗化——确立一种连续性，从而使后者可以被理解为前者象征性地加以决定或解决的那种决定性的环境、困境、矛盾或潜文本。

因此，我们必须驳斥有关中介过程的一种观念，它由于过分强调其确立同一性的相关使命而未能发挥其区分和揭示结构性对立和矛盾的能力。甚至在连同葛兰西一起被阿尔都塞痛斥为“中介哲学家之原型”的萨特的实践中，把家庭作为孩子的经验（心理分析的对象）与外部社会的阶级结构（马克思主义分析的对象）之间的基本中介单位的阐述[22]，也绝不能把三种不同的现实简约到一个公分母，或将其同化以使其失去个别主体命运的相当不同的特殊性，资产阶级多元家庭的历史和在所论的国家资本主义发展的特定时刻各种阶级关系的“联合”。相反，这种中介的力量事先决定了你对所论每个区域或部分的相对自治的感觉：这是一种认证身份的符码转换，要求你在同时保持这三个层面相互间绝对的结构距离。

关于中介的这一冗长讨论并非意在表明阿尔都塞对表现性因果律的批判是完全毫无理由的；相反，它已被错置，其真正的威力只能在确定了它的适当客体之时才能恢复。阿尔都塞批判的真正目标在我看来似乎不是中介的实践，而是别的什么，尽管它与中介具有表面的相似性，而实际上却是一种非常不同的概念，即**同源**（homology）的概念（或同态，或结构的相似）——目前在文学和文化分析中广泛使用的一个术语。这里，阿尔都塞的苛评为重新评价这个特殊的阐释机制提供了机会，这是由吕西安·戈德曼引介到批评界的，他的《隐藏的上帝》假定在阶级环境、世界观和艺术形式之间存在着同源现象（研究的客体是詹森主义，它在“穿袍贵族”中的社会根源，它在奥古斯都时代的新意识形态中，以及在帕斯卡尔的《沉思录》和拉辛的悲剧中的文化流溢）。戈德曼这部作品的不尽如人意之处并非是在这三个领域或部分之间一种历史关系的确立，而是为表述那种关系而建构的简单的机械的模式，并断言，在某一抽象的层面上，社会环境、哲学的或意识形态的立场以及语言和戏剧的实践这三种相当不同的现实的“结构”是“相同的”。在这方面，尤为引人注目的是戈德曼在后来的《小说的社会学》中的提法，即在作为一种形式的小说与“诞生于市场生产的个人主义社会的日常生活”之间的“严格的同源性”[23]。如果应该在什么地方提及的话，那么，阿尔都塞在这里提醒人们有必要尊重不同结构层面的相对自治性就是及时的。在我看来，与此相关的建立使不同层面处于主导或相互从属的明确关系之中的一个等级模式的指令，在文学和文化分析领域，充其量只能通过对这些关系借以产生的一个过程的虚构而得以完成。于是，俄国形式主义者们向我们表明了如何勾勒出一幅特定复杂形式的逐渐出现的图画，在这个复杂形式中，一个特定的特征为了弥补和矫正某一低级的或先前的生产层面上所缺乏的结构而被生产出来。这预示了我们将在第五部分中讨论的康拉德的例子，当然，在社会物化、风格发明和叙事或诠释范畴这三个层面之间设定一种静止的同源或平行结构是可能的，但是，似乎更有意义的是理解文本的这三个范畴之间的相互关系及其蕴涵于生产、投射、补偿、压抑、错位等更加活跃的术语中的社会潜文本（subtext）。如就康拉德的情况看，我们将指出风格习惯具有象征性地解决潜文本中的矛盾的功能，同时又积极地以将要叙述的事件的特殊范畴的形式衍生出或投射出它们的叙事前文本（pretext，形式主义者们称此为“技巧的动机”）。

然而，同源实践可见于远比戈德曼的作品复杂的语境之中：

比如，在现行的生产意识形态中，将其阐释实践与上面概述的形式生成或投射建构的模式区别开来是有益的。无论现行的建构一种“语言的唯物主义理论”[24]的努力具有什么价值，很明显的是，这种努力大多数都基于文字与言语中语言的“生产”同经济生产之间的一种缄默的同源（有时也在弗洛伊德的“经济”形态与“经济学”本身之间断言有一种次要的同源）。这些断言在我看来在两个不同的方面受到误导。当然，仅就文本生产的思想帮助我们打破了把某一特定叙事看成一个客体，或一个统一的整体，或一个静止结构的物化了的思维习惯而言，它的效果是积极的，但是，这种思想的活跃中心事实上是把文本当作**过程**，而生产活动的观念则成了一个隐喻的覆盖，它并未给过程的思想增加什么方法论的意味，但却为一种新的意识形态所使用或盗用的潜势添加了大量内容。没有知识上的虚伪就不可能把文本的“生产”（或用阿尔都塞的同源说，即新的、更加科学的概念的“生产”）与工厂工人的物品生产等同起来：在那个意义上，写作和思想就不是异化的劳动，而知识分子通过把他们的工作与流水线上的真正劳动、与真正手工劳动的耐物质性相同化来极力美化他们的劳动就显然是愚蠢的做法——这大部分都可以归结在意识形态的阐述、再生产和批判的名目之下。

物质这个术语意味着作用于这种理论中的第二种误解，其中拉康的“物质能指”（在拉康的著作中称法勒斯）的概念以及对语言在空气和空间中响亮震颤的几种微弱的暗指，都被作为某种真正具有唯物主义性质的观点的基础。然而，马克思主义不是一种机械的而是一种历史的唯物主义，它并不像坚持生产方式的终极决定性那样断言物质的优越性。的确，如果有人想要炫耀表述词语的话，那就必须说明，唯物主义在一种或另一种物质概念中的基础恰恰是资产阶级意识形态的标志，从 18 世纪的各种唯物主义一直到19世纪的实证主义和宿命论（本身就是资产阶级的而非马克思的术语和概念）。对同源的肯定在这里是有问题的，至少因为它鼓励人们得出最容易的结论（语言的生产与物品的生产是“相同的”），预先阻止了一种语言理论在整个生产方式中的艰难的——但却无疑是惟一有生产力的——迂回，或用阿尔都塞的话说，是在结构中迂回，作为惟一可见于其效果或结构因素中的一种终极原因，而语言实践就是这些因素之一。

仅就在本文中方法上的重要性而言，我必须在此对A.J.格雷马斯的符号学作一预备性探讨，在这种符号学中同源起到了重要作用，而在一些读者看来它必然要比上面批评的戈德曼的分析更加静止，更具有非历史性。对此观点我不敢苟同，除非认为在格雷马斯的著作中，层面及其同源的观点是作为方法论起点，作为有待探讨的一组范畴而设定的，而不是作为对分析结果的形态的预示。因此，可以采用他的奠基之作《符号限制的相互作用》的术语。[25]那些叠加的和同源的四项组合——如表示性关系的四种逻辑可能性：婚姻关系、正常关系、非正常关系和婚外关系；表示规章制度的四种逻辑可能性：规定性的、禁忌的、非规定性的、非禁忌的——非但表指任何特定的历史上的人类群体的亲缘关系或法律制度，相反，却构成了必然从所有这些因素中获得的空位和逻辑可能性，借此可以衡量和厘清某一特定社会文本的内容。在这个意义上，格雷马斯图式中标明的语义或符号结构似乎勾勒出他认为是现实本身的逻辑结构，并充作那个现实的基本范畴，不管它采取什么特定的历史形态；惟其如此，他的图式就将是安伯托·艾柯所说的“本体论的结构主义”，对这种结构主义来说，结构是超历史的，至少被赋予了逻辑范畴或数理思维的存在和永恒性。因此，这些“层面”在格雷马斯那里是同源的，因为它们都是交叉的，并由相同的基本概念或符号范畴组织在一起的，即他的“表意的基本结构”或符号矩形（或六边形）的那些范畴。

本文的基本主题之一将是这样一个论点，即马克思主义包容其他阐释模式或体系；或用方法论的术语说，这些阐释的局限性总是可以克服的，它们的比较积极的发现总是能得到保存的，通过对它们的精神运作进行根本的历史化，从而不仅仅使分析的内容，而且使方法本身连同分析者，都被考虑在所要解释的“文本”或现象之中。就格雷马斯的情况看，我们将表明[26]这种明显为静态的、依据二元对立而非辩证对立建构的，并将继续依据同源性设定层面之间的关系的分析图式，通过把它指定为意识形态封闭的场所和模式而重新用于一种历史化的辩证批评。由此看来，这个符号矩形就成了探讨文本错综复杂的语义和意识形态的重要工具——在格雷马斯本人的著作中，与其说由于这个矩形产生出借以观照景象和自然因素的客观可能性，毋宁说由于它勾勒出一种特殊的观念意识的局限性，并标识出意识不可能超越的、它又注定于其中摇摆的那些概念观点。在第三部分中，我们将从这个角度检验《老处女》中的历史视域——贵族的高雅与拿破仑的力量之间的一种二元对立，这是政治想像力所竭力要超越的、生发出每一个术语的矛盾因素，机械地生发出它在逻辑上可利用的所有综合，同时又闭锁在原来双重束缚的条件之下。这样一种视域不应被当作王政复辟时期客观呈现的所有政治立场或意识形态可能性的逻辑表述，而应看作一种特殊的政治幻想的结构，看作充满巴尔扎克的政治思想的那个特殊的“力比多机制”的图式——不言而喻，我们并非在这里区别幻想与它被“投射”其上的某一客观现实，而是与德勒兹或 J. F. 利奥塔一起，断言这种幻想或元叙事结构就是我们经验现实的工具。[27]当如此应用格雷马斯的体系时，其封闭性便不再是在静态的和分析式的思想传统上为一种比较辩证的立场所提出的问题了。相反，它为这种图式的意识形态封闭增添了内容，使我们能够勾勒出一种特定的意识形态构型的内在局限性，并建构这种特殊的力比多机制或“欲望机器”等基本术语，这也是巴尔扎克对历史的承诺。不啻如此，这个“符号矩形”的封闭性现在提供一条进入文本的路径，不是通过假定纯粹的逻辑可能性和置换，而是通过对蕴涵于意识形态系统中的术语或结点进行诊断性揭示，然而，这些术语或结点在文本的表面仍然未能实现，未能显见于叙事的逻辑之中，因而我们可以将其解作被文本压抑的东西。因此，被一种辩证批评所利用的，实际上也许是被滥用的格雷马斯的图式，是由纯粹逻辑的或分析式的否定建构的，它的穷尽性在实现的和未实现的条件之间的张力中开拓出实践一种真正的辩证否定的空间。在格雷马斯那里，这将构成不同层面之间的结构同源，那个符号矩形就是在这些层面上再生产自身的，而对我们来说则恰恰相反，它将非常有力地重构为在场与缺场之间的一种张力关系，可以依据上述各种能动性（生成，投射，补偿，抑制，错位）加以图示的一种关系。所以，绝不是在任何层面上都得到充分实现的文学结构，将有力地向底层或难以想像的或难以言说的层面倾斜，简言之，即进入文本的政治无意识，从而使后者分散的要素（semes）——当据这种意识形态的封闭模式加以重构时——本身就坚持不懈地直接把我们引向文本完全无法控制或掌握（或用诺曼·霍兰德较具启示意义的术语，**管理**）的那些力或矛盾的传达威力。所以，通过一种根本的历史化利用，那种逻辑封闭的理想，起初似乎与辩证思维不相协调，现在却证明是揭示那些逻辑和意识形态核心的不可或缺的工具，而这些核心又正是某一特定历史文本所不能实现的，或反之，所竭力抑制的。

这些描述意在说明，必须把阿尔都塞的结构马克思主义理解成辩证法传统内部的一次改造，而不是对辩证法的一次突破，不是一种生成性突变，使得一种全新的马克思主义于其中产生出来，与辩证哲学曾经蜷伏其中的那些经典范畴丝毫没有关系。但是，他们绝没有解决可称作阿尔都塞—卢卡奇论战所涉及的那些争议和问题。我们在本文中也不能完全解决。但是，为了避免造成某种容易的唾手可得的印象，最好是提出有关这些问题的一个清单。所想到的有六个主要话题，其中有些已有所涉及：(1) 再现的问题，尤其是历史的再现问题：如前所述，这实质上是一个叙事的问题，可以用来再现历史的任何叙事框架的充足性问题；(2) 与此相关的历史叙事中的“人物”问题，或更准确地说，是社会阶级的概念的地位问题，它在这样一个集体的历史叙事中作为“历史的主体”或主角的有效性；(3) 实践之与结构的关系，以及这些概念中的第一个概念受纯个人行为范畴的可能的污染，以对立于这些概念中的第二个概念在某一“总体系统”的一种最终为静止的和物化的表达中可能的禁闭；(4) 从上一个问题中生发出来的比较普遍的问题，即共时的地位及其作为分析框架的充足性问题，或相对应的，历时的转换和分期化的旧的辩证表述的充足性问题，最显著地体现在从一种生产方式向另一种生产方式**过渡**的论述中；(5) 与此相关的对经典辩证法来说并不比中介逊色的一个范畴的地位问题，即**矛盾**的范畴，及其在新的结构的或共时的框架内的构成（我们必须坚持从根本上把这个范畴与符号学的对立、二律背反［antinomy］或二难选择［aporia］区别开来）；(6) 最后是总体观念，这是阿尔都塞继续使用的一个术语，同时试图从根本上把他的结构总体自身的概念与旧的公认为黑格尔唯心主义和黑格尔式马克思主义（卢卡奇、萨特）的组织范畴的表现性总体区别开来。由于这个术语是黑格尔式马克思主义与结构的马克思主义两军对垒的最富戏剧性的战场，所以我们必须在结束本节之前简单论述一下它所提出的问题。

卢卡奇的（在《历史与阶级意识》中概述的）总体观念和萨特的（在《辩证理性批判》中描述的）方法论的总体化理想一般由于与黑格尔的**绝对精神**（abslute spirit）的关联而受到谴责，在黑格尔的绝对精神中，一切矛盾都可能被解决，主体与客体之间的隔阂被消除，某种终极的、显然是唯心主义的同一性形式被确立起来。对所谓同一性理论的攻击，被归结于卢卡奇、萨特和其他所谓黑格尔式马克思主义者的一种理论，当时从马克思在《1844 年经济学哲学手稿》中对黑格尔的批判中吸取灵感。马克思在那部著作中论证说，黑格尔错误地把客观化，即一种普遍的人类过程与资本主义制度下独特的历史形式相同化，这倒不如称其为一种异化：有了这种同化，黑格尔的绝对精神的理想便试图通过投射这种客观化的、显然是唯心主义的结果来克服异化，即把所有外化的关系回归到精神的含混性。当代对这种同一性理论的批判认为，不仅仅"总体"的概念在这里是表示绝对精神的一个符码，而且整个历史视域也因此而永久化了，其中，对乌托邦（读作：共产主义）的理解是，通过纯武力消除差异而取得终极的同一性；或用**新哲学**令人难忘的话语说，这是从黑格尔的绝对精神到斯大林的古拉格（Gulag）的一条直线。当然，这个时髦的论战模式没有任何历史的或文本的依据。马克思对黑格尔的两项重要研究一方面令人信服地指出，黑格尔的绝对精神的"概念"只不过是一种历史环境的征候，在这种历史环境中，他的思想不可能再进步[28]：它与其说是一种自圆其说的思想，毋宁说是解决一种不可能的历史矛盾的尝试以及为超越浪漫的反动和资产阶级功利主义等选择而投射的某一不可能的第三个术语的尝试。我们非但不能诊断黑格尔思想中的不可救药的"唯心主义"

弊病，而且要比较谦虚地责怪他未能在所处的历史时刻成为马克思。绝对精神的内容最好在某种我们觉得更局部的语境中来理解，这就是该历史学家的精神投射以及他与过去的关系；然而，甚至以回溯的方式把辩证观描述为“生活的礼拜天”，描述为对已经终结的一段历史（密涅瓦的猫头鹰在黄昏时飞走了）的记忆(Erinnerung)，它也必须置于拿破仑革命失败的历史语境中来理解，置于黑格尔对在他看来的确是历史的终结的气馁的语境中来理解（他曾对这段历史寄予了政治希望和梦想）。

黑格尔本人的哲学发展表明，黑格尔辩证法恰恰产生于他自己对以谢林体系的形式出现的“同一性理论”的攻击，它曾用那句名言指责谢林的体系为“把所有的母牛都变成了灰色的夜间”：主体与客体的一种“调和”，其中，主体和客体都被抹掉了，最终一种哲学的取向在同一性的神秘视域中到达了终点。就是从这种论战中产生出了辩证法的核心机制，即客观化的观念，没有这个观念，无论是黑格尔自己著作中的历史内容，还是马克思的辩证法，都是难以想像的。因此，把黑格尔本人与以“同一性理论”之名而被攻击的东西联系起来就是不准确的或不诚实的。[29]

仅就卢卡奇来说，《历史与阶级意识》中概述的总体性概念，一定不能读作对谢林的“绝对”（absolute）意义上的历史终结的肯定，而应解作相当不同的东西，即一种方法论的标准。的确，人们还没有充分认识到，卢卡奇的意识形态批判的方法——如黑格尔辩证法本身和萨特在《辩证理性批判》中出于方法论的必要性而提出总体化的变体一样——在本质上是批判和否定的反神秘化的运作。卢卡奇对德国古典哲学的意识形态的核心分析从这个角度看可以说是对马克思意识形态理论的一种创新的变体，马克思的意识形态理论并非像人们所广泛认为的是关于虚假意识的理论，而是关于结构局限性和意识形态封闭的理论。马克思在《路易·波拿巴的雾月十八日》中对小资产阶级意识形态的开创性分析也不是依据阶级亲缘关系或出身预见的："使他们［小资产阶级知识分子］成为小资产者代表人物的是下面这样一种情况：他们的思想不能越出小资产者的生活所越不出的界限，因此他们在理论上得出的任务和解决办法，也就是小资产者的物质利益和社会地位在实际生活上引导他们得出的任务和解决办法。一般说来，一个阶级的**政治代表**和**著作代表**同他们所代表的阶级之间的关系，都是这样。"[30]

我们将指出，这样一种方法是根据**抑制策略**（strategies of containment）来设定意识形态的，无论是在知识上还是在形式上（就叙事而言）。卢卡奇的成就在于，他明白，这些抑制策略——马克思本人主要是在对古典政治经济学的批判中，在后者为了避免诸如劳动与价值关系等洞见引起的终极结果而建构的精巧框架中来描述这些策略的——只能在把它们置于与它们曾经暗示和抑制的总体性理想的冲突中，才能祛除其伪装。由此观之，黑格尔的绝对精神观念恰恰是这样一种抑制策略，它使可被思考的东西看上去像是内部连贯自成体系的，而同时又抑制了超越其界限之外的不可想像的东西（在这方面指的是集体实践的可能性）。这里显然暗示着马克思主义就是这种不知边界的思想，是可以无限地加以总体化的，但是，意识形态批判并不依赖于把马克思主义作为一个系统的某种教条或"实证"概念。相反，它不过是有必要进行总体化的场所，而马克思主义的不同历史形式本身同样可以有效地服从于对其自身局部的意识形态局限性或抑制策略进行的这样一种批判。在这个意义上，黑格尔的那句名言"真实的就是整体的"，与其说是对黑格尔本人（或其他人）可能占据的真理之地的证实，毋宁说是借以祛除"虚假的"和意识形态的伪装而使其显见于表面的一种视角和方法。

可以表明，“总体性”概念这种否定的和方法论的地位在那些后结构主义哲学中也能发生作用，这些后结构主义哲学以差异、流动、播撒和异质性的名义公开拒斥这种“总体化”；德勒兹关于精神分裂性文本的概念和德里达的解构就是我现在提到的这种后结构主义哲学。如果这些认知方法由于其强度而值得称赞的话，那么，它们就必须伴随着某种初现的连续性，某种已经到位的观念的统一，而这又正是这些方法所要指责和打破的。比如，德勒兹著作中分子的价值在结构上取决于先存的克分子或统一的冲动，分子的真实正是依据这种冲动来表现的。我们将据此指出，这些是二度的或批判的哲学，它们将通过对总体概念的反动来重新确立总体概念的地位；这样一种运动在阿多诺的“否定的辩证法”中甚至更加清楚地以其反证——即“整体的是不真实的”——而体现出来，其中，古典辩证法通过咬自己的尾巴而解构自身。

有鉴于此，卢卡奇关于“总体”的批评概念就可即刻改造成叙事分析的工具，把注意力指向寻求赋予其再现客体以形式统一的那些形式框架或抑制策略。诚然，卢卡奇在写作中期论现实主义的那些过分熟悉的文章——往往被简单地读作“反映论”的练习——如果以这种方式重写的话便会恢复其意趣，作为对那些特殊的叙事例子（所谓“伟大的现实主义者们”）的研究，其中，后期现代主义的细腻框架和抑制策略不管出于什么原因似乎仍不是必要的。[31]

的确，这里可以说，卢卡奇的总体概念以某种悖论的或辩证的方式与阿尔都塞把历史或实在界为“缺场的原因”的观念不谋而合。总体并非随时可用于再现，正如不能以终极真理的形式（或绝对精神的时刻）接触一样。又由于萨特在这番讨论中至关重要，所以我们最好的办法就是引用《自由之路》中描写痛苦的自我磨灭的一段话，借以表明既忠实于“总体”又在其缺场的情况下“再现”它的复杂过程，在这段话中，总体就在它被否认的运动中得到了肯定，并在否认其所有可能的再现的同一种语言中得到了再现：

> 一个硕大的实体，一颗行星，在一亿个维度的一个空间里；三维度的存在物不能与想像的相同。然而，每一个维度都是一个自治的意识。试图直接观看那颗行星，它会分化成微小的碎片，而剩下的只有意识。一亿个自由的意识，每一个都意识到墙壁，燃着红火的烟梗，熟悉的面孔，而每一个都在建构对其自身负责的命运。然而，这些意识当中的每一个都通过触摸不到的接触和感觉不到的变化实现了自身作为一块巨大的看不见的珊瑚上的一个孔洞的存在。战争：每个人都是自由的，然而，骰子已经掷出。它就在那里，它在每一处，它是我全部思想的总体，是希特勒全部话语的总体，是戈麦斯全部行动的总体；但又没有人在那里计算它的总数。它只为上帝而存在。但是上帝是不存在的。而战争却存在。[32]

如果把传统的总体概念描写成有机的有些过于急躁，甚至还不足以把它的对立项即结构的概念描写成机械的话，那么，至少可以强调美学和语言学领域的重要性，这些概念首先是在这些领域中被采纳和准备的[33]，后来才在社会理论等领域内开始更直接的比喻用法。因此，根据它们各自投射出来的**美学**权且把二者并置起来似乎就是合理的。我们现在正处于后结构主义文化的中流，因而能更清楚地看到这里与黑格尔和卢卡奇相关的表现性总体蕴涵着有时被称作有机形式的价值，而提出了把艺术品作为有秩序的整体的观念。因此，批评家的任务——从表现性因果律的观点看是阐释的任务——就是寻求作品的不同层面和组成因素以等级制的方式促成的一种统一的意义。

继而可以说，正统的结构因果律的阐释使命恰好相反，它是要找出作品内部缝隙和断裂中的特殊内容，而最终找出在以前作为异质的和（用新近最富戏剧性的口号说）精神分裂性文本的“艺术作品”中的内容。就阿尔都塞的文学批评本身来看，只有在形式统一的表象被揭示为一种失败或一种意识形态的幻象时，适当的研究客体才能出现。因此，文化文本的真正功能则被表现为层面之间的一种**干涉**，即一个层面对另一个层面的破坏；而对阿尔都塞和皮埃尔·马歇雷（Pierre Macherey）来说，这种分裂或不和谐的特殊形式是通过审美生产的作用而达到意识形态的客观化的。[34]因此，正宗的结构阐释或诠释的目的就是把看上去统一的文本分裂成众多冲撞的相互矛盾的因素。然而，与规范的后结构主义不同，即与巴特在《S/Z》中把巴尔扎克的中篇小说打破而使其成为任意游动的众多符码不同，阿尔都塞/马克思主义的文化概念要求把这些多元因素统一起来，即便不是在作品本身的层面，至少也应该在生产过程的层面，那不是任意的，而是可以描写成自身独立的连贯的功能操作。现行的后结构主义对断裂性和异质性的赞扬只不过是阿尔都塞阐释的一个最初时刻，它继而要求把作品中的碎片、不相称的层面、异质的冲动重新关联起来，但却是以结构差异和明确的矛盾的方式。在下面阐释作品的章节里，我发现，总体或总体化的概念中蕴涵着方法论的迫切需要和在一个显然统一的文化文本内对断裂、缝隙、远距离行动的一种“症候分析”的相当不同的关注，对二者予以重视而又不出现重大分歧是完全可能的。

但这些不同的美学——即我们刚刚描述为连续性和断续性、同质性和异质性、统一和分散的美学——也可以根据它们提出的阐释的内在性和超验性来加以掌握和区别。无论对错，一种总体化的批评已在糟糕的意义上先验地呈现出来，即是说，就其阐释内容来说，已在文本之外的领域和层面引起人们的注目。我们已经看到，这些显然外在的操作然后又被拉回到辩证的框架中来，而后者则在扩大，被系统地总体化了。因此，可以认为，这种阐释，一方面包含着一个超验的时刻，同时又预先把那个时刻看作是纯粹**临时的**外在因素，并为了使其圆满而要求一种运动，直到那种显然外在的内容（政治态度、意识形态的资料、法律范畴、历史的原材料、经济过程等）最终被拉回到阅读的过程之中。

一种纯内在的批评的理想显然不是后结构主义所独有的，而是从较老的新批评开始就主导众多的批评方法。我们将在下面的章节里论证这种意义上的内在批评是一个海市蜃楼。但是，阿尔都塞阐释的出新之处，尤其是其在马歇雷著作中的发展，可以用相当不同的方式加以系统阐述，并可以解作一种演绎的操作。从这一观点出发，作品或文本便不是被插入一个人们认为是产生于这种或那种形式或风格的先前时刻的生成过程之中；也不是“外在地”相关于至少初时作为超越它之外的东西而给予的某一基础或语境。相反，作品的证据是据其形式的和逻辑的，尤其是可能的**语义的**条件而被质疑的。所以，这种分析涉及材料的假设**重构**——内容、叙事范式、风格和语言的实践——这些都必须事先给出以便让那个特殊的文本得以在独特的历史特性中生产出来。我们将在下面的章节里表明这种操作的重要环节。我们在这里所要论证的是，这也是一种阐释或解释活动，不过是在新的出乎意料之外的意义上，并以下面的断言——阿尔都塞的第三或结构形式的因果律所特有的一种阐释模式是存在的——来结束这番冗长的题外话。

二

尽管如此，德勒兹和伽塔里论证的“过时的”阐释和当代的“解构”之间的区别，意味着它是厘清不同的阐释或批评方法的一个有用的工具，而我们现在必须与这些方法保持一致。姑且不谈任何真正的内在批评的可能性，我们将假定，提出“那是什么意思”这个问题的一种批评构成了一种颇似寓言操作的东西，其中，一个文本依据某一根本的主符码或“终极的决定事例”而被系统地加以**重写**。那么，照此看来，所有“阐释”在其狭隘的意义上都要求把某一特定文本强有力地或不知不觉地改变成其特殊主符码或“超验所指”的一个寓言。因此，阐释所落得的坏名声与寓言本身遭受的毁誉便是不可分割的了。

然而，如此看待阐释就等于获取工具，借以迫使某一特定阐释实践采取立场，创出名声，不假思索地亮出主符码，据此揭示其形而上学和意识形态的基础。在当下的知识氛围里，没有必要费力论证这样的立场，即每一种实践形式，包括文学批评，都暗示和事先假定一种形式的理论；经验主义，一种极端的非理论实践的海市蜃楼，确切说是矛盾的；甚至最形式化的文学或文本分析都带有一种理论的负荷，对这种理论的否定将揭示出它的意识形态性。不幸的是，我们在下文中将认为这样一种理所当然的立场，总是要受到反复的论证和抵制的。然而，我们现在将更加肆无忌惮地断言，一种特定方法的操作其理论框架或前提一般来说都是那种方法试图永久保持的意识形态。因此，我在另一处曾指出，甚至像老的新批评这种显然非历史的“方法”也预设了一个明确的关于历史的“视域”或“理论”。[35]这里，我要比这走得更远，我认为，甚至新批评最无辜的形式化阅读也把宣传“历史是什么”这一特殊的观点作为其本质的和终极的功能。事实上，任何语言功能的运作模式、交际或言语行为的性质，以及形式和文体变化的动力，都不是可构想的，都不意味着整个历史哲学。

在本文中，我们所关注的并不是这些一般来说在策略上仅限于抒情诗的形式的或风格的、纯文本的分析模式，而关注阐释所蕴涵的各种“强力”的重写，这些阐释本身就是与重写相认同的，并带有特殊的标识。然而，我们还必须为仍然在今天占主导地位的文学形式和文化批评开辟一块立足之地，尽管未来的每一代文学理论家都会（出于不同的理由）拒斥它。这就是我们将称为**伦理**批评的东西，正是根据它所构成的主符码，“那是什么意思”这个问题才能得到回答。伦理分析是比它包括和容纳的其他两种现行的已受指责的思维类型更广泛的一个范畴：形而上学思想，这是可能提出关于生活的“意义”的问题的前提（甚至在这些问题得到形形色色的存在主义的否定答复的地方），以及总是基于特定的“人性”概念的所谓人道主义。[36]在最狭隘的意义上，伦理思想投射人类“经验”的永久特征，因此是关于个人生活和人际间关系的一种“智慧”，事实上是一种明确的群体团结和阶级凝聚的历史和制度特征。在下一部分，我们将详尽探讨一切伦理学是何以排斥和预示特定类型的他者性或邪恶的。所有这些终究要产生政治影响，这是显而易见的，而本文的次主题之一的确将论述伦理学再次自我抑制的诱惑，即把敌意的和比较正规的政治冲动赋予**愤懑**这个终极的否定范畴。

然而，把今天众多平常的文学批评说成是“伦理的”，这还是会使读者感到自相矛盾甚至有悖常理；我们通常把“伦理”理解为道德化的，或那种道德的说教的姿态，它即便不是随着维多利亚时代但也大概随着《细绎》派的灭绝而绝迹了。这就等于误认为伦理在我们自己的环境中采取的主导形式，它本质上是心理的和心理化的，甚至在为权威性而诉诸这种或那种精神分析学的地方亦然。这里，个人身份的观念，精神的重新统一的神话，以及某一荣格式“自我”或“本我”的幻景，都作为道德感性和伦理意识的旧主题参与进来，重新证实当代欧陆的另一个主题的适宜性，我们在第三部分将进一步看到，这个主题开始了对“中心”或“有中心的”自我的批判。然而，这些各种各样的后结构的母题却不应看作是后结构主义的全盘肯定，它的反马克思主义性质在今天的法国越来越明显。相反，我要提出，只有辩证法提供了具体地给主体“解中心”，并超越“伦理”而趋向政治和集体批评的路径。

阐释本身——即我们所称的“强力”重写，以区别于对伦理符码的软弱的重写，而二者又都以一种或另一种方式投射出关于意识统一和连贯性的种种观念——总是有前提的，即便不是关于无意识本身的概念，那么至少也是关于某种神秘化或抑制的机制，据此去寻求显义背后的隐义，或用更基本的阐释符码的更有力的语言去重写一个文本的表面范畴，这是合情合理的。这也许是回驳普通读者的反对意见的地方，他们在面对细腻和精到的阐释时会提出文本的意思就是它所表达的东西。不幸的是，任何社会都没有像我们自己的社会这样在如此众多的方面被神秘化，像它这样浸透着情报和信息，这些都是神秘化的工具（如塔列朗所说，语言之所以给予了我们，就是为了掩盖我们的思想）。如果一切都是显而易见的，那么，任何意识形态就都是不可能的，任何统治也是不可能的，这显然不是我们的情况。但是，除了神秘化的纯粹事实之外，我们还必须指向文化或文学文本研究中涉及的那个附加的问题，实际上就是叙事的问题，因为即便话语语言是要理解其字面意义，但是，在构成上总有一个关于这种叙事的“意义”的问题；而关于这个或那个叙事的“意义”的评价和后续的系统阐述的问题，则是一个解释学问题，这使我们就像在这个异议刚刚提出时那样深深地卷入了我们目前的探究之中。

可以认为，近来所有创新的哲学体系或立场都以一种或另一种方式投射出它们所特有的一种解释学。所以，我在另一处曾论证说，最古典的结构主义实践的是一种解释学，它的主符码或阐释要点不过是语言自身。[37]同样，人们也可以指其他的要建构一种普遍解释学的局部尝试，如在萨特存在主义的经典时期那种短命的阐释体系一样，根据这种阐释，依据焦虑和自由的恐惧来解读文学风格、意象结构、人物特性和意识形态价值是可行的。[38]同时，与形形色色存在主义不无关系的一种现象学批评也在时间（temporality）的经验和主题中找到了一个主符码：在当今后现代世界里，这似乎奇怪地成了过时了的主题，或一种不再特别偏执的经验。

但是，显而易见的是，近来最有影响、最细密的阐释体系是精神分析学的阐释，它的确可以当之无愧地声称是自伟大的基督教和中世纪体系阐释《圣经》的四种意义以来惟一真正创新的解释学。弗洛伊德的模式如此具有启发性以至于衍生于这个模式的术语和次要的机制已经播撒到距其源头相当遥远的地方，已被迫服务于其他毫不相关的体系，这一点将在下文中占据相当的篇幅。

要给精神分析学彻底定位，要求我们从根本上对弗洛伊德主义本身加以历史化，并到达一个折射点，由此观见弗洛伊德方法及其研究客体的历史和社会的可能条件。仅把弗洛伊德重置于维也纳和他所处时代的中欧是不能达到上述目的的，尽管这样的材料显然极具意义。[39]甚至我们强调精神分析学的主符码及其原材料——童年的创伤、原始场面的幻觉、俄狄浦斯冲突、歇斯底里等“周期性”的病症——都依赖于历史上多元家庭的制度[40]，也不会达到那个目的。可以想见，精神分析学的可能条件只有在你开始领会自从资本主义肇始以来精神破碎的程度，以其对经验的系统量化和合理化，及其对主体和对外部世界进行的工具性重组，只有在这时才是可见的。然而，认为心理的结构是历史的，并具有一个历史，这对我们来说，就像理解感官并不是天生的器官而是人类历史中漫长变异过程的结果一样难。[41]因为**合理化**的动力——韦伯的术语，卢卡奇将在《历史与阶级意识》中从策略上将其重译为**物化**——是一个复杂的过程，其中，传统的和“自然的”(naturwuchsige)统一、社会形式、人类关系、文化事件，甚至宗教制度，都系统地消解以便更有效地以新的后自然的过程或机制的形式加以重构。但是，与此同时，旧的统一体的现已分崩的碎片获得了自己的自治性，一种半自治的一致性，它不仅仅是资本主义物化和合理化的反射，而且在某种程度上用来补偿随物化而来的经验的非人性化，并调整这个新过程的(否则，便无法容忍的)结果。所以，举一个明显的例子，当视觉变成一种自治的独立活动时，它便获得了新的客体，这些客体本身就是抽象化和合理化过程的产物，是这个过程剥去具体经验的颜色、空间深度、质地等属性的结果，而这些具体属性反过来又经历了物化。形式的历史显然反映了这个过程，借此，仪式的视觉特征或在宗教仪式上仍然起作用的那些意象实践，在板架画和风景画等新风俗画中都被世俗化，重组成目的本身，然后在印象派的视觉革命中变得更加开放，最后在表现主义的抽象艺术中胜利地宣布了视觉的自治性。因此，卢卡奇把这种现代主义的出现与作为其先决条件的物化联系起来，这并没有错；但是，他由于忽视了这种新的物化感的乌托邦使命而把一个复杂有趣的环境过分简化和非问题化了，他所忽视的就是这种强化了的自治的色彩语言的使命，即至少要把一种象征性的力比多的快感经验恢复给一个已被淘空了这种经验的世界，一个延伸的、灰色的、纯粹可以量化的世界。我们可以对现代世界上强化的语言经验作完全相同的描述，而对那些发现了在历史的可能条件下用象征性语言反映新的，特别是现代意义上的语言的、符号的、文本的现实构造的人来说，这也许是可取的。这种对语言的“发现”与从具体经验中的结构抽象过程，与其作为自治的客体、权力，或活动的本质（hypostasis）是同一回事（晚期的维特根斯坦常常被列在象征性语言的理论家之列，他的著作也可以在完全不同的意义上读作对把语言作为一种物自体的这种概念化的批判）。[42]

我们再回到精神分析学的出现这个新事件上来，应该清楚的是，在新生的资产阶级社会的公共领域内家庭作为一个私有空间的自治化（autonomization），以及借以把童年和家庭环境在性质上与其他身世经验相区别的“特殊化”，不过是更为普遍的社会发展过程的特征，其中也包括性的自治化。无疑，弗洛伊德的研究客体与其说是性，毋宁说是欲望以及关于欲望的整个动力学；但是，依据诸如法勒斯、阉割、原始场面、性心理阶段、自恋主义、抑制、性爱本能与自我毁灭本能的对立等——这些都可以作为弗洛伊德解释学的主题——来表达和分析欲望机制的先决条件，却在于对性经验的预先分离，这能使其各个构成性特征带有更广泛的象征性意义。精神分析学表明的明显非性意识经验和行为的性范畴，只有在性“机制”（dispositif）或机器通过分离、自治化和特殊化的过程而发展成一个独立的符号系统或自成体系的象征性范畴之时才是可能的；只要性与普通的社会生活，比如吃，融为一体，那么，在那个程度上，它作为象征性引申意义的可能性就受到局限，性便又维持着它作为平庸的内在世俗事件和身体功能的地位。它的象征性可能性取决于它从社会领域的预先排除。至于原始性欲，如果我们能够运用想像力掌握从文身和仪式化毁形，到现代男人和女人的性欲发生区的构造这条象征性轨道的话[43]，我们就会走过一段漫长的体味性现象之历史性的路。

然而，如前所述，性和性主题应看作是弗洛伊德解释学的起因，是其特殊的符号或象征系统的源出而非它的根本机制。的确，精神分析解释学中阐释符码与其基本功能模式（或许多模式，因为弗洛伊德在一生中提出了一系列模式[44]）之间的这种结构分裂可以说明弗洛伊德批评在今天的矛盾境地，对此，我们可以肯定地说，仍然认真对待弗洛伊德批评的人只是那些弗洛伊德的追随者，同时，弗洛伊德的著作和精神分析学作为方法和模式的影响在历史上又从未像今天这样广远。换言之，由于领会了弗洛伊德关于性象征的教导，我们对这个特殊领域的兴趣已经得到了满足，可以转移到更加普遍但也是更加棘手的阐释本身的问题上来，以及诸如《梦的解析》和《笑话与无意识》等基本阐释手册为阐释所作的贡献上来。

弗洛伊德阐释系统所环绕的中心不是性经验，而是愿望的达成，其更具形而上学意味的变体“欲望”，被假定为我们作为个别主体的存在的能动力。有必要强调指出这种“发现”取决于现代社会中经验的愈加抽象化吗？然而，对于在同一时期发展的其他阐释主题也可以提出相同的问题，尤其是从尼采到韦伯的对这种价值的性质的思考。尼采的“对所有价值的重新评价”以及韦伯自己的“没有主观价值标准的科学”的观念（通常被误解为中性的科学“客观性”[45]）促成了要把阿基米德观点置于社会生活之外的种种企图，由此才能把后者的内在世俗价值抽取出来，进行一种实验的或实验分离研究。因此，与相当不同的弗洛伊德的许多抽象概念一样，这种价值观念只能预先在行动或行为本身内部构成客观分离的基础上在主观上才是可能的；在后面的论述中，我们将看到，约瑟夫·康拉德的作品如何明显地标志着价值的辩证关系，而这出乎意料地把他与尼采和韦伯相并列起来。

因为随着世俗社会的到来，随着生活道路、传统活动的各种仪式的世俗化，以及新的市场流动性，在一系列职业面前可以多方选择的自由，以及更加根本的越来越普遍的劳动力的商品化（劳动价值理论的主要发现本身就是以此为依据的），我们第一次能够把一种特定活动的独特性质和具体内容与其抽象组织或目的分离开来，并孤立地对后者加以研究。把弗洛伊德的愿望的达成观念说成是这个抽象过程的一个后期阶段（并认为它在认识论上的先驱是马克思的劳动力理论和以后的尼采与韦伯的价值观念），这只不过是说你只能通过对众多具体的不可简约的愿望或欲望施行有力的抽象化才能谈论愿望的达成或欲望；而主观地施行这种概念的抽象化的可能性则取决于预先在研究的原材料或客体内部客观地实现这样一个过程。我们只能在世界本身已经变得抽象的情况下才能抽象地思考这个世界。

从政治解释学的观点来看，用一种"政治无意识"的要求来衡量，我们必须得出结论说，愿望的达成的观念一直闭锁在个别主体和只能间接对我们有用的个体心理传记的问题框架之内。拉康对弗洛伊德的重写不应解作那种弗洛伊德解释学的纯粹变体，而是从弗洛伊德关于主体的动力学的性质的命题（愿望的达成）向对问题本身的质疑的一种本质的、反射性的转化，突出主体的范畴，研究这种心理现实（意识）——以及它的保护性意识形态和幻想（个人身份的感觉，自我或我的神话，等等）借以活跃的过程，以及自行强加在弗洛伊德关于个人的愿望的达成的观念之上的各种局限性。但是，欲望的观念，即便在其最完整实现的形式上，与其说是一种阐释模式，毋宁说是整个世界观，是一种真正的形而上学，是弗洛伊德后期的元心理学（metapsychology）最能引起共鸣、最有吸引力、最极端、最夸张的表达，充满了死亡和古旧，预示了性爱本能与自我毁灭本能之间的不朽斗争。这些"理论"当然重写了作品，从乔治·巴塔耶到德勒兹，中经如诺曼·O·布朗等美国的诸多变体，在他们提出的形形色色的欲望观念中，评论的客体都卓有成效地变成了一个寓言，它的宏大叙事就是欲望本身的故事，它如何与一种抑制的现实抗争，如何猛烈地冲破为束缚它而设计的禁锢，或相反，屈从于抑制，抛下了可怕的阿法纳萨斯（aphanasis）荒原。在这个层面上，我们无法确定这是否还与纯粹的阐释有什么关系，这是否已不是生产整个新的审美客体、整个新的神话叙事的问题。但至少清楚的是，欲望的这些寓言（一般是弗洛伊德左派的产物）与荣格主义和神话批评本身有许多共同之处，而不是与旧的正统的弗洛伊德分析相同。对于这些欲望的寓言，确实可以应用诺曼·霍兰德对整个神话批评的有力批判，他认为，只有在我们事先被告知作品是神话之时，这种批评才能发挥作用，神话重写的无可置疑的"共鸣"所预先决定的不是某一神话无意识的运作，而是我们自己为所论的阅读预先"设定"的意识。[46]

然而，我们将看到，即便欲望的理论是一种形而上学和一种神话，它的伟大的叙事性事件——抑制和反叛——应该与马克思主义的视角相一致，后者对欲望的释放和力比多形变的最终的乌托邦幻想是20世纪60年代东欧和西欧、中国和美国大众反叛的本质特征。但又恰恰因为这一点，尤其是继此之后的运动在试图适应当下的非常不同的环境时所遭遇的政治的和理论的困境，对这些神话才必须重新加以详细检验。如果说它们与马克思主义有相近之处的话，那么，它们与无政府主义就更相近，而当代的马克思主义也必须与今天有机复活的无政府主义达成一致。

在理论上对欲望理论提出的异议大部分是对僭越观念的批判，而僭越又显然是这些理论的基础。这就仿佛"真正的"欲望需要抑制，以便使我们意识到它的存在。但是，在那种情况下，欲望就必须总是僭越的，必须总有一个抑制的标准或法则，它通过这个法则而爆发，并依据这个法则来界定自身。然而，僭越预先决定它们借以发生作用的法则或标准或禁忌，因而最终恰恰以重新证实这些法则告终，这也不是什么创新的了。（比如，亵渎不仅要求你强烈地感觉到那个神的名字的神圣性质，甚至也可以将其看作能使那种感觉弱化和再度复苏的一种仪式。）从阐释的角度看，这就意味着，欲望总是在时间之外，在叙事之外：它没有内容，它在其循环出现的时刻总是相同的，而所论的事件只有在它所爆发的语境、在那个特定历史抑制机制的性质有了详细规范之时才能具有历史性。

从当下的视角看，更具有破坏性的是，欲望——与相比之下更加苍白、更加循规蹈矩的前任即愿望的达成一样——一直被闭锁在个别主体的范畴中，即便其中个体所采取的形式已不再是自我或我，而是个体的身体。我们现在必须更合逻辑地探讨这个目标，因为超越个体范畴和阐释模式的需要，在许多方面都是任何政治无意识学说和依据集体或联想进行阐释的学说的基本问题。然而，我们将从弗洛伊德解释学转向一种相当不同的、在坚持这样一种对欲望的评价方面只能将其与精神分析学相提并论的阐释系统。这就是诺斯罗普·弗莱的原型批评，它在依据社会阐释文化的功能这方面将对我们具有特别意义。

我在别处曾指出，意识形态给神话批评留下了印迹，因为后者在原始社会的社会关系和叙事形式与我们自己的文化客体之间设置了一个不间断的连续。[47]相反，对马克思主义来说，所必须强调的正是两种社会结构之间的根本断裂，而我们终将明白，资本主义如何有效地消解了旧的集体关系，把它们的文化表现和神话像许许多多已死的语言或无法诠释的法典一样留给我们，使我们难以理解。然而，在目前的语境中，弗莱的著作实际上就是作为与神学传统相关的四层面解释的当代再造而摆在我们面前的。

的确，在这个意义上，我们讨论的轨迹，从弗洛伊德到诺斯罗普·弗莱，就是象征性的：对当代对阐释问题的任何重新评价来说，最重要的能量转换显然发生在精神分析学和神学这两极之间，一极是弗洛伊德文本中包含的并由弗洛伊德本人的诊断天才加以戏剧化的丰富而具体的阐释实践，另一极是宗教传统中保留的，以《圣经》为核心文本的，对阐释、评论、寓言和多元意义的问题和动力学的千年至福的理论反映。[48]

弗莱的伟大，以及他的著作与大量平常的神话批评著作之间的根本区别，就在于他愿意提出群体的问题，从作为集体再现的宗教的本质中抽取基本的、本质上社会的阐释结果。在这个过程中，弗莱尽管也许不喜欢那种关联，但却回到了对宗教象征主义的比较肯定的方法上来，而在 19 世纪，这种宗教象征主义则继承了启蒙运动对它采取的本质上否定和破坏的态度，启蒙运动对古代政权的意识形态基础的削弱涉及对宗教现象进行系统的祛魅和揭露，清楚地看到了被视为“错误”和“迷信”的哲学与等级制政权机构的专制权力之间的合法关系。但是，对于费尔巴哈和涂尔干这样迥异的思想家来说——一个产生于 1848 年之前的德国的激进主义，另一个则焦急地处于仍然不稳定的第三共和国内，以保守的精神思考普遍社会稳定的来源——宗教的“幻想”将被解作对一种积极的社会功能的补充，解作本质上是人类能量的比喻和投射——无论后者是否被认为是人类个性和人类潜力的完整和未异化的发展，这当是德国唯心主义的最高价值，或在涂尔干的情况下，解作对有机的人类群体的象征和证实。当然，任何比喻的学说都必然是歧义的：对一个真理的象征性表达同时也是一种曲解和伪装的表达，而关于比喻表达的一种理论也是关于神话化或虚假意识的理论。因此，这里，宗教就是对它自身的意识，对人类群体的意识的一种曲解的或象征性的处理，而批评家保持的与宗教比喻的距离将是各不相同的，取决于是否把重点放在象征和异化功能上，如费尔巴哈（和黑格尔），或如涂尔干深远的回顾性的人类学研究，将其使命作为群体同一性的场所而突出出来。[49]于是，宗教比喻就成了那个象征空间，集体性就在这个空间里反思自身并颂扬自身的统一。所以，如果我们把文学看作神话的一种弱形式或仪式的晚期发展，那么，弗莱采取的下一步似乎并不难，即得出结论说，在那个意义上，一切文学，不管多么虚弱，都必定渗透着我们称之为一种政治无意识的东西，一切文学都可以解作对群体命运的象征性思考。

然而，弗莱一方面加以有力论证的，然后又似乎在一种奇怪的事后思考中再一次隐退的，恰恰是这第二个步骤；而这种再抑制的运动，他的解释似乎敞开的各种集体和社会阐释的可能性的冲动，将成为我们的一个战略时机，借此质疑普遍的宗教阐释学。在这方面，弗莱对传统的中世纪意义阐释的四个层面的重构就是有意义和征候的，人们将想起他的“符号理论”把古老的四重图式重写成四个“方面”（phases）：直义的和描述的方面；形式的方面；神话的或原型的方面；神秘解释的方面。弗莱所说的“方面”，并非完全意指某一独特的阐释符码，而是一种注意——我们不久将称之为阅读心灵趋于一种文本现象的特定秩序的“视域”或“组合”，“可以将整个文学艺术作品置于其中的一系列语境或关系”[50]，致使这个特定的语境决定一种特定类型的阐释。

他的前两个方面，直义的和形式的方面，本质上依然是阅读心灵所注意的特定形态，第一种注意词语组织和语序，第二种标志着向颇似对作为意象的内容的一种现象学意识的东西的转换，把作品的使命看作是通过第一层面的词语建构而传达一种象征性结构或象征性世界。

只是在第三个层面，即在欲望和社会这两个概念都抛头露面的神话的或原型的层面，我们才达到真正的阐释。然而，如在中世纪的体系中一样，这似乎是由前两个层面释放或生成出来的（对弗莱来说，这两个层面促成了文学的制度）：

> 原型批评家把一首诗作为诗歌的组成部分来研究，而诗歌又是对自然的总体人类模仿的组成部分，我们称这种模仿为文明。文明不仅仅是对自然的模仿，它由我们刚刚称为欲望的那股力量所驱使。……［欲望］既不被客体所限制，又不满足于客体，而是引导人类社会发展其自身形式的能量。在这个意义上，欲望就是我们在直义的层面上遇到的情感的社会方面，如果这首诗不是通过提供其表达的形式［即第二个或形式的方面］而将这种情感释放的话，它将仍然是一种无形的趋于表达的冲动。同样，欲望的形式，是由文明所释放出来和使之显见的。文明的充足原因是工作，而诗歌，在社会方面，作为一种词语假设，则具有表达工作的目标和欲望的形式之幻想的功能。[51]

弗莱继而罗列了一些特殊的原型，“城市、公园、农场、羊圈，以及人类社会本身等”[52]，一种象征的或强化的集体意识就是通过这些来表达自身的。

然而，自相矛盾的是，这个层面——中世纪的理论家称为神秘解释的层面，即根据人类的命运而获得终极寓言符码的层面——对弗莱来说还不是文学文本所能达到的外部界限，还不是“曾经说过的东西，当每次产生新的意义和最完整的意义时**所说的**东西”[53]的最终形式。对弗莱来说，意义的这个最终层面只有在我们超越自然的或内在词语的集体原型而瞥见人类身体本身之时才开始出现，在乔伊斯的作品中，大地逐渐变成了沉睡的巨人，而就寓言的文学性而言，社会的不同“成员”自行编织成一个真正的有机体：

> 当我们过渡到神秘解释的层面时，自然并未变成容器，而变成了被容纳的东西，而原型的普遍符号，城市、公园、追求、婚姻，已不再是人在自然内部建造的理想的形式了，它们本身已经成为自然的形式。自然现在处于无限的人的精神之中，这个无限的人把银河系建成他的城市。这不是现实，但却是欲望的想像界限，它是无限的，永恒的，因此也是启示性的。所谓启示性，主要是说把整个自然界想像成一个无限的、永恒的活的身体的内容，这个活的身体即便不是人类的，也接近人类而不接近无生命的东西。“人的欲望是无限的，”布莱克说，“占有欲是无限的，人本身是无限的”。[54]

因此，弗莱的布莱克式神秘解释通过一种悖论的运动不仅回归到我们上述的整个关于欲望的形而上学上来，就连启示的概念本身作为历史的终结和集体性的最终斗争，也在这里被布莱克投射在宇宙之上的绝对的“人”和变形的身体的意象而奇怪地改变了方向，改变了路线，事实上是重新受到了抑制。然而，同样自相矛盾的是，这种联系给弗莱关于欲望的形而上学以一种集体的和乌托邦的共鸣，这正是比较纯粹的弗洛伊德式形而上学所缺乏的：当我们从弗洛伊德左派的比较无政府的和个体化的界限来看待这个问题时，这个变形了的力比多身体便随着布莱克雕刻作品的政治能量而闪光扩展，清楚地表明了力比多革命只有在它本身用来比喻社会革命之时才具有政治意义。然而，这种比喻运动从另一个角度看恰恰是弗莱所安排的寓言层面所重新抑制的东西，因为作为寓言的最后“方面”，宇宙身体的意象不可能代表更进一步的东西，不可能代表超越它自身之外的东西。它的比喻和政治动力已被破坏，而意象的集体内容则在此后纯粹个体的孤立身体和纯粹个人的极乐中重新私有化了。

这并不是说一种马克思式的阐释可以不借助象征主义和力比多变形的冲动而运作。事实上，激进的政治在传统上一直在两种古典选择或“层面”之间交替作用，即在对集体性的征服的意象和“灵魂”或“精神身体”的解放的意象之间，在圣西门的社会和集体工程的幻想和傅立叶的满足力比多欲望的乌托邦之间，在20世纪20年代列宁描述的“苏维埃外加电气化”的共产主义和20世纪60年代马尔库塞比较适当地称颂为本能的“身体政治”之间的交替作用。问题不仅在于这两个“层面”各自的优越性，不仅是解释的和阐释的问题，而且是实践的和政治的，正如20世纪60年代的反文化运动的命运所示。

仅就弗莱自己的寓言方法而言，其术语的不稳定性可以看作像是某种含蓄的自我批判的东西。我们在前面已经看到，在中世纪经典解释的四个层面中，第三个层面即个人灵魂表指为**道德**的层面，而第四个或最后一个层面——包容整个人类历史和最后审判的层面——则被称为**神秘解释**的层面。弗莱在利用这个系统的过程中把术语颠倒了过来：弗莱称为神话的或原型的层面就是群体的层面——即中世纪的解释者们称为**神秘解释**的层面——现在被作为第三个层面或方面而包含在最后的层面之下，即力比多的身体的层面（而弗莱还是称其为**神秘解释**的层面[55]）。因此，这种术语的转换是一种重要的策略和意识形态举措，其中政治和集体的意象都被改造成使个人经验范畴最终私有化的纯粹中转站。教会神父本质上的历史阐释系统在这里重新受到抑制，其政治因素重新变成了个别主体的乌托邦现实的最纯粹的比喻。

相反，一种社会解释学将恰好在这方面希望忠实于其中世纪的先驱，而且必然要恢复一种视角，使力比多革命和身体变形的意象再次成为一个完善群体的比喻。身体的统一必须再次预示联想的或集体的生活恢复了的有机同一性，而不是像对于弗莱那样预示其反面。的确，只有群体能把那个自足的纯概念性的统一体（或"结构"）加以戏剧化，而个别的身体，就如同个别的"主体"一样，乃是这个统一体的被解中心的"结果"，对此，陷于世代和物种的连续链中的个别有机体，即便在最危机的文艺复兴时期或新柏拉图主义的两性同体中（hermaphroditism；或其在当代的翻版，即德勒兹—伽塔里的"单身机器"），都不能提出任何要求。

三

在此，把一种马克思主义的文学和文化阐释方法与上面概述的那些方法相提并论，并为其主张提供更大的充足性和合法性，似乎是合适的。然而，如我在前言中所警告过的，不论好坏，明显要采取的下一步并不是本文所提出的策略，本文的目的在于论证把马克思主义的不同视角作为充分理解文学的必要先决条件。因此，这里将把马克思主义的批评洞见作为理解文学和文化文本的终极**语义**的先决条件来加以辩护。然而，甚至这种论证也需要某种特殊说明。我们将特别说明的是，对某一特定文本的惰性的已知因素和素材的这种语义丰富和扩展一定发生在三个同心框架之内，这些框架标志着一个文本的社会基础的意义通过下列观念而拓宽：首先是政治历史观，即狭义的定期发生的事件和颇似年代顺序的系列事件；然后是社会观，在现在已经不太具有历时性和时间限制的意义上指的是社会阶级之间的一种构成性张力和斗争；最后是历史观，即现在被认为是最宽泛意义上的一系列生产方式和各种不同的人类社会构型的接续和命运，从为我们储存的史前生活到不管多么遥远的未来的历史。[56]

当然，这些独特的语义视域也是阐释过程中的独特时刻，在那个意义上可以解作弗莱称之为我们重新解释——重读和重写——文学文本时的连续“层面”的辩证同义语。然而，我们还必须注意到的是，每一个层面或视域都控制着对其客体的明显的重建，并以一种不同的方式理解现在只能在一种普遍的意义上称作“文本”的东西的结构。

因此，在我们的第一个狭隘的政治或历史视域的狭小界限内，“文本”，即研究客体，仍然或多或少被解作与个别文学作品或表达的偶合。然而，由这种视域所强化和使然的视角与普通的**文本阐释**或个别解释的视域之间的区别，就在于个别作品在这里实际上被解作一种**象征性行为**。

当我们过渡到第二个层面，并发现我们借以理解某一文化客体的语义视域已经扩展从而把社会秩序包括进来时，我们将发现，我们分析的客体本身已经被辩证地改造，已不再被理解成狭义的个别“文本”或作品，而在形式上被重构成伟大的集体和阶级话语，而文本不过是这些话语的一种个别**言语**或表达。在这个新的视域内，我们的研究客体将证明是**意识形态素**（ideologeme），即是说，是社会阶级在本质上不相容的集体话语的最小的可读单位。

最后，甚至当一种特定社会构成的激情和价值不知不觉地由于整个人类历史的终极视域，以及它们各自在整个生产方式的复杂序列中的位置，而被置于一种新的看上去相对化了的视角之中时，个别文本与其意识形态素都将经历最后一次改造，必须根据我将称为**形式的意识形态**的东西来解读，即是由不同符号系统的共存而传达给我们的象征性信息，这些符号系统本身就是生产方式的痕迹或预示。

这三个逐渐拓宽的视域的一般运动将大体与本文最后几部分的焦点转换相吻合，虽然未得到严格的和纲领性的强调，但在由其文本客体，即从巴尔扎克到吉辛到康拉德等文本客体的历史变化所决定的方法论变化中，将有所体现。

现在我们必须逐个简要说明一下这些语义或阐释视域。如上所述，只有在第一个狭义的政治视域中——其中，历史被还原到一系列定期发生的事件和时代危机、年复一年的历时动荡、按编年史顺序发生的政权和社会时尚的兴衰，以及历史人物之间的激烈而直接的斗争——“文本”或研究客体才趋于与个别文学作品或文化制品相偶合。然而，要把个别文本明确说成是一种象征性行为从根本上说已经是在改造传统的**文本阐释**（无论是叙事的还是诗歌的）所操作并大部分仍然在操作的那些范畴。

这样一种阐释操作的模式依然是克劳德·列维-斯特劳斯对神话和美学结构的解读，正如他在“神话的结构研究”这篇重要文章中加以编码的一样。[57]这些颇具启发性的、往往纯属偶然的解读和纯理论诠释直接规定了一种分析的或阐释的原则：个别的叙事，或个别的形式结构，将被解作对某一真实矛盾的想像性解决。因此，仅以列维-斯特劳斯的最具戏剧性的分析为例——

对卡都维奥印第安人独特的面饰的“阐释”——那么，起点就将是对这种身体艺术的形式和结构特征的一种内在描述。然而，这种描述一定是事先已经准备好了的，已经规定了其超越纯形式主义描述的取向的，不是通过放弃形式层面、选择外在的东西——如某一惰性的社会“内容”——而达到的一种运动，而恰恰是内在地把纯形式结构解作社会在形式和审美结构内部的象征性表达。但是，通过漫无目的地罗列那些随意的形式和风格特征是极少能发现这些象征性功能的；我们对一个文本的象征性效用的发现必须以一种形式描述为取向，试图将其解作仍然属于形式的**矛盾**的一种决定性结构。于是，列维-斯特劳斯便把对卡都维奥人的面饰的纯视觉分析导向下面这种对其矛盾动力的重要阐述：“使用一种对称的然而却与一个斜轴交叉……一个基于二重性的两个矛盾形式的复杂场面，结果，客体本身（人脸）的理想轴与它所再现的形象的理想轴之间的次要对立导致了一种妥协。”[58]这样，在纯形式层面上，这个视觉文本已经被解作一种矛盾，而且是通过它对那个矛盾的莫名其妙的临时和非对称性的解决来达到这种理解的。

现在，也许有些过于急躁，我们可以详细说明一下列维-斯特劳斯对这种形式现象的“阐释”了。卡都维奥是一个等级制社会，由三个同族组合或等级组成。如其邻族的社会发展一样，在卡都维奥的社会发展中，这种新生的等级制已经成为即便不是严格意义上的政治权力，但也至少是统治关系出现的地方了：妇女的低下地位、年轻人对老年人的从属关系，以及一个世袭贵族阶级的发展。然而，在邻族瓜纳和波洛洛人中，这种潜在的权力结构却被向半偶族的分化掩盖了，这种分化破坏了这三个等级，其异族交换似乎本质上发挥着一种非等级的平等的作用，公开出现在卡都维奥的生活中，构成了表面上的不平等和冲突。另一方面，瓜纳和波洛洛的社会制度提供了一个表象域，其中，真正的等级制和不平等被半偶族相互依存的关系所掩盖了，因此，“阶级的不对称性……与‘半偶族’的对称性达到了平衡。”

至于卡都维奥，他们从来没有幸运到足以解决其矛盾的程度，或借助故意为了这个目的而巧妙设计的机构来掩盖这些矛盾。在社会层面上，补救的方法是缺乏的……但从来未完全脱离他们的掌握。补救的方法就在他们内部，虽然从未客观地形成，但却作为混乱和动荡的根源而出现。然而，由于他们不能够将其概念化或直接实践这个方法，他们便开始梦想之，将其抛入想像的世界。……因此，我们必须解释卡都维奥妇女的图画艺术，把其神秘的魅力及其显然是天生的复杂，说成是一个热烈寻求象征性地表达如果不受到利益和迷信的阻碍便可能在现实中拥有的机构的幻想生产。[59]这样，卡都维奥面饰艺术的视觉文本便构成了一种象征性行为，就其自身而言，不可逾越的真正的社会矛盾便在审美领域中找到了纯形式上的解决办法。

因此，这种阐释模式使我们第一次详细说明了意识形态与文化文本或制品之间的关系：它仍然是为第一个狭义的历史或政治视域的条件所限的一种说明，而这种说明又正是在这个视域内进行的。我们可以说，从这一视角出发，意识形态就不是传达意义或用来进行象征性生产的东西；相反，审美行为本身就是意识形态的，而审美或叙事形式的生产将被看作是独立的意识形态行为，其功能就是为不可解决的社会矛盾发明想像的或形式的“解决办法”。

列维-斯特劳斯的著作还意味着为一种政治无意识的命题进行比我们迄今的论证更加一般的辩护，即是说，它提供了所谓原始人为其仍然相对简单的部落组织形式的动力和矛盾而窘迫难堪的场面，因为他们还不能概念地表达为解决问题而投射的装饰或神话方法。但是，如果这就是前资本主义，甚至是前政治社会的状况的话，那么，对现代社会的公民来说，面对革命时期重大的构成性选择，面对扩展的金钱和市场经济的腐蚀性的和根绝传统的影响，面对把资产阶级时而与严阵以待的贵族社会、时而与城市无产阶级相对立的集体角色的转换，面对现在本身实际已经成为一种非常不同的“历史主体”的形形色色民族主义的幻景，面对工业城市及其“大众”的兴起引起的社会同质化和精神束缚，伟大的过渡时期共产主义和法西斯主义力量的突然出现，继而是超级大国的到来和资本主义与共产主义意识形态严重对峙的开始，与现代的黎明时分相比，当时的宗教战争沸腾的那股激情和偏执现在则标志着我们全球村的终极张力，难道还有比这更真实的吗？的确，要说历史的这些文本，是以其幻影般的集体“行为者”（actants）、叙事组织、承载的巨大焦虑和力比多投资，由当代主体作为必然充斥于从现代主义高潮时期的文学制度直到大众文化产品的全部文化制品之中的真正政治历史的**野性的思维**而加以实现的，这看起来并不特别牵强附会。在这些情况下，列维-斯特劳斯的著作则意味着，借以把所有文化制品解作解决真正的社会和政治矛盾的象征性行为的那个命题，值得认真探讨和进行系统的实验证实。在本文后面的论述中将清楚地看到，这种政治的**野性的思维**最得心应手的形式表达将见于我们将正当地称为政治**寓言**的结构之中，它发展于从斯宾塞或弥尔顿或斯威夫特的时事典故，到小说（如巴尔扎克的小说）中阶级代表或“典型”人物的象征性叙事的整个网络。然后，从政治寓言，有时是一种关于集体主体相互作用的被压抑的元叙事（urnarrative）或主幻想（masterfantasy），我们来到第二个视域的边界，在这个视域中，我们以前视作个别文本的东西现在则解作一种实际上是集体或阶级话语中的“言论”（utterances）。

然而，我们还不能跨越这些边界，除非对我们在第一个阐释方面涉及的批评操作进行终极阐述。我们已经暗示，为了产生结果，把文学或文化文本读作象征性行为的意志必然要把这些文本作为解决矛盾的办法。显而易见，矛盾的观念是任何马克思主义文化分析的核心，它也将在我们后续的两个视域中占据核心的位置，尽管将采取相当不同的形式。因此，表述某一文本的基本矛盾的方法论要求可看作是对分析之完整性的一个检验：比如，文学或文化的传统社会学谦虚地局限于与特定文本中的阶级母题或价值相认同，当它表明一件特定艺术品如何“反映”其社会背景时便感到它的任务已经完成，这是极难令人接受的。同时，肯尼思·伯克对重点的戏弄，一方面，证实一种象征性行为就是一种真正的**行为**，纵令是在象征的层面上；另一方面，它又被作为一种“纯粹”的象征性行为来表达，它的解决办法只是想像的，因此并未涉及真正的问题，这恰当地戏剧化地表现了艺术和文化的模糊状况。

尽管如此，我们还是要就这种外部现实的状况赘言几句，否则，它就会被认为只不过是旧的社会和历史批评中人人皆知的传统的“语境”观念。对这里提倡的这种阐释的比较令人满意的解释是，它是对文学文本的重写，从而使文本本身看似某一先在的历史或意识形态的**潜文本**（subtext）的重写或重构。总是不言而喻的是，那个“潜文本”并不是直接作为潜文本而呈现的，并不是人们通常所说的外部现实，甚至不是历史手稿的传统叙事，它本身必须总是根据事实而得到（重新）建构。因此，文学的或审美的行为总是拥有与实在界的某种能动关系；然而，为了做到这一点，它不能简单地允许“现实”惰性地保持其自身的存在，外在于文本并与文本保持一定的距离。相反，它必须把实在界拉入自身的肌理之中，而语言学的终极悖论和虚假问题，最明显的是语义学的问题，都将被回溯到这个过程中来，借此语言设法把实在界包含在自身内部，将其作为自身固有的或内在的潜文本。换言之，仅就象征性行为——伯克描绘为“梦”、“祈祷”，或“图表”的东西[60]——也是对世界采取行动的一种方式的意义上，我们现在称为“世界”的东西就必须是它内部固有的，为了使其服从形式的变化而必须纳入自身的内容。因此，象征性行为开始于生成和生产其自身的语境，在出现的同一时刻又从其中退却出来，以对自身变化的眼光来审视自身。我们在这里所称的潜文本的整个悖论或许可作如下概括：文学作品或文化客体尽管第一次生产出那种环境，但它同时又是对那种环境的一次反动。它表达自身的处境，将其文本化，因而促成了这样一种幻觉并使其永久化，即：这种环境本身并非先于文本而存在，存在的不过是一个文本，在文本本身以幻象的形式生成现实之前从来就没有外在于或共存于文本的现实。人们不必论证历史的现实，如约翰生博士的石头一样，必然性将为我们去论证。那个历史——阿尔都塞的“缺席的原因”，拉康的“实在界”——并**不是**一个文本，因为从根本上说它是非叙事的，非再现性的；然而，还必须附加一个条件，即历史除非以文本的形式才能接近我们，换言之，只有通过预先的（再）文本化才能接近历史。因此，坚持象征性行为的两个既不可分又不相容的范畴中的一个而忽视另一个，即一方面，过分强调文本重组其潜文本的能动的方面（也许是为了得出“指涉物”并不存在的那个洋洋自得的结论）；或另一方面，如此全面地强调象征性行为的想像地位以至于物化其社会基础，现在不再将其看作潜文本而仅仅是文本被动地或想入非非地“反映”的惰性的给定物——过分强调象征性行为的一种功能而忽视另一种，当然会产生纯粹的意识形态，不管它是第一种情况所示的结构主义的意识形态，还是第二种情况所示的庸俗唯物主义的意识形态。

然而，关于“指涉物”所处位置的这种观点既不是全面的，在方法上也不是可用的，除非我们在将要（重新）建构的几种潜文本之间作出明确的补充区分。我们确实已经含蓄地表明，叙事形式的变幻莫测所提出和“解决”的社会矛盾，不管如何重建，都依然是一个缺席的原因，都不能直接或即刻被文本概念化。因此，从社会**矛盾**所处的终极潜文本中区别出一个次要的潜文本，更确切说是以**二难选择**或**二律背反**为形式的意识形态所处的地方，就似乎是有用的：在前者中只能通过实践的中介来解决的东西，这里，在纯思辨的精神面前，则是逻辑丑闻或双重束缚，是不可想像的和在概念上自相矛盾的，是不能用纯思想的操作来化解的东西，因此生成一整套比较适当的叙事机制——即文本本身——的东西，以便实现不可能实现的事，并通过叙事运动消除其难以容忍的封闭。这样一种区别，由于把一个体系的二律背反设定为对相当不同的事物也即社会矛盾的征候性表达和概念性反射，现在将允许我们重新描述符号方法与辩证方法之间的协调，这在前一节中已有论述。符号学分析的可操作性，尤其是格雷马斯的符号矩形[61]，如前所示，并非衍生于它对自然或存在的充足性，甚至不是衍生于它勾画所有思维或语言形式的能力，而恰恰衍生于它要塑造意识形态的封闭和表达二元对立机制也即我们这里所说的二律背反的特殊形式的特殊使命。然而，对符号学的发现进行辩证的重新评价恰于此时介入进来，把整个意识形态封闭的系统作为相当不同的事物也即社会矛盾的征候性投射。

现在，姑且不谈这第一种文本的或阐释的模式，而过渡到第二个视域，即社会的视域。后者已经显见，而个别现象则被揭示为社会事实和制度，只是在目前，分析的组织范畴已经成为社会阶级的范畴。我在另一处曾描述过作为社会阶级的一种功能的构成形式的意识形态的动力学[62]，这里我们只需回忆一下，对马克思主义来说，阶级必须总是放在关系之中来理解，阶级关系和阶级斗争的终极（或理想）形式总是一分为二的。阶级关系的构成形式总是在统治阶级与劳动阶级之间，而只有依据这个轴心才能给阶级分支（如小资产阶级）或次要或从属阶级（如农民阶级）定位。以这种方式给阶级下定义严格地把马克思的阶级模式与传统的社会学区分开来，后者把社会分成阶层、亚团体、职业中坚等，对每一个阶层都可进行相互独立的研究，从而使对其“价值”和“文化空间”的分析折回到各自独立的**世界观**上来，其中每一个都惰性地反映其特定的“阶层”。然而，对马克思主义来说，阶级意识形态的内容是依关系而定的，在这个意义上，其“价值”总是处于与对立阶级的能动状态，并与后者相对立：一般说来，统治阶级的意识形态将探讨使自身权力位置**合法化**的各种策略，而对立的文化或意识形态则往往采取隐蔽和伪装的策略力图对抗和破坏主导“价值体系”。

在这个意义上，依照米哈伊尔·巴赫金，我们说，在这个视域之内，阶级话语——现在借以重写个别文本和文化现象的那些范畴——在结构上实际是**对话式的**。[63]由于巴赫金（和伏洛希诺夫）本人在这个领域里的著作是相对专门化的，主要聚焦于狂欢或节日的异质性和爆炸性的多元主义（如 17 世纪 40 年代的英国或 20 世纪 20 年代的苏联，宗教和政治派别的大规模全幅度出现），因此有必要附加这样一个条件，即正常的对话形式本质上是**对抗性的**，阶级斗争的对话是在一个共有符码的普遍统一之中两种对立话语之间的对话。比如，宗教所共有的主符码在 17 世纪 40 年代的英国就是人们挪用和以论战形式修改一种霸权神学的主导思想的地方。[64]

那么，在这个新的视域之内，辩证分析的基本形式要求便得到了保持，而其构成因素则仍然是根据**矛盾**得到重建的（如上所述，这实际上把马克思主义阶级分析的关系性与社会学的静态分析区别开来）。然而，在前一个视域的矛盾单义无歧，仅限于个别文本的环境，限于纯粹个别的象征性解决的地方，在这里，矛盾则以对话的形式出现，是敌对阶级的不可调和的要求和立场。因此，把阐释延长到这种终极矛盾开始显现时为止的要求，便又成为衡量分析的全面性或充足性的一个标准。

然而，要根据阶级声音的对抗性对话重写个别文本和个别的文化制品，就等于进行与我们归于第一种视域的那种操作全然不同的一种操作。现在，个别文本将被作为那个更大体系，或阶级话语，或**语言**（langue）的个别表达，也就是**言语**（parole）而重被视为焦点。个别文本保有其作为象征性行为的形式结构，然而，这种象征性行为的价值和性质现在得到了重大修改和扩充。关于这种重写，个别表达或文本被解作实质为阶级间意识形态对峙的论辩和策略的象征性举措，而用这些术语来描述它（或以这种形式揭示它）则要求有一整套不同的工具。

一方面，一个印刷的文本所投射的孤立或自治的幻觉或表象现在必须系统地加以破坏。的确，幸存的文化丰碑和杰作从定义上说必然要在这种阶级对话中以单一的声音长存下去，即以霸权阶级的声音，因此，不可能在一个对话系统内给它们找到一个适当的关系位置，除非恢复或人工重建它们最初所对抗的那个声音，大部分被窒息，被还原到沉默，被边缘化了的一个声音，自己的言论已经随风散去，或反过来被霸权文化所盗用的那个声音。

这就是所谓的通俗文化的重建必须于其中发生的那个框架——最明显的是从实质上属于农民文化的碎片的重建：民歌、童话、民众庆典和诸如邪教或巫术等神秘的或对立的信仰系统。

这种重建与对我们自己时代存在的边缘化或对立文化的重新确认是相一致的，包括重新听取黑人或少数民族文化、妇女或同性恋文学、“天真的”或边缘化的民间艺术等对立声音。但是，对这些非霸权的文化声音的肯定，如果局限于从纯“社会学”视角对其他孤立的社会组合的多元发现的话，那就依然是毫无效果的：只有依据本质上论战的和破坏的策略而对这些言论加以终极的重写，才能恢复这些言论在社会阶级的对话体系中的正当位置。比如，布洛赫对童话的解读，童话中意愿的魔幻般达成，对丰饶和乐土的乌托邦幻想[65]，通过展示这种“形式”对霸权贵族的史诗形式的系统解构和破坏，冷静的英雄主义及其悲惨命运的意识形态，而恢复了这种“形式”的对话的和对立的内容；同理，尤金·热诺维斯论黑人宗教的著作也恢复了这些言论的鲜活性，不是将其读作对强加于黑人的信仰的复制，而是读作对占霸权地位的奴隶主的基督教加以利用，秘密地抽空它的内容，对相当不同的对立的和编码的信息的传播进行颠覆的一个过程。[66]

此外，对对话的强调使我们能够重读或重写这些霸权形式本身；它们也可以被解作对原来表达“大众的”、从属的或被统治阶层处境的形式进行重新利用和中性化、同化和阶级改造以及文化普及化的过程。于是，基督教的奴隶宗教被改造成了中世纪制度占霸权地位的意识形态机器；而民间音乐和农民舞蹈则不知不觉地变成贵族和宫廷庆典的形式，变成了具有田园情趣的文化视域；亘古以来的大众叙事——罗曼司、冒险故事、情节剧等——则被不断地利用，用以恢复虚弱窒息的“高雅文化”的活力。我们自己的时代亦同样如此，民间文化及其仍然生机勃勃的生产源泉（如黑人语言）也被枯竭的、被媒体标准化了的中产阶级霸权言语所盗用。在美学领域，文化“普及化”的过程（这意味着压制对立声音和认为只有一种真正“文化”的幻觉）实际上可以称为意识形态和概念体系领域内的合法化过程所采取的特殊形式。

然而，对本质上属于对话的或阶级的视域加以重写和恢复的这种操作，在我们对这个较大系统的各个“单位”进行详述之前，将不会是全面的。换言之，语言学的隐喻（根据**言语**与**语言**的对立重写文本），在我们能够向一种阶级**语言**本身传达一种动力学之前，也不会是特别有效的。在索绪尔看来，一种阶级语言显然是某种理想的构造，在任何个别言论中从来不是完全可见的，也从来不是完全呈现的。这种较大的阶级话语可以说是围绕我们称为**意识形态素**的最小“单位”来组织的。这种表述的优越性在于它对作为抽象意见、阶级价值等意识形态概念与我们这里将使用的叙事材料之间进行中介的能力。意识形态素是一种具有双重特性的结构，它的本质结构特点在于它既可以表现为一种准思想——一种概念或信仰系统，一个抽象价值，一个意见或偏见——又可以表现为一种元叙事（protonarrative），一种关于“集体性格”的终极的阶级幻想，这些“集体性格”实际上就是对立的各个阶级。这种双重性意味着，对意识形态素加以全面描述的基本要求已经事先提出来了：作为一种结构，它必须同时既是概念描述又是叙事表现。意识形态素当然可以在这两个方向上详尽阐述，一方面采取一个哲学体系业已完成的表象，另一方面采取一种文化文本业已完成的表象。但是，对这些最终文化产品进行意识形态分析要求我们把每一个产品都表现为对那个终极原材料进行改造的一件复杂作品，那个终极原材料就是所论的意识形态素。因此，分析家的任务首先是辨认那个意识形态素，在许多情况下，是要在许多事例中辨认出它的最初命名，而在这些事例中，它恰恰又由于某种原因而不是以这个名称出现的。辨认和盘存这些意识形态素的繁重的准备工作几乎还没有开始，对此，本文将作出最微薄的贡献：最显见的就是本文所分离出来的 19

世纪的基本意识形态素，即关于**愤懑**（ressentiment）的“理论”，以及对伦理学和西方文化中基本思想观念形式之一的善恶二元对立论的“祛魅”。然而，我们在这里以及在全书中对这些意识形态素的根本叙事特点的强调（甚至在它们似乎仅仅作为抽象的概念信仰或价值而表达的地方），将有利于恢复意见与元叙事或力比多幻想之间的复杂的互动性。于是，我们将在巴尔扎克的例子中看到，一种公开的和构成的意识形态与政治“价值体系”，从对一种本质上属于叙事和幻想动力学的操作中生成出来；另一方面，论述吉辛的章节将表明一种已经构成的“叙事范式”如何发放出自身独立的意识形态信息，而无需任何作者的中介。

如上所述，这个焦点或视域，即阶级斗争与其敌对话语的焦点或视域，并不是马克思主义文化分析所能采取的最终形式。刚刚暗示过的例子——即 17 世纪的英国革命中，不同的阶级和阶级分支都感到有义务通过共有的宗教主符码进行意识形态的斗争——可以用来戏剧性地表现这种转变，据此，这些研究客体就可以被重构为结构上独特的，对于这种分析框架的最终扩大来说是特有的一种“文本”。在这个例子中已经出现了重点转移的可能性：我们已经说过，在神学符码的表面统一中是可以出现敌对阶级立场的根本差异的。在那种情况下，逆向运动也是可能的，而相反，这种具体的语义差异也可以作为焦点，致使出现的东西成为一个单个符码的包容一切的统一体，这个单个符码是所有差异所共有的，因而标志着社会制度这个更大统一体的特点。这个新客体——符码、符号系统，或符号和符码的生产系统——因而成为一个研究实体的指数，它极大地超越了早先那些狭隘的政治研究（象征性行为）和社会研究（阶级话语和意识形态素），对此我们已经建议用比较宽泛意义上的历史研究这个术语。这里起组织作用的整体将是马克思传统所说的**生产方式**。

我已经指出，生产方式的“问题”是今天所有学科中的马克思主义理论最有活力的新领域；毫不自相矛盾的是，它也是最传统的一个领域，因此，我们必须简要地概述一下从马克思、恩格斯到斯大林等经典马克思主义者所列举的“一系列”生产方式。[67]这些方式，或称人类社会的“阶段”，传统上包括下列阶段：原始共产主义或部落社会（游牧部落）、氏族（gens）或等级制亲族社会（新石器社会）、小亚细亚生产方式（所谓的东方专制主义）、城邦或君主奴隶制社会（古代生产方式）、封建主义、资本主义和共产主义（关于最后两个阶段之间的过渡时期——即“社会主义”——是否有其独立的生产方式问题也有大量争论）。在当下的语境中尤为重要的是，甚至这种图式的或机械的历史“阶段”概念（阿尔都塞曾以“历史主义”为名而加以系统批判的）还包括每一种生产方式所特有的文化主导观念或意识形态编码的形式。按照同一个秩序，根据古代城邦社会较狭隘的公民权利范畴，个人统治的关系，商品物化和（大概）原创的但在任何地方都未充分发展的集体或公社协会形式，这些一般被看作是魔幻的和神话的叙事、亲缘、宗教或神圣的“政治学”。

然而，在我们能够断定特定生产方式视域的文化“文本”或研究客体之前，我们还必须就它所提出的方法论问题作两点预先说明。第一点关系到“生产方式”的概念是否是一个共时概念，而第二点将说明利用各种生产方式进行划分或分类的诱惑，在这种分类操作中，文化文本不过被投入到许多分离的间隔之中。

事实上，一些理论家已经为马克思的观念的包容一切、建构一切的生产方式与非马克思主义的一种“总体系统”的明显聚敛而感到担忧：前者把一切事物都归于自身内部——文化、意识形态生产、阶级言论、技术——一个明确的独特的场所；后者以某种逐渐收缩的方式把社会生活的各个因素或层面程序化。韦伯把一种愈加明显的科层制社会描写成“铁笼”的戏剧性观念[68]，福柯把愈加弥漫的“身体的政治技术”比作一个烤架[69]，但是，还有比较传统的对某一特定历史“时刻”进行文化程序化的“共时”描述，如从维柯和黑格尔到斯宾格勒和德勒兹等人的各不相同的描述——关于某一特定历史时期的文化统一的所有这些整体模式，都趋于证实了一个辩证传统对一个新出现的“共时”思想之危险的种种忧虑，在这种共时思想中，变化和发展都被归类于纯“历时的”、偶然的或严格地无意义的边缘化范畴（而这甚至发生在这些文化统一的模式被抨击为较正统的黑格尔式和唯心主义的“表现性因果律”的地方，如阿尔都塞的情况所示）。关于共时思想之种种局限的这种理论预感也许能在政治领域得到最直接的理解，在政治领域中，“总体系统”的模式似乎逐渐地并不容改变地消除了任何**否定**的可能性，把一种对立的甚至是纯“批判的”实践和抵制作为后者的纯粹逆转而回置到那个系统之中。尤为突出的是，在旧的辩证框架中可预见到的关于阶级斗争的、并被看作是全新社会关系的显现空间的一切事物，在共时的模式中，都似乎自行还原到实践上来，而事实上，这些实践倾向于强化了曾预见并规定其特定局限的那个系统。这正是让·鲍德里亚所暗示的意味，对当代社会的“总体性”观点把抵制的诸多选择缩减到无政府姿态，缩减到诸如野猫罢工、恐怖主义和死亡等尚存的终极抗议形式。与此同时，在文化分析的框架中，后者与共时模式的整合似乎抽空了文化生产的全部反体系能力，甚至把公开对立的或表明政治立场的作品作为该体系本身最终程序化了的工具而加以“祛魅”。

然而，恰恰是这里提出的一系列扩大理论视域的观念才能给予这些令人不安的共时框架以其适当的分析位置，并规定其适当的使用。这种观念投射出一个漫长的历史景观，只有在这些视域的特殊性未受到尊重时，它才与具体的政治行动和阶级斗争不相协调。因此，即便把生产方式的概念看作是共时的（而我们不久将看到事物似乎比这复杂得多），在历史抽象的层面上，这样一个概念得到应用是正常的，“幻想”一个总体系统的教训在短时间内乃是强加给实践以结构局限的教训，而非实践的不可能性。

上面列举的共时系统所存在的理论问题也见于别处，而与其说存在于这些系统的分析框架之内，毋宁说存在于从马克思主义的视角看来可称作其基础结构的重建之中。从历史上看，这些系统可分为两个一般组合，人们可以分别称之为对总体系统的硬幻想和软幻想。第一个组合投射出一个“极权主义”的幻想的未来，其中，统治的机制——无论把这些机制解作比较普遍的科层化过程的组成部分，还是在另一方面比较直接地衍生于对物质和意识形态力量的调动——被看作是不可改变的和愈加弥漫的倾向，其使命就是把人类自由的残余和幸存者聚居在一起——换言之，即占领和组织仍然客观地和主观地存留于大自然者（简单说就是第三世界和无意识）。

这组理论或许可以尽快与韦伯和福柯等重要的名字联系起来；然后，可以把第二组与让·鲍德里亚和“后工业社会”[70]的美国理论家们的名字联系在一起。对这第二组来说，当代世界社会的总体系统的特点与其说是政治统治，毋宁说是文化程序化和渗透：不是铁笼，而是消费社会与其消费意象和假象，它的自由浮动的能指，它对旧的社会阶级结构和传统的意识形态霸权的涂抹。对这两组来说，世界资本主义正在演化成一个体系，但不是任何经典意义上的社会主义体系，一方面是总体控制的梦魇，另一方面则是某种终极反文化的多形态或精神分裂式的极端（这对一些人来说与第一种幻想的公然威胁同样令人不安）。我们还必须加上一句，这两种分析都不尊重马克思关于经济组织和倾向的"最终决定因"的教导：对这两种分析来说，那种经济学（或政治经济学）在当代世界新的总体系统中已到达终点，在这两种分析中经济被置于次要的和非决定性的地位，被分别置于政治权力或文化生产的新的统治之下。

然而，在马克思主义内部还存在着与这两种对当代总体系统的非马克思主义观点完全相同的观点，如果愿意，也可以说是明显以马克思的和"经济的"术语对二者的重写。这就是分别以**资本逻辑**（capitalogic）[71]和**反积累**（disaccumulation）[72]对晚期资本主义进行的分析。本文显然不适于详细探讨这些理论，但在此必须看到，由于根据资本主义**内部**的系统倾向看到了当代环境的原创性，二者都断言我们所一直关注的生产方式的组织概念的理论优越性。

因此，我们现在必须转向关于第三个也是最后一个视域的第二个相关问题，简要地论证一下这样一种反对意见，即在其内部进行的文化分析将倾向于一种纯类型学或分类学操作，在这种操作中，我们的使命就是"判断"这样的问题：是否把弥尔顿置于一个"前资本主义"的或新生的资本主义等语境？我在别处曾坚持认为这种分类方法的无效性，在我看来，这似乎总被看作是对一种文化分析的真正辩证的或历史的实践进行压制的征候和指数。这个诊断现在可以扩大，以包容这里所论的所有三个层面，在这些层面上，同源的实践，对一些社会或阶级等同物的纯"社会学"的探讨，最后，还有对社会和文化系统的分类的使用，都可能分别用来作为误用这三个框架的例子。此外，如我们对前两个层面的讨论一样，我们已经强调了矛盾的范畴对任何马克思主义分析的重要性（在第一个视域内，被视为文化和意识形态制品试图"解决"的矛盾，而在第二个视域内，则作为社会和阶级冲突的性质，一件特定作品不过是这种冲突中的一个行为或姿态），同样，我们在这里也能通过表明矛盾在这个层面上所采取的形式来有效地证实生产方式的视域以及文化客体与生产方式的关系。

在如此操作之前，我们必须注意到新近出现的对生产方式概念的种种反对意见。把不同的生产方式作为许多历史“阶段”的传统图式一般认为是不能令人满意的，特别是由于它促成了上述批判的政治和文化分析中的那种分类方法。（在政治分析中采取的形式显然包括“判断”是否把某一特定关头置于封建主义时代——其结果是要求资产阶级和国会权利——或置于资本主义时代——伴随而来的是“改良主义者”的策略——或相反，置于一个真正的“革命”时代——在这种情况下，适当的革命策略便被演绎出来。）

另一方面，使一些当代理论家越来越清楚的是，对这种或那种抽象范畴内部的“经验”材料进行这种分类，由于生产方式概念的抽象层面而在大部分情况下是不允许的：任何历史社会都未曾“体现”一种纯粹状态下的生产方式（《资本论》也不是对一个历史社会的描述，而是对资本主义的抽象概念的建构）。这曾使一些当代理论家尤其是尼柯斯·普兰扎斯[73]，坚持把作为纯理论建构的“生产方式”与涉及对某一发展阶段的历史社会的描述的“社会构型”区别开来。这种区别似乎是不充分的，甚至是误导的，甚至促成了它旨在抛弃的那种经验思维，换言之，即把一种特殊的或一个经验的“事实”包括在这种或那种对应的“抽象”之内。然而，普兰扎斯对“社会构型”的讨论有一个特点是可以保留的，即他认为每一种社会构型或历史上存在的社会事实上都同时包括**几种**生产方式的重叠和结构共存，包括古老生产方式的残余和幸存，现在被归于新的生产方式之内而在结构上处于依附的地位，同时也有潜在地与现存体系不相协调但尚未生成自己独立空间的预示倾向。

但是，如果这种看法是正确的，那么，“共时”系统和分类的诱惑这两个问题就同时得到了解决。共时的东西是生产方式的“概念”；几种生产方式共存的历史时刻在这个意义上不是共时的，但却以辩证的方式向历史敞开着。根据适当的生产方式为文本分类的诱惑便因此被消除了，因为文本出现在一个我们指望它们出于各种冲动而同时从文化生产的矛盾方式相互交叉和相切的空间里。

然而，我们还是没有描述由这个新的最后视域所建构的特定的研究客体。如上所示，这不能包括在某一个别生产方式的概念之中（正如在第二个视域中我们的研究客体包括独立于其他社会阶级的某一特定的社会阶级一样）。我们因此认为，吸收近年来历史的经验，我们可以把这种新的终极客体命名为**文化革命**，即共存的不同生产方式已经明显敌对的时刻，它们的矛盾已经成为政治、社会和历史生活的核心时刻。中国进行的未完成的“无产阶级”文化革命的实验可以用来支持这个命题，即以前的历史经历了一整套具有相同过程的相同时刻，都可以恰当地用“文化革命”这个术语来形容。于是，西方的启蒙运动可以解作资产阶级文化革命的组成部分，在这场革命中，古代政权的价值和话语，习惯和日常生活的空间，都被系统地消灭了，取而代之的是新的概念、习惯和生活形式和一个资本主义市场社会的价值体系。这个过程显然涉及比法国大革命或工业革命等适时发生的历史事件更广阔的历史节奏，在其漫长的过程中出现了韦伯在《新教伦理与资本主义精神》中描述的那些现象——现在我们可以把韦伯的著作看作是对资产阶级文化革命研究的贡献，正如把论浪漫主义的全部作品重新定位为对一个重要而模糊的历史时刻的研究，即把浪漫主义看作是对这场特殊的“伟大变革”的抵制，与其相伴的还有更加明确的“大众化的”（劳动阶级和前资本主义）形式的文化抵制。

如果这就是实际情况的话，那么，我们必须再进一步提出，以前的全部生产方式都伴随着它们所特有的文化革命，比如，新石器时代的“文化革命”就是父权制对旧的母权制或部落形式的征服，或者说古希腊“正义”的胜利和城邦社会新的立法对族间复仇制的征服，不过是这种文化革命最富戏剧性的表现。那么，文化革命的概念——或更准确说，以作为文化革命的这种新的“文本”或研究客体的形式对文化和文学史材料的重建——可能为人文科学建立一个全新的框架，我们可以在唯物主义的基础上把最广泛意义上的文化研究置于这个框架之内。

然而，这番描述是令人误解的，它意味着“文化革命”是局限于所谓“过渡时期”的一种现象，在这个过渡时期中，由一种生产方式所主导的社会构型经历了一次根本的重建，在这个过程中，另一种“主导形式”出现了。这个“过渡”的问题是马克思关于生产方式问题中尚未解决的传统问题，也不能说，从马克思本人的零碎讨论到埃田·巴利巴尔最近提出的模式的任何解决办法全都是令人满意的，因为在所有这些办法中，对某一特定体系的“共时”描述和从一个体系过渡到另一个体系的“历时”描述之间的不一致性，似乎又有增无减地回归了。但是，本文的讨论始于这样一个观点，一种特定的社会构型包括不同的共时体系或生产方式的共存，其中每一种都有自己的动力和时间规划——如果愿意的话，可以说是一种元共时性（metasynchronicity）——而我们现在则要转向关于文化革命的描述，它寓于比较历时的关于制度转换的语言之中。因此，我将指出，这两种显然不一致的描述不过是我们的思维（以及我们对那种思维的再现或表达）对于这个硕大的历史客体所能采取的一对孪生视角。正如公开的革命已不是定时的事件，但却使革命前作用于整个社会生活过程中的无数日常斗争和阶级分化的形成浮于表面，因此是潜伏和隐含地存在于“前革命”的社会经验之中的，只能作为后者的深层结构在这些“真理的时刻”显现出来——同样，文化革命公开的“过渡”时期本身不过是人类社会走向某一永恒过程的表面，走向各种共存的生产方式之间永久斗争的表面的通道。因此，一种新的主导制度上升的胜利时刻，不过表现了它为了永远保持主导地位并使其再生产而进行的不间断的斗争，在其有生期间这场斗争必须持续下去，而在所有不同的时刻又都伴随着那些拒绝同化、寻求解放的旧的或新的生产方式在制度上或结构上的敌视。在最后这个视域内，如是理解的文化和社会分析的任务，就显然是对其材料的重写，以致把这种永恒的文化革命理解并读作那个深层的比较永久的构成性结构，它能够理解经验的文本客体。

如此构想的文化革命可以说超越了历时和共时的对立，大体上与恩斯特·布洛赫所说的文化和社会生活的或“非共时发展”(Ungleichzeitigkeit) 相对应。[74]这样一种观点强加了关于分期化概念的一种新用法，尤其是在这里同时既保留又消除了的旧的“线性”阶段的图式。我们将在下一节中详细探讨分期化问题。在此足以说明，这些范畴是于最初的历时或叙事框架内产生的，但只能在最初的框架被废除之后才有用处，使我们能够以现在共时的或元共时的方式把源于历时的各个范畴（各不相同的生产方式）相提并论。

然而，我们还是没有说明文本客体的性质，它是由文化革命的第三个视域建构的，等同于我们前述两个视域内新的客体的框架——即象征性行为和阶级话语的意识形态素或对话组织。我将说明，在这个最后的视域内，个别文本或文化制品（在前两个视域内其自治的表象也以独特出新的方式消解了）在这里却作为力的场而得到重构，几种不同生产方式的符号系统的动力可以在这个场内找到并被理解。这些动力——我们的第三个视域新构成的文本——构成了**形式的意识形态**，也即由共存于特定艺术过程和普遍社会构型之中的不同符号系统发放出来的明确信息所包含的限定性矛盾。

现在必须强调的是，在这个层面上，“形式”被解作内容。对形式的意识形态的研究无疑是以狭义的技术和形式主义分析为基础的，即便与大多数传统的形式分析不同，它寻求揭示文本内部一些断续的和异质的形式程序的能动存在。但在这里所论的分析的层面上，一种辩证的逆转已经发生，在这种逆转中，把这些形式程序理解成自治的积淀的内容，带有它们自己的意识形态信息，区别于作品的表面或显在内容，则是可能的；换言之，现在我们能够从路易·叶尔姆斯莱夫称为“形式的内容”而非后者的“表现”的观点来展示这些形式操作，而“表现”的内容则一般说来是更狭义的形式化研究的客体。对这种逆转的最简单最直接的展示可见于文学文类的领域。事实上，我们在下一节将模仿这个过程，在特定的历史文本中把文类的说明和描写改造成对众多不同的文类信息的探讨——其中有些已是从旧的文化生产方式中物化了的残余，有些则是预见性的，但总起来投射出一个形式的联合，通过这种联合，才能窥见和象征性地表达特定历史时刻共存的生产方式的“联合”。

与此同时，我们所称的形式的意识形态绝不是从社会和历史问题向更狭隘的形式问题的退却，这最后一种视角与比较公开的政治和理论问题相关就说明了这一点。我们可以把作为争论热点的马克思主义与女权主义的关系作为特别具有启发性的例证。上面概述的生产方式重叠的观念的确占有优势，能使我们回避经济优越于性、性压迫优越于社会阶级压迫等虚假的问题。就我们目前的视角来看，性歧视和父权制，以其男女的劳动分工，以其青年与老年的权力分工，而显然被看作人类历史上最古老的生产方式所特有的异化形式的积淀和恶性残余。对形式的意识形态的分析，如果得以适当完成，应该揭示这些古老的异化结构——及其特有的符号系统——在形式上的固持，在所有新近产生的和历史上原生的种种异化——如政治统治和商品物化——的重叠之下，已经成为所有文化革命中最复杂的文化革命即晚期资本主义的主导因素，在这场文化革命中，所有先前的生产方式都以一种或另一种方式在结构上相共存。因此，对激进的女权主义的证实，即是说废除父权制乃是最**激进的**政治行为——仅就这种说法包括了较多片面的要求而言，如从商品形式的解放——则与一种扩大了的马克思的框架达成完美的一致，对此，我们自己时代的主导生产方式的改造也必然伴随着一种同样激进的对在结构上与之共存的所有古老生产方式的重建，这种改造也必然要由这种重建来完成。

这样，我们便随着这最后一个视域进入一个空间，在这个空间里，**历史**本身成了我们的普遍理解，尤其是我们的文本阐释的终极基础和不可逾越的界限。当然，这也是整个阐释优越性的问题复仇回归的时刻，其他或敌对符码的实践者——绝没有相信历史是包容和超越所有其他符码的一种阐释符码——将再次宣称“历史”不过是许多符码中的一个，没有什么特殊的特权地位。这最清楚地见于从事马克思主义阐释的批评家的实践中，他们借用自己的传统术语，暗示马克思的阐释操作涉及对“历史”的主题化和物化，这与其他阐释符码生产他们自己的主题封闭的形式，将自身作为绝对方法提供给别人的做法并无明显的差别。

迄今应该清楚的是，在论争中，把一种物化了的主题——历史——与另一种物化了的主题——语言——相对峙，以便取得一个超越另一个的终极优越性，这种做法是毫无益处的。近年来这种争论所采取的最有影响的形式——如尤尔根·哈贝马斯试图把“马克思主义”的生产模式置于一个更具包容性的“交往”或互主性（intersubjectivity）的模式之下[75]，或安伯托·艾柯所断言的一般的**象征**之于技术和生产系统的优越性，而在把这些技术和生产系统用作**工具**之前又必须将其作为**符号**组织起来[76]——都是基于这样一种误解，即马克思的“生产方式”的范畴是一种技术的或“唯生产”的决定论形式。

因此，似乎更为有用的是，作为结论，我们不妨自问，（大写的）历史作为理由，作为一个缺席的原因，何以能被如此看成是抵制主题化或物化，抵制向许多符码中的一个选择符码的回归的手段？我们可以间接地暗示这样一种可能性，把注意力集中在亚里士多德学派称为伟大的历史编纂形式所特有的那种文类的满足，或符号学派称为这种叙事文本的“历史—效果”上。不管历史编纂所用的原材料是什么（而我们在这里只涉及最广泛传播的那种材料，即历史教科书所生产的记忆练习式的纯编年史实），因此，伟大的历史编纂形式的“情感”总可以看作是对那种惰性材料的根本重建，在这个例子中，则是有力地重组以**必然性**的形式出现的那种否则便会是惰性的编年和“线性”数据：所发生的事（首先被视作“经验事实”）何以以那种方式发生？那么，从这个视角出发，因果律则只不过是这种形式重建所能取得的可能的转义之一，尽管它显然是一个非常特殊的历史上重要的转义。与此同时，如若非得把马克思主义说成一种“喜剧”或“罗曼司”的范式，以某种终极解放的救助眼光看待历史的话，那么，我们就必须看到，最有影响的马克思主义历史编纂的实现——从马克思本人关于1848年革命的叙事，经过对1789年革命的动力的丰富多样的经典研究，一直到查尔斯·贝特尔海姆对苏联革命经验的研究——仍然是对上述意义上的历史**必然性**的幻想。但是，（大写的）必然性在这里是以人类历史上发生的全部革命的决定性失败的不可改变的逻辑形式再现的：马克思的终极前提——社会主义只能是一个总体的世界规模的过程（而这反过来又是完成资本主义“革命”和全球性商品化过程的前提）——为我们提供了这样一个视角，即这种或那种局部革命过程的失败或障碍，矛盾逆转或功能逆转，都是“不可避免的”，都是客观限制的操作。

于是，历史就成了必然性的经验，而只有这种经验才能预先阻止它作为纯再现客体或许多符码中的一个主符码的主题化或物化。在那个意义上，必然性就不是内容，而是事件的不可更改的**形式**。因此，在本文所论的某种正宗的叙事政治无意识的扩充了的意义上，它就是一个叙事范畴，是对历史的再文本化（retexualization），它并不把后者作为某一新的再现或“幻想”，某一新的内容，而是阿尔都塞追随斯宾诺莎所称的一种“缺席的原因”的形式结果。惟其如此，历史就是伤害人的东西，就是拒绝欲望，给个人和集体实践设置不可改变的界限，它的“诡计”将这种实践的公开用意变成了可怕的颇具讽刺意味的逆转。但是，这种历史只能通过它的结果来理解，而从来不被直接看作已经物化了的力量。这的确是把历史作为理由和无须特殊理论证实的不可逾越的视域的终极意义：可以肯定，不管我们多么愿意忽视它的必然的异化，这种必然的异化都不会忘记我们。

【注释】

[1] 参见《文本的意识形态》，载《杂俎》，第31～32期（1975年秋/1976年冬），204～246页。

［2］这在我看来是一种关于“生产方式”的理论于文学和文化批评的适应性问题；有关这个问题的进一步反思以及关于马克思主义的“历史主义”倾向的更清楚的陈述，见我的《马克思主义和历史主义》，载《新文学史》，第11期（1979年秋），41～73页。

［3］“事实上，自由王国只是在有必需的和外在目的的规定要做的劳动终止的地方才开始，因而按照事物的本性来说，它存在于真正物质领域的彼岸。像野蛮人为了满足自己的需要，为了维持和再生产自己的生命，必须与自然进行斗争一样，文明人也必须这样做；而且在一切社会形态中，在一切可能的生产方式中，他都必须这样做。这个自然必然性的王国会随着人的发展而扩大，因为需要扩大；但是，满足这种需要的生产力同时也会扩大。这个领域内的自由只能是：社会化的人，联合起来的生产者，将合理地调节他们和自然之间的物质变换，把它置于他们的共同控制之下，而不让它作为盲目的力量来统治自己；靠消耗最小的力量，在最无愧于和最适合于他们的人类本性的条件下来进行这种物质变换。但是不管怎样，这个领域始终是一个必然王国。在这个必然王国的彼岸，作为目的本身的人类能力的发展，真正的自由王国，就开始了。但是，这个自由王国只有建立在必然王国的基础上，才能繁荣起来。”［卡尔·马克思：《资本论》（纽约，1977），第3卷，820页］

［4］卡尔·马克思和弗里德里希·恩格斯：《共产党宣言》，81页，纽约，1971；中译引自《马克思恩格斯选集》，2版，第1卷，272页。

［5］参见米歇尔·福柯：《本原的退却和回归》，见《事物的秩序》，第九章，第六节，328～335页；and his *Archeology ot knowledge*（New York，1972），尤其是引言和论“思想的历史”的章节；Jacques Derrida，“The Exorbifant：Question of Method”，in *Of Grammatology*（Baltimore，1976），pp. 157－164 and his “Hors Iivre”，in La Dissémination（Paris，1972），pp. 9－67；Jean Baudrillard，“Vers une critique de I'economie politique dusigne”，in *Pour une critique de I'economie politique du signe*（Paris，1972）；along with his *Mirroe of Production*（St. Louis，1975）；Gilles Deleuze and Felix Guattari，*The Anti-Oedipus*（New York，1977），pp. 25－

28，109 - 113，305 - 308；Jean-Francois Lyotard，*Economie libidinale* (Paris，1974)，especially “Le Desir nomme Marx”，pp. 117-188；最后但并非不重要的 Louis Althusser，et al.，*Rading Capital* (London，1970)，especially “Marx's Immense Theoretical Revolution”，pp. 182-193。

[6] Deleuze/Guattari，*Anti Oedipus*，p. 109.

[7] 换言之，从目前的角度看，德勒兹和伽塔里提出的**反**阐释方法[他们称之为分裂式分析（schizo-analysis）] 也可同样被解作自成体系的新的阐释方法。令人惊奇的和值得注意的是，注释 [5] 中所罗列的大多数反阐释观点都感到有必要提出这种新的“方法”：其中有知识考古学，较新近的有“身体的政治技术”（福柯），“文字学”和解构（德里达），“象征性交换”（鲍德里亚），力比多经济学（利奥塔）和“符号分析”（朱利雅·克里斯蒂瓦）。

[8] 本节提出的问题对于任何关于阐释的本质的严肃讨论来说都是不可避免的，在技术上也是难以回避的，涉及远远超越文学批评范畴之外的术语和“问题框架”。它们必然会使一些读者感到这在哲学上是在陌生的马克思主义传统内部进行的学术练习，我们告诫这些读者应该马上越过本节而读关于文本的章节（第Ⅱ节），那里，我们将讨论各种现在流行的文学批评流派。我们还应补充一句，在本节所论的属于我们的历史生成的层面上，所论及的“阿尔都塞式”作家并非都接受这番描述。

[9] Althusser et. A1.，*Reading Capital*，pp. 186-189.

[10] Frank Kermode，“Buyers'Market”，*New York Review of Books*，Oct. 31，1974，p. 3.

[11] 机械因果律的问题也许最鲜明地体现在电影批评上，即作为技术革新研究与电影语言的“内在”研究之间的张力，但可以预见它也将是大众文化的大多数其他领域内的问题。

[12] 不管关于历史主义的争论的理论内容是什么，应该明白的是，这个术语在阿尔都塞的全部理论中也是一个政治符码，用以指不同马克思主义理论中向社会主义过渡的所谓不同“阶段”：这些理论包括列宁的帝国主义论和斯大林关于“社会主义”和“共产主义”的划分，直到考茨基和历

史发展的社会民主规划。在这个层面上，对“历史主义”的攻击是法国共产党内部反斯大林主义的比较普遍的阿尔都塞式攻击的组成部分，涉及非常真实的实践、政治和战略后果［古典的结构主义和符号学对历史主义的抵制可见于列维-斯特劳斯的《野性的思维》（芝加哥，1966）的最后一章“历史与辩证法”和A.J.格雷马斯的《论意义》（巴黎，1970）中的“结构和历史”］。

［13］*Reponse a John Lewis*（Paris，1973），pp.91-98.

［14］我在这里主要引用亨利·鲁巴克的观点，参见《中世纪诠释》，巴黎，1959—1964，四卷本；至于三层面与四层面系统之间的区别，尤其见卷一，139～169页和200～207页。

［15］关于这种寓言类型的进一步例子，参见让·丹尼埃罗：《从影子到现实：圣经的父亲类型研究》，伦敦，1960。

［16］所以，甚至对意义的**七个**层面进行神秘主义的尝试在实践中也简缩到原来的四个层面的纯粹变体，即以色列人与教会在阐释上的认同——依据教会史对《旧约》的寓言重写——在实践上则是第二个层面或寓言层面的变体，因为基督的生活在次要层次上也是对教会历史的寓言（参见亨利·鲁巴克：《中世纪诠释》，卷二，501～502页）。

［17］特别要参考《阅读〈资本论〉》中埃蒂恩·巴利巴尔的“历史唯物主义的基本概念”，199～308页；伊曼努尔·特雷：《马克思主义与“原始”社会》，玛丽·克劳帕译，纽约，1972；巴利·辛戴斯、保罗·赫斯特的《前资本主义生产方式》，伦敦，1975。马克思的经典论述可见于《导言》，马丁·尼古劳斯译，哈蒙兹沃斯，1973；弗里德里希·恩格斯：《家庭、私有制和国家的起源》，莫斯科，1968。我将在我即将出版的《社会形式诗学》中对生产方式概念的相关性进行文化研究。

［18］参见雅克·拉康：《研讨班，第一册：弗洛伊德的写作技巧》，80页，巴黎，1975，并比较论牛顿法则的这段话：“有一些人们想不到的公式；它们至少有时与现实聚合在一起。”（《广播讲话》，载*Scilicet*，第二、三期，75页，1970）

［19］关于斯大林时代“表现性因果律”的意识形态影响，参见查尔

斯·贝特尔海姆：《苏联的阶级斗争》，布里安·皮尔斯译，卷二，500～566页，纽约，1978。在评述斯大林在《辩证唯物主义和历史唯物主义》中关于“生产的变化总是以生产力的变化和发展开始，并首先以生产工具的变化和发展开始”的断言时，贝特尔海姆指出，这样一种阐述“使社会关系和实践的整体成为生产力的表达。社会在这里被表现为一种表现性的整体，这不是矛盾的，而那些变化似乎取决于生产的发展。在社会变革过程中民众的革命斗争所起到的核心作用在这里并未出现。”（同上书，516、514页。）

[20]这里，“表现性因果律”所采取的形式是“在国家垄断资本主义中国家作为垄断手段的概念”；特别参见尼柯斯·普兰扎斯：《政治权力和社会阶级》，提摩塞·奥哈根译，273～274页，伦敦，1973。

[21] See Jacques Ranciere, *La Lecon d'Althusser* (Paris, 1974), Chap. 2; and E. P. Thompson, *The Poverty of Theory* (London, 1978), pp. 374-379.

[22] See Jean-Paul Sartre, *Search for a Method* (New York, 1968), p. 38：“那么，在一种历史的特殊性中，通过**这个**家庭的独特矛盾，古斯塔夫·福楼拜坚持不懈地进行他的阶级实践。”

[23] Lucien Goldman, “Sociology of Novel”, *Telos*, No. 18 (Winter, 1973—1974), p. 127. 这些批评洞见应该使人想起吕西安·戈德曼在当代法国复兴马克思主义和普遍的马克思主义文化理论的过程中所起到的历史性的、实际上是无与伦比的作用。

[24] 最显著者当推罗萨林德·考华尔德和约翰·埃里斯的《语言与唯物主义》（伦敦，1977）。一种类似的同构最终限制了佛鲁齐奥·罗希-兰迪的丰富而具有启示意义的作品，它明确转向了对语言生产的探讨。

[25] See *Yale French Studies*, No. 41 (1968); or in *Du Sens*, pp. 135-155.

[26] 这里所论证的立场——关于一种静止的或符号的方法与一种辩证的方法之间的区别和可能的并列——与萨特对整个结构主义的颇有意义的批判是一致的：“与福柯一样，阿尔都塞把自己局限于结构分析。从认识论的观点看，那就等于把概念凌驾于观念之上。[萨特这里指的是对黑格尔的

概念和观念的对立的不同译法]。概念是无时间性的。人们可以研究概念是如何在特定的范畴内一个接一个地产生的。但是，时间，因而还有历史，**本身**都不能成为一个概念的客体。术语中存在着一个矛盾。当你介绍时间时，你会发现在时间的发展中概念在改造自身。相反，观念可以定义为为产生一种思想而进行的综合努力，这种思想可以通过矛盾和续后对矛盾的克服而自行发展，因而与事物的发展是同质的。”(《回驳结构主义》，R. 达米克译，载《目的》，第 9 期，114 页，1971；或《弧》，第 30 期，94 页，1966)

[27] 对“力比多机制”概念的批判应用的较完整论述参见我的《侵略的寓言：温德海姆·刘易士，作为法西斯主义者的现代派》，伯克利，1979。

[28] See George Lukacs，*The Young Hegel*，trans. Rodney Livingstone (Cambridge，1976)；and Herbert Marcuse，*Reason and Revolution* (*Boston*，1960).

[29] 因此，我肯定认为，马丁·杰伊关于 1950 年以前的法兰克福学派的宝贵论述，《辩证的想像》(波士顿，1973)，通过过分强调非同一性理论的主题而给人一种令人误解的印象，即“批评理论”的基本目标是马克思主义而非资本主义。主体与客体之间的非同一性往往只意味着一种唯物主义的和“解中心”的认识方法。同时，除非人们把“否定的辩证法”当作根本的审美理想，如我所做的，那么最好是追求阿多诺在《现代音乐哲学》中的最切合实际的辩证法实践（A. G. 米歇尔和 W. V. 布伦斯特译，纽约，1973)，而非哲学著作（关于音乐与哲学分析之间的张力，参见苏珊·巴克摩斯：《否定辩证法起源》，33～49 页，纽约，1977)。但试比较马丁·杰伊：《总体的概念》，载《目的》，第 32 期，1977。

[30] 卡尔·马克思：《路易·波拿巴的雾月十八日》，50～51 页，纽约，1963。中译引自《马克思恩格斯选集》，2 版，第 1 卷，614 页。

[31] 我们必须对这种争论的符码化了的政治共鸣再作一番最后的评论，“总体化”的批评家们往往把这种争论看作是对统一或集权观念的攻击。这种瞬间的“意识形态分析”可以颇有裨益地与对这种争论的社会解

读相并置，作为对左派在法国和美国的结构上不同的民族语境中所面对的不同环境的一个象征性指数。法国对总体化的批判与对一种“分子的”，或局部的、非全球的、非党派的政治的要求携手并进：由于旧的细胞结构式的家庭机制的破坏和亚群体以及可选择的“生活方式”的大量出现，对传统的阶级和党派行动的这种拒斥显然反映了法国集权化的历史意义（作用于制度以及反对制度的各种力量），以及后来形成的那种在极不严格的意义上称之为“反文化”的运动。另一方面，在美国，正是这后一种极端的社会分化使其在历史上难以把左派或“反制度”的力量以持久的有效的组织方式统一起来。弱势民族、社区运动、女权主义、形形色色的“反文化”或寻求另一生活方式的团体、普通劳动阶层的抗议、学生运动、个别问题的运动——所有这些在美国都提出了在理论上互不协调而在任何实践政治的基础上又不可能并行的要求和策略。因此，美国左派今天所能发展的特权形式必然是一种**联盟政治**的形式，而这种政治在理论层面上实际上是总体化概念在实践上的严格的同义语。因而，在实践中，对美国框架内“总体”概念的攻击意味着对一个真正的左派在这个国家可能出现的惟一现实的角度的破坏和拒斥。于是就存在着理论论战的输入和翻译的实际问题，这些论战在其产生的民族环境里有其相当不同的语义内容，如在法国的民族环境中一样，新兴的争取地方自治的运动，妇女解放和社区组织，从传统左派群众党派的全球或“克分子”的观点看来，都被认为正受到抑制，或至少是它们的发展受到了阻碍。

[32] Jean-Paul Sartre，*The Reprieve*，trans. Eric Sutton（New York，1973），p. 326.

[33] 关于辩证法的美学起源的讨论，参见乔治·卢卡奇《论美学史》，尤其是《审美问题》中论席勒美学的文章，诺威德，1969。

[34] 阿尔都塞在《论艺术的信》中论述了这些立场，见《列宁与哲学》，本·布鲁斯特译，221～227页，纽约，1971；参见皮埃尔·马歇雷：《走向文学生产的理论》，巴黎，1970，尤其是论于尔斯·沃恩的章节。

[35] See *Marxism and Form*（Princeton，1971），pp. 323，331-333.

[36]“形而上学”和“人道主义”分别是德里达和阿尔都塞两个学派

的否定批评范畴，每一个都明显地被置于唯心主义的比较全球化的“唯物主义”范畴之下。在我看来，这种哲学范畴只有当它们在尽可能直义的情况下用来指最平庸的日常态度和前提时才是有用的：把唯心主义的任何历史范畴绝对化，把任何形式的错误或虚假意识作为超历史的范畴而加以主题化，都似乎是“唯心主义的”。

[37] See *The Prison-House of Language* (Princeton, 1972), pp. 195-205.

[38] 参见詹姆逊：《让-保罗·萨特文学批评的三种方法》，见约翰·K·西蒙编：《现代法国批评》，9～27页，芝加哥，1972。我们在第五部分再来探讨存在主义的意识形态功能，以及这种哲学的社会学分析的可能性。

[39] 比如，参见朱利叶·米歇尔：《精神分析学与女权主义》，419～435页，伦敦，1974；斯蒂芬·图尔民、A. 伽尼克：《维特根斯坦的维也纳》，纽约，1973。

[40] 雅克·拉康曾颇具启示意义地强调刚刚出现的精神分析学与其历史原材料的关系：歇斯底里是对“欲望的欲望”（参见拉康：《讲习班：第十一卷，精神分析学的四个基本概念》，16页，巴黎，1973）。“可以说，歇斯底里把我们置于精神分析学的特定的原罪的轨道上来。”他显然是指这门“科学”与其历史环境和或然条件的关系。在这个意义上，歇斯底里可以解作第五部分讨论的历史上一种比较普遍的物化现象的一个新特征。

[41] “因此**感官**在它们的直接实践中变成了**理论家**。它们为自身的缘故与**物**联系起来，但是，物本身是与自身和与人的一种**客观的**人类关系，反之亦然。”（卡尔·马克思：《1844年经济学哲学手稿》，第二稿，“私有制和共产主义”，第四节，见《早期作品选》，罗德尼·利翁斯通、格里格·本顿译，352页，伦敦，1975。这一整节都极具意义。）

[42] 比如：“只有当我们从根本上突破了这样的思想，即语言只是以一种方式发生作用，总是用于相同的目的：传达思想——这可能是关于房子、痛苦、善恶，或随你喜欢的什么，只有这时，悖论才能消失。”（路德维希·维特根斯坦：《哲学研究》，304段，102页，牛津，1958）参见弗鲁齐奥·罗希-兰迪，“Per un uso marxiano di Wittgenstein,” *Linguaggio*

come lavoroe come mercato，11～60 页，米兰，1968。

[43] See Serge Leclere，“La Mi-prise de la lettre，” *Demasquer le reel* (Paris：Seuil，1971)，pp. 63-69.

[44] Paul Ricoeur，*Freud and Philosophy* (New Haven，1970)，pp. 65-157.

[45]参见尤金·弗莱契曼：《从尼采到韦伯》，载《欧洲社会档案》，第5期（1964），190～238页；詹姆逊：《消失的调解者；或作为讲故事者的马克斯·韦伯》，载《新德语批判》，第1期（1973），52～89页。

[46] Norman Hollander，*The Dynamics of Literary Response* (New York，1968)，pp. 243-261，331-332.

[47] “Criticism in History”，in Noman Rudich，ed.，The *Weapons of Criticism* (Palo Alto，1976)，pp. 38-40.

[48] 这种并非萦绕不去或残留的“宗教”内容说明了瓦尔特·本雅明使用神学语言的策略：暗示被称作“历史唯物主义”的“机器人”需要包含一个称作神学的“干瘪矮子”，以便赢得每一盘（参见《论历史的哲学》，见《启示录》，H. 左恩译，253页，纽约，1969）以符码化的语言摆下的棋局，以指出斯大林主义与一种叫做正统的阐释学马克思主义传统之间的不自然的分裂，这种马克思主义的阐释传统在20世纪二三十年代曾被逼入地下。参见上书结论部分。

[49] 参见黑格尔的《精神现象学》论宗教的部分，以及费尔巴哈的《燃烧的小溪：路德维希·费尔巴哈选集》（纽约，1972）和杜尔凯姆的《宗教生活的基本形式》的“结论”部分。

[50]Northrop Frye，*The Anatomy of Criticism* (Princeton，1957)，p. 73.

[51] Ibid.，pp. 105-106.

[52] Ibid.，p. 113.

[53] Ricoeur，*Freud and Philosophy*，p. 27.

[54] Frye，*Anatomy*，p. 119. 把身体作为有机群体的象征的奠基之作是玛丽·道格拉斯：《自然的象征》，纽约，伟人祠，1970。

［55］“我们的第四个层面，对神话的研究，以及把诗歌作为一种社会交际技巧的研究，是中世纪的道德和引申意义解释的第三个层面。”（《批评的解剖》，116页）

［56］对“视域”的现象学概念的有益讨论可参见汉斯-乔治·伽达默尔：《真理与方法》，216～220、267～274页，纽约，1975。我在下面的讨论中将清楚说明的是，在马克思看来，我们与过去的关系要求我们与先前的各种文化根本区别开来，这种区别在伽达默尔关于视域融合（Horizontverschmelzung）有影响的概念中是不容许的。在此也许还应该说，从马克思主义作为“绝对的历史主义”的视角来看，小E. D. 赫什提出的明显对立，即伽达默尔的历史主义的“相对论”与赫什自己的比较绝对的阐释合法性概念之间的对立，将不再特别不可调和。赫什在感觉与意义之间、在对文本内在“意义”的科学分析与他乐于称为我们对其“意义”所作的“伦理”评价之间所作的区别（参见《阐释的目的》，芝加哥，1976），与传统马克思主义关于科学与意识形态之间的区别相对应，尤其是经阿尔都塞派的重新理论化之后。这无疑是一个有用的工作区别，尽管依目前对科学概念的修正来看，人们或许不应该对其提出无法操作的更高的理论要求。

［57］克劳德·列维-斯特劳斯，《结构人类学》，C. 雅各布森、B. G. 肖普夫译，206～231页，纽约，基础书局，1963。后来发表的四卷本《神话学》颠倒了本文的分析视角：早期发表的文章集中论述个别的神话**言语**（parole）或表达，后来发表的系列著作集中论述整个系统或**语言**（langue），据此把不同的个别神话关联起来。因此，应该把《神话学》当作关于原始社会生产方式的叙述与关于我们自己社会的生产方式的叙述之间差异的启发性材料。在这个意义上，后来的著作将在第三个和最后一个阐释视域中找到它的位置。

［58］Clande Levi-Strauss, *Tristes tropiques*, trans. Hohn Russell (New York, 1971), p. 176.

［59］Ibid., pp. 179-180.

［60］参见肯尼思·伯克：《文学形式的哲学》，5～6页，伯克利，加

州大学出版社，1973；詹姆逊：《象征性推断；或肯尼思·伯克与意识形态分析》，载《批评探索》，第四期（1978年春季），507～523页。

[61] See A. J. Greimas, "The Interaction of Semiotic Constraints", *Yale French Studies*, No. 41 (1968), pp. 86-105.

[62] *Marxism and Form*, pp. 376-382; *The Political Unconscious*, pp. 288-291. 关于这种社会阶级观点的当代最具权威性的马克思主义主张当推E. P. 汤普森：《英国工人阶级的形成》，9～11页，纽约，文塔基，1966；在《理论的贫穷》中，汤普森提出，他的阶级观点与"结构"马克思主义并不是一回事，对后者来说，阶级不是社会总体内部的"主体"，而是"立场"（关于阿尔都塞的立场，参见尼柯斯·普兰扎斯：《政治权力与社会阶级》）。

[63]参见米哈伊尔·巴赫金：《陀思妥耶夫斯基诗学问题》，R. W. 罗特塞尔译，153～169页，安·阿伯尔，阿尔迪斯，1973；巴赫金论语言学的重要著作，以V. N. 伏洛希诺夫之名发表的《马克思主义与语言哲学》，L. 马特耶卡、I. R. 提图尼克译，83～98页，纽约，研究班出版社，1973；巴赫金死后发表的论文集《美学与小说理论》，达利亚·奥利弗译，152～182页，巴黎，加力马尔，1978。

[64] See Christopher Hill, *The World Turned Upside Down* (London, 1972).

[65] Ernst Bloch, "Zerstorung, Rettung des Mythos durch Licht," in *Verfremdungen* I (Frankfurt: Suhrkamp, 1963), pp. 152-162.

[66] Eugene Genovese, *Roll Jordan Roll* (New York, 1976), pp. 161-284.

[67] 论生产方式的"经典"文本，除了路易斯·亨·摩尔根的《古代社会》（1877）外，还有卡尔·马克思的《前资本主义经济的构成》，即《导言》的一部分（1857—1858），由埃里克·霍布斯鲍姆单行本出版（纽约，国际书局，1965）；弗里德里希·恩格斯的《家庭、私有制和国家的起源》（1884）。最近对关于生产方式"争论"的重要贡献包括埃田·巴利巴尔载于阿尔都塞的《阅读〈资本论〉》中的文章；伊曼努尔·特雷：《马克

思主义与“原始”社会》，M. 克罗普尔译，载《月评》，纽约，1972；莫里斯·戈德利尔：《地平线：马克思主义和人类学轨道》，巴黎，马斯派罗，1972；J. 切斯诺编：《论“小亚细亚生产方式”》，巴黎，社会版，1969；巴利·辛戴斯、保罗·赫斯特：《前资本主义生产方式》，伦敦，鲁特莱齐与克甘·保罗，1975。

[68]“清教徒想要顺从天命工作；我们不得已而为之。当禁欲主义从修道院的幽室走进日常生活，并开始控制世俗道德之时，它在建设当代经济秩序的巨大宇宙的过程中发挥了作用。这个秩序现在与机器生产的技术和经济条件维系在一起，这些条件在今天以不可抗拒的力量决定着生于这种机制之中的所有个人的生活，不仅仅是那些直接关系到经济获得的人。也许它将如此决定他们的生活直到烧尽最后一吨石化煤。在巴克斯特看来，对外在物品的关注只应该落在圣贤的肩上，就像‘一件轻轻的斗篷，随时可以将其扔在一旁’。但是，命运却判定那件斗篷应该成为一个铁笼。”（《新教伦理与资本主义精神》，T. 帕森斯译，181 页，纽约，斯克里布纳，1958）

[69] Michel Foucault, *Surveiller et Punir* (Paris, 1975), pp. 27－28 and passim.

[70]参见让·鲍德里亚：《物品的系统》，巴黎，加力马尔，1968；《消费社会》，巴黎，德诺埃，1970；《符号的政治经济学》，巴黎，加力马尔，1972。美国关于这种“意识形态的终结”和消费社会立场的最有影响的论证当然是丹尼尔·贝尔：《后工业社会的到来》，纽约，基础书局，1973；《资本主义的文化矛盾》，纽约，基础书局，1976。

[71] 对基本文献的评论和批判，参见斯坦雷·阿洛诺维齐：《马克思、布拉佛曼和资本的逻辑》，载《反抗的社会学家》，Ⅷ，第 2、3 期，126～146 页，1978；汉斯-乔治·巴克豪斯：《论价值形式的辩证法》，载 A. 施密特编：*Beitrage zur marxistischen Erkenntnistheorie* (Frankfurt: Suhrkamp, 1969)，128～152 页；Helmut Reichelt, *Zur logischen Struktur des Kapitalbegriffs bei Karl Marx*, (Frankfurt: Europaische Verlagsanstalt, 1970)。对于资本逻辑学家，黑格尔的“唯物主义内核”是把绝对精神的具

体或客观现实（在自身之内并为自身的观念）仅仅看作是资本（雷希特，77～78页）。然而，这易于把他们逼入后马克思主义的立场，从而把辩证法看作是仅仅适于资本主义的思维方式（巴克豪斯，140～141页）。当然，在那种情况下，辩证法在一个废除了商品形式的社会里将是不必要的和不合时宜的。

[72] 论反累积的基本理论包括马丁·J·斯克拉：《论无产阶级革命和政治经济社会的终结》，载《激进的美国》，Ⅲ，第3期（1969年5～6月），1～41页；吉姆·奥康纳：《生产的和非生产的劳动》，载《政治与社会》，第5期（1975），297～366页；弗莱德·布洛克、拉里·赫什霍恩：《新生产力与当代资本主义的矛盾》，载《理论与社会》，第7期（1979），363～395页；斯坦雷·阿洛诺维齐：《政治经济学的终结》，载《社会文本》，第2期（1980），3～52页。

[73] See Poulantzas，*Political Power and Social Classes*，pp. 13-16.

[74] 恩斯特·布洛赫：《非共时性与辩证法》，载《新德国批判》，第11期（1977）。22～38页；*Erbschaft dieserZeit*（Frankfurt：Suhrkamp，1973）。上述生产方式概念的"非共时性"用法在我看来是完成马克思著名的"从抽象上升到具体"的辩证认识的惟一途径。马克思在那里区别了认识的三个阶段：（1）对特殊的标记（这相应于经验历史，搜集关于形形色色的人类社会的数据和描写材料）；（2）对抽象的征服，"资产阶级"科学或黑格尔所说的理解的范畴的问世（"生产方式"的静止的纯粹分类概念的建构，这正是辛戴斯和赫斯特在《前资本主义生产方式》中非常正确地批判的东西）；（3）抽象的辩证超越，"具体的上升"，通过重新楔入具体的历史环境而驱动迄今静止的分类学的范畴（在当下的语境里，这将从生产方式范畴的分类用法转向对特定的文化时刻与其动力和矛盾的共存的认识）。无独有偶，阿尔都塞自己的认识论——《普遍性》Ⅰ、Ⅱ、Ⅲ（《保卫马克思》，187～190页，巴黎，马斯派罗，1965）——是对马克思1857年《〈政治经济学批判〉导言》中的同一段论述的诠释，但只是再成功不过地消除了其辩证精神。

[75] See Jurgen Habermas，*Knowledge and Human Interests*，trans.

J. Shapiro（Boston，1971），esp. Pare Ⅰ.

［76］See Umberto Eco，*A Theory of Semiotics*（Bloomington，1976），pp. 21－26.

（陈永国　译）

现实主义和欲望：巴尔扎克和主体问题

按照前面一章对小说的界定，小说是文类的终结：其外部形式像外壳或外骨架那样被隐蔽起来的一种叙事意识形态素，在其寄主消失后很久仍然不断发送意识形态的信息。因为按照 19 世纪小说对其成熟的和创造性的种种可能的探索，小说不是那种性质的一种外在的常规形式。相反，这种形式及其残余——继承的叙事范式，常规的行为者或日常生活行为的先验图示[1]——是小说赖以动作的素材，它们将“讲述”转变成“展现”，依靠某种预想不到的“真实”的新颖性疏离陈腐，突出常规本身，把它作为读者迄今用以接受事件、心理、经验、空间和时间等概念的方法。

“小说”毋宁说是个过程而非形式：这是一种直觉，这种叙事结构的辩护者发现他们一次又一次地被推向这种直觉，试图把它说成是对其原始素材发生的某种东西，是一系列特殊而又确实非常漫无止境的动作和程序编制，而不是人们可以对其“结构”摹制和沉思的某种完成的东西。这个过程可以用一种双重的方式进行评价，一方面改变读者的主观态度，同时读者的态度又产生一种新的客观性。

实际上，正如许多现实主义的“定义”所肯定的，正如小说图腾式的前辈《堂吉诃德》所象征地表明的，那种分别被称为叙事模仿或现实主义再现的分类运作，其历史功能是系统地破坏那些先在的、继承的、传统的或神圣的最初给定的叙事范式并使之非神秘化，或者进行世俗的“解码”。[2]在这种意义上，小说在那种可以称为真正的资产阶级文化革命中发挥重要的作用——依靠那个巨大的转变过程，那些其生活习惯由现已古老的其他生产方式形成的人们，在市场资本主义的新世界里会为生活和工作而被有效地重新安排。由此也就隐含了小说的“客观”功能；对其主观的和批评的、分析的、侵蚀的使命，现在必须增加一项生产的任务，即仿佛第一次生产出那个真正的生活世界，那个真正的“指称物”——新的可以量化的空间扩展和市场等值，新的可以衡量的时间节奏，新的世俗的“不抱幻想的”商品制度的客体世界，以及它的后传统的日常生活和令人困惑的经验主义的、“无意义的”和偶然的“环境”——对此这种新的叙事话语将声言是“现实主义的”反映。

主体的问题明显是一个策略问题，对小说过程的两方面均是如此，尤其如果人们像马克思主义者那样，坚持人类意识和人类心理机制不是永恒的，不是各处基本上一样，而是具体境遇所特有的、历史地产生的。因此，不论读者对一个特定叙事的接受还是行为者对人物或其代理的再现，都不能当作叙事分析的常项，而是他们自己必须被无情地历史化。本文主要论及福柯的术语的主题，它们在这里提供了一种策略上的便利。[3]拉康的著作以其对“主体构成”的强调取代了正统弗洛伊德主义的争论，从无意识过程或障碍模式走向了对主体构成及其构成的幻象的说明，虽然主体构成在拉康本人的笔下仍然是遗传学的（按照个人生物学的主体来表达），但它并不是不可纳入更广泛的历史框架。另外，拉康理论争论的冲击，包括它的离开自我中心、有意识的活动的主体、个性或笛卡尔的沉思的“主体”——所有这些现在都被当作主体性的某种“效果”——以及它对个性统一的各种理想或对个人身份的神秘征服的否定，为所有的叙事分析提出了一些有价值的新的问题，而这些叙事分析仍然采用天真而普遍的范围，如“人物”、“主人公”或“英雄”等范畴，并仍然采用心理学的“概念”，如认同、同情、移情作用等。

在第一章里我们已经谈到，阿尔都塞对“人文主义”的抨击——对资产阶级个人主义范畴及其关于人性的人类学神话的抨击——如何可以读作一种有力的使拉康那种对“中心主体”的批判历史化的方式。在目前这个语境里，真正有意义的不是谴责中心主体及其意识形态，而是研究它的历史形成、它的确立或作为一种幻景的实际构成，而这种幻景显然也是某种方式的客观现实。因为实际经历的个人意识的经验作为单一的、自治的活动中心，并不是某种可以通过思考和科学调整而消除的纯概念错误：它具有一种类似制度的地位，发挥意识形态的作用，容易受历史因果的影响，并由其他客观状况、决定因素和机制生成和强化。本文所展开的物化概念便表示那种使自我或中心主体的出现可以理解的历史情境：旧的有机的或等级的社会群体消解，个人劳动力普遍商品化，他们在市场框架内作为等值的单位互相对抗，现在“自由”和孤立的个人主体反常颓废，只有单一的防护器官的保护性发展可以作为某种补偿。

文化研究使我们可以分离出某些特殊的情况和机制，在心理或实历经验的“上层建筑”与法律关系和生产过程的“基础”之间进行具体的调停。这些可以称之为“文本的决定因素”（textual determinants），它们构成准物质的传送点，产生资产阶级个人的新的主体性并使之制度化，同时它们本身也重复并再生纯基础性的要求。在高度现实主义的这种文本决定因素当中，肯定会列出一些叙事范畴，如詹姆斯的视点说或福楼拜的“间接自由风格”，因此，这些范畴对充分构成或中心化的资产阶级主体或单一的自我便成了策略的轨迹。

一

正是在这种语境里，可以对早期“现实主义”的一个关键特征——在巴尔扎克的作品里常常被称作“全知的叙述者”——重新有效地加以审视。不过对于这种作者的介入，全知最无关紧要，可以说它是古典“叙事”（recit）封闭的后果。在古典叙事里，叙述开始之前事件就已成过去并得到了处理。这种封闭本身以运气、命运、天命或命定等概念投射某种类似意识形态的幻象，而这些叙事似乎是“说明”那些概念，用瓦尔特·本雅明的话说，接受它们等于“以我们读到的死亡焕发我们的生命”。这种叙事——封闭的冒险，“闻所未闻的事件”，偶然引发的命运打击的观念本身——属于素材的范畴，巴尔扎克的叙事过程依靠它们来运作，有时不甚协调地与其继承的形式共存。同时，故事讲述者（在英国小说里远在1857年之前就已长期存在，而1857年福楼拜在法国一笔勾销了他们）的手势和信号试图以象征的方式恢复那种等同面对面讲故事的机制，但这种机制已经有效地被印出的书籍破坏，毫无疑问更遭到文学的文化商品化的破坏。

然而巴尔扎克叙事方式的构成特征，较之作者的全知或作者的干预是更基本的东西，可以称之为“力比多”的投入或作者的愿望满足，在这种象征的满足形式当中，传记式的主体、“隐在的作者”、读者和人物之间的有效区分实际上已被抹去。描写是惟一特殊的时刻，在这个时刻可能探讨并研究所说的投入，尤其当争夺描写的客体并在叙事本身内部集中注意对抗的企图时更如此，例如下面这段关于乡间住所的描写：

> 想像一下，在台地的宽檐栏杆上，放着白色、蓝色的大瓷盆，盆内栽种着俊秀挺拔的丁香；右边和左边，沿着附近的墙壁，你看到的是两行菩提树，修剪得整整齐齐；小河对岸及其简陋的房屋，亮河浅浅的流水、花园，紧贴着附近墙壁的两行树木，加上科蒙家族颇有气派的房屋，呈现出一片娴静善良、简洁朴实、谦恭亲切的［资产阶级］的景象；由此，你会构成对这一景象的看法。多么祥和！多么宁静！没有任何矫揉造作的东西，也没有任何昙花一现的东西；这里似乎一切都是永恒的。那时，楼下一层用来接待客人。这里一切都散发出古老的、不可改变的外省气息。[4]

巴尔扎克描写中那种熟悉的手法和典型的修辞，在这里被一种不太典型的功能重新占用，或用一个在本文会进一步展开的术语来说，它们通过一种与巴尔扎克正常表达的换喻和含蓄的方式大不相同的“记录”投射出来，高尔芒家的住所及其未出嫁的女继承人，实际上是《老姑娘》的叙事争夺或竞争所瞄准的奖赏。因此它是一个典型的欲望的客体，但直到我们感觉到这种客体和所有那些同样值得渴求的目标或目的（普罗普所研究的古典叙事或寻求叙事围绕着这些目标组织安排）之间的结构差异之后，我们才开始理解它的历史独特性。这些最后可以无所谓地替代的内容——金子、公主、王冠或宫殿——表明，这种客体的表意价值由它们的叙事地位决定：每当看到一个人物欲求它时，某个叙事的因素就变得值得渴求。

正如上述那段引语的强大的说服力所表明的，在巴尔扎克的作品里，不论由于何种历史原因，在叙事过程可以真正发生作用之前，它必须保证获得读者的首肯，并必须证实或令人相信客体是值得渴求的东西。因此，这里的先后次序颠倒过来，这种叙事方法依赖于某种客体“值得渴求”，而其叙事功能将是一种更传统的叙事结构相对自动和无可争论的第二位的效果。

但是，巴尔扎克这种客体的历史独创性需要具体地加以说明，不仅针对古典讲故事的方式，而且也针对我们自己时代的心理和解释习惯。对我们来说，意愿和欲望已经变成人类单体的特性或心理特征；但较之只是与一种合乎情理而非我们共有欲望的“认同”，如我们的电影或畅销书所提供的整套商品化情感的替代景象，这种描写中有更多的危险。因为我们不可能将这种特殊的（对高尔芒家住所）的欲望归之于任何个人主体。传记的巴尔扎克，隐在的作者，这种或那种渴求的主人公——所有这些个体任何一个都（还）没有出现，欲望在这里以一种奇特的、无名的状态呈现在我们面前，并对我们提出一种奇怪的绝对要求。

这样一种召唤——其中对某个特殊客体的欲望既是所有一般欲望的比喻同时也是欲望本身的比喻，这种欲望的借口或主题尚未被自我——障碍相对化和个人化，因为自我—障碍不无猜忌地确认个人的、纯主观的、被它们分开的单体化主体的经验—在恩斯特·布洛赫已经重新限定的乌托邦这一术语的意义上，可以说重新规定了乌托邦的动机。[5]它希求读者不只是在心目中重构这一建筑和基础，而且要把它作为理念和欲望重新创造。如果将福楼拜那种失去个性并再次文本化的乡间房屋与这种建筑并置起来，也许会令人不安地意识到在什么程度上巴尔扎克的住所唤醒了占有的欲望，唤醒了对土地财产的温情脉脉的幻想，仿佛那是一个可以触感到的乌托邦愿望满足的形象似的。一种摆脱了巴黎弱肉强食的竞争和大都会商业倾轧的和平，然而在某种现存的具体社会历史的回流中仍然可以想像；一种几乎像本雅明那样在叙事的现在保持过去的宝库及其典型经验的举止；一种“质朴地”

将力比多减少到它最温和、最少痛苦的低语；一种家庭的乌托邦，在它的院落、走廊和花园小路上，日常生活无法追忆的常规以及耕作和家庭经济的惯例被事先进行追溯，投射出那种永恒的循环：吃饭、散步、销售、正式茶点、打惠斯特牌、准备每日的菜单、与忠实的仆人和经常的来访者交换意见——这种令人入迷的形象是“静止的时刻”，真正小说时间中的混乱和紧迫性将围绕它转动。这是把《农民》开头那段艾吕庄园的宏伟描写中更适当的“崇高的”愿望满足转变成诚实的风格，在那段描写中，对地产比较温和的渴求被扩大为对封建领地和庞大地产回归的幻想。后来更明显的历史和政治主流小说中的意识形态冲突，也并不是不容于这种相对较小的喜剧寓言：事实上，高尔芒小姐的住所——一座古代贵族市民或商人贵族的建筑纪念碑——通过将资产阶级商业活动和贵族传统的孪生“因素”的结合，已经提前通过对可触感形象的生动回忆而获得“解决”，因此小说将围绕社会和意识形态的矛盾运转。

这样一种乌托邦力比多投入的奇特性，通过从这欲望在土地方面的表现转向它在高尔芒小姐本人（有头衔的老姑娘）修辞中的行为者的体现便可以得到理解。这里意味深长的是，正如房子本身那样，任何以真正反讽的观点来重构这个人物都是不可能的。高尔芒小姐同时（或依次）是喜剧性的、滑稽的和吸引人的：她的大脚，她的“力量和丰腴”之“美”，她的“肥胖”，她的大屁股，“这使她看上去像是由一个独特的模子铸的”，她的三重下巴“折叠”起来而不是三道“折纹”——所有这些相貌特征，无一不与把她这个人作为核心的乌托邦的欲望相一致。通过使困惑的读者返归关于巴尔扎克奇特的性趣味的记载，同样也不会获得任何东西；这里他的性趣味是以不幸的年轻诗人阿塔纳斯·格朗松对这个肥胖老女人的感情在叙事中重写出来的（“这个肥胖的人所表现的特征能够引诱一个充满欲望和渴求的年轻人，例如阿塔纳斯·格朗松”)。无疑，《老姑娘》是一部喜剧小说，常常引人注目地出现含沙射影的性描写和那种含义粗俗的肉体笑话，而这也正是巴尔扎克本人在他的《滑稽故事》里常写的东西。因此，这种本质上是喜剧的叙事记载也许足可以说明这样一种观点：肉欲的变化可以以同情的疏离和恶意的移情来观察。

然而，坚持乌托邦这方面的特殊欲望显然隐含着这样的意思：这种特殊的喜剧叙事也是一种“寓言”结构，其中滑稽的性“文字”本身必须被读作一个人物，他渴求缩小地产实现个人，也渴求社会和历史矛盾的解决。赛里纳斯（Silenus）的盒子——一种外表滑稽而富喜剧性、内装奇异香料的盒子——当然是阐释的客体的真正象征[6]，但滑稽与乌托邦冲动之间的关系并没有被这个形象特别澄清。

不过自相矛盾的是，正是这种层次间的张力或不连贯性，在后来高度物化时期才会从乌托邦冲动的表达中消失。一位美国作家的商品欲望以及他所做的作者投入和装腔作势使人很容易想起巴尔扎克，从他的作品中引用一段也许会对这种变化提供某种说明：

> 在年初这个时候，白天仍然比较短，薄暮的影子已经开始降临到大城市。路灯已发出醉人的光辉，看上去几乎是水汪汪的、半透明的。空中有一种温和的气息，以无限的柔情向人们的身心低诉。嘉莉觉得这是可爱的一天。她因为这一天的许多启示，心灵上已经成熟。当她们沿着平坦的道驶过时，偶尔会遇到一辆马车。她看见一辆车停下，车夫跳下车，为一位绅士打开车门，那绅士似乎刚从午后的游乐中从容归来。越过现在刚刚发

> 绿的宽阔的草坪，她看见依稀闪耀的灯光映照着豪华的室内。现在她看到的只是一把椅子，一张桌子，一个装饰华美的墙角，然而这些就已使她无限动心。她儿时有过的幻想，例如仙宫和王室，现在重又出现。她想像着，走过这些雕刻华丽的门廊，镶嵌的大门上悬吊着球形水晶灯，门上装着饰有彩色图案的玻璃，一定会觉得无忧无虑，心满意足。他确信幸福就在这里。[7]

在巴尔扎克和德莱塞两个时期之间，包法利的因素已经衰落，语言、幻想和欲望已经凝入了福楼拜的“琐事”和福楼拜的“俗套”，将巴尔扎克的渴求变成了嘉莉渴求小玩意儿的俗丽，而德莱塞的语言也含混地同时再现和反映了这种俗丽。[8]

商品化并不是区分德莱赛和巴尔扎克文本的惟一“事件”：它在后期资本主义客体世界所造成的指责，显然也伴随着主体构成的一种决定性的发展，伴随着将后者构成一种封闭的单体，从而受“心理学”规则的支配。实际上，尽管这种文本有各种媚人的诱惑，它还是明显地将我们置于嘉莉的欲望之外，嘉莉的欲望被表现为一种私下的愿望或渴求，而我们作为读者则以认同和投射的方式使自己与之联系，我们也可以对它采取一种道德化的姿态，或等同于道德的一种反讽的姿态。真正已经发生的是“嘉莉”变成一种“视点”：正如我们已经表明的，这事实上是文本的机制或决定因素，它表达或再现了物化时期新的中心化的主体。并非偶然的是，随着这种叙事中心的出现，同时也出现了具有电影特征的文字或叙事技巧（跟踪特写，从嘉莉作为观察者到以长焦距观察其内心深处进行全景拍摄，包括其封闭的热情和光明）——电影媒体很快就会成为后期资本主义社会统治性的表达形式。然而，随着这种实际上已经充分发展的电影观点的出现，对欲望的乌托邦联想和强化在文本记录中会更不明显。于是现在物化了的乌托邦冲动本身便被驱回到单体内部，只能呈现为某种纯心理经验的状态、个人情感的状态或相对化的价值状态。但不应该轻率地作出结论，认为德莱塞的情境只是一种损失和限制。正如我们在后面论康拉德一章将会看到的那样，物化的后果——心智的封闭、脑力劳动的分工、身体和感觉中枢的分裂——也决定着整个新经验领域的打开，决定着新型语言内容的形成。实际上，在德莱塞的作品里，我们看到出现了一种无与伦比的感觉的强度，"对肉体和精神同样无限灵敏的感觉"，它实现了从巴尔扎克的修辞过渡到一种更合适的现代"风格"的实践，一种奇怪而陌生的身体言语，这种言语由于与大量商品化的语言相互交织，使我们伟大小说家的读者直到今天都感到困惑。[9]

现在应该考察一下叙事机制的运作，对此我们的意思是，尽管提前谈到中心主体的出现，但迄今并未展开后者的文本决定因素，例如视点或读者在某种更现代的心理学意义上表示同情的主人公。然而十分明显的是，《老姑娘》绝不是想入非非的一个后现代或"精神分裂的"文本，其中传统的人物范畴和叙事时间完全消解。我们真正想表明的是，巴尔扎克叙事的"无中心"——假如这对它不是个不合时宜的术语——应该在人物中心的循环中去发现，因为这种循环使每个人物都失去任何特殊的地位。这种循环明显是《人间喜剧》本身一种小规模的非中心的组织模式。然而，在当前语境中使我们感兴趣的是，这种转换运动使我们看到了人物因素的生产，或者换句话说，看到我们将称为"人物系统"（character system）的东西。

我们曾经提到高尔芒小姐最不重要的求婚者——诗人阿塔纳斯，他不像他的更著名的对手吕西安·德·鲁本普雷，找不到自负的东西来劝止自己，未能摆脱这种竞争而自杀。伴随着这个可怜的浪漫人物，出现了两个更有力但也更滑稽的人物作为一种奖赏的主要候选人（正如我们看到的那样，这种奖赏不仅是婚姻的[或金钱的]，而且是乌托邦的）：一个是年长的身无分文的贵族，声称是绝嗣的法鲁瓦家的后代，应该坚持古代统治制度的高雅传统；另一个是资产阶级的“法尼斯·赫库勒”，他曾是革命军的投机者和拿破仑复仇的受害者，作为反对波旁王朝复辟的自由主义领导人，他指望通过和高尔芒小姐结婚不仅可以重建他的财富，而且更重要的是使他重新获得政治权力（他希望被任命为阿朗松的高官）。读者无需等着卢卡奇的典型化理论来理解这些人物的社会和历史比喻，因为巴尔扎克本人就突出而明确地强调了这点：

> 一个［自由派杜·布斯基埃］，粗鲁，精力充沛，动作很大而不连贯，话语短促而生硬，讲话语气令人难以忍受，深色头发，黑眼球，表面上令人畏惧，实际上却像任何暴动一样软弱无力，完全可以说代表着共和国。另一个［法鲁瓦骑士］，温文尔雅，彬彬有礼，风度翩翩，衣饰讲究，通过缓慢而有效的外交手段达到自己的目的，始终坚持高雅的趣味，可以说是个地道的老式宫廷贵族的形象。[10]

卢卡奇的典型化理论虽然得到这段引语的确认，然而仍可以说有两点不够完善：一方面，它未能辨识人物的典型化本质上是一种寓言现象，因此也就没有充分说明叙事以获得寓言意义或层次的过程；另一方面，它隐含着一种本质上是个体人物及其社会或历史指称之间的一对一的对应关系，因此对人物“系统”之类的东西仍然未作探讨。

事实上，一开始就吸引读者注意的并不是这里视为想当然的社会状况问题，也不是只在后来才插入的争夺科蒙小姐的斗争，而是一组困惑或难题的解决。杜·布斯基埃的秘密对读者并不是什么秘密。因为很快我们就明白了他患有阳痿。但是，这一揭示使我们的阅读产生一种系统的前后运动，在我们知道的事物（和可怜的高尔芒小姐不得不嫁给他才能发现的事物）与其他人物被其所骗的那种外部表象之间前后往返——表象不仅指他的体力和有力的举止，而且指他与新的工业财富和资产阶级政治体制的雅克宾传统的联系。这种“秘密”无疑以一种原始而有效的方式强调了巴尔扎克本人对这些理想和传统的看法。然而并不像爱伦·坡的故事《筋疲力尽的人》那样，这一“事实”绝不会破坏“表象”的力量和客观性，在这种表象里，杜·布斯基埃具有真正的社会和政治重要性，而他最终战胜对手实际上也是对这种表象的确证。

至于后者，各种集中于舍瓦里埃的困惑（尤其关于他的头衔和他收入的真实来源的合法性）有助于在性的代码方面进行置换。因此，一系列粗俗的隐喻（如舍瓦里埃的鼻子）开始表明，他的“秘密”反而是一种未曾料到的潜力，一种可以勇敢冒险的真正贵族的能力。

关于这最初的整个叙事运动——巴特多少有些不恰当地称之为“阐释符码”，认为适用于表象和现实的作用以及对隐蔽秘密的探求——需要说明的一点是，其本身是对主要叙事的准备，因此从未充分得到解决：换言之，对性秘密的揭示并不会导致喜剧的结束，例如，像在薄伽丘的作品或在滑稽故事中那样，而是导向一种更预想不到的结局方式。[11] 性喜剧的功能基本上是把我们的阅读注意力导向性潜能和阶级归属之间的关系。我们认为正是前者才是叙事的隐蔽和寻找这种特殊游戏的客体，其实这只是掩盖和托词，在这种掩饰背后，关于社会状况和政治的前历史原本平庸的、经验的事实被转变成了解释叙事所依赖的一些基本范畴。我们的阅读“设定”指向那种可以以寓言方式从叙事中产生出来的社会和历史解释，因此这种“设定”就像是我们最初对性喜剧注意的某种侧面的副产品；但是这种寓言的副产品一旦确定，就会使叙事围绕其新的解释中心运作，以回溯的方式返回到性的滑稽，在叙事结构中给予它一种边缘化的地位，从而看上去像是一种相对非本质的或任意的“额外的乐趣”。

这样确定之后，寓言的阅读就变成了主导性的阅读，争夺高尔芒小姐的斗争就变成了不可避免的修辞方式，不仅表示争夺法国统治权的斗争，而且表示在革命后的这个国家力争获得合法地位并占有一切的斗争，而革命后的这个国家就传统和继承而言仍然是真正的、优秀的“法国的”：一种地方商人贵族的旧的贵族价值及其习惯渐渐地变成永恒，就像阿朗松的房子和花园所体现的那样。但是，如果这是存亡攸关的一切，那么这戏剧性的结论——杜·布斯基埃战胜了他的对手，这胜利因他具有拿破仑的果断性和舍瓦里埃对他自己优势的自负信心而加快实现——只不过等于某个经验事件的精确的隐喻，即 1830 年自由中产阶级复辟被推翻的波旁王朝的失败。按照卢卡奇的看法，这无疑是对历史现实的一种反映，即使算不上一种预言式的反映（小说的事件发生于 1816 年，而小说写于 1836 年）。当然，卢卡奇对巴尔扎克的总的观点是：这位小说家的历史现实感因趋向于社会和历史的逼真（毕竟是杜·布斯基埃赢得了胜利）而歪曲了他自己个人的意愿（很可能它们伴随着舍瓦里埃）。

不过小说要比这更加复杂，而且，如果它写出了经验历史不可改变的残酷事实——七月革命对巴尔扎克来说是一个中产阶级时代堕落到世俗的腐败——它这样做是为了更可靠地“控制”那些事实，打开一个使它们不再是如此不可恢复、不再是如此确定的空间。《老姑娘》确实不只是一出婚姻滑稽戏，甚至也不只是对乡间生活的社会评论，它首先是一部说教作品，一个政治教训的实例，它力求将经验历史的事件转变成一种可选择的实验性运作，据此对各社会阶级的策略进行检验。在这种奇特的记载转换中，叙事的事件虽然仍旧一样，但却总没有定局，也许这种转换最好的传达方式就是托多洛夫的“情态”（modal）诗学概念，是在叙事文本的表面对叙事内容的多种“情态的”实现。[12] 正如格雷马斯所提出的，如果我们设想一个叙事可以像单个句子那样模式化，那么其结果可能像句子本身一样，每一个深层叙事结构都可按照多种不同的方式实现，而它的直接陈述或支配性的、成规的、叙事的现实主义，则是惟一最熟悉的方式。然而，其他可能的叙事情态方式——虚拟的、祈愿的、命令的等——表明了叙事记载的一种异质的作用，我们在下一章将会看到，这种异质作用的叙事记载在后来高度现实主义的庞大的同质化之下，会逐渐被重新包容和统一起来。按照这种看法，《老姑娘》的说教情况可以根据条件句式（如果这……那么就……）通过一种情态方式说明，而其内容现在必须加以确定。

现在，我们阅读框架的整个序列必须颠倒过来。先前的框架——最初的性“阐释代码”和随后对主要斗争的解读（谁最后获胜?）——现在以回溯的方式根据一种新的阅读兴趣进行重构，如尽力划定责任，决定杜·布斯基埃（＝无能）对他的贵族对手（＝潜能）能有什么尚未确定的优势。确定这些原因和责任最终将构成现已变成一种历史教训的内容。不过，这种重构使我们面对的既不是答案也不是意识形态的直接解决，而是一系列决定性矛盾。开始时简单的判断——革命及其资产阶级价值实质上是没有结果的，也就是说是“无能力的”，而且按照埃德蒙·伯克的看法还是人为的和非有机的——现在变成了问题或某种二律背反。“旧时的统治”通过其模式化的再现，如摄政、鹿园、瓦杜、费拉根纳德、路易十五等，现在被变成了性的勇敢，使舍瓦里埃的画像获得了它肯定的因素。然而甚至在他的婚姻企图失败之前，就可以表明构成他的画像的因素结合充满了矛盾，因而阅读的思想必须在某个层面上担心这样的问题：文雅、软弱、年长的舍瓦里埃如何能变得比那个粗俗实用的资产阶级投机商杜·布斯基埃更有“能力”？同时，后者同样也表现出一种悖论，这就是那种准军事的主动性和果断性的原则与他的性无能的关系，主动性和果断性使他获胜，而关于它们的历史参照文本并没有留给我们任何怀疑：它是巴尔扎克与拿破仑同从瓦勒米到滑铁卢失败整个革命军历史相联系的那种力量。然而这个因素在历史上已经含混不清，因为这种军事主动性如果明显脱离了文化、价值和“旧时统治”的实际，那么它也就不可能与1830年以后出现的商业社会完全一致。

按照我们在最初一章概括的规则，我们希望被这种作为“矛盾”的特殊不连贯性的重构与它根据“二律背反”的阅读思想的阐述区分开来。我们在那一章里提出，鉴于前者由一种真正辩证的思想支配，后者也许用符号学的方法可以进行最恰当的测绘，在这种意义上符号学的方法是分析意识形态封闭的特殊工具。格雷马斯的符号学矩形[13]提出了这种二律背反或双重联结的一个初步公式：“性能力＋软弱”对“活力＋功能”。这里潜在的意识形态矛盾显然可以通过历史的思考来表达：巴尔扎克作为一个保皇主义者，作为一个为基本上是有机的、无中心的“旧时统治”辩护的辩护士，必定仍要面对后者明显的军事失败和管理的无效，这些通过与拿破仑时期权力的必然并置而得到加强，虽然那个时期本身作为雅各宾的价值观和君主政治标志的一种混合证明是一个死亡的结局。

面对这样性质的一种矛盾——除了以一种严格的二律背反、一种无法解决的逻辑悖论是无法对它想像的——历史的“野性思维”（pensee sauvage）或我们所称的政治无意识，仍然力求通过逻辑的排列组合从它的不可容忍的封闭中找到一条出路，找出一种“解决办法”，某种由于在上面表述的最初对立中已经隐在的因素分裂而可以着手做的事情。因此，看来有可能将“活力”的因素与“无能”或“无效果”的因素分开（后者是表示整个资产阶级物质主义和商业世界的一个更大的意识形态素的组成部分）；并在这种对立的另一面，将保留的“旧时统治”的因素与它的整个软弱性分开，虽然这种软弱性也许可以在“文化”的主题下得到恢复（如习惯、传统、形式、贵族的价值等）。这里，我们可以绘出这些项的图示并表明它们所暗含的新结合的可能：

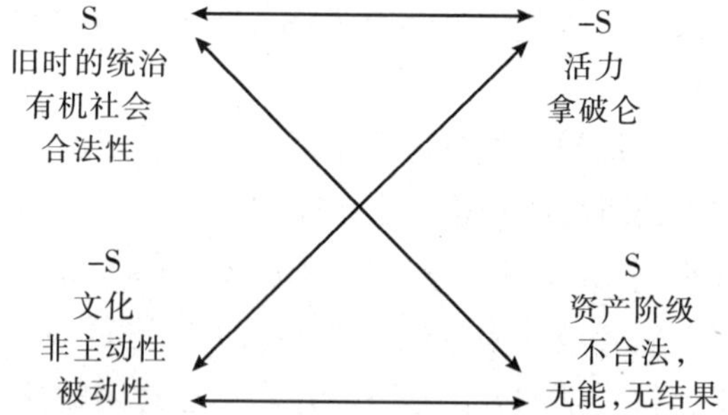

现在已经清楚的是，这里在可得到的四种主要的逻辑结合当中，我们迄今只辨识出两种。因此，从这种观点出发，我们可以观察一个因素的系统如何生成那些拟人的结合——即叙事的人物，尤其在当前的实例里，因素 S 和－S 如何产生对“舍瓦里埃”的再现，而－S 和 S 的结合又如何赋予那个专用名词“杜·布斯基埃”以拟人的内容。迄今缺少的是格雷马斯分别称为综合和中性项的两种结合：通过归入一种单独的统一来“解决”基本二元对立的那种思想的合成，以及归纳基本二元对立的简单二项矛盾的那种纯否定或纯个人条件的联合。假如能够表明这两种增加的逻辑可能在巴尔扎克的文本中有其对等的东西，那么我们的方法论的前提就可以得到证实，我们对人物系统的论证也就可以实现。

但是，我们已经提到可能出现一种中性项或无性项。它对资产阶级根源和文化价值的明显不连贯的合成，实际上在可悲的、年轻的未来诗人阿塔纳斯身上得到了实现，并超越他由浪漫主义本身来实现：这是一次运动，巴尔扎克的作品像黑格尔作品那样，对它采取一种彻底批判的姿态。[14]

至于综合项或理想的合成，直到现在我们还没有提到那个加速小说危机并迫使杜·布斯基埃作出最高决定的迟延的插曲。这个插曲是：高尔芒小姐家来了一位流亡的贵族军官——特瓦斯维耶伯爵，他从俄国归来想重新确立他在该地区的地位，在一个欢快时刻高尔芒小姐想像他可以"解决"她的问题，她觉得他比其他两个竞争者中的任何一个都要更加匹配。不幸的是，伯爵已经结婚。因此，这种令人满意地将真正的贵族"合法性"与有记载的拿破仑的军事才能相结合的"解决办法"，通过叙事显然表明了它是一种"理想的"解决办法，一种在更狭隘的、无法通过经验实现的意义上的乌托邦的决定。

因此，"特瓦斯维耶伯爵"在这一叙事里表现为我们所说的视域人物（horizon-figure）。他划出一块地方，但这地方不是经验历史的地方，而是一个可能替代历史的地方：在这个历史里，某种真正的复辟仍然是可能的，但条件是贵族能吸取这一特殊实例的教训，就是说，它需要一个强有力的人物将贵族的价值与拿破仑的力量结合起来（在某种愿望满足或幻想的层面上，巴尔扎克显然想到了自己）。于是这便成了小说的终极意义，在这种意义上，小说滑稽而懊丧的结局——高尔芒小姐的最后命运，她结了婚，但立刻变成了老处女！一种辩证解决的真正滑稽模仿——并不真的是一个确定的结局，而纯粹是一个令人发指、足资教训的实例。据此，《农民》——它有些像是把这些素材调换到一个更阴郁悲惨的记载之中——也可以重新解读，而卢卡奇对它的著名解释证明是个不成熟的结论。[15]对《农民》里注定灭亡的主人公来说，蒙特考奈伯爵像这里的法鲁瓦一样，只是不甚明确的贵族式人物；他的头衔事实上是拿破仑一世时封的，他的城堡“封地”权的令人生疑的合法性，因为关于其他两大庄园的侧面叙事而得到强调——这两大庄园就是让·科罗尔和苏朗家的庄园，他们仍然拥有真正的贵族称号。这里的含义是，在蒙特考奈因自身缺陷而失败的地方，这些相邻的地平线人物或更真实的贵族代表却有某种成功的机会——但他们必须留意巴尔扎克叙事的警告！因此，《农民》里的灾难（像《老姑娘》一样，某种经验历史的反映）缺乏其最终的结局，缺乏其不可逆转性，缺乏其历史的必然性，叙事的记载只是把它呈视为一种有条件的历史，将历史“事实”的表达方式转变成缺少联系的告诫故事和说教的方式。

二

前面的说明在《老姑娘》的三种不同特征之间假定了一种构成的关系：一种愿望的满足或幻想的投入，它们将传记化为乌托邦；一种没有主人公的叙事（在特权化的“视点”或中心主体的意义上），其人物被视为由一个更深层的因素系统产生；最后，叙事记载中可能出现某种“偏流”或漂移，以致仍然明显的“现实主义”表现在经验历史的方式里不再有约束作用。无疑这里已经表现出来的是巴尔扎克的“时刻”或一种境遇——资产阶级主体充分构成和大量物化效果无处不在之前——的历史独特性，在那种境遇里，欲望、非中心的主体，以及一种开放的历史仍然结合在一起。不过，充分的反应似乎应该指出，巴尔扎克许多预想的说教故事、“视点”和反讽的小说，无疑也包含着主人公，但它们同样肯定的自传性内容并不包含乌托邦的投入，而是包含后来那种资产阶级单体的主体性，这种主体性从巴尔扎克的缺失在前面已经证实。另外还应注意的是，在巴尔扎克的这样一种作品里，表面上相当任性地极力否定欲望的商品化，而实际上却充满了各种各样的物欲。

因此我们需要看看另一种文本，它的叙事比《老姑娘》更合常规，更符合公认的巴尔扎克的现实主义看法。《搅水女人》无疑有一个“主人公”——实际上有两个主人公，互相竞争的哥儿俩约瑟夫和菲立普·布赖多——而且它的典型巴尔扎克的斗争转向了那种典型巴尔扎克的欲望客体“金钱”——在这个实例中是一笔乡间的遗产。然而在后期巴尔扎克的作品里，叙事框架的巨大扩展及其素材的深刻的历史化，倾向于取代巴尔扎克常规主人公先前那种固定的欲望和狂热，将叙事的焦点一方面转向某种类似欲望之原因论的东西（什么是它的始源的前历史，它可以转变或升华成什么?)，另一方面转向各种方式、策略和方法的构成，它们可以慎重欲求的结局，而结局本身现已在常规上被廓除。《搅水女人》是巴尔扎克“斗争”的一种原型式体现，其中两个主要的敌人或对手被一点一点地构成，每一个都有他的关系网和他自己特殊的手段及优势，直到最后一次轻率的冲突收场，使对手之一在历史上暂时不甚保险地占有决斗的成果。在这部小说里，孪生的主人公在其争夺胡日家的遗产中再现并维护了该家族两个竞争的分支。然而，开始一段长长的关于巴黎年轻一支的不幸的描写——身为拿破仑时期行政官员的丈夫英年早逝，随后是境况窘迫自我牺牲的生活——构成了这个家族内部最初的、预期的斗争，两兄弟之间关系紧张：哥哥是拿破仑的军官，也深受母亲的溺爱，但只能非常困难地适应和平时期的生活，弟弟虽然难看缺爱，但表现出有望成为一个伟大的画家。于是在这种特殊的对立和主要的对立之间出现了一种次生的张力，当菲立普与伊苏登家族年长一支的挑战者发生冲突时，这种特殊的对立便被并入主要的对立。伊苏登一支的挑战者本人先前也是拿破仑的军官，在背景和残暴方面实际是他的对手的镜像。

然而，正是这种张力或叙事焦点的不一致使《搅水女人》产生出它的独特的力量，因为这些轴心或竞争者每一个都将以不同的记载、为了相当不同的叙事目的而作出其主要的展示——菲立普的性格。这个无疑是巴尔扎克最令人惊讶的人物之一，在许多方面都是个期待中的人物：菲立普是“半薪”或倒霉的退伍军人最早的文学表征之一，他身体的恶化还预示了维多利亚时期流氓无产者最具威胁的幻想——形象，除此之外他也宣告了情节剧作为一种处理社会张力和冲突的叙事方法的全面复兴。不过，菲立普还不是那种意义上的一个情节剧人物：他不是那种双重意义上的坏人，一方面加强我们基本意识形态的邪恶概念，另一方面又“解释”社会的混乱存在。他明显是混乱和暴力的一种原则，但叙事并未寻求将这种危险的能量人格化为某种伦理或神话的力量。相反，它认定那种能量的出现和反常情况甚至包含一种基本上是历史的对菲立普的分析判断，而这也超越了纯粹的伦理判断。

然而事实上，《搅水女人》运用两种迥然不同的分析判断，两种不同的、相互排斥的解释系统或“心理学”，以一种奇怪的外加和过于确定的方式来说明一套人物的特征；而由于这种奇怪的重叠——一种基本上是客观的或社会学的分析判断与一种基本上是主观的或原始心理学的分析判断相重叠——我们处于小说的中心，处于可以区分其孪生记述的地位。

正如用“半薪”一词所表明的，第一种分析判断是历史的，实际上也是辩证的。不论巴尔扎克作品中能力神话的整个意识形态地位如何，这里它的作用却是突出其社会境遇的首要性。因此，菲立普能力的质量在这里与历史实践和他可获得的社会角色成正比。在拿破仑统治之下，他成为一名上校；在王政复辟时期，他对自己周围的那些人和整个社会是一种威胁；在适应争夺胡日遗产的斗争中，由于家庭价值的约束和家庭戒律的限制，他再次提供了一种直觉行动的典范，同样也是战略和战术的典范。然而正如我们已经看到的，在后期巴尔扎克不断延伸的、几乎漫无止境的历史观点中，这种斗争的目的和奖赏不知不觉地被历史的误导行为廓除或消解。作为胜利者的菲立普，完全有资格控制以他自己的形象铸成的对手，但他发现了自己被新生资本主义非个人的机制解除了赤贫。因此，在旧的外省的法兰西和大都会的市场金融力量之间，他表明自己像是个“正在消失的调停者”，他的“客观历史作用”竟是将前者积累的财富占有并转变成后者投机的资本。在他像只旧鞋一样被抛在一边时，他剩下的品质只能使他处于“公民化社会”的边缘，在那里，在从海湾占据阿尔及利亚的战役中，像是“金头”（Tete d'Or——意指金币）到达帝国的极端只是面对外来游牧部落毫无表情但却是绝对的“他者性”（otherness）那样，他被现代文学所描写的最早的第三世界游击队彻底征服。

然而，这种对历史辩证的再现，同时也是一种基本意识形态反映的轨迹，或者用我们前面的术语来说，是对一种二律背反概念沉思的轨迹。从这一角度出发，问题属于意识形态的“暴力”

范畴，故而也许可以以下面的方式得到最好的表达：怎么可能想像这个家庭会产生一种爆炸性力量，足以从另一支夺取财富而家庭本身在这个过程中又不会分裂解体？按照巴尔扎克典型的保守主义逻辑，如果我们认为家庭在这里是社会的象征，那么显然这个文本的“政治无意识”是在以象征的形式提出社会变化和反革命的问题，并反问自己如何能想像回归旧秩序必需的那种力量在这样做的同时不那么强大和具有破坏性，不致在这个过程中毁了那种秩序本身。

在转向《搅水女人》里隐含的其他分析或解释系统时，我们发现它是一个今天仍然熟悉的心理学系统，其中菲立普的“自我主义”（egotism）被指责为是母亲过分溺爱的结果，对社会和家庭的“随意性”责任以及因此而产生的无法无天和对权威的不尊重也由这种溺爱造成。对我们来说，重要的不是这种相当陈腐的意识形态素，而是它对叙事在结构上的后果，这种叙事至少可以部分地被想像为是对过分溺爱的母亲本人的一个教训实例。弟弟的忍耐献身突出了阿嘉丝那种几乎是罪孽的盲目和偏心，虽然他作为一个画家开始带来的荣耀明确揭示了她不愿或不能看到的一切。按照常规的批评术语，阿嘉丝只是个背景人物，因此属于一个次要的情节；也许我们需要一种不同类型的叙事理论来辨识叙述的心理重心（这种叙述的表面范畴和表现策略没有被它明显地歪曲，也没有被歪曲的征象），并记录一种境遇的奇特性——在这种境遇里，“有洞察力的”儿子（其实是受害者）所宽容地看到的一种道德的盲目性，对可能赞同的读者呈现为一种“奇观”。同时，在这种表现里，母亲似乎是一个主题或一个模仿沉思的客体，因此这种表现奇怪地被一种接受的境遇重复，其中表现的读者感到一种更本质的注视透过他的肩部，于是非常清楚的是，那种“奇观”已被看到或被指定用于启发那个更本质然而又不在场的目击者，而且目击者其实就是传记式的母亲本人。但是这个范畴，不在场的读者，不在场的目击者，不再是另一个个人的特征，而是像主体性之间的一极，或交流往返中的一个空间或一段，它不包括阿嘉丝这个人物，而且不甚明确地包括了巴尔扎克自己的母亲。实际上，这是明显的传记指称变得十分贴切的地方：巴尔扎克和他弟弟（这里年龄策略他颠倒了过来）之间的斗争，他弟弟一事无成却明显受到巴尔扎克太太的偏爱，父亲（老得多）黯然无光，他感到从童年开始一直是母亲那种不可理解的敌视的对象（按照传记者的说法，那种敌视最终在堂妹贝特这个人物身上得到了文学的再现）。[16]这些细节作为原始资料并不如作为等同的事物更有意义，因为当前的叙事就是在它们作为等同的事物中产生和安排。这种越过读者的肩部对某个不在场但却至关重要的母亲目击者的教训实例，是我们在《老姑娘》里已经辨识的那种说教记载的又一次展示：后者在较小程度上也是对它的女主人公的一次教训——这个女主人公代表法国，她的错误决定（杜·布斯基埃＝1830 年）在这里受到谴责。于是，在这一点上，似乎主体被作为一个他者置于文本之外，作为一种“绝对的读者”，实际的或凭借经验的读者永远不可能与他一致。因此，后者对这种再现像是个旁观者或偶然的观察者，以叙事中没有结构上的位置——没有第四面墙——为他或她打开。实际上，描写阿嘉丝次要情节和两兄弟竞争的叙事部分，具有一种愿望满足的结构，或更确切地说，一种白日梦，一种白日幻想的结构，主体把自己的形象投射到这种白日幻想之中，而读者或观察者并不占据其成熟的普遍再现中的空位（有些像语言中的虚词），而是占据白日梦中其他某个人物的位置。这种奇怪的叙事逻辑不仅符合成熟的主体在其发展中的一个早期阶段（拉康恰当地称作想像的阶段），而且按照弗洛伊德的看法，它还提出了关于美的创造的根本问题，而美的创造必须以某种方式使其内容中个人愿望满足的因素普遍化，或者取代它们、掩盖它们，从而使后者可以称为艺术被其他主体接受——这些其他主体曾遭到诗人自己的个人愿望满足的“拒斥”。[17]因此，福楼拜使文学文本非个人化的计划可以以某种方式视为是对弗洛伊德所指的困境的承认，是试图系统地从叙事的表面取消一切愿望满足的痕迹。另一方面，巴尔扎克的作品令人惊讶的不仅是这种心理机制继续存在，而且更重要的是对这个过程没有任何羞愧或自我意识。

从铺垫部分中这种“想像的”或愿望满足的记载，小说转向大不相同的主要情节的叙事力量——邪恶的菲立普到伊苏登的使命和为争夺遗产的激烈斗争。也许令人感兴趣的是根据拉康所称的“象征秩序”来说明这第二阶段记载的特征：从镜像阶段基本的“相似物”或愿望满足的思想形成主体，进入语言，包括它的数字思考、专用名词、否定词，尤其是暂时过渡的主体可以于其中依次定位的它的“虚词”或空洞的代词的位置。但在那种情况下我们必然补充说，这是一种截断或破碎的“象征的”经验，巴尔扎克小说的基本特征就是想像和象征这两种秩序的分离，而在成熟的经验里——并可能在所构成的主体的“高度现代主义”里——这两种秩序一般是不可分的。

实际上，如果叙事的第一阶段或想像的记载以母亲的不在场的存在为特征，那么主要情节的第二阶段或象征阶段的发展就是死去的父亲——谜一般的胡日医生——萦绕不去，他在这个文本里作为人物惟一一次出现标志着最初的关键时刻：梦的、福克纳式的时刻，清晨，这位年迈的医生外出应诊，骑马穿过田野，第一次遇到了那位已经长得非常漂亮的农家女孩，她正在一个小水溪里搅着水寻找小龙虾（因此她的土语外号叫“搅水女人”）。

对拉康而言，从想像阶段到象征秩序的过渡，其标志是幼儿对他所称的“父亲之名”（Name-of-the-Father）的经验，“父亲之名”这种说法将弗洛伊德对俄狄浦斯情结和阉割焦虑的经典解释与基本是语言的区分发现联系了起来，语言区分了父亲的作用本身——专用术语“父亲”——和那种个人的生物学的父亲，而他迄今一直以某种更合适的想像方式与父亲相联系。因此，这是俄狄浦斯情结的时刻，在这个时刻，依靠［想像的］二重结构的背景出现了一个三重结构，第三者［父亲］干扰了二重幻想中的想像的满足，推翻了它的结构系统，破坏了它的迷惑力，把幼儿带到了拉康所称的象征秩序，即客观化的语言秩序，这种语言秩序终将使他可以说：我、你、他、她或它，从而使幼儿可以在成年第三者的世界里确定自己作为一个“人类幼儿”的地位。[18]

《搅水女人》在巴尔扎克所称的“独身女人”系列里是第三部小说，就此而言它讲的是一个父亲的功能长期不自然地空缺的故事。不论在普罗普的追求意义上还是在商品形式的意义上，为争夺遗产的斗争不大是一个欲望的客体问题，而是一个父亲不在场的征象。系列名称“独身男人”也许可以真正表示这一复杂竞争中任何一个主要的竞争对手：从约瑟夫（被他母亲忽视）或菲立普（他的具有威胁性的能力颇有意味地伴随着身体健康的恶化）到后者的对手马克斯（按照弗洛伊德经典的“家庭传奇”机制，谣传他是胡日医生的私生子），再到“搅水女人”芙乐尔·布拉兹本人，他最终在婚姻约束下生活——以菲立普获取胜利——标志着一个长期堕落的开始。

然而，这些受害者中最惊人的当是生物学上的儿子，即富有而虚弱的让-雅克，他不能以适当的权威成为父亲的继承者造成了其他人物冲进来的空虚，而他的各种临床特征——遗传的虚弱与性病、阳痿相关，但也与性受虐狂和乱伦相关（他的情人芙乐尔也与他父亲“睡觉”）——则使这部作品有资格与其他作品并驾齐驱，这些作品巧妙而明显地令人想到男性同性恋、女性同性恋、性冷淡、兽性、易装癖和色情狂，从而使巴尔扎克进入萨德的门派并成为现代心理学的先驱之一，正如他对职业、社会阶级和地域的决定性影响的兴趣标志着他是个历史唯物主义（和泰纳的实证主义）的先驱一样。如果约瑟夫的叙事通过主体的过分投入这类事情在其愿望满足和想像的功能方面被加以区分，那么小说的主要情节或菲立普的叙事似乎以缺少心理的投入为标志：它的情节剧的兴奋具有一种奇特的、非情节剧的、缺少侧面吸引力的特征，一种对这些残废和令人反感的行为者群体一概令人迷惑地无动于衷。作者对让-雅克的诊断为这一在象征秩序核心的奇怪的空白提供了答案。

> 父亲去世的时节，让-雅克 37 岁，他的胆小和事事听命的程度全像个 12 岁的孩子。有些人不相信他的性格，不相信这故事中的事实。对于这些人，他的童年，他的少年，其实是他的一生，都可以用他的胆怯来解释……胆怯有两种：一种是思想方面的，一种是神经方面的；一种是肉体的胆怯，一种是精神的胆怯。两者各不相关。身体可以吓得发抖而精神仍旧镇静、勇敢；反过来同样如此。这一点可以说明许多奇怪的行为现象。如果两种胆怯同在一个人的身上，那么这个人一辈子都将毫无用途。这种“完全”胆怯的人我们称之为白痴。[19]

颇有意味的是，像前面讲过的对菲立普的分析判断那样，这里的分析判断基本上也是过分地确定，它为让-雅克过早的衰老提供了两种迥然不同的解释：遗传和环境，血的感染和父亲的压制。这两种说明之间真正的不一致性——就菲立普而言，家庭境遇（对他来说，父亲的“不在场”）是双重的，这是因为世界—历史的境遇，即拿破仑帝国的兴衰，而不是因为生理学的境遇，如让-雅克的情况——表明，我们在这里涉及一种单独的观念综合，其中遗传、家庭境遇和社会历史场合的主题以象征的方式等同。实际上，对让-雅克·胡日的奇怪情况的两种分析判断都又回到了死去的父权制：独裁的父亲对儿子性格的决定性影响，在这里通过巴尔扎克喜爱的一种生物学神话得到复制（意味深长的是，这种神话源于他自己父亲崇尚的思想!），按照这种神话，人的能力，尤其是人的性能力，有些像一种固定资本，一旦用去便永远无法补偿。因此父亲的过度行为非常“确定地”说明了儿子神秘地衰弱的原因。所以在这一点上，主体未能构成自己（或承担父亲的名称和功能）的事实，在一种双重的主题化当中——极权主义和性过度——最终被归之于死去的父亲，而这种主题化现在使我们可以辨识不在场然而又是叙事决定因素的意识形态素。

确实，这种“专制”和“放荡”两种因素的特殊结合所传递的历史信息是非常明确的：只有“旧时的统治”可以由此标示出来，因而死去的医生在我们面前呈现为那种在萨德的作品里永远存在的18世纪浪子的真正原型。因此，在19世纪“放荡”概念的原始意义上，他的职业强调或确实恢复了科学知识（唯物主义和无神论）与性放纵行为之间的密切关系，因为不论作为一切科学探索的视域还是作为追求“幸福”（bonheur）的视域，两者都肯定人体最终的首要性。

于是，在这种意义上，胡日医生所负的责任绝不只是使一个儿子或多个儿子残废，甚至远远超越了因他消失而出现的那种为了金钱的残酷斗争，它延伸到新生资本主义整个堕落的世界，因为新生的资本主义产生于伏尔泰的怀疑论和国家的专断与过分这两种孪生力量对传统君主政体的破坏。所以，这种使让-雅克变成孤儿的历史或寓言的意义，可以认为在菲立普的故事里也有其对应的一面：作为伟大帝国官员之一的儿子，他的健康毁于忠诚和自我牺牲，菲立普在拿破仑本人身上发现了他的精神祖先，而拿破仑的消失在天上留下另一种破洞。因此这个世界是坏的雅各宾先父的遗产，在这个世界上，父亲的篡位者（拿破仑）的虚伪仁慈已被揭露，而幸存者——胡日家族的幸存者和王政复辟的幸存者——“残忍地”为控制心理和政治而斗争。

因此，这种使巴尔扎克的小说可以记录这些社会和历史联想的异质叙事，作为它们可能实现的条件依赖于一种中心主体尚未出现的心理情境。这种阅读的根据并不是统一心理、获得同一性或自我胜利的某种理想，以为依靠理想便可以衡量这种心理的分裂。相反，小说预言约瑟夫·布赖多终将获得艺术荣耀和社会成功的那种最后的观点，在文本的开始部分便已被表明是一种纯“想像的”愿望满足。象征再次弱化为想像；特权之梦同样也安抚了为无法解决的矛盾所折磨的想像。

三

对于欲望、意识形态以及某些类型的叙事机制可能要求一种社会和历史的现实主义这三种之间的关系，我们现在能够作出一些暂时的结论。但在这样做之前，我们必须论述一个相关的问题，并对前面不断系统地破坏反传记批评的禁忌所必然引起的反对意见作出回答。

最早的传记批评类型，即旧的“新批评”非常正确地反对的那种批评，基本上是一种遗传事件，其客体是在档案资料、模式或某种人物、事件或境遇的原本中所做的发现。在第二阶段，即根据存在的精神分析、心理传记以及今天大部分伟大的文学传记的阶段，我们在“生活”与特定“作品”如何联系方面发现了一个重要的修正：就其最好情况而言，在这种批评中，“生活”本身变成了同一作者的又一个文本，与他的其他作品相比没有任何特殊之处，并和其他作品一起列入整个研究的作品。

在当前的框架里，传记信息的地位与这些中的任何一个都有些不同：在前面那部分里，作为历史个人的巴尔扎克的“生活”，既未被用作一系列的历史事实，也未被用作独特行为的文本系统，而是被用作一种基本家庭境遇的痕迹和征象，而一个家庭的境遇同时也就是一种幻想的主要叙事。这种无意识的主叙事——遵循法文的用法，我们将它称为一种“幻觉”（fantasm），以便使它与白日梦或愿望满足的含义区别开来，而在英文“幻想”（fantasy）一词中这种含义无法避免——是一种不稳定的或矛盾的结构，其持续不断的行为者的功能和事件（它们在生活中一次又一次地以不同的行为者在不同的层次上重新展现）要求重复、变换，并不断产生各种绝不会令人满意的结构的“决定”，而其最初的、没有再加工的形式则是那种“想像”的形式，或者换句话说，是我们已经谈到的那些觉醒的幻想、白日梦和愿望满足的形式。

我们已经概略地谈过巴尔扎克的生活“事实”如何能以这种幻觉的次生文本的形式被加以重构：这孩子夹在父母中间，父亲渐老，他只能不完整地与之认同（贝尔纳-弗朗索瓦·巴尔扎克在他的大儿子出生时已经 53 岁了），而母亲不仅公开与人通奸，而且还令人苦恼地喜爱通奸所生的娇纵的弟弟。不过，应该强调的是，这种矛盾的境遇既是个人的、家庭的或“精神分析的”，又是社会的，萨特的《寻求方法》曾教我们把家庭境遇作为整个社会阶级关系的中介来理解，并把父母的作用理解为社会编制的规则或具有社会象征的地位。如果扩大到包括这些意思，那么一个在大革命和拿破仑时期通过土地投机致富的从前的农民和一个旧的商人贵族代表之间的婚姻关系，显然与巴尔扎克对君主主义和土地保守主义的那种成熟的、意识形态的幻想或解决不会没有某种构成的关系。然而，这里还必须嵌入其他的中介，特别是我们已经注意到，巴尔扎克的经济神话源于父亲——最突出的是能力（不论经济还是性）的储存和最终导向死亡（如在《驴皮记》里）的挥霍滥用的幻觉的对立。然而，热情接受“卫生的”父亲系统，与其母热衷于超自然的宗教文学对巴尔扎克的“成熟的”哲学所产生的构成性影响并非是不一致的。实际上，巴尔扎克的哲学在这种意义上可以读作一种原始的象征行为，一种象征的解决，由此一种推迟满足的商业伦理（在韦伯所说的“新教伦理”的意义上），通过一种浪漫和怀旧的斯威顿伯格主义的调停被神秘地投射出来。但是，这种可以以象征行为或解决矛盾的方式重写巴尔扎克看法的投射，最多只能说明一种非常特殊的叙事作品，即 19 世纪 30 年代那种幻想的小说和故事（集于《哲学研究》之中）。

然而，在这里研究的巴尔扎克成熟期的两部作品里，我们还是能够将某些正当想像或愿望满足的记载分离出来；在特瓦斯维耶这个视域——人物身上（在《老姑娘》里）勾画出来但在叙事里并未实现的那种确立土地资产的梦想，在母亲眼里最终恢复权利的幻想，在《搅水女人》约瑟夫那部分里最终对卑鄙的与之竞争的兄弟的胜利。因此，在原始的幻觉借以寻求某种（不可能的）解决的过程中，这些想像或愿望满足的文本是第一个阶段或第一个时刻。

但这个时刻——生产愿望满足的文本——按照弗洛伊德的看法还是真正文学或文化生产的时刻，更不用说是任何意义上的“现实主义”的时刻。它使我们可以说明的是那种称作意识形态的相当不同的事物的生产，阿尔都塞把它定义为“对主体与他或她真正生存条件的关系的想像地再现”[20]。现在我们可以通过区分这样一种“想像地再现”及其叙事条件的可能性来提炼这一定义：前者确切地说是愿望满足的白日梦或幻想的文本，《老姑娘》和《搅水女人》提供了这种文本的片断，它们可以无限地扩展以致包括巴尔扎克对自己的幻觉，如想像自己是瓦尔特·司各特那样的托利党大地主，不仅在地方上拥有权威而且在全国也有影响，不仅是一个王朝的首脑而且还是个贵族和恢复了生气的上院议员，一个贵族精英的意识形态代言人，一个像拉斯蒂格纳或德·马尔赛那样的政治家和内阁部长，最后也许是那种拿破仑式的“铁腕人物”，需要他取得反革命的胜利——这一次是肯定的。

巴尔扎克的意识形态现在可以理解为是这种幻想文本的“原则”，换言之，它是那些观念条件的可能性或人们必须“相信”的叙事预设，是那些以经验为根据并保证一定能实现的前提条件，因为只有如此才能使主体成功地对自己讲述这种特殊的白日梦。例如，长子身份变成了一种对重新确立巨大地产必不可少的初步要求，而仅以地产为基础就可以构想一个恢复了生气的贵族，于是它同时变成了一个重要的政治“原则”，而幻想—文本的生产则经历了一种奇怪的“无意识的”反省，因为在生产它自身的过程中，它必须同时保证自己意识形态的前提条件。

但是，白日梦和愿望满足的幻想绝不是一种简单的活动，在任何时间或地点都适用于接受某种思想。相反，它们包含着一些机制，对这些机制的审视可以进一步告诉我们愿望和现实主义之间、欲望和历史之间那种无法想像的联系。实际上，将整个一种意识形态作为迷恋一种特殊白日梦的先决条件的作品，看来隐含着某种类似现实原则的东西或在后者内部的审查。至于奇特的辩证——其中欲望的主体被迫列举种种反对他或她的“想像”满足的意见，以便在甚至白日梦的层面上实现后者——在任何地方都不如在普鲁斯特的作品里描写得那么引人注目，普鲁斯特的叙述者发现，要想从他迷恋的那位无动于衷的姑娘那里收到一封求爱信绝不是一件易事。

> 每天晚上，我都沉湎于对这封信的想像中，觉得我甚至可以当面读它，逐行逐句地背诵。但我会猛然惊恐地中断。我明白，假如我真的收到吉尔伯特的一封信，它无论如何都不会是这封信，因为我自己刚刚把它构想出来。在那以后，我心里迫使自己不看那些我喜欢她向我说的话，惟恐说出它们我会完全把那些话——最珍爱可心儿的话——从可能实现的领域里取消。[21]

普鲁斯特的“解决办法”，一种对欲望的否定之否定，可以说是一种现代化的方式，其中通过放弃被幻想的客体而使这一客体被神奇地唤出。然而它使我们可以瞥见其他的、“更有力的”解决办法，这就是巴尔扎克之类的作家的那些解决办法。因为意识形态前提条件的产生和采纳，仍然是我们可以称作愿望满足的第一层次的问题：主体希望实现意识形态原则，以便随后能够希望幻想的叙事。但是人们可以想像一种更合乎逻辑的欲望行为，其中愿望满足的思想开始系统地满足资本主义社会新生的“现实原则”的反对意见，满足资产阶级超我或潜意识压抑力的反抗。这些第二层次的叙事——按照前面的区分我们将把它们称作“象征的文本”——不像那些更拙劣更容易商品化的想像层次上的文本，它们包含一种更困难的、不可缓和的、充分实现的幻想和概念：这种幻想不是通过一种“非现实的”全能力量的简单解决来实现，也不是通过一种一开始不需要叙事轨迹的直接满足来实现，相反，它寻求使自己获得最大可能的表现强度，安排最复杂和最系统的困难与障碍，以便更肯定地克服它们，就像一个哲学家事先想像他会用自己成功的论述驳倒反对的意见一样。

于是有时出现这样的情况：反对的意见无法驳倒，愿望满足的想像把它的准备工作做得极好，以致愿望或欲望本身被无法辩驳的“真实”的对抗挫败。正是在这种意义上，卢卡奇关于巴尔扎克的看法才是正确的，但理由却是错误的：不是巴尔扎克深刻的政治历史现实感，而是其固执的幻想的要求，最终使“历史”本身转而反对他，作为不在场的原因，作为欲望必然失败的潜在根据。因此，“真实”——无疑在堕落的资本主义世界——是对抗欲望的东西，是欲望的主体了解希望破灭所依赖的基石，也是它最后可以衡量一切拒绝满足它的事物所依赖的基石。然而也可以说，这种真实——这种不在场的原因，基本上可以揭示出来，而其愿望满足的机制则是审视这种对抗的表面所用的工具。在福楼拜的作品里，当巴尔扎克的幻想被抹去后，它的地位被两种孪生的观念取而代之：一种是“包法利因素”（bovarysme）现象，即“欲望到欲望”，其客体变成了幻觉的形象；另一种是第一个反英雄人物弗雷德里克·莫罗的厌食现象，他再没有力量欲求任何东西，此时“真实”也不再回应，因为对它再没有进一步的要求。

这个叙事过程现在可以用下面的图示表示：

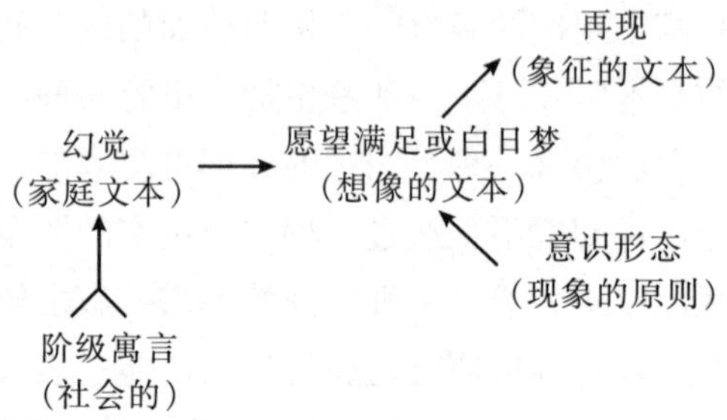

【注释】

［1］“日常生活行为的代码”是罗兰·巴特用来表示日常生活的常规统一性和行为的术语或名称：“什么是一系列的行为？一个名称的展开‘进入?’我可以把它展开为‘出现’或‘穿透’。‘离开?’我可以把它展开为‘想要’、‘停止’、‘再次离开’。‘给予?’、‘激励’、‘归还’、‘接受’。反过来，确立序列就是找出名称。”（参见罗兰·巴特：《S/Z》，R. 米勒译，82页，纽约，Hill and Wang，1974）

［2］参见罗曼·雅克布森：《论艺术中的现实主义》（On Realism and Art），载 K. Pomorskaand、L. Maejka 编：《俄国形式主义诗学解读》（*Reading in Russian Formlist Poetics*），38～46 页，Cambridge，MIT Press，1971。“解码”（decoding）是德勒兹和伽塔里用的一个术语，参见《反俄狄浦斯》，222～278 页。

［3］这里和本章后面部分关于我对拉康术语的理解和运用的更充分的说明，see my “Imaginary and Symbolic in Lacan”, in *Yale French Studies*, pp. 338-395，Nos. 55～56（1977）。对拉康“体系”的令人信服的评述参见 Anika Riffet-Lemaire：《雅克·拉康》（Brussels，Dessart，1970）。

［4］巴尔扎克：《人间喜剧》，第 11 卷，《老姑娘》，第四章，原文247 页。

［5］See *Das Prinzip Hoffnung*, Frankfurt：Suhrkamp，1959，vols. 2；简要说明参见《马克思主义与形式》，116～158 页。

［6］“旧时的‘赛勒尼’（Sileni）是这些小盒子，有些像现在我们在药

店里可以看到的一些盒子，它们外面画着夸张的玩具似的形象，如鸟身女妖、森林之神、带缰的鹅、长角的兔子、带鞍的鸭子、腾飞的羊、套在辕间的公鹿，以及类似的编造的图画，其目的是逗乐，引人发笑，就像赛里纳斯这位善良的巴克斯（司葡萄之神）的养父本人常做的那样；但是，在那些称作'赛勒尼'的变幻无常的小盒子里面，却装着许多小心保存的良药，如香脂、龙涎香、珂蒙香、盒香、香猫香等，还有好几种宝石，以及其他一些贵重物品。"（作者的序言，Gargantua [Urquhart-mortteux 的英译]）

[7] Theodore Dreiser，Sister Carrie，(New York：Norton，1970)，p. 86。

[8] 关于德莱塞价值论的悖论——他最坏时最好——因他的风格问题而奇怪地得到了强化，这应根据异化和物化来研究，而不应按照通常实证主义的范畴来研究。See Sandy Petrey，"Language of Realism，Language of Consciousness：A Reading of Sister Carrie"，Novel 10 (1977)，pp. 101-113.

[9] 关于把修辞和风格的区分用一种历史和断代的概念，see Rolaud Barthes，*Writing Degree Zero*，trans. A. Lavers and C. Smith，(London，Cape，1967)，pp. 10-13，41-52。这种区分始于热奈特，他遵循卢伯克对"照片"（或"报道"）和场景的区分，把它称作"古典'抽象'……和'现代'表现性之间的对立"（Gerard Genette，Figures XVI，p. 131 [Paris，Seuil，1972]）；see also Percy Lubbok，*The Craft of Fiction* (New York，Viking，1957)，pp. 251-254。

[10]《老姑娘》，228 页。

[11] 关于小说开始部分更详细的解读，见本章第一个版本《形式的意识形态：〈老姑娘〉里的泛音系统》，载"*Sub—stance*"，No. 15c (Winter，1976)。

[12] Tzvetan Todorov，"Poetique"，in F. Wahl，ed.，*Qu'est que les tructuralisme*? pp. 142-145，Paris，Seuil，1968。See also "*Languages*"，(No. 43，September 1976)。最终哲学基础应该在情态逻辑中发现，see George Henrik von Wright，An Essay in Model Logic (Amsterdam：North Holland Publishing Co.，1951)，通过适当的形式化，这里提出的意识形态

公理模式可以说成是对奥斯沃尔德·杜克洛以个人的建议或句子说明预设的叙事和宏观结构的一种投射：杜克洛将表述行为或言语行为的概念扩展到他所称的“司法行为”，在这种“司法行为”里，正如在毛斯的礼品概念中那样，接受行为在结构上需要接受者同意给定话语预先假定的意识形态内容（Oswald Ducros，*Dire et ne pas dire* [Paris，Hermann]，1972，pp. 69－80）。

[13] 简单地说，符号学矩形或“表意的基本结构”表现为一种二元对立或两个对立面（S和－S），以及两项的简单否定或矛盾（所谓的次对立关系－S和S）：表意的位置由这些项的各种可能的结合构成，最显著的是“综合”项（或两个对立面的理想的合成）和“中立”项（或两个次对立面的理论的合成）。See A. J. Greimas and Francois Bastier，“The Interaction of Semiotic Constrains”，*Yale French Studies*，No. 41，pp. 86－105（1968）；and F. Nef，ed. *Structures elementaires de lasignification*（Brussels，Complexe，1976）. See also my own *The Prison-House of Language*，pp. 162－168.

[14] 关于巴尔扎克的反浪漫主义，see Pierre Barberis，“*Balzac et le maldu siecle*”（Paris，Gallimard，1976），especially chap. 7。

[15] See his article “Balzac：The Peasants”，in *Studies in European Realism*，pp. 21－46.

[16] 关于巴尔扎克的父母及其与他们的关系，see Barberis，*Balzac et le mal dusiecle*，chap. 2。关于他的兄弟亨利和《人间喜剧》中兄弟争斗的问题，see M. Fargeaud and R. Pierrot，“Henry le trop aimei”，*annee balzacienne*，p. 29～66，1961；P. Citron，“Sur deux aones obscures de la psychologie de Balzac”，*ayyee balzacienne*，pp. 4－10，1967；and P. Citron，“Introduction”，*la rabouilleuse*，Paris，Garnier，1966。

[17] See Sigmund Freud，“Creative Writers and Day-Dreaning”，标准版，Ⅸ（London，Hogarth，1959），pp. 143－453。

[18] Louis Althusser，“Freud and Lacan”，see *Lenin and Philosophy*，trans，Ben Brewster（New York，Monthly Review，1971），p. 210.

［19］Honoré de Balzac，*The Black Sheep*，trans. D. Adamson（London：Penguin，1970），p. 171.（*La Rabouilleuse*［*La Comedie Humaine*：Paris，LaPleiade，1952，Ⅱ vols.］，Ⅲ，1971）

［20］Althusser：Lenin and Philosophy，p. 162.

［21］Marcel Proust，A la recherche du temps（Paris，La Pleiade，1954）I，409.

（王逢振　译）

罗兰·巴特和结构主义

一

对所指这一方面的研究就是所谓的（有别于语言学的）结构语义学或符号学语义学，但是它并不因此就不是一项有悖常理的任务。所指这个概念本身似乎意味着它早已结合到一个有权独立存在的能指系统中去了，也就是说已经作为所指化入并重新被组织或吸收到它自己的符号系统中去了。在说话这一起组织作用的、能使所指变得明确的行为发生之前，我们无法不把所指看成“一堆杂乱无章的概念，与一大块无一定关节和外形的海蜇非常相似”[1]。因此不管用什么方法，只要谈到它，即使是为了描述的需要而把所指单独分离出来，总好像有它已经找到一定组织形式的意思；换句话说，我们原以为是所指的东西，即原来在某个层次上对于某一类能指来说确实是所指的东西，却在一种无穷退行中自己变成了另一个层次上对于更低层次的所指来说的指意系统。在这个问题上，我们暂时还只能指出能指所指这一对儿在结构上是多么不对称，前者似乎可以作为一种不固定的独立的结构存在，而后者则是肉眼永远也看不见的。

二

然而，罗兰·巴特在结构主义潮流中的特殊地位是由一种不容易说清楚的情况造成的。因为，众所周知，结构主义有指派角色和特殊任务的特点，在这种分工中，列维-斯特劳斯得到了人类学，拉康和阿尔都塞两人分别负责对弗洛伊德和马克思重新进行解释，德里达和福柯须各自担负改写哲学史和思想史的任务，而格雷马斯和托多洛夫则致力于将语言学和文学批评本身变成科学。在这种情况下，梅洛-庞蒂要是还活着的话，就很可能主管哲学。这样，剩下来让罗兰·巴特扮演的角色看来基本上就只有社会学家了。的确，正是巴特对一个充斥着广告宣传和意识形态的文明社会的虚构的事物和文化现象从一种基本上是社会学的角度进行了研究，例如他的《神话》，这是一部由当时的报刊中选出的最精彩的东西组成的奇妙无比的图书（有拳击比赛、某人的新的《菲德拉》[2]、比利·格雷厄姆[3]在冬季赛车场、蓝皮指南或牛排炸土豆条的神话、脱衣舞、新式汽车等）。又如他在《服饰体系》中研究时装的结构；在《符号帝国》中，他研读了以遍及日本群岛各地的人肉以及格局雷同的花园、滑动开闭的屏风和学生戴的防护帽、茶道和半导体收音机等为词写出的那幅巨大的卷轴；最后还有他提出的把文学符号和文学视为社会现象的理论。

当然，大家主要还是把巴特看作一位文学批评家。上面我们对他所作的多少有点神奇的描述主要是想说明文学作品的结构本身具有某种固有的多重性，说明文学的文字结构中有某种东西是可以供别的、真正是社会学方面的符号系统借鉴甚至作为其范式的。这一点，只要我们把巴特必须与之打交道的那类所指，也就是他的主要研究对象，或者按老的说法叫作使他着迷的问题或原材料分离出来，就非常清楚了，因为我们已经看到，只有内部结构非常特别的所指才能这样和它的能指分开，以供研究。

我觉得巴特的最典型的认识对象的特点是所指的事物表现出

一种二重性，即由在安全不同的层次上起作用的、不能互换的、也无法比较的两个功能构成的结构。似乎只有这样一种结构模棱两可的所指，一种似乎能体现两类不同的能指并且处于它们的交叉点上的所指，才能使大家意识到表面上一目了然的符号实际上也并不是那么清晰和容易看清的。巴特在一部近作中非常清楚地阐明了这种二重结构：如时装涉及的东西，即一件件衣服，同时表示上流社会和新款式这两个方面（至少在时装杂志中是这样的）。每一件衣服都有两种可能的用途，而且可以同时起作用，即一方面使人产生自己也是有钱人，以及和他们过着一样的生活的假想，另一方面又作为时新的一个标志，时刻体现着当时流行的一切。

不过，巴特的早期著述也暗含着同样的二重结构。例如，在关于米什莱[4]的那本书中，巴特提出任何时候的历史著作都同时有两个方面：一方面，是顺序的和正统的历史叙述（巴特没有谈这一方面）；另一方面，是各种大小主题的一种组合或相互作用。用说明巴特本人这一时期的特点的一个比喻来说，就是横向和纵向两个方面的交叉。另外在《论拉辛》中，这位批评家在把戏剧作为一种社会习举、一种司空见惯的东西，把标准语言作为代表社会实际的一种固定下来的符号和那些由弗洛伊德所说的强迫症以及由象征性满足和心理空间构成的深层次的、个人的领域之间造成一种对立。实际上，巴特最近对《萨德[5]——傅立叶——罗耀拉[6]》的研究表明他又开始讨论符号和人体之间的对立这类问题了，因为这三位显然毫无共同之处，但被放在一起的作家都试图创造新的语言或符号系统（萨德对纵欲行为所做的各种数学组合，罗耀拉为激发内在的和戏剧的想像力而提出的机械解决办法，傅立叶制定的对各种冲动及其和谐的相互作用进行分类的方法），但这些符号系统都是空的，三者都需要未用语言来表达的生理内容或实质作为补充。

但是，巴特是在他的《S/Z》这部评论巴尔扎克的《萨拉辛》的著作中找到这种二重结构最为明显的表现的，它在这里表现为一个故事中套有另一个故事。巴特对它的研究既提出了一种批评理论，又是对一件引人入胜的东西的深思和细考。巴尔扎克这部中篇小说在给我们讲述它自己的同时，也讲到了它的主题，讲到了艺术和欲望，这两个方面在大故事的框架和里面的小故事中都在主次颠倒的情况下同时存在。在大框架中，叙述者讲故事为的是勾引听故事的人，而在小故事中，一位艺术家毁于他所思慕的人桑比内拉，在最后的悲剧性的结尾中，仅留下有关这个人的两件艺术作品：一尊塑像和一幅肖像。这股激情就是自恋情结和阉割情结：那位堕入情网的艺术家实际上在他爱上的那位去世的人身上看到了自己的影子，因此象征性的阉割或克制性欲这类表示在这里被说成是艺术创造的本源，就像它在这个故事的其他地方成为兰蒂家族神秘的好运（桑比内拉成为出色的歌剧女主角）的根本原因一样。因此，这个故事谈到了古典艺术的起源和资本主义的开始以及它们之间的关系。然而它对自己所在的那个大框架也并不是毫无影响的；恰恰相反，它既影响到讲故事的人，也影响到听故事的人，使二者最后在一种没有性欲并继续使人失去性欲的气氛中，在他们的欲望没有得到彻底满足的情况下分了手。

对于这样一部作品，我们显然要涉及格雷马斯会称为目的轴和交际轴相重合的那种情况，也就是说某一意级或叙述层次涉及对某一事物的企求，另一个则涉及信息的发出。我们下面即将看到，这种情况的反面（即由信息代替事物本身，并变成似乎是关于一件不复存在的事物的信息），是所有结构主义阐释方法的典型特征，把它像荷兰派绘画的纵深结构一样在这里提出来，对它进行一番研究是非常适时的。

所指一旦被如此分离出来供研究（如果的确可以办到的话）之后，那么它自己也就自然而然地变成了一个符号系统。正如索绪尔告诫我们说："不管我们研究所指还是能指，语言不会涉及先于语言系统的思想或声音，而只能涉及这个系统所产生的概念或声音两方面的差异。"[7]我们不妨下这样一个结论，即我们之所以能够谈论所指，要么是因为它仍然带有被能指组织在一起的痕迹，要么是分析者本人把它暂时组织到了一个新的符号系统中，为的是让我们看到它。

因此，我们在所指中又一次看到了那个用于组织能指或语言本身的表示差异的对立和差异中的同一所组成的结构。例如，在巴特对米什莱的研究中（尽管这一结构在此尚未明确提出），我们已经看到用一组又一组的双项对立来组织一些基本主题的做法：如赦免与惩罚、基督教教义与革命等；一方面是迷惑、麻醉、无生命、"于死"的组织，而另一方面则是流血、女人、英雄人物、活力。这些组合任何时候都可以变得更加复杂（要是能够看到后来的巴特怎样把它们变成符号学上的公式，那想必是很有意思的），不过它们的构成基本上就是索绪尔所说的不停地在叙事本身这条串联轴上起作用的纵向的联想层面。因此，在巴特看来，那些主要的事件都因这些双项对立而变得更加精彩和紧张激烈。他写道："米什莱认为血是历史的本质。请看罗伯斯庇尔[8]之死吧：这里有两种针锋相对的血：一种十分穷乏，稀薄得需要像电池充电一样进行一次人工补血；另一种是热月党[9]（按：热月即历史上的太阳月）妇女的血。这是一种优质血，集中了优质血的全部特点：热烈、殷红、纯净、富足。这两种血势不两立。最后女人的血吞噬了神父猫。……罗伯斯庇尔之死反映出来的这种贫乏的（电流般的）血和富足的（女性的）血之间的全面对抗……在米什莱笔下被描绘成一种肉体上受侮辱的景象：

一个衣衫褴褛、衣不蔽体、冻得瑟瑟发抖、耷拉着脑袋的男人被置于一群身披红绒、因营养充足、兴高采烈而满面红光的有钱女人的众目睽睽之下；这就是说无生命力的这种血在沸腾的热血面前毫无抵抗能力，只有彻底认输。”[10]

巴特后来的发展清楚地表明原先（甚至对巴特本人也是如此）看上去一定是像对心理的或实际存在的问题的研究实际上是对一种话语，也就是对人体本身的描述。米什莱在人体描写方面，以及在对他笔下的历史人物的古怪外表持有的那种特别的敏感或像对周期性偏头痛那样的反感方面，确实是非常突出的。巴特写道：“米什莱所用的形容词是很独特的；它能恰到好处地点出某个人物的基本特征，使我们再也无法靠换一个别的形容词来改变对这个人的看法。米什莱一面称干瘪的路易十五为冷冰冰的西埃耶斯，一面就通过这些名称对物质本身的一些基本现象，如液化、黏稠、空乏、脱水、电流等作出自己的判断。”[11]按老的批评术语的说法，这一纵向层面就在无意识中，而现在则在人体中。的确，对巴特来说，风格是一种个人现象，一种改不掉的习惯和“不为人知的、隐秘的情欲的装饰音”[12]，它完全来自人体。不过，只要我们把无意识和人体两者都理解为所指的基本形式，这两种说法之间实际上并不矛盾。

一切感性认识都是一种语言的构成，这种说法是有一定的道理的。这一点比其他任何原因更能说明梅洛-庞蒂晚年为什么对当时刚刚兴起的结构主义持赞同态度。我们只要想一想下面这些情况也就明白了：梅洛-庞蒂的心情好比一个训练有素的博物学家看到杂乱丛生的灌木突然自我分类，使每一种叶子独特的外形成为各自所属类别的明显标志；也好比一幅陌生的风景画在一个外行看来不过是乱糟糟的一片，而对一个有鉴赏力的内行来说，却犹如一种尚无具体词句的语言，但从画中清晰的草木已可以看出它的结构和规律。毫无疑问，这就是德国浪漫主义者在研究有机的语言的奥秘时隐约感到的东西，也是巴什拉尔的研究方法背后没有公开的理论依据。巴特偶尔也用这种方法，不过对其价值似乎还不置可否。[13]他说："巴什拉尔把水看成是酒的对立面无疑是正确的。从神话的角度来说，这是对的，但从社会学的角度来看就未必那么肯定了。由于经济上和历史上的种种原因，这一功能已落到牛奶头上。现在牛奶才是酒的真正的对立面……凭着它的分子密度、它表面那层皱衣富有奶油因而也具有镇静作用的特点，（牛奶）成了火辣辣的烈性东西的对立面。酒有杀伤力，像外科手术，能使事物蜕变并遏止生命；而牛奶则像整容术，能将东西联在一起，封好，使之恢复原样。此外，牛奶像儿童般的天真一样纯洁，这是有力量的表现，这种力量不一定非表现为猛烈的分离或集合，而是平和的、洁白的、清澈的和真实处于平等地位的。"[14]正如所指这东西永远不可能完全彻底地分离出来成为纯一的东西一样，要想在这一方面区分自然的和人为的，区分属于真正的巴什拉尔式的"对事物的精神分析"的东西和在感知层次上起着文化上或观念上的神话这种作用的东西，都是办不到的。巴什拉尔所从事的工作尽管影响很大，也发人深思，但它缺少的最主要的东西就是语言理论；他把感性认识和语言表达混为一谈，殊不知一切认识方法本身就已经是各种各样的语言了。

然而，正是所指的这种似乎基于无须用言语表达的和与人体有关的东西，似乎基于体质和有机的体液的纵向深度说明了巴特自己的语言的意思为什么特别密集、丰富。巴特的风格是试图让所指获得另一个声音，试图在所指从文本的首要的能指中找到最后的和正式的结构之前就指出其结构这样一种风格。他的风格是喜好用名词和形容词、喜好造新词或旧词新用的风格。他非常清楚地知道："概念是构成神话的因素；假如我要解释神话，我必须提出概念。字典中有一些，如善良、慈悲、健康、人性等。不过，它们既然来自字典，从根本上来说就不可能是历史的。我最需要的是一些临时应急的概念，用于有限的一些特殊情况。在这种时刻，新造词或旧词新用是不可避免的。中国是一回事。一个法国小资产阶级不久前对中国的看法又是一回事；可是除了中国性这个词外就没有别的词来表示这种由小铃铛、黄包车、鸦片馆组成的典型景象了。"[15]因此，新造词是用于指出实质的词，就像形容词（镇静催眠的、固态电气的）的作用是赋予整个所指这一大结构某一特征，也像定冠词和大写字母通过强调和重复使事物组成新关系。（"作为语言，嘉宝[16]独一无二的地方在于它是精神方面的东西，而奥黛丽·赫伯恩[17]的则是特质方面的。嘉宝的脸是思想，赫伯恩的是情节。"[18]）

说穿了，这种风格的目的就是要从文本的表面内容中产生新的、似乎是编造的东西，下面所举的尼禄的"爱抚"（来自对《布里塔尼居斯》[19]的讨论）就是一例："尼禄[20]是一个大权独揽的人，因为大权独揽不到高度集中是不会罢休的。这一'过程'置人于死地的替代物是下毒。流血是一件高尚的、戏剧性的事情，剑是修辞上死亡的一种手段，但是尼禄希望干净利落地除掉布列塔尼库斯，而不是大张旗鼓地把他处死。和尼禄的爱抚一样，下毒巧妙地介入；另外，也和爱抚一样，它只产生效果，不产生手段；从这一意义上来说，爱抚和下毒同属直接的一类，使阴谋和犯罪之间的距离大大缩短，尼禄下的毒手本来就快速果断，它好就好在不拖泥带水，而是赤裸裸的，不喜欢演血戏。"[21]因此，在这种华而不实、佶屈聱牙的风格中，意思不是一点一点展开的，而似乎是靠词汇本身的物质性从侧面引出的，结果形成了不稳定的概念，即所指本身的各种表现形式；同时，它们又使语言的另一面变得模糊，不停地在我们眼前分解、变换。这种矫揉造作的风格的作用就是让大家看到它是一种元语言，通过自己的非固定性来表明事物本身从本质上来说是无定形的，是昙花一现、稍纵即逝的。

巴特在其早期著述中就已经提出了一套理论来说明我们在前面谈到的那种双功能现象。这套理论（所谓“文学符号”理论，但这一用语必须比其在索绪尔的理论中理解得窄得多）是在他的最有影响的理论著作《写作的零度》中提出来的。文学，作为一种程式化的活动，一种他后来称为“主体意识规范化”的东西，正是那些既有一个意思，同时又带有一个标签的、模棱两可的双功能事物的典型。巴特写道：“我是法国一所公立中学的五年级学生；我打开拉丁文语法课本，读到里面借自伊索或菲德洛斯[22]的一句话：‘因为我的名字是狮子。’我停下来想：这句话意思有点含糊：一方面，这几个字的意思是够清楚的，‘因为我的名字是狮子’；然而另一方面，这句句子显然还在对我说别的意思，既然是对我说的，对一个五年级学生说的，它的意思很清楚，即我是一个语法例子，用来说明定语必须一致这条规则。”[23]因此结构复杂的文学不像语言研究的一般对象那样显而易见，而是一件更高级复杂的构建物：在文学中，能指/所指的正常关系因另一种与整个规则的性质有关的指意活动而变得复杂起来。这样，每一部文学作品，除了其自身特定的内容外，也说明整个文学总的情况。那句拉丁文句子也一样，除了它实际的意思外，它还说：我是文学。这样，它等于告诉我们它是文学作品，并使我们参与到文学的消费这一特殊的社会历史活动中去。因此，在19世纪小说中，一般过去时和第三人称叙述都是标志，用来提醒我们面前看到的是正规的文学叙事；而这些特殊的标志或“符号”的性质却与这种语言在某一特定的历史时期内的整套语言规则有所不同（这些规则似乎还“够不上文学”）。另外，它与我们前面所说的风格也不太一样，这种风格“几乎超出了文学：有各种比喻、一种魅力、一套来自作者本人的自身和过去的词汇”[24]。

这样这些文学“符号”的历史就使我们有可能用一种历史的方法来研究文学，既不同于语言史，又不同于风格的发展史。相反，就文学“符号”揭示了任何一个时期都存在的读者和文学产品之间以及作者和产品之间必要的距离这一点而言，它倒构成了文学惯例本身的一种历史。巴特是这样总结他的发现和提出这种符号的历史轨迹的：“先是一种手工艺匠所具有的那种文学创作意识，精益求精、煞费苦心去追求达不到的境界（福楼拜）；后来是决心把文学和有关文学的思考结合到一部著作中去的可贵精神（马拉美）；接着是希望通过不断地把文学创作推迟到明天一样地拖着，通过一再表明自己要写，但最终只是把这一声明变成文学来成功地避免文学中的赘述（普鲁斯特）；然后是通过蓄意地和系统地无限增加词义。绝不停留在任何一个明确的所指上面来破坏文学的诚意（超现实主义）；最后是这一过程逆转，即尽量使意义纯化，以求文学语言能够达到一定的浓度，得出一种洁白无瑕的写作风格（但又不是简单无知）：我想到的是罗伯-格里耶的作品。”[25]

这一理论基本上是对萨特在他的《什么是文学?》一书中的基本观点的引申和阐发。在那里，该书是靠其结构提出，甚至可以说是选择其基本读者的；而这里，选择读者的基本上是文学“符号”，这里有一整套符号或指示结构，通过它，畅销书能使自己一眼就被自己的读者看出。共产主义小说能让自己特定的读者群认出自己，正统的、先锋派文学则将自己的特性以及所需的阅读方式和应保持的距离同时公之于众。不过，巴特和萨特之间在方法上的区别在于前者区分了这样两个方面：一方面是根据内容作出的选择（这基本上是萨特的方法的实质），另一方面是这些本身并无意义的特殊“符号”的作用（这就是说一般过去时并不表示不同于其他过去时态所表示的过去，而只说明有“文学性”）。这种表示关系的语言（最赤裸裸时往往就是某个圈子内部通用的词汇）就是英美文学批评中通常所说的“语气”，然而英美文学批评却坚信其读者群一贯比较单纯，从不把这种符号系统和实际的风格截然加以区分（而实际的风格对巴特来说似乎具有诗歌在萨特的理论框架中的作用，因为它取消了符号，最接近语言作为一个实体应有的真正的浓度）。

巴特的理论之所以有新意就在于它得出了和萨特的那部著作中预计的结果不太一样的结果。在萨特看来，只有当文学面向每一个人时，只有当通过社会革命读者群不分虚实的时候才能有真正的文学。对巴特来说也是如此，文学“符号”是一股强烈的政治和道德恶感的对象[26]：就其标志我隶属某一社会群体这一点而言，它也表明其他所有的群体均被排除在外——在一个由不同的阶级组成的、充满暴力的世界上，即使是最无害的群体隶属关系也带有侵犯别人的消极作用。然而客观情况使我不得不属于这个或那个群体，即使这些群体都是希望最终消除群体的群体。我的存在这一事实本身说明我做了把别人排除在我所隶属的群体之外这种不该做的事。因此“符号”的作用是一种历史的必然，并表明我已堕入而且接受了阶级社会。正是这一原因，我们这个时代的文学本质上是无法实现的事情，是一种自我拆解。它一方面自称有普遍性，然而它为此所用的词语却说明它们与使普遍性无法实现的思想有密切联系。

然而在巴特那里，文学“符号”这一概念尽管继续用来预示萨特提出的那个最终的理想风格，但至少在逻辑上也提供了另一种较为临时性的解决办法的可能性。这一解决办法就是从作品中强制性地消除文学“符号”，也就是采用一种“白描”的写作手法，接近一种文学语言的“零度”；在这一状态中，我们觉察不到作者和读者的存在，严格的中性和简朴的风格充满了对文学实践中固有的缺点的宽恕。[27]在我看来，这种状况无异于社会生活中的一种绝对的孤独，其中一种毫不含糊的政治观点可以使我们和压制性的社会制度联系在一起的一切（包括自身内部的和外部的）都受到压抑。

这一概念的价值可以从它所具有的观测能力这一点来衡量，因为在巴特提出这个概念的时候还没有真正的“白描”的例子。他所举的当代文学中的主要例子是加缪的《局外人》，但在我们看来，这部小说的风格也很俗套，并充满修辞手段，恰恰是充满标志的写作的典型。（从另一意义上来说，这一评价当然只能起到证实巴特的关于不可能有文学这种直觉的作用，因为写作不可能一直是白的，开始时没有特色的东西渐渐地变成了一种特色，没有标志的本身成了一个标志。）此后，罗伯-格里耶便被视为更加彻底的和更加令人信服的消除符号的化身，因为至少在他的作品中是找不到主体的。但是我却更倾向于可以在尤韦·约翰松[28]的小说中，或者是以乔治·佩雷克的《事物》中找到的政治性更强的那种中性风格。

巴特的总的观点的改变（我尚不愿称它为认识论上的断口）可以通过这一狭隘的文学符号理论被一种基于谢姆斯列夫[29]提出的“涵义”和“元语言”之间的区别的更为复杂的理论所取代这一点得到证实。在这两种语言现象中，都涉及两个不同的、但相互之间又有一定联系的符号系统，只是元语言把另一个语言作为自己的对象，并且作为另一个语言的能指，使另一个语言成为它的所指。这样，巴特所作的评论都是元语言，因为它窃取了另一个更为主要的语言（如米什莱或拉辛的语言）的结构，并使它以一种新的、不同的形式出现。（在这种形式中，正如我们所指出的那样，新造词和旧词新用的作用就是要提醒我们要和一种元语言打交道，而不是和主要语言，或者是对象语言。）然而在涵义这一方面，根据谢姆斯列夫给这个词所规定的有限的和专门的意思，应该是整个语言系统本身才是某种更为基本的所指的能指。这样，那个主要语言系统实际上有两个所指：一是其正常内容，也就是当文本展开时我们不断接受的东西，另一个是由作为一个整体的形式给予我们的总的信息。因此，对福楼拜的风格的批评应该是一种元语言，但是福楼拜自己的语言这个整体构成它自己的涵义系统，因为它说明文学本身，并一次又一次地对我们说：我是一种工艺师型的文学，我是风格工艺师的杰作。

下面我们还要谈到元语言这个概念。这里，我只想说尽管把有关的文学符号的局部理论和语言学的总的理论相结合可能很有好处，但我总觉得我们能够更加直接地看到涵义这一现象的个别的表现，因为我们可以明确地把它们当作个别的符号和标志，而不是什么总的信息或内容。然而这一转变最为严重的后果还在于新的术语本身就排除了零度符号的可能性，而这种可能性，虽然是一种幻想，却仍然保持了其政治含义。以为结构主义（相对于萨特的存在主义和“卷入”文学而言）是一种不带政治色彩的现象，是高卢法国的思想意识的一种反映，那就太简单化了。且不说别的，这首先就等于忘记了围绕《泰凯尔》杂志[30]形成的那个富有战斗力的左派团体。不过，随着结构主义新的地位的逐渐确立及其对法国的大学制度的渗透，看来那种老的绝对的孤独的可能性已不复存在，而且所谓零度这一概念本质上的政治对抗性也会慢慢冷下来，成为老的科学客观性：一度被认为是一种无差别的状态现在却一点一点变成一种没有记录的、不起作用的空白。

三

当我们几乎是不知不觉地从把能指作为一系列的双项对立这一概念滑向把能指视为解决这些现在被认为是矛盾的对立这样的概念时，我们就在把所指和能指分开这个问题上，也就是在假设能指本身就是从它转化而来的那个更深的和独立的层面这个问题上迈出了重要的第一步。我们可以暂时不去回答巴特的双重目标本身是否能按这些要求被重新审视这个问题。的确，我们首先是在列维-斯特劳斯所从事的工作中看到这种变革的作用的。因此，当我们再次回顾对俄狄浦斯神话的分析时，我们看到构成这个叙事的双重对立（过高估计对过低估计、家庭对大地）证明自己是原始思维中一种更为重要的矛盾的表现，即一个人怎么会是两个人的产物而不是大地独自的产物。列维-斯特劳斯正是在这个问题上提出，他那个有着许多可变因素的公式作为一种形式，使特定的神话素材通过它把不太可行的开头转变为令人满意的结果。[31]

然而，在纯思辨的层次上，或者在上层建筑的层次上被认为是不一致的东西，从具体的社会整体这个角度来看则可能被视为一种矛盾。列维-斯特劳斯对俄狄浦斯神话的解剖是一种假说，正因为他把这一神话的社会内容加以抽象化（而且我们也许还记得列维-斯特劳斯用了恩格斯的权威论述来为人类学家不从技术和经济组织的角度而从婚姻规则和民族结构的角度来描述上层建筑这种做法进行辩护）。

这就是列维-斯特劳斯在把注意力转向卡都维奥[32]印第安

人纹面这类现象时所出现的情况。整个考察的内容十分丰富，无法在此详述，我只想指出一点，即列维-斯特劳斯认为这些时而对称，时而又不对称的面部装饰花纹是一种“与两重性的两种矛盾形式相对应的复杂的现象，其结果是由一件实物的轴心和它所代表的图案的轴心之间的第二位的对立所造成的妥协”[33]。这一对立，虽然在视觉形式方面可以按其自己的方式并用其自己特殊的图形手段来解决，但在本质上却反映了卡都维奥社会中三合一和二合一这两种不同的社会组织形式之间的对抗，这一点是卡都维奥人所解决不了的：“既然他们意识不到这一矛盾，无法理解它，就只好臆想它。”[34]因此艺术，还有神话故事都可以被看作是一种文化无法具体解决的东西的形式化，或者用我们现在通用的话来说，就是这种观点认为艺术是一个符号系统，是在能指这一级上一个基本上被认为是一种对立或一种矛盾的所指的表现。这一观点必定导致我们去思考“对立”和“矛盾”之间的关系这个问题，也必定能在对把这些矛盾理解为从自身产生出更有意识的语言的机制所作的说明中找到答案。格雷马斯对“指意活动的基本结构”的研究就是为了作出这种说明。这就是我们所说的相对于列维-斯特劳斯的“烹饪三角形”而言的“语义四边形”，它是为用图式表示整个意义产生的可能性这样一个结构，甚至是整个意义系统如何从任意一个起点 S 推导出来而设计的。

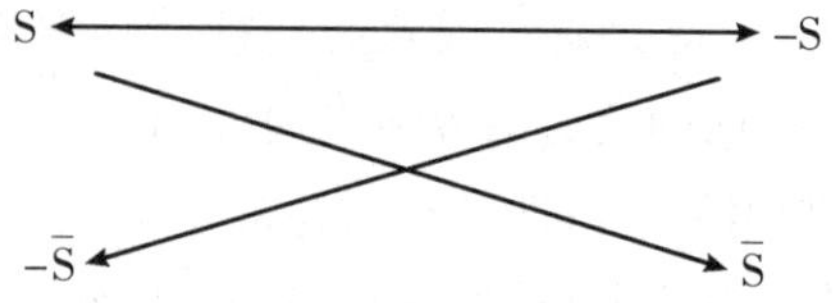

就拿格雷马斯那个现成的例子来说[35]如果我们把 S 作为某一社会的婚姻规则，这个语义四边形就能让我们得出这个社会常

规的和可能发生的两性关系的全部内容。这样，$-S$便可被视为代表那些被禁止或被认为是不正当的两性关系的一个符号（如乱伦），而简单的否定$\bar{S}$表示那些婚外的两性关系，即有效的婚姻制度所不允许的或不承认为合法的两性关系：这些包括女方主动通奸。这样第四项$-\bar{S}$便可被理解为那些不正当的、被禁止的关系的简单否定，换句话说它代表那些既不算不正当也不是明文禁止的两性关系，如男方主动通奸。

因此格雷马斯的四边形基本上是对矛盾和相反这样一些传统的逻辑概念的阐发。我们可以说$\bar{S}$就是简单的非S，而$-S$则必须更加肯定地看作为反S。确实，从这一意义上来说，我们的出发点（选定S的内容）实际上是一个双项对立，因为它必定包含其自身的反S这一概念，也就是其辩证的对立面。换言之，婚姻法的条文在其本身的结构中就包含了应被禁止这样的思想。因此格雷马斯这一机制的第一个作用就是要求我们必须把任何表面上看来是固定的、独立的概念结合到双项对立中去，这种双项对立是这个概念在结构上就决定了的，也是它本身能够有意义和被理解的基础。

这一机制中不言而喻的下一步就应该是对某一特定项的对立面（$-S$）和它的简单否定（$\bar{S}$）之间的差异进行不自觉的思考。从这个意义上来说，“阐明”这个机制就意味着反复试验一项又一项，以便找出它们之间的差距。这种阐发就和叙事形式完全一致起来了，要求人的头脑处理一连串的能想像得到的可能性。但它也可以采取另一种形式，即想出一个调和的概念来消除这个差距（来“解决”这个无法解决的矛盾）。最后，这一机制当然也可以作为一种静止的价值系统，让来自外部的基本素材（如某一情节必须的东西）既在这个四边形结构中找到自己的位置，同时又转变为这一系统内部象征性的指意成分。这基本上就是格雷马斯指出的在贝尔纳诺的作品中所发生的情况，他还指出贝尔纳诺的语义系统说明了生与死之间根本的象征对立。当我们用贝尔纳诺的作品的具体内容来代替这个抽象的结构时，我们就能得出下面这张关系图表[36]：

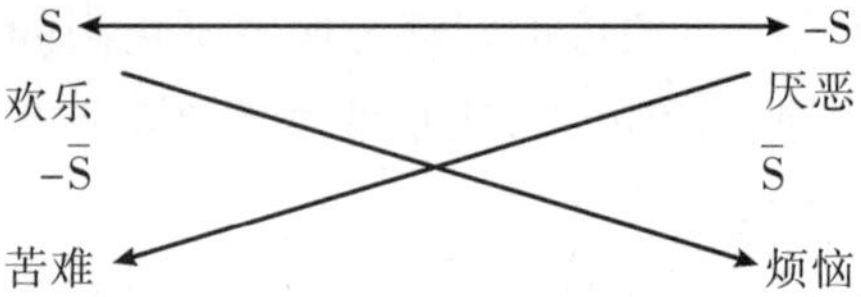

就贝尔纳诺小说中的人物和情节可以说是一直在以各种方式试图弥合这些义项这一点而言，我们可以指出一些复合的结构或一些可能出现的调和。按理说，后者应表现为四边形的四项之间可能组成的全部二元关系。但我们可以特别强调“中性”这个概念，作为那对基本对立的一种调和以及它的两个否定项的结合；这个结合自然后于那对基本对立，但它是后者的零度和休止状态。在贝尔纳诺的作品中这无疑将表现为某种根本的、决定性的麻木不仁。对于这个四边形的另一主要方面来说，文学和神话中都有许多起协调作用的人物，如小丑、魔术师等[37]，他们的作用主要是把肯定的和否定的结合在一起。通过他们自身复杂的个性或通过他们机灵的动作来解决这一对立。因此，想像中的景象本身就是一种合乎逻辑的证据或证明：听众如果能够想像出这样一个起协调作用的人物，那就等于他已经默认有可能用具体的办法来解决他的抽象问题。

然而，实际上我们却常常只能说出一个特定的概念应有的四个位置中的三个；最后一个，也就是$-\bar{S}$，则是要我们破译的一个密码或解开的谜。因此，前面提到的列维-斯特劳斯那个著名的烹饪三角形[38]便可以很方便地用我们那个“基本结构”的四个基本项中的三个来表示：

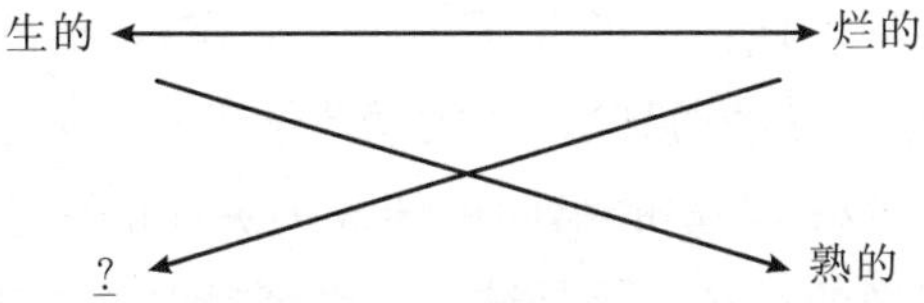

这里，这个模式可能朝两个不同的方向发展。它可以用具体的内容（熏肉、煮肉、烤肉）来代替抽象的术语，使它以特定的方式从这个基本系统中获得意义。另外它也可以表现为寻求待补的那一项（新鲜的），我们现在可以看到这一项不是别的，正是辩证法中常见的“否定之否定”。事实上，正因为否定之否定是具有决定性的一步，能产生新的意义，我们才如此频繁地遇到上面这种不完整的系统（只有四项中的三项）。在这种情况下，否定之否定就成了这个机制应该完成的首要任务。

为了举一个文学批评中的例子，我们可选狄更斯的《艰难时世》，不仅因为大家对它很熟悉，而且因为它也比较短，还因为，而且主要因为作为狄更斯惟一的一部说教小说或“主题”小说，其思想内容早已由其作者以双项对立的形式为我们定下。在《艰难时世》中，我们看到了可以说是两种针锋相对的思想方法的对抗：格拉德格林德先生的实用主义（“事实！事实！”）和以茜茜·朱普及马戏团为代表的反事实的一方，也就是幻想。这部小说讲的主要是教育教育者，是格拉德格林德先生从原来非人道的一面向其对立面的转化。因此，这部小说是针对格拉德格林德先生的一系列教训，我们可以把这些教训分成两组，并把它们视为对两类问题的象征答复。小说的情节为了产生 $\bar{S}$ 和 $-\bar{S}$ 这两项，似乎不过是为了给下面这些问题找出答案所作的一系列努力。这些问题包括当你否定或否认想像时会出现什么情况？相反，当你否定事实时又会发生什么情况？格拉德格林德先生的那种思想方法的后果逐步让我们看清了这种否定之否定，这种不要想像的做法可能有的各种表现：他的儿子汤姆（偷窃），他的女儿路易莎（通奸，至少是未遂的通奸），他的模范学生布利策尔（告发和总的精神毁灭）。这样空缺的第四项便成为关注的中心，情节就是设法给予它想像的存在，就是试用一系列错误的办法和不能成立的假设，直到叙事素材得到恰当的体现。找出了这项之后（格拉德格林德先生的教育、路易莎拖到后来才获得的家庭幸福），这个语义四边形就完整了，小说也就结束了。

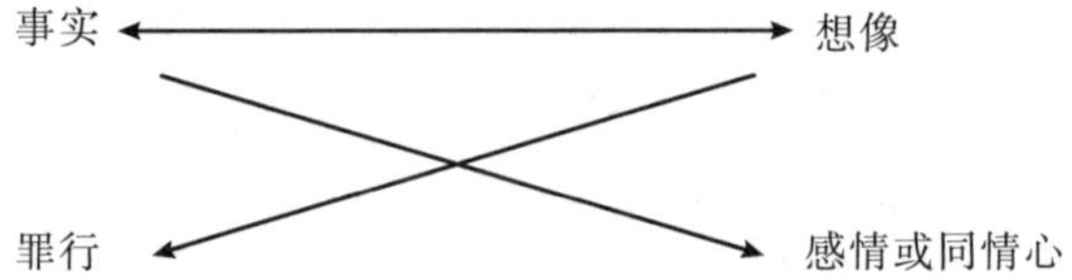

四

> 那么我们必须承认，并且不能反对说运动是一样的又是不一样的，因为我们不是按同一意义来使用“一样”和“不一样”这两个概念的。我们说运动是“一样”的，指的是它与自身的关系，因为它具有同一性；我们说它“不一样”，因为它与自身以外有了联系，与同一性也就无缘了，有的只是自身以外，因此完全应该叫“不一样”。
>
> ——柏拉图：《诡辩派》

上面这一节告诉我们最终不可能用任何在方法上或概念方面有意义的办法使所指脱离能指。有了这一认识，就出现了结构主义的第三阶段。这一阶段把注意力转向整个符号本身，或者说转向构成符号的过程；能指和所指实际上都是这一过程的阶段，即指意的过程。然而，能指和所指在概念上难以分开，这一点在方法上倒很有好处，因为指意本身作为一种现象正是在二者分离的一瞬间，在二者之间我们尚未来得及看见就立即消失的十分短暂的空当中才能找到。不过，只要有关的事物不是静止的，不是通过其外部来研究的，而是一种感知，是对自身和自身以外不断的相互作用的一种认识，那么对指意的强调就表现为一件非常神秘的事情，即用语言体现意义的奥秘。这样，对它的研究就是一种内心活动。那些研究这个问题的人所写的东西特别晦涩难懂，原因就在这里。这种诡谲的意思可以被理解为巴特所指的那种符号，是一种表明一定的程式和高深莫测的办法，是一种通过程式化的语言顺时展开来强调事物本身的神圣性的办法。因此拉康的风格像马拉美的风格，德里达的风格像海德格尔的风格就不足为怪了，他们在各自的时期的发展过程中都把文本的本质说成是启发。

（1）拉康的体现在他的小组讨论中的，并且是以治疗过程为其目的理论就明显是启发性的，我们至多也只能大略谈谈对它的总的趋势的看法。我们已经指出，这一理论就是用语言学的范畴来转述弗洛伊德提出的形态结构，以便弗洛伊德研究过的所有那些显然是经验方面，甚至是存在方面的问题（欲念、焦虑、俄狄浦斯情结、死亡本能）最终都能用语言学的模式重新加以阐述。

精神分析对于指意及其体现的重要性可以从下面这一事实看出，即精神分析的研究对象更多的不是具体的事情本身，如性欲本身，而是性欲形成的过程或没有形成的原因。因此，通过精神分析的认识本质上已经是对同一和差异、存在和不存在以及对某一类指意既在又未在的朦胧状态这些问题的一种更强的意识。[39]我们记得拉康认为幼儿（infans：无语言的）学得语言标志着他进入了象征阶段（symbolic order）这一新的起点使拉康得以像列维-斯特劳斯把天然和人为对立起来那样把需要对立于欲望，因为二者从某一意义上来说都不过是供使用的概念而已。纯粹的肉体上的需要和天然状态一样是不存在的，它在通过象征阶段时立刻变成欲望，从而被赋予一种社会意义，而且更主要的是以其各种不同的形式与非我联系在一起。

使拉康的观点复杂化的是他认为语言既是产生主体的本能冲动或无意识（“它所在，我所为”就是弗洛伊德本人的典型），同时也是他所进入的那个象征阶段，也就是他最后用来确定自己的地位和作用的那组坐标。因此，俄狄浦斯情结最后是靠拉康称为“父亲的名义”这种心理来克服的；拉康的意思是主体会发觉自己不愿成为自己的父亲（本来也只是想像中的愿望），而只要在那个象征界中起他父亲所起的作用，或用他的“名义”；在象征阶段中父性本身就被界定和标明一个特定的功能。想像阶段和象征阶段的对立可以理解为两种情况之间的区别，即在前一阶段中，主体把精力花在自身的形象上，而在后一阶段中，他最终不得不承认对于语言这一层次来说，意识处于次要地位。

至于语言和无意识互为你我的问题也许最好从拉康那句有名的纲领性口号：“无意识就是非我的话语”入手进行探讨。这句口号在我看来就是一个句子，而不是一种思想，我的意思是它指出了内心活动的地方并把自己作为阐释的对象，而不是作为某个概念的表述。[40]无意识被认为是非我的话语这种观点立刻给我们提出了一套范畴，我们的任务就是按照它们可能有的全部排列把它们重新组合起来。大体上我们可以说使用语言的情况不仅包含了先于非我的全部经验的他者性这一抽象范畴，不仅还要有一个实际存在的、具体的他人，而且除了这两者以外，还包含一个第三者，即本人自己的另一自我，或者说是自己的形象（可一直追溯到婴儿时期的镜像阶段，即幼婴首次发现自己还有一个自身以外的形象的时候)。当我们开始考虑非我的语言经验也表现为这些不同的方面时，我们就渐渐认识到言语这一行为包含着最为复杂的（想像的）投射和相互自居等心态，在言语行为中他者性本身就为我们通常所说的无意识空出了一个重要的位置。

然而，拉康的这种理论的含义是我们必须去切身体验这些东西，而不能光是抽象地了解它们。的确，梦或妙语之所以重要，正因为我们只有靠再次参与它们构成的表意过程才能真正理解它们。同样，当我们再来看拉康的小组讨论的内容时（例如那次用来演示如何从数字或基本单位中产生语言系统的讨论会的内容[41]），就很难避免这样一个印象，即不管这种方法中意识或我思的真正意义是什么，拉康的做法主要是激发潜意识，并使它表现为对同一和差异的一种直觉，或者是对我们所说的指意活动的一种直觉。

但是，我们至此还只谈到了这套理论中与哲学或认识论有关的问题。现在，当我们来看那些被认为更有弗洛伊德主义特色的现象，如各种神经病和欲望的成因的时候，我将不揣冒昧，对拉康的这套理论体系作如下简述：与母亲的关系是婴儿最早的、也是获得最大满足的经验，但婴儿必定会被粗暴地剥夺这种关系。这样，与母亲的分离就造成了一种根本性的匮乏感或张大的口(béance)，即一个“缺口”，正是这一造成创伤的经验通常（被女孩和男孩）感觉为一种阉割。要注意的是正如语言是一种张大的口或通往非我的开口处（语言从来就不是自足的东西，它的结构决定了它永远是一个有意构成的不完整的东西，总在等待着非我的介入)，阳物也应该被理解为象征阶段的东西，而不仅仅是男性生殖器本身。因此阳物是一个语言学范畴，是失去了满足的象征；而性欲，就其试图复得那种满足、复得阳物这一点而言，也是对其所失的一种认可。这就是说神经病在拉康看来主要是无法接受阉割和无法接受根本的匮乏感这一生活中最关键的事实，它是对那个最早的基本满足的一种徒然的眷恋，相信人完全可以以某种方式重新找回阳物。真正的欲望反倒是对不满足的认可，对时间以及时间中欲望的重复的认可，而各种不正常的欲望是试图保存最大的满足这种幻想和虚构的结果。由此看来，拉康的禁欲思想正好和威廉·赖克[42]的性乐观主义相反，后者关于性高潮的理论相当于结构主义者确实期望的绝对的满足这一神话，相当于德里达所批判的那个关于绝对的此在的神话。下面我们将会看到把神经病视为追求最终的必然这一观点和德里达对西方哲学传统中冀求某种终极的、超验的所指所作的批判之间的关系。在此，我认为把拉康的理论中的阉割看成是一种零度的精神现象，即整个意义或语言系统必然围绕着它组织起来的那个基本的、充满强烈感情的空白，也不算过分荒唐。

（2）德里达在结构主义中的特殊地位是建立在对前面一节中提出的基本问题的否定之上的，这个问题就是所指在与能指的关系方面最终所处的地位，或者用更加通俗一点的话来说，就是思维和语言之间的关系。然而对德里达来说，这个问题是有用的，因为它虽然是错误的，却说明了整个西方哲学中一个很大的问题。正是在这一方面，他所从事的工作最接近海德格尔对历史的批判，尽管他在提出自己的理论时所用的概念并不是海德格尔用来表达他的思想的那些概念，如对存在问题或对存在的思考的神秘感的消失。德里达也借鉴尼采，后者对超验和对西方形上学的批判与他本人的观点有一定相似之处。思维和语言之间的关系这个问题本身就暴露了“此在”这种形而上的观点，并且还隐含了一种幻想：即单义的物质是存在的，绝对的此在是存在的，因而我们可以直接面对事物；意义也是存在的，而且应该有可能“断定”它们到底是语言的还是非语言的，此外，还存在着一种叫知识的东西，我们可用一种明确的或一劳永逸的方法来获得它。所有这些观念从根本上说都是那个关键的有关绝对的此在的形而上论的实质的各种表现；这一形而上的观点促使主体（在这一点上与萨特的那个虚幻的“自在”不无相似之处）坚信无论自己的经验多么支离破碎，别的地方肯定存在着绝对的完整，正是对此在的这种信念构成了西方思想的“围墙”或认识极限。德里达本人的问题就在于他自己也属于这个传统，无法摆脱它的语言和惯例，并且必定陷入困境（与巴特所说的文学的困境十分相似），即用来批判此在这一形而上论的语句和术语本身一经使用便立刻僵化，并成为支持它们原先准备打消的此在这种幻想永远存在下去的工具。

因此就不得不采取对语言做点手脚的办法，通过这种办法，德里达（跟海德格尔一样，而两人又都以柏拉图的辞源辨义为榜样）希望在他所用的词的内部以某种方法专门空出一处，以使他的用语无法明确地归入名词和实词这些使人产生错觉的类别。这也就是德里达提出的**差异**或**延异**的概念，旨在强调英语中分别为**相异**和**推延**这两个意思之间的密切关系。差异（诚如我们所见，是构成语言的基础，并且在某种意义上说与同一是一致的）是一种延异或者说是时间本质意义上的推延，其结构完全是过程，永远不可能让它停下来成为静止的此在，也就是说在我们刚意识到它的时候，它就在我们身旁一闪而过，因此它的此在既是即在又是不在。

这种延异在语言中的表现形式被德里达称为“印迹”。他也正是通过印迹这个概念抛弃了我们在前面提到的词意相对的错误观点。因为要想追溯业已存在的词句背后的东西和业已用语言形式表达出来的思想背后的东西就等于屈服于“万事有源这种神话”的威力，就等于人为地将自己置身于过去之中，而那时还没有这种有机的结合，还只是像世界创建之前的那种乱七八糟的仓库中一样，声音就是声音，意义或思想就是意义或思想。说一切语言不过是一种印迹就等于强调指意是自相矛盾的，即我们要想知道意义的话，这个意义必须已经产生；它永远是过去，哪怕是一刻之前发生的事情。在此，我们不妨借用黑格尔的一句话，这也是存在主义者从他们自己的需要出发非常喜欢的一句话："本质即已存在的东西"，黑格尔凭借这一观点把静止的知识范畴变成具有深刻历史和时间意义的、不断运动的现象，联系到我们现在所谈的问题，我们不妨把这一观点改说成："意义的结构本身就决定了它永远是一种印迹，是已经发生的事情。"

这种观点导致的结论是符号似乎总是不太明确的。我们对它把握不准，它自身也模棱两可，一会儿清晰明白，一会儿障碍重重，使我们脑子里交替出现纯声音和纯意义。这一切倒不完全是因为我们对这一现象知之不多，而是语言的结构本身造成的结果。认为符号必定是印迹的说法等于承认任何符号都可以集中表现为物质的一面或思想的一面，也就是说符号既是物质又不是物质，而且包含着一种必然的外在性。在这一意义上，此在这一神话和单纯的言语这种神话，或说话优于书写的观点是一致的。德里达在一系列（对柏拉图、卢梭、索绪尔、胡塞尔）的研究中给我们指出了我们出自本能赋予口头语言的那种优势最终可以追溯到以为意义完全是清清楚楚的，或者说绝对的此在是存在的这种错误认识上面。因此，德里达的这套理论和麦克卢汉[43]所推崇的东西完全相反；然而后者这一派的主要成就，如洛尔特·J·翁[44]的《词就在此》，连把写作的演变和性心理的发展阶段联系在一起这一点都和德里达如出一辙，并且完全可以和德里达的著作放在一起来读，从而看出对同一方面的文化现象一正一反的两种对立的观点何其相似。

根据德里达对口说语言毫无根据的重要性的批判，我们可以看出德里达认为一切语言的基本结构，即使是有文字之前的口说语言的结构，本质上都是书写语言的结构，也就是他所说的原书写笔迹（archi-écriture），目的是强调一切语言都具有的，也是作为后来一切实际的书写体系的依据的基本外在性或与自然的距离。别的不说，这至少意味着文本和它的意思之间总有一道鸿沟、对文本的评论或阐释都出自文本本身缺乏意义这一点。不过它也意味着文本可以没有确定的意义；阐释过程，把所指一个接一个地带出来，并让每一个所指继而变成有效的能指或指意系统的过程完全是无止境的。

德里达对形而上学的批判与海德格尔对此的批判十分相似，甚至可以说受到了后者很深的影响，他的这一批判连同《泰凯尔》杂志周围的那伙人所起的政治影响就在这一方面。说实在的，我真想把《泰凯尔》这一圈子里的人叫作左派海德格尔分子（好比马克思本人从中脱颖而出的左派黑格尔主义者一样），因为他们把独裁主义和神中心论与坚持某种绝对的所指混为一谈。然而这些与共产党有着密切联系的作家的政治观点和 20 世纪 30 年代初的超现实主义以来的任何人的政治观点一样激烈，一样新颖；这样说一点也不算过分。

这是因为德里达对书写这一概念的解释能力所持的独到的见解可以说已经给马克思主义留有一席之地。不过，就弗洛伊德主义本身包含的对语言的书写问题的看法这一点而言，我们可以说它肯定已经把弗洛伊德主义包括进去了。我们只要想一想弗洛伊德用来表示意识和无意识的关系的那本神秘的拍纸簿[45]就可以感觉到精神分析的模式中有关书写的比喻多到什么程度。相对于他的实际的体系而言，德里达在方法上的特点可以说是由这些东西构成的：对哲学或文学文本进行“荧光检查”，对词汇或句子中出现的与书写笔迹有关的比喻，无论细微到什么程度都绝不放过。这成了一条原则，认为这类比喻，甚至明显是无关紧要的，都是很重要的，并且能说明作者与书写的关系，换句话说，能说明作者在西方形而上学的传统的思想框架中相信此在这种神话。为了证明这种看法有各种可能性，我们可以举纪德的“蔑视道德的人”复活后指出自己重新发现老亚当时的话为例：“这‘老亚当’是基督福音要求摈弃的，也是我周围的一切：书、教师、家庭，甚至我自己一直想要压下去的。尽管他很消瘦，而且在那么多的印记下很难看清，我觉得更有必要、也更值得去重新发现他。从那时起我就蔑视教育在他身上画上的那种后天的、普通人的特点。我不得不剥下那一层层刻在他身上的印记。”

“我把自己比作（可以刮去旧的字迹供重新书写的）羊皮纸；我知道当一个学者在同一张纸后来写上去的一行行字的下面发现以前的、珍贵得多的文本时是何等兴奋。那个隐蔽的、秘密的文本是什么呢？为了读到这个文本是否还必须抹掉后来写上去的那些文本呢？”[46]

这样，《蔑视道德的人》就成了一个解读文本的故事：它那典型的景色，那些绿洲以及草木繁茂的诺曼底农庄，这些都是一个可见的文本的许多形式；在这些形式中，以春天或年降雨量出现的自然和表现为耕作方法的人被合写成人本身这个词。这种分析方法的其他方面也并非离题万里，因为这部著作从某一方面来说是对私人财产和私有制的自相矛盾的地方的一种相当审慎的批评，而另一方面，同性恋这个问题则可以说是通过羊皮纸这个形象本身引发出来的，因为文本最深的那一层——“执意从恶”[47]——必须与它上面的各层有所不同才能做到把它和它们区别开来这第一步。萨特曾说过，道德败坏就是失败的滋味；在纪德的作品中（例如米歇尔最后帮助偷猎者偷他自己这种情况），它就是对相信存在着某种绝对的和正宗的此在这种神话的惩罚。

必须指出的是这一方法（的确在这一点上是忠实于纪德的那个寓言的结构的）本质上是一种形象化的比喻。读过德里达自己的分析的人无不诧异地注意到这些分析似乎经常回复到最老的弗洛伊德式的阐释方法上去，即采用所谓的阳物象征手法。因此德里达在对弗洛伊德早期的“科学心理学计划”的研究中[48]，把意在强调精神的各个部分之间的结构关系“Bahnung”一词（即“穿透”的意思，但在《弗洛伊德全集》的标准译文版中却被很不恰当译成“通畅”）解释为一个既表示书写文本的行为，又表示性交行为的双重比喻。这样，弗洛伊德其人便被用来还治其身（尽管他深知写作具有性象征，因为写作时“有汁液从钢笔中释放出来，流向白纸”）。[49]不过，把写作与性行为之间这种象征关系说得最详尽的一个例子则是在德里达的《论文字学》一书中，在这里，德里达指出卢梭把文字说成只是口语的“替代物”，这种说法实际上包藏了不自觉的把写作和手淫等同起来的看法，（卢梭把后者也称为一种“替代”，因为它代替了天性）。

把这种分析说成是比喻并不等于说它是错的。事实上，对卢梭的分析在这一方面是非常有说服力的，而且在两个方面得到证实：一是对卢梭本人的内心世界的独立的研究，二是18世纪文学基本上是一种挑逗的和色情的描写这种普遍情况。然而，如果以某种概念联想作用为依据来为德里达的方法辩护，认为某一特定的词（如卢梭的替补物和柏拉图的毒药）是各种基本内容的象征体现，因而可以作为探究整个作品的一种征候，那就是不对的，尽管不能说是错的。我们不妨这样认为，即那些关键的词，作为一个符号，自身包含着能指与所指之间的根本性的差距，或叫差异或延异，以致我们永远无法获得其“终极”意义，即那个可以成为绝对此在或与自身完全一致的意义。因此符号的结构本身就是比喻性的，因为它是在永无止境的复归中从一个“层次”的所指向另一个层次，接着再向下一个层次推移的无穷的运动。

《泰凯尔》这一派人物可以说正是在这一点上完善了，而不是篡改了德里达的基本思想。的确，可以作为他们的共同努力的丰碑的著述，即让-约瑟夫·古的《钱币学》一书简直就回到了教会领袖们所倡导的中世纪的四层次分析法那种无所不包的体系论上。在这一论著中，让-约瑟夫·古企图说明各种价值系统，无论是经济的、精神分析的、政治的还是语言的，都有一个基本的共同点，即“(价值）的等级结构是怎样建立起来的。这是一条决定等次和从属关系的原则，按照这条原则，绝大多数（复杂的、多形式的）‘符号’（产品、行为和姿态、主体、客体）都排列在它们之中某个神圣的权威之下。在某些凝聚点上价值似乎积聚起来，形成资本，集中在一起，赋予某些成分特有的代表性，甚至是它们本身组成的那个丰富多彩的集合体中垄断的代表性。这时晋级的神秘起源已经消失，而使这些成分在起着价值的标准和尺度这一超验作用时有绝对的（独立的和无限的）垄断权。”[50]

对不同的东西的价值分别进行的研究所得到的十分相似的内容，如马克思对货币和商品的研究，弗洛伊德对情欲的研究，尼采对伦理学的研究以及德里达对语言的研究，本身就是决定这些不同对象的东西：黄金、阳物、父亲或君主或上帝，以及口说语文（parole pleine）相互之间的隐蔽关系的一个标志。这些绝对标准的产生的范式就是马克思所说的交换机制的四个阶段：简单阶段（一对一的时期，等于拉康的镜像阶段），高级阶段（一种多形态的价值系统），概念阶段（出现了共同价值这一抽象概念），以及最后一个货币的或绝对的阶段（这时黄金已从商品流通中排除，成为绝对的标准，就像父亲被杀，转为父亲的名义，也像拉康的精神分析中象征性的阉割把性欲定在生殖器阶段一样)。这一过程中另一个重要现象，也就是使我们的说明具有政治和革命内容的现象，是这一发展过程本身的淡化和消失，使资产阶级能够掩盖价值来自真正的劳动这一事实，把性成熟的其他各个阶段都笼统地说成是变态，消除弑父的一切痕迹，把一切表现为书写文字形式的语文等同于口说语言的“替补物”。

德里达的理论中所隐含的但在《泰凯尔》小组的观点中所公开的那种政治性表现为“对起源抹杀后的实际结果的斗争”[51]；这样说是为了认识这种观点在马克思主义的框架内的价值和极限。我在其他地方[52]对庸俗马克思主义所采用的经济模拟论，即基本上套用马克思主义经济学的术语，以及那种试图把思想意识重新基于阶级斗争的具体实际的真正的革命努力做了区分。在这种情况下，《泰凯尔》的政治态度本质上可以说是一种在各个层次上反对存在着超验的能指或最终的实在的意义或绝对的此在这种观点的富有战斗性的无神论。它也可以被认为是萨特在写《存在与虚无》时所从事的工作的继续，只是存在本身的说法和概念现在已被抛弃，而且《泰凯尔》派的人物还提出了一种对时间或过程的认可，对一种整体性的文本生产或实际上就是产生现实本身的印迹的形成的认可，来取代萨特这部著作的道德结论，即相对来说一成不变地坚持不存在。朱利亚·克里斯蒂娃[53]是在文学领域中最系统地阐述这些观点的一个人，她建议用把文本视为一种自生机制、一种无止境的文本生产过程的观点来取代过去关于文学形式的那些形而上的观点。

因此，对这种生产力的压制便来自对上面谈到的永无止境的复归过程，也就是意义从能指向所指无穷的接替的一种担心。资产者或神经病患者（萨特所指的“不正常的人”）是无法接受延异的这种纯时间性的，他们最终必定要求助于任何一个层次上某种有关超验的所指这种使人安心的理论，可能是有关上帝，也可能是有关政治权威、阳刚气概、文学作品或者就是意义本身的理论。因此，在《泰凯尔》派身上集中了拉康和德里达的各种分散的思想，形成了一股力量，即使不算真正具有革命性，但至少在资产阶级的传统中是有很强的批判力的。

但同时，我们也必须指出作为这股力量的基础的理论体系本质上是自相矛盾的。就在否定一切最终的或超验的所指，否定一切能够决定现实的最根本的内容的概念的过程中，德里达结果也创造了一个新的概念，即文字这个概念。从文学的角度来说，我们可以说德里达本人的一些分析（更不用说是让-约瑟夫·古的那种复杂的引申了）之所以有力是因为它们把文字作为一种特殊的内容分离出来并如此对待它。这样，文字就成了最基本的阐释或解释的标准，一种被认为是比它在阐释活动这个等次结构中所支配的下面各层次上的其他内容（经济的、情欲的、政治的）更为重要的标准。否则我们就无法解释下面这样一段相当典型的德里达式的论证语言的威力："文字、字母、有意义的记号等在西方传统中一直被认为是精神、生命、神谕和理念之外的躯体和物质。而心与身的问题无疑又来自文字的问题，这时前面一个问题似乎（倒过来）把自己的比喻用到了后面一个问题上面。"[54]这种颠倒是骗人的东西，因为它只提供了对各种可能性的简单选择，因为很明显的是如果强调心身问题，那么我们就可以把整个关于印迹和延异的概念看成是生命必须有所体现这一基本思想的表现形式之一（语言层次上的）而已。在此，我们必须在表示同一事物的两种方法之间、两种相似的标准或阐释方法之间作出选择，那就是语言的标准和生命或有机体的标准。这个时候的选择颇似一种形而上的选择，德里达关于印迹的概念也颇似它原本试图批判的那类本体论之一。

但是我并非暗示德里达这套体系与马克思主义是格格不入的。事实上，在强调此在或直接意识的结构是自相矛盾的，是永远已经存在并到位的，并似乎永远在时间和存在上先于它们自身这一方面，德里达的思想和阿尔都塞关于“永远已经确定”的思想是一致的。阿尔都塞说：“马克思主义抛弃了本原说及其种种有机论思想这种观念上的神话；作为其指导原则，马克思主义确认每一件具体‘事物’的复杂结构都是确定的；这个结构既决定该事物自身的发展，也决定认识该事物的理论应用的发展。因此我们无须理会那些最早的本质，而只须涉及永远是事先确定的东西〔un toujours-déjà-donné〕，不管对其了解可回溯到过去什么时候。”[55]由此看来，“印迹”便成了马克思那个一直招致非议的论断的一种有力的、象征的表示方式，这个论断就是：“不是人们的意识决定人们的存在，相反，是人们的社会存在决定人们的意识。”[56]这一决定表现在“已经确定的”之中；作为已确定之物，它总是超越意识，无论你把它设想得多么周到，就像它能在语言的地矿中找到文字这种可见的表现形式。这一点可被认为是所指最根本的基岩，即那个自身永不构成概念或能指，因而也是前面谈到的那种不自觉的神学般的固恋永不可及的基础结构或“社会存在”的层次，但这个层次却为能指的无限复归和飞迁垫了底。不过，如果真是如此，那么德里达批判的那些实质更确切地谈应该叫超验的**能指**，因为它们相当于对单独一种符号或思想范畴的固恋。但我们提到的所指的最本质的一面却不能用这种方法来实现（尽管庸俗马克思主义的经济主义试图做到这一点），因为它总是超越个人的意识，是个人意识产生的基础。

然而，这一困境本身还只反映了结构主义的立足点的问题，这在本文前言中已提及，即用各种语言系统来说明现实，用新的语言学术语来重新表述哲学问题，这一选择必然是一个专断的决定，使语言本身成为一种享有特殊地位的阐释方法。指出今人与前人越来越多地使用语言模式这一点即使不是赶时髦，也符合“时代精神”。另外，也应该老老实实地承认一切皆语言的观点无可辩驳，但也无法辩护。

德里达深知这一点，以致最后得出的结论是结构主义本身也摆脱不了此在这类神话的影响。他说：“此在这种形上说的基础已被符号这个概念所动摇。不过人一旦想证明……超验的或特殊的所指是不存在的，而且到了这一步，指意的范围或活动又是无止境的，那么他就必须放弃符号这个概念和词，但这一点正是他办不到的，因为‘符号’的含义一直被认为是所指的标志，是反指所指的能指，是不同于所指的能指，它的意义也就是这样确定的。现在，如果我们抹去能指和所指之间的根本区别，那么我们就应该放弃能指这个反映形而上学思想的词。当列维-斯特劳斯在《生的与熟的》一书的前言中声称他‘通过直接置身于符号这一层次上已经设法解决了可感的与可知的之间的对立’时，我们可不能因为他这种做法有必要且有理有力而忽视符号这个概念本身无法解决可感的与可知的对立这一事实。符号的概念本身是完全彻底地、自始至终地由这个对立决定的。它的生命力正来自这一对立，来自它所建立起来的体系。然而我们又无法不要符号这一概念，我们在批判它与形而上学相通这一点时，不可能不同时批判我们正在对它进行的批判，也不可能不冒这样的危险，即把一个已经和自己的能指相结合，或者同样也可以说已经完全把它排除在外的所指在内在特性方面的差异消除殆尽。”[57]

因此德里达的思想并不说明它已经轻而易举地超越了它所批判的形而上学，已经摆脱老的模式，进入这种批判已暗示存在的某种未知的领域。相反，他所用的哲理语言却沿着它自己构成的思想牢笼的四壁摸索前进，从内部对它进行描述，好似它不过是各种世界中其他世界不可理解的一个世界而已。

【注释】

[1]Barthes，*System de la mode*，p. 236. 这一比喻来自索绪尔：《普通语言学教程》，155 页。

[2]《菲德拉》（Phèdre，1677 年上演）是拉辛取材于希腊神话的悲剧，描写希腊英雄忒修斯的妻子菲德拉与养子希波吕托斯之间的私情败露后，一个被忒修斯处死，另一个服毒自尽的故事，揭露法国宫廷和贵族社会腐化堕落的生活。——译注

[3] 格雷厄姆（Billy Graham，1918—　　），美国传教士。常在世界各地万人大会上或通过广播、电视等媒介进行召唤性布道。——译注

[4] 米什莱（Jules Michelet，1789—1874），法国作家、历史学家，主要著作有《法国史》（1833—1867）、《法国革命史》（1847—1853）等。——译注

[5] 萨德（1740—1814），法国作家，以品德败坏及其所写的淫秽小说而闻名。——译注

[6] 罗耀拉（1491—1556），西班牙人，天主教耶稣会创始人，1528 年后曾在巴黎居住多年。——译注

[7] 转引自德里达：《论延异》（“*La Différance*”），载《泰凯尔：理论大全》（“*Tel Quel*：*Theorie d'ensemble*”），49 页；着重号为本书作者所加。

[8] 罗伯斯庇尔（Franeois Marie Isidore de Robespierre，1758—1794），法国大革命时期雅各宾派的领袖，热月政变后被处死。——译注

[9] 热月党（Thermidor），法国大革命时期将公历的第七、八月称为热月。1794 年热月九日（公历七月二十七日）推翻罗伯斯庇尔的一派称为“热月党”。——译注

[10] Roland Barthes，*Michelet par Lui meme*，Paris，1965，pp. 105，87.

[11] Ibid.，p. 82.

[12] Barthes，*Le Degré zéro L'écriture*（Paris，1964），pp. 14-15.

[13]“有时，即便在这些神话中，我也欺骗。我对老是淡化真实已感到厌倦，偶尔我故意过分强调它，结果令人吃惊地发现它非常充实；我对此感到非常高兴，并把神话中的东西当作实体做了一些精神分析。”（Barthes，*Mythologies* [Paris，1957]，p. 267，n. 30）

[14] Ibid.，pp. 85-86.

[15] Ibid.，p. 228.

[16] 嘉宝（1905—　　），瑞典女影星，曾主演《克利斯蒂娜女王》(1933)、《安娜·卡列尼娜》（1935）等 20 余部电影，1941 年息影，1954 年获奥斯卡特别奖。——译注

[17] 赫伯恩（1929—　　），又译赫本，美国影星，生于布鲁塞尔。曾在《天堂的笑声》、《罗马假日》等 20 余部电影中任主角。——译注

[18] Barthes，*Mythologies*（Paris，1957），p. 79.

[19]《布里塔尼居斯》（Britannicus，1669 年上演），拉辛取材于古罗马史的悲剧，描写克劳狄一世（公元前 10—公元 54）之子布里塔尼居斯(公元 41？—公元 55）被其同父异母兄弟尼禄（公元 37—公元 68）下毒杀害的故事。——译注

[20] 尼禄（公元 37—公元 68），古罗马暴君，最后自杀。——译注

[21] Barthes，*Sur Racine*（Paris，1963），pp. 91-92. 这是被皮卡尔在他的《新批评抑或新骗局？》一书中提出来加以嘲笑的段落之一。

[22] 菲得洛斯（公元 1 世纪），罗马寓言家、作家，曾将伊索寓言改写成散文流传后世。——译注

[23] Barthes，*Mythologies*（Paris，1957），pp. 222-223.

[24] Barthes，*Le Degré zéro L'écriture*（Paris，1964），p. 14.

[25] Barthes，*Essais Critique*（Paris，1964），pp. 106-107.

[26]“从道义的观点来说，神话令人讨厌的地方正是其形式有目的性这一点。因为假如有语言的‘健康’这种东西的话，那么它是建立在符号是任意的这一特性之上的。神话让人感到厌恶的地方是它像那些装得天然有用的东西一样，也倚仗伪装的自然，奢用指意形式。这种以自然为全部理由来加重指意活动的分量的用心实在令人厌恶：神话的内容太丰富了，

过多的恰恰就是其动机。这种厌恶感和我在遇到摇摆于‘自然’与‘反自然’之间，以前者为理想，以后者为一种保留的艺术时的感觉是一样的。从道义上说，利用两边反对中间是不光彩的。”(《神话》，234 页，注 7) 毋庸赘言，巴特所谓的“神话”(他的神话学所研究的现代思想观念) 在这里与列维-斯特劳斯所研究的那些原始神话是毫不相干的。

[27] 零度或否定结尾 (在一个词的词尾变化中) 的概念已被形式主义者以另一种形式所利用 (参见上书，53 页)。

[28] 约翰松 (Uwe Johnson，1934—　　)，德国小说家。“47 小组”成员，受法国“新小说”派影响。主要作品有《对雅科布的种种揣测》(1959)、《两种观点》(1965) 等。——译注

[29] 谢姆斯列夫 (Louis Hjelmslev，1899—1965)，丹麦语言学家、“哥本哈根”学派主要代表。主要论著有《语言理论序论》(1943)。——译注

[30]《泰凯尔》(Tel Quel)，由小说家、文艺评论家菲利普·索勒尔 (Phillipe Sollers，1936—　　) 于 1960 年创办的影响极大的文学期刊，活跃于法国思想界、学术界和政治界。核心人物多为结构主义的代表人物以及政治、学术方面的激进分子，如巴特、德里达、克里斯蒂娃、福柯等。主张用一种革命的写作理论和实践改造旧的语言、文学、哲学和社会。1968 年出版的《泰凯尔：总体理论》集该派主要观点之大成。——译注

[31] See Lévi-Strauss，*Anthropologie Structurale* (Paris，1958)，pp. 252-253. 有关这一公式的示例，请读者参见艾里-凯贾·康格斯、皮埃尔·马兰达：《民间传说中的结构模式》，见《中西部民间传说》，第 12 卷，第 3 期，133～192 页，1962；路易·马林：《耶稣受难剧的符号学》，107～110 页，巴黎，宗教科学图书馆，1971；詹姆逊：《马克斯·韦伯——心理结构分析》，见斯坦福·M·莱曼、理查德·H·布朗编：《人文主义社会学新论》(普林斯顿，即将出版)。

[32] 卡都维奥 (Caduveo)，居住在巴西南马托格罗索的印地安人和他们的语言。——译注

[33] Claude Lévi-Strauss，*Tristes Tropiques* (Paris，1955)，p. 199.

[34] Claude Lévi-Strauss, *Tristes Tropiques*, p. 203.

[35]《论意义》(与弗朗索瓦·拉斯迪埃尔合著) 中的《符号约束的游戏》, 135～155 页, 特别是 141～144 页 (此文的英译文发表于《耶鲁法国研究》, 第 41 期, 86～105 页, [1968])。有关语义四边形的论述, 还可参见维戈·布隆达尔:《普通语言学概念》(哥本哈根, 1943), 16～18、41～48 页;《介词的理论》, (哥本哈根, 1950), 38～39 页; 罗贝尔·布朗歇:《思维结构》(巴黎, 1966)。

[36] See *Semantique structurale*, p. 256.

[37] See Lévi-Strauss, *Anthropologie Structurale* (Paris, 1958), pp. 247-251. 路易·马林在《耶稣受难剧的符号学》一书中对犹大的分析是对这种协调作用的机制, 特别是对抵消作用和对这一交换中的内在因素的出色的研究。这样, 耶稣受难的叙事内包含了耶稣 (其人、其名, 即能指) 被上帝 (即所指) 的取代: "这个变节分子……通过使能指中性化来实现这一交换。" (《耶稣受难剧的符号学》, 140 页)

[38] See Claude Lévi-Strauss, *L'Origine des manières de table* (Paris, 1968), pp. 400-411.

[39] 这就是为什么小汉斯的叫喊 ("去! 滚开!") 的意义; 参见威尔登:《自我的语言》, 163 页及其前后。

[40] 有关本句中表示所有关系的词的歧义性这一点, see Jacques Lacan, *Écrits* (Paris, 1966) pp. 814-815.

[41] Ibid., pp. 46-53.

[42] 赖克 (Wilhelm Reich, 1897—1957), 美国精神病学家, 原籍奥地利, 性开放的倡导者。主要著作有《性高潮的功能》(1927)、《性格分析》(1934) 等。

[43] 麦克卢汉 (Herbert Marshall MacLuhan, 1911—1981), 加拿大作家、文化理论家、教育家。主要著作有《机械新娘》(1951)、《理解媒介》(1964)、《媒介即信息》(1967) 等。——译注

[44] 翁 (Walter J. Ong, 1912—　　), 美国学者、教授、牧师。其研究融哲学、文学、神学、社会心理学于一体。主要著作有《拉米斯、方

法与对话的衰落》(1958)、《词的存在》(1968)、《修辞、传奇故事与技术》(1971) 等。——译注

［45］参见《简议‘神秘的拍纸簿’》，见弗洛伊德：《普通心理学理论》，207～212 页，纽约，1963。

［46］André Gide *L'Immoraliste* (Paris，1929)，pp. 61-62.

［47］Ibid.，p. 171.

［48］See Jacques Derrida，*L'Écriture et la différance* (Paris，1967) 中的《弗洛伊德和写作的情况》，pp. 293-340。

［49］转引自 Jacques Derrida，*L'Écriture et la différance* (Paris，1967)，338 页。

［50］Jean-Joseph Goux，"Numismatiques"，2 Parts (*Tel Quel*，No. 35，Fall，1968，pp. 64-89，and No. 36，Winter，1968，pp. 54-74)，此处见第一部分，65 页。

［51］"Numismatiques"，Part Ⅱ (*Tel Quel*，No. 36)，p. 74.

［52］See my *Marxism and Form*，pp. 375-381.

［53］克里斯蒂娃 (Julia Kristeva，1941—　)，法国结构主义符号学家、女权主义者，原籍保加利亚。主要著作有《关于中国妇女》(1974)、《诗歌语言的革命》(1974)、《语言中的欲望：文艺符号学研究》(1980)、《爱情故事》(1983) 等。——译注

［54］Jacques Derrida，*De la grammatologie* (Paris，1967)，p. 52；着重号为引者所加。

［55］Louis Althusser，*Pour Marx* (Paris，1965)，pp. 203-204.

［56］马克思和恩格斯：《政治与哲学的主要论著》，L. S. 费厄编，43 页，纽约，1959。这两句话出自马克思：《〈政治经济学批判〉序言》，见《马克思恩格斯选集》，2 版，第 2 卷，32 页，北京，人民出版社，1995。——译注

［57］Jacques Derrida，*L'Écriture et la différence*，pp. 412-413.

(钱佼如　译)

象征推断；或肯尼思·伯克和意识形态分析

今天，不论是好是坏，最终被称为文学理论的东西，可以通过它对语言首要地位的强调而同以前的“哲学”批评相区别：人们最终在很大程度上（尽管可能显得有点松散）感觉到，正是在最一般意义上对象征的发现，标志着属于我们这个世界的思想家、作家同那些说着我们首先得学习的历史语言的人之间的重大区别。在下面的文章中，我有很多要说的，至少要含蓄地来谈论这个话题，不过，很肯定的是，以前的哲学批评仅仅满足于将各种各样哲学体系偶尔“运用”到文学身上，以致我们对专门的书架上可以对哲学上冒险的东西进行探讨的存在主义或现象学批评，或者黑格尔主义批评，格式塔批评，甚至弗洛伊德主义批评，有了好奇心。

但是，很明显，在一个技术哲学——不亚于文学本身——被感到是具体语言力量的流溢的氛围中，在一个“文学形式”——以便让肯尼思·伯克（Kenneth Burke）著作的一个标题得到解释——被感到是一种真正的哲学，语言本身是一种行动中的理论的氛围中，以前的哲学批评像以前的哲学美学或“美术体系”一样过了时。不仅伯克关于比喻的开拓性工作表明他是这样一种新的语言学方向意义上文学理论的先行者，他的弗洛伊德马克思主义本身相对于他的许多同时代人的弗洛伊德马克思主义来说，就是和技术哲学抽象概念的不同结构关系的标志；这是一个当时在

《动机的文法学和修辞学》中可以最明显看到的一种改变，在这本书中，以前的哲学体系被一个接一个地堆放在一起，融化掉，失去了它们各自的个性，就像旧的资产阶级自我和个人主义被易卜生笔下铸纽扣的人煮烂变形一样。

然而，形成悖论的是，用被认为是理论的东西来取代传统批评和传统哲学，结果会给批评家提供了一个更宽的纬度，来运用个人主题并且自由地发挥个人特性。因此，对以前的学术专业化的超越，对语言本身的内在逻辑和自治的高度赞赏，导致了这样的状况：个别批评家的性情——如果他们不太沉溺于自我而知道这一事实——可以充当有揭示作用的媒介，用于检验文本现象和形式现象。所以，当我们思考当代最伟大的批评家和具有鉴赏力的读者们时——这个名单除了伯克本人外，可能还包括燕卜荪（Empson），弗莱（Frye），罗兰·巴特，瓦尔特·本雅明（Walter Benjamin）以及维克多·什克洛夫斯基（Viktor Shklovsky）——我们由此本能地确定了一系列的批评理论。在这些理论中，个性的实践以及时而古怪的文本解读同一个强大的、非系统化的理论的投射是保持一致的。甚至对批评家本人来讲——弗莱和伯克是明显的例子，还有，写了《复杂词的结构》（*The Structure of Complex Words*）的燕卜荪和写了《方式体系》（*Systeme de la mode*）的巴特——他们也都被误导但却不由自主地使其资料服从于对模式与对称以及无系统海市蜃楼的狂热追求中。

然而，认为伯克对象征活动所持的观点是对当前语言优先性的观点的一种预测（实际上它是一种特有的表达），这是不够的。从一个不同的角度来看，它允许我们去探索后者的不足，后者在当前的许多批评实践中，只不过是一个被普遍接受的观念或者是一个未经核实的猜想。事实上，伯克认为象征是一种活动或者实践的看法或许可以说等同于建立起一种对语言盲目崇拜的、更加无意识的形式批评，这使得他所提出的一个最有趣的历史问题可以从中找到隐含的答案。我的意思是说，为什么这一巨大的批评体系（这一体系包含许多空洞的东西）只是不光彩地在文学研究的领域中产生有限的影响（社会学者对它的含义似乎有更多的警惕），并且习惯上它作为一种个人发明和创造的丰碑（从我刚才谈到的伟大评论家的独创性这一意义上讲），而不是作为一种将被研究的解释模式和一种将被效仿的方法受到人们的尊崇。

对这一难题真正彻底而具体地解决，无疑会使我们对不久前的思想史重新思考，事实上可以说是重写；尤其是，它会使我们纠正 20 世纪 30 年代到 40 年代间的文学和批评史上的错误，这个错误——目前尚存的麦卡锡主义的遗产——在我们自己的领域里，甚至在人们已经广泛地认识到了它的弊端的领域里，从来没有被系统地挑战过。我们希望有一代学生和学者们不再对斯大林主义歇斯底里，他们将能承担起这一基本的历史修正的任务。这种修正目前正在其他所有的社会科学领域中进行，但是在人文科学领域中，尤其是在文学和哲学领域中，甚至连丝毫的迹象都没有。

在伯克的最重要的著作被详尽地阐释的时期，他对语言的强调，远远不像人们今天这样对内在的和反参考文本(antireferential text)的意识形态的强调，却相反地具有恢复文学文本的价值和意义的功能，其中，价值作为一种活动，意义作为一种姿态和对一个特定的情况的回应。实际上，当我们知道这些的时候，一个与以前截然不同的伯克出现了。这样看来，文学和文化批评在社会科学领域中发生了，对语言和广义上的美学对象的研究恢复了以往的尊严。这种尊严是语言学的创始者们所具有的，当时他们的纲领预见了作为一种了解社会关系的独特方式的文学文本和文学杰作分析。正是从这个角度讲，我想要在这里重新评价伯克的贡献。[1]更准确地说，我想要确定他的作品是否可以作为一种当代意识形态分析的模式被重读或者重写，或者，用我的术语讲，我喜欢把它称作意识形态的形式研究——换句话说，是对语言方法、叙事方法或者单纯形式方法的分析，意识形态通过这些方法表达自身，并且将自己铭刻在文学文本中。

但是，如果我不对意识形态所蕴涵的概念再赘言几句的话，用意识形态的术语取代象征的术语将看起来有些武断。意识形态在这里是在更广泛的意义上被清晰地解释的，而不仅仅指那些单纯看法，或外来的、令人讨厌的作者干涉。而正是凭借后者，一个巴尔扎克或者一个福克纳式的作家会悬置他们的叙述并且任由一些心理上的偏见发展，这里所说的意识形态的观点源于当今叙事分析的整体发展，并且完成了这一发展。这样来说事情就已经是在衡量某种距离的东西，而跨过这一距离，我们想要做的是质问伯克所取得的成就，因为很显然，就叙事分析而言，重新审视他对象征活动所作的描述是在根本上改变问题的关系和已知事物，即坐标，并且以一种新的方式进行正面分析，这一点是显而易见的。实际上，过去的辩论提出了在一个真理和诗歌相对立的框架之内的关于美学地位的问题，这种对立试图将后者和广义上的文学话语归属在小说或者虚构的、模仿的、不真实的、仅仅是想像的文学类别中。但是，在这种对立领域中为美学辩护显然是事先已放弃一切，并且已经屈从于关于文学、文化以及它们各自功效的有限观念。

现在当我们用“叙事”（narrative）来代替“小说”时，这个认识论的错误消失了，或者至少不在焦点之内了。叙事不仅是一个把世界概念化（conceptualizing）的特别模式，它有它自身的逻辑，不能用其他认知形式来取代，而且许多被看成是概念的或者科学的文字本身在本质上具有隐秘的叙事，这一切都变得日益清晰。因此，如果叙事是基本的绝对形式之一，它使我们及时地掌握现实，并且包含了共时分析的思考本身，将它作为一种视角，那么，我们就不必再为文化的作用以及文化研究和分析的重要性辩护了。从这个角度上看，伯克把文学说成姿态和仪式——曾经是对美学的积极力量和社会功能的坚决的陈述——或许在我们看来是够不坚决的了。

然而，就意识形态和叙事之间的关系而言，可能最有用的是首先把“意识形态”和“意识形态的”这些词语的功能理解成具有类似布莱希特的间离效果的一些特征，并且它们将被应用到文学和文化分析的行为本身。由于文学解释或者文学形式或艺术形式本身而提及这些词——比如，约翰·贝尔格（John Berger）谈到在一些文艺复兴时期的绘画作品中存在着“意识形态的光辉”，或者当阿尔都塞主义者把“意识形态只不过是虚假的意识”这一观点指责为本身就是“意识形态的”[2]的时候——在这样一个意义上使用这些词语与其说是作判断还不如说是使整个艺术话语或被确定的形式分析重新问题化。“意识形态”这个词语作为一个标志，代表一个至今尚未解决的问题，一个尚未被执行的精神活动。它并不预设诸如“资产阶级”或者“小资产阶级”这些干巴巴的、社会学意义上的旧有观念，而应该说，它是一个中介的概念，也就是说，在尚有争论的语言的、美学的或者概念上的事实与它们的“社会背景”之间重建一种关系是必须的。然而，这种关系不是预先计划的，实际上，这样一种关系可以通过许多战略上不同的方法被投射或被系统阐释，与此相关的，这正如文学事实本身或被我并不严格地称作“社会背景”的东西可以通过许多不同的方式被描述或者被主题化一样。这里显然不是列举这种可能性清单的地方，虽然这种可能性范围很大，但却同对“内在的”意识形态和语言制品的“自治”的扬弃没有什么区别。然而，越来越清楚的是，“意识形态”这个术语的有用之处——不论最终的解决依靠什么——在于它使问题复杂，并且有能力重建这样一种就像哲学上的需要一样不可避免的关系。

因此，我似乎更倾向于从现象学的角度描述意识形态的分析，根据它所涉及的精神的和文本的操作来描述，而不是把它置于任一特定的、我们所熟知的意识形态的历史观的框架中。因此，意识形态分析或许可被描述成对某一特别的叙事特征的重写，或者是具有社会、历史、政治语境的一种功能。在当前复杂的理论氛围中，通过宣称历史、社会、政治的现实优于产生于其中的文学文本，或者换句话说，通过确定语境比文本本身享有本体论上的优先权，来为本体论意义上的文学的意识形态分析争辩，这如果不是倒退的话，或许至少仍旧是徒劳无用的。尽管这些论断对于我而言是真实的、明显的，但同样可以确定的是，我们今天需要对一个普遍的认识作出回应，这个普遍的认识就是，曾经被称为语境的东西，本身和文本一样，如果它不存在于未经检验的大众历史中或者团体、阶级、民族国家试图用来组织他们的未来前景以及他们对个别事件的解读所凭借的集体无意识的表现中的话，那么它就存在于历史手册或者第二手的资料中。但这并不意味着历史本身就是文本，而是说除了以文本形式外，我们无法接近它，或者，换句话说，我们只能通过它先前的文本化接近它。

如果认为后者——我们以前称它为“语境”——出于分析的目的，必须总是在事实之后被重建，那么这就是为什么在我看来更令人满意的是，把意识形态分析描述成对文学文本的重写，而重写本身可被看作是对一个先前的意识形态或者历史的潜文本的重写或重构。因此，文学的或者美学的姿态总是同现实保持某种能动关系，即使文学的或者美学的活动已被限制在“反映”现实这样一个相当复杂的操作中。所以，为了对现实作出反映，文本不能简单地让现实被动地处于文本之外的距离中，而是必须把现实纳入自身的肌理中。最终的悖论和语言学中虚假的问题，尤其是语义学上的问题，将被置于这里，这通过语言和语言的文本将现实当成它们自己“固有的”潜文本承载到自身之中这种方式来完成。换言之，象征活动——伯克会用“梦”、“祈祷文”，或“图表”[3]描述它——是描述世界的一条途径，这种描述所达到的程度是，我们所说的“世界”必须内在于其中，并且为了赋予内容以形式，描述自身必须具有内容。因此，象征活动通过生产与它自己同时出现的语境作为开始，象征活动直面这种语境，为了自己积极的活动去衡量它。我们现在称为潜文本的整个悖论可以用这种语境来衡量。文学作品或者文化对象本身，仿佛是第一次把自己作为对那个状态的一种反映。象征活动清晰地表明自身所处的环境并将它文本化，帮助人们认识到环境本身在象征活动之前并不存在，除了文本之外什么都没有，并且在文本自身产生之前没有任何的外在于或者内在于文本的现实。同时，文本对“现实”的这种同时进行的生产和表达被一种积极的、几乎是工具式的文本立场所重新复制，复制成一种由此所产生的新的现实和新的环境；后者直接伴随着实践的姿态——不论是度量、怒喊、魔咒、爱抚，还是逃避行为。现在，只坚持象征活动的两个维度中的一方而放弃另一方——过分强调文本组织它的潜文本的方式（大概是为了达到“所指对象”并不存在这样一个得意的结论），或者是，另一方面，强调象征活动的工具本质，乃至于不再被理解成为一种潜文本，而被理解为某种纯粹惰性的已知之物的现实再一次地被交到了不值得信赖的作为辅助意义的人类常识的手中——强调象征活动功能之一，而以牺牲另一个功能，这肯定会导致纯粹的意识形态的产生，无论是首先出现的结构主义的意识形态，还是其次出现的庸俗唯物主义的意识形态。

这样说来，我们必须补充的一点是，对文学语义学的拒绝，对语境或所指事物的范畴的拒绝，以及对文学文本的自治性，或者是对文学文本的主题和形式的各种断言，这些也不是纯粹的见解，而本身是一个历史现解，这一现象反映了历史性的过程，通过这一过程，近来的文学和文化至少已经获得了一种相对的自治。这样，这种内在的美学反映了市场体制本身之下艺术生产的现实，并且表现了寻求一种不可能的公众的艺术文本自由浮动的可转移性，这种文本从曾经将它们的意义和使用控制在目前已被消解的、前资本主义的社会形态中的社会功能性中释放出来。

然而，从最初的衰败，从本文和语境之间的断裂这一不可避免的历史现实中，只能产生机械般的努力，去将那个不再是有机整体的东西重新连接在一起。在昔日“跨学科的”尝试中，一个完整的研究领域——比如我们以形式的或是文学的研究为例——不知何故总是同其他学科纠缠在一起，这种尝试所表现出的学科之间牵强的联系，如今让位给一个同样令人满意的模式。这一模式在戈德曼的“同源现象”中得到了最好的例证，在戈德曼的解释中，在某种抽象的程度上，文学文本的结构被假设成和其他的诸如经济交换、概念的认知、阶级的心理状态等的相关结构是“相同的”。然而，无论是在作品本身，还是在作品和它以外的文本外系统之间，“程度”这一概念，难以让人满意，这不仅是因为它设计了一个完全附加的或者数量上的并列模型，而且主要是因为它不允许在文本自身和它的各种可以想像的潜文本之间存在一种积极的或者功能上的关系，更确切地说，它的“富于表现力的因果关系”将这些不同的程度整合成全球性的、普遍一致的东西。

这就是语境，如果我可以这样称呼它的话，在其中，伯克关于象征行为这一概念的力度可以被最充分地体会到。作为一种语言活动，关于语言和语言制品的观念是一个策略，以便绕到我们一直所描述的两难境地的背后，以便在崩溃之前的一点出发，假设一个先于许多机械的模型已证明是无法愈合的断裂的显现地带。Im An fang war die Tat（太初有为）：这个显现地带是实践的地带，或者，换句话说，是一个统一的地带，统一中的主客体、事物和语言、语境和投射活动在这一独特的姿态整体中，仍然彼此相互一致。在行动中——这同萨特的实践哲学和伯克的戏剧主义一样真实，并且解释了这两者与某一种马克思主义的密切关系——人类的意图不仅与它的场景或者环境仍然不可分离，而且用于统领意图的语言、精神或者结构的范畴仍然同处于意图组织中的原始材料、真实性和数据保持一致。因此，大约可见，内在的和外在的批评理论之间错误的对立被消解了，一个新的、更充分的关于文学功能、文学批评和文学史的概念由此发展起来，不幸的是，这一概念本身也存在一些新的严重的歧义。

因此，现在是评价肯尼思·伯克关于语言实践理论的时候了，也是判断他对意识形态分析理论所作的贡献的时候了。我想把我们从伯克那里学习来的和抛弃掉的东西分两个层次来说明：第一是有关词语的问题，他给我们的文学词汇中添加的词语比其他任何人都要多，也就是说，这是他的文学“策略”的观念；第二个层次不可避免地集中到他的基础戏剧理论以及他根据五个基本范畴概括的所有象征活动的理论上，这五个范畴是：幕、场、手段、中介以及目的。

当然，在某种意义上，“策略”这个术语仅仅是复杂的象征决定因素本身的总体性的速记；它是一个控制着它们之间相互关系的术语，也是在某一特定活动的情况下，命名这些因素之间建立起来的临时等级关系的术语——中介决定场，或者相反，场决定中介和幕，这使得任何特定的活动或行为分析具有其独特的结构和风格。另一方面，策略先于成就，甚至行为或现实本身。这样一来，由于我们在这里关注的是象征活动的理论，所以也就有这样一种感觉，在这种感觉中，没有任何一个有争议的象征动作可以说已经被实施，并且所有的动作都将永远停留在投射或纯意向的阶段——在作为一种永久临时性的犹豫一开始，"策略"这个术语在策略上就使它不朽。在象征活动的概念中，一个最基本的歧义确切地说实际上就是与非象征的或实践的或工具的活动本身之间的变化中的距离，有时象征活动似乎想把这种距离吸收、融入自身之内，其理由是所有的活动都是象征的，所有的作品都是真正的交流，而在其他时候，象征活动似乎在退却和退潮，身后留下了一些冷漠干巴的，像石头一样的晦涩之物，而世界上所有纯粹的实践活动都被概括成这种东西的结果。

我认为只有我们在所有的形式化批评话语中目睹了"策略"这个术语大量的、悖论式的幸运之处后，我们才能逐渐感觉到它自己内部的含混性，并开始怀疑它在自身之中隐藏了某种秘密的策略。问题是，这个概念，它太大胆地宣称自己是一个实践的词语，它通过把我们的注意力集中在有关象征活动的内在机制上，倾向于对活动本身不予考虑，也倾向于悬置对首先作为行为构成象征活动的东西即其社会意识形态目的的质问。所以，伯克的那篇有关《希腊古瓮颂》的了不起的文章，比起任何课本上对结构分析或者符号学分析的解说，都更成功地描绘了转换系统，凭借这些系统，济慈的诗预设了"一个世俗矛盾法则不再适用的超验的场景"[4]。

> 这首诗以一个含混的狂热为开始，这种狂热，在随后进一步的发展中被分裂，分裂成身体上和精神上的激

> 情。身体上的激情是这种狂热的恶的一面，而精神行为则是其善的一面。在发展过程中，恶的激情被超越了，善的、积极的一面，即理性的愉悦，主宰了一切。[5]

这样一种清晰的描述表达了济慈的“文字魔力”的策略，并且将它的交换机制和能量转换在关键时刻孤立出来。然而，它所同意接爱的，以及它所“不予考虑”并因此在评论话语中压制的是，这样一种操作，在象征所指的最广泛的意义上，可能是具体环境或语境的象征，在这种语境中，真和美或者是美和真的终极确定本身可以被看作是对一些更基本的社会矛盾或者意识形态的矛盾的象征性的解决。因此，伯克批评实践中的“策略”这一概念似乎把那个通过向我们许诺而开始的视角排除在界限之外，这一视角就是更广阔的社会视野、历史视野或政治视野，语言和文学制品所代表的这些象征行为所具有的象征功能只能在这一视野中对我们显现。

现在，让我快速地概括这个批评，并且把它应用到戏剧主义的整体理论本身这种更宽泛的维度中。我认为这个系统的致命弱点是在收缩了的功能上，这种功能留给了宏伟描绘计划中的目的。（在《动机的语法和修辞》中，目的同中介混合在一起，它主要作为一种幸运的存在，一种神秘的或者形而上学的“目的”而被运用。）这里是伯克自己对这一发展的思考。

> 在所有的这五个术语中，目的已变得极易消解。至少，就它的形式认知而言是这样的。但是，一旦我们知道它转化的逻辑，我们就能辨别出它含蓄的存在；由于戏剧主义的要求就是人类天性本身的要求，所以对人类来讲，仅仅通过考虑，很难将戏剧家那种古老的尺度从

> 人类的身材中减去。在幕和手段的概念中隐含的是目的的概念。同样，它也隐含在中介中，因为工具和方法是为目的服务的。[6]

人们可能会补充说，显而易见的是，它也隐含在场的范畴内，只要马克思主义和历史唯物主义不令人十分满意地被认为是那个系统中特定的结果的话。整个问题将看起来是元范畴或元语言的问题：只要五个“比例”是有包容性的，它们就必须也包括自己的基本原理，于是这基本原理证明自己支配着一个系列，而它自己又是这系列中的一员。

对实践批评来讲，这一问题产生的后果是：在应用到文本中的时候，目的的范围结果是在同时指明了两个截然不同的事物。一方面，它命名了象征活动本身的内在逻辑，它的近期目的和长远目标——也就是说，命名了它用以对自我活动进行自我解释的术语。在身势学（kinesics）的层次上看，那么，这种范畴将规定姿势的策略性组织，即这种特定的肌肉努力被动员起来实现的直接目的；在济慈的《希腊古瓮颂》一例中，按照这最初受到限制或限定的意义来解释的目的将不得不从它的终点（terminus ad quem）被重构，其意图是要消除被感觉存在于美与真之间的对立。

在对姿势或象征行为的分析中，这样一种对目的在有限意义上的解释清晰地表明：对同一术语的概括使用也是有余地的，这种概括使用将要控制的，不是直接目的和某一特定姿势的内在组织，而是它在我于那个特定时刻可能作的所有其他姿势中的地位，以及它与其他那些正在我本人就是其中一部分的主体间性的历史性网络中进行着的姿势和象征行为之间的那种更一般的关系。因此，“目的”的这种限制性概念同这种概括使用的关系，就像一种内在解释同一种超验性用法的关系一样，或者，用另一种在最近有关解释学的讨论中一直处于焦点的对立来说明，即关于一特定文本的 Sinn 或者 sense（含义），关于其内在结构和句法的研究，同对文本的 Bedeutung 或者 meaning（意义），其“历史有效”意义或功能的研究的对立。只有第一种操作可以在无需关注作品的状态的条件下进行；我认为，这第二种，即真正的解释，如果没有对我所说的潜文本的一些初步的建（重）构的话，是不可能的。

正是在这一点上，我们承认，这种重建，作为对济慈的颂歌的潜文本重写的开始，实际上也表现在伯克的文章中，或许花一点时间来看看这一过程如何进行还是值得的：

“‘真’是知识（科学）的一个基本词语，‘美’是艺术或者诗歌中的一个基本词语，因此我们或许可以将它们相互替换。然后神谕会宣称，‘诗歌是科学，科学是诗歌’。如果有人强烈怀疑它们彼此对立，那么宣布把它们合二为一将是特别令人欣喜的。人们欣然否定的，正是‘审美的’和‘实用的’之间的辩证对立，一方是‘诗’，另一方是实用性（商业和应用科学）。这否定中的凸现扎根于真正的浪漫哲学，这种哲学十分赏识的，正是‘美’和‘真’之间的鲜明对照……”

“通过浪漫主义而对浪漫主义的一种废除！”[7]

在这段话中，中心的解释行为显而易见地就是伯克本人所说的是用科学和诗歌替代——或者，用我们自己的话说是重写——“真”和“美”。那么，这个重写提供了这样一个潜文本，以致济慈的颂歌可以被看作是对这种潜文本问题的象征性的解决——伯克以感官的生动性把它描述成是对这首诗的最终肯定的“凸现”。必须要解决的东西显然是矛盾的——伯克谈到了诗歌和科学间的“辩证对立”，并且开始把后者更彻底地重写成“实践的”，重写成“应用科学”，或者“实用性”、“商业”，并且含蓄地重写成资本主义（虽然他没有使用这个词）。然而，我们必须注意到，这个一直用来解释潜文本的操作基本上是不完整的。我们或许确实需要把一个更深层次的意识形态分析的原则表达如下：潜文本必须被如此解释或重建，以致构成的不仅仅是一个场景或背景，不仅仅是一个惰性的文本，而且是一个被赋予结构的、确定的状态，只有这样，文本才能被理解为对这一状态（无论什么样的类型）的积极响应。那么，文本的意义，在更广泛的 Bedeutung 的意义上讲，将会成为一个姿势的意义，这种意义是我们从文本予以回应的语境中重新获得的。伯克在这里所列的诗歌和科学之间的这种“辩证对立”还不是那种类型的状态。如果能够轻而易举地看出这种对立如何可能以一种矛盾或对立、一种两难境地或进退两难、一个需要被立刻解决的危机之类的形式呈现的话，那么我们还是必须得出结论，批评家不愿意走得那么远（虽然在新批评的英雄时代里科学和诗歌之间存在着对立的迫切性，但或许可以假定的是，伯克感觉到这个对立对他的读者而言太熟悉了，无须进一步地发展）。

事实上，我们发现某种截然不同的东西取代了对一个以状态形式出现的潜文本的建构。我们只能把这个东西叫作一种遏制策略，一种替代，在意识形态分析开始缩小作为每一个文化制品的终极视野的社会、历史、政治参数之前，专门用来制止其行动。关闭调解过程和代码转换过程的东西就是对伯克称为“浪漫主义”的一个实体呼吁，这一实体如果不是将伯克的“最终的决定性实例”，或最终的解释代码，限定在伟大世界观的更加非历史的心理学领域里的话，也是足够有效地限定在思想史的领域之内。这里，对伯克自己的作品的潜文本的审视将把“浪漫主义”揭示为一个特别饱含激情的术语，一种道德、政治、诗歌困境的复合体。对这些困境的构想可以追溯到对卢梭的攻击，通过这种攻击，欧文·巴比特将他具有影响的反革命立场戏剧化了。然而，对伯克在这里正致力于研究的意识形态语境的这种详细说明，仅仅能让我们更明智地去赞美变戏法的手法，欣赏智力上的杂技，通过这些戏法和杂技，伯克力图将这一特定的圆形变成方形。那么，将要被提出的一个问题是，如何使大浪漫主义者济慈免遭那种对新批评的那一代人来讲腐蚀了像雪莱或者史文朋一类诗人的不可避免的浪漫主义污染：这一目的的达到，是通过让济慈的浪漫主义进行自我批评，并且在浪漫主义自身的动力之下，解决了由它本身造成的那些矛盾来完成的——"通过浪漫主义而对浪漫主义的一种废除!"济慈可以仍然是一个伟大的诗人，不仅仅是无视，而且甚至是直接为他那个时代中糟糕的浪漫主义者的"感受的分化"负责的那种浪漫主义。同时，从意识形态的分析角度看，人们或许注意到，这种解释浪漫主义的方式，通过投射一个它自己回应的语境，将我们从任何进一步的参考浪漫主义历史环境本身的需要中分离出来，将这一特别的超结构文本变成一种自动参考的 causa sui（自因）。因此，我们必须把刚才引用的这个段落，看作在伯克的批评策略中令人沮丧的颠倒的一项证据：他关于文学是象征活动的这一观念，刚开始有力地刺激了在文本之外的普遍的文化和社会世界中的文本活动模式的研究，而现在，伯克的这种观点已经退到相反的一面（经过"目的"这个词的概括意义，一直到它的内在的、策略的、限制性的意义），为那些想把我们的作品限定在那种事先就已小心翼翼地获得了自制性的文本之中的人提供帮助和便利，这一切好比在灯被重新点亮之前，所有遮光的防空窗帘都被拉下了一样。

然而，正是由于伯克的戏剧主义有某种程度模棱两可的能量，我们才能用它来研究它自身的遏制策略，来彻底冲洗掉那些外于伯克的系统之外的概念。当有必要制止他的象征行为这一概念朝向一个对文学和文化文本的意识形态功能的成熟分析的方向上发展时，伯克试图依靠的正是他的这一系统。下面，我想要简单地谈及三个被借用的解释方法，三个局部的遏制策略，可以看到它们在伯克的批评中发挥着作用，它们是：艺术是仪式的观念、对言语活动的身体层面的呼吁，以及自我或身份是一般意义上文学的基本主题或先入之见的概念。

对文学作品或言语活动的身体要素的坚持，就好像它是生理学的基本结构，无须再多说。这种生理上的解释，对我刚才所引的关于济慈的文章中另外一个目的来讲，充当了遏制策略。在这里，伯克是一种分析的先驱者，从现象学到结构主义，这种分析已经和巴齐拉德（Bachelard）这个名字联系在一起。关于这种分析，或许能将巴齐拉德自己的具有明显静态特点的解释，在身体要素或幽默方面同我们在伯克身上发现的那种姿势和身体魔力的那种更加动态的语言相区别，这就足够了。然而，身体的修辞依然是模糊的：它可以开创对一种从巴塔耶和“欲望”一直到巴赫金的一些读本的个人唯物主义的庆典；或者它可以辩证地指引我们超越这些个人的、器官上的局限，进入某种对真正的空间和空间性的更恰当的集体理解。

实际上，仪式的问题需要人们给予更多的注意。仪式，连同神话一起，已经变成当代美国文学批评中的主要崇拜物之一，变成一个几乎不仅仅只限制在伯克身上的遏制策略。然而，对仪式这个概念的进一步研究表明，在它的使用和后果上，仪式的概念和象征概念本身一样含混不清。剑桥学派和他们最早的文学批评的追随者们实际上关注的是，把悲剧和喜剧重新置于原始的、集体的社会生活中。在那样的语境下，用仪式的话语解释艺术作品意味着把对作品的重写规定为一种对方法的追溯或方法的幸存。

原始的集体性以这些方法逐渐认识到了自身，并且庆祝它自己的社会统一性。现在，当我们试图把原始艺术的仪式功能的模式转化成现代社会的文化和文学时——这个概念开始显现出它危险的歧义性——问题产生了。实际上，仪式这一概念需要把某一特定的社会构成的基本稳定性作为它的一个基本条件之一，这种稳定性在功能上具有不断重新生产自我的能力。因此，作为一种制度的仪式，不能被理解成基本机制之一并用来保证制度的集体一致性和它的历史永恒，而只能被理解成这种社会的一个功能。然而，正是这个前提，才不再适用于当代社会，也就是不再适用于资本主义本身。将帕森斯社会理论的稳定性和原始仪式或部落仪式的功能性归于一种社会构成，在我看来，将是误导的，更不用说它从历史的角度讲是天真的。这种社会构成的内在逻辑是，不断地、腐蚀性地分解传统的社会关系，把它分解成原子化的、数量化的市场体系的集合体。远没有假设一个仪式的功能，远没有保证整个地质纪元中我们自己的社会构成的合法再生产，资本主义最伟大的审美生产相反却证明是孤独的个体对超个体法规的运行发出的痛苦呼喊，是一种物化的谈话中对如此多的私人语言和子代码的发明，最后，是一个受损主体的症状表现，是人们试图颠倒和否定一个不可容忍的社会秩序而进行的徒劳努力的标志。

挪用原始仪式的修饰和概念来描述资本主义艺术话语中的那些只言片语由此是一个纯粹的意识形态上的尝试。然而，关于意识形态的概念我们说的已经足够了，目的是用来说明，对它进行这样一个特点描述不是对它进行没有理由的攻击，而是把我们作为知识分子的功能确定在所有感情的矛盾中，并且暗示在这个意义上我们都是理论家。实际上，伯克的例子告诉我们，一种意识形态的生产，即使它在某些地方最终被拒绝，但它仍有其一定的伟大之处；在我看来，在《动机的语法和修辞》中，伯克不顾一切而又野心勃勃地力图赋予19世纪三四十年代早期资本主义以应有的文化和政治的意识形态就是这样一种情形。毕竟，我们在这里正深深处于对新政，对杜威关于自由主义、多元主义的说法，对联邦政治、“人类谷仓”、“竞争性使用合作社”[8]，以及对关于《动机的语法和修辞》的题词称为“战争的净化”的东西的政治冲突的颂扬之中。从今天怀旧的角度，即一个道德和文明完全瓦解的社会体系的角度来看，当时曾似乎是对资本主义公共领域的文化和意识形态冲突的精明的诊断，以及对后者的合法策略的一种经常具有破坏性的批评的东西，现在必须具有有点不同的含义。真正的合法性形式现在被辩证地加以改造，消费资本主义不再像在刚刚结束的过去的社会形式中它的前身那样，必须依靠概念系统和抽象的价值观与信仰。因此，今天《动机的语法和修辞》用以打动我们的不是它们的批判力量，而是伯克对自由主义的和谐主张和体制从内部开始改造自身的能力所怀有的模糊信仰。

最后，我要转到伯克的批评理论中自我或主体的概念上来，这个问题也将要转变到对戏剧系统本身所作的一个非常简洁的最终评价上。欧洲大陆和英美的批评传统在任何方面的分歧，也没有像在主体或自我或自身，以及它被赋予的价值和现实这一整个问题上的分歧那么大。我们不必非要一直跟从当前法国对自我心理的扬弃，跟从他们叫作“主体哲学”的东西，在自我的美国神话以及自我的身份危机和最终复原的美国神话中，去辨别出中产阶级个人主义的旧有意识形态的某种最后踪迹和残存，这种意识形态的基本特点——法律面前人人平等、自治、自由出卖自己的劳动力——在市场体系的机构和组织中有至关重要的功能要完成。扬弃那种意识形态传统，评价主体及其关于中心性的视觉上的幻觉的非中心化，我认为，这并不一定会导致无政府主义或者对精神分裂的主人公和精神分裂的文本的赞颂，而这种赞颂却已经成为最近法国批评的时尚和文化输出中的一部分；相反，它应该标志着对旧有的个人主义的一种超越，标志着新的集体结构的出现，以及和这一集体结构有关的用来描绘我们自己的非中心化地位的方式的出现。

不管是否如此，美国批评中自我这一措辞将只能作用于与之相伴的对身份危机和神话复原的解释代码，同时，一个后个人主义时代需要新的后个人主义的范畴来理解文学形式的演变和生产、文学文本的语义内容以及这个内容同集体经历和意识形态矛盾之间的关系，以上这一切都是清楚的。伯克自己的批评实践在这一方面的矛盾是，他已经预料到对自我和身份这样的措辞会有许多基本的反对，但同时他或许会跻身于这个措词的开创性鼻祖之列。我们称为伯克的"遏制策略"的东西中最后而又最重要的一方面给我们提供了真知灼见，而这些真知灼见被证明是和伯克自己正式的实践背道而驰的。比如，来看看下面的这个交流，在这个交流中，伯克把这个想像的异议归咎于他的马克思主义的批评家们："身份本身是一种'神秘化'。因此，我们讨厌它的许多扑朔迷离的方面，甚至试图把对它的研究也叫作'神秘化'。"对这样一个在某种程度上对当前文章的观点是一种讽刺的命题，伯克给他自己做了一个回答，这个回答我们或许也会赞同："这个回答将同那些受着病痛折磨但却通过同医生争吵而得到'缓解'的人所作的回答类似。如果马克思主义者不准备通过攻击马克思的'异化'这个术语本身来否定马克思，那么，他们必须允许对异化本质的研究，允许对反异化的不管充分与否的尝试的本质而进行的研究。"[9]

我引用这一段落主要为了证明，伯克很奇怪，他不愿意说出"意识形态"这个词本身，并且不愿把他自己对象征形式的研究等同于任何对现有的解神秘化的策略的研究，或者是等同于——按照利柯（Ricoeur）的说法——对我们今天称为否定的解释学或怀疑的解释学的研究。在我刚才引用的想像的交流中，关键的问题并不是急不可待地需要找出异化的各种文化形式，伯克特别强调这一需要（“通过对这些‘策略’的分析，人们对异化的因素作出回答，并且试图重新拥有他们的世界”[10]）。之所以不必这样做是因为，正是由于身份和自我范畴的状况，才首先产生这样一些异化概念。而这种范畴本身就是意识形态的，并且如果我们仍然封闭在这个意识形态系统、意识形态的禁闭或困境之中的话，这种范畴就很难被正确地评价。

因此，现在是描述伯克的戏剧主义和意识形态分析本身之间主要的结构距离的特点的时候了：伯克的系统没有给无意识留下空间，也没有给真正的神秘化留下空间，更不用说给神秘化的分析或进行解神秘化的解码和解释工作留下空间，而这种解码和解释工作正日益成为像我们这样一个物化的社会、晦涩的社会中的文化工作者的使命。戏剧的模型，如果我可以这样说的话，是意识的全部范畴，它以古典的、可谓是亚里士多德式的方式，展现在光天化日之下；由于伯克的象征活动对语言之下黑暗的那一面的明显无视和对历史或者欲望的诡计的明显无视，他的象征活动对其本身来讲，总是沉静而透明的。具有明显特征的是，在面对意识形态分析的伟大的先驱者们时，在面对无意识本身进行发掘的伟大的探索者们时，在面对马克思、弗洛伊德、尼采时，伯克的倾向却是仅仅将他的方法象征论中的分类机制应用到这些人的真知灼见上。[11]

但是现在，在我们对自我或主体进行了一番题外讨论之后，我们或许可以更好地理解这一切为什么是这样的。在这方面，戏剧的轮廓本身是具有无限揭示性的，也是无限可疑的：实际上，戏剧的景观，戏剧的空间，提供了最初、最基本的模仿的幻觉模式，就仿佛它是个有特权的形式。在这个形式中，观赏者主体发现自己被指定了一个地位，一个中心。那么，戏剧与其说是实践的原型，不如说它是表现的意识形态的根源，是主体的视觉上的幻觉的根源，是那个消失点的根源，戏剧的景观——不管是文化的、日常生活的还是历史本身的景观——从那个消失点上作为形而上的一致意义和有机形式变得清晰起来。

在对戏剧的范式和人格化的批评中，我们一方面回到了象征本身所具有的根本的模糊性上，同时也回到活动的完成和人格化的替代上，这是一种作用于世界的方式，一种补偿这种突然的作用所具有的不可能性的方式。通过把斜体字从名词转变到修饰词，伯克本人要说明的正是这样一种模糊性，实际上，这主要取决于你是否把艺术当成一种象征活动，还是仅仅当成一个象征的活动。塞巴斯提阿诺·提姆帕那罗（Sebastiano Timpanaro）已经用同样的话语强调了萨特关于实践的观念类似于葛兰西的观念，具有结构上的不稳定性：

“首先，必须要说明的是，对实践这个词的提及，可以有截然不同的意思，这要看人们是在宣告纯粹的思想没有能力使人幸福、自由（‘哲学家们仅仅是不同地解释世界，而问题是改变世界’），还是在宣告知识本身干脆就是实践。在后面的一种情况下，由于认识现实就已经是改变了现实，所以人们从马克思主义退回到了唯心主义——比如，退回到一个作为实践的思想的哲学（或者在我们当前的语境下，是一个作为真实行动的象征形式的哲学）那里去，这使得行动看起来是多余的。”[12]

在本文的开头，我列出了一个包括当代伟大的批评家和在一个象征被发现的时代里伟大的读者的名单。但我忽视了的一点是，艺术和鉴赏式阅读的实践，在我看来，不是我们这个时代关于文学和文化批评的最重要的功能和最紧迫的任务。在我们这样一个受到失语症的折磨没有像受到健忘症的折磨那样严重的社会中，有一个比阅读更高的优先权，那就是历史本身，所以我们这个时代最伟大的批评家是那些——比如，卢卡奇和略逊一筹的利未斯——把他们的角色解释成教授历史，讲述部落神话的那些人。部落的神话是我们将要听到的最重要的故事，是对无法改变但又解放了的逻辑的叙述，而人类群体正是通过这种逻辑，发展到现在的形式，并且发展了我们赖以生活和解释世界的符号系统。实际上，我们是如此紧迫地需要这些历史课，以至于我们忽略了这样一个显著的事实，这一事实就是，刚才提到的那些批评家没有一个优秀的，更不用说是艺术鉴赏家，读者，每个人都可能由于他耳背，由于清教徒式地对文学文本中各种享乐缺乏宽容而公正地受到责备。

因此，我将感到遗憾的是，伯克最终不想教授我们历史，尽管他想教授我们如何同历史格斗；但是，为了正确使用他的著作，我认为，他的著作可以用来学习历史，尽管这违背了他自己的意愿。事实上，在最近的美国批评中，有一个经典的例子告诉我们，如何能在对峙中做到这一点。这种对峙指的是在极少数能体现卢卡奇式或利未斯式历史导师的思想、在美国受到冷遇的批评家们同伯克之间的对峙。我指的是伊沃·温特斯（Yvor Winters），在他的"美国诗歌的实验学派"[13]中，他对伯克的经典著作"词典修辞"的重写[14]，可以说是一个如何有效地将一系列有力，但非历史的审美观察历史化的模式，也是一个将伯克的纯形式解释方法变为一个有力的历史叙述的转换模式。将象征含义延伸到历史本身——在我看来，这是我对肯尼思·伯克所展示给我们的无与伦比的批评能力以及理论能力表达敬意的惟一恰当的方法。

1978 年春

【注释】

［1］富兰克林·兰特利齐亚（Frank Lentricchia）的《批评和社会变化》（*Criticism and Social Change*；芝加哥，1983）描绘了一个非常不同的伯克，一个真正的美国“西方马克思主义者”。他对文化和意识的政治意义的强调预示了第二次世界大战后马克思主义在欧洲的重建（萨特，西方马克思主义者；马尔库塞；房龙）：他是先驱，是英雄的祖先，人们可能由于太感激而不愿意承认他。不过，我仍然认为，文本在客观上是模糊的，如果文本能以这一章中列举的方式被阅读，那么它们的政治功能和权威将不再完全可靠。

［2］John Berger，*The Look of Things*（1972；New York，1974）：p. 115，Louis Althusser，*Pour Marx*（Paris，1965）pp. 238－243，see also Tery Eagleton，*Criticism and Ideology*（London，1976）p. 69：“意识形态不仅是一个基础结构的糟糕的梦想”。

［3］Kenneth Burke，*The Philosophy of Literary From*（1941；3rd ed. rer.，Berkeley and Los Angels，1973），pp. 5－6.

［4］Burke，*A Grammer of Motives*（1945，reprinted Berkeley and Los Angels，1975），p. 462.

［5］Ibid.，p. 461.

［6］Ibid.，p. 289.

［7］Ibid.，p. 147.

［8］Ibid.，p. 142.

［9］Kenneth Burke，*The Philosophy of Literary From*，p. 308. 事实上，当代某些马克思主义——特别是阿尔都塞（Althusser）和吕奇欧·科莱蒂（Lucio Coletti）——明确把异化概念作为黑格尔思想在马克思早期著作中的残留的东西加以扬弃。

［10］Ibid..

［11］问题是，伯克作品中缺少的不是术语，而是术语所针对的诊断分析或者症状分析。事实上，无意识的概念，在一些文章如《思维、身体和无意识》（见《作为象征动作的语言》，伯克利，洛杉矶，1966）中，已被

详细地讨论过；至于伯克对解神秘化和否定的解释学的观点，参见《美德和暴露的局限》，见《文学形式的哲学》，168～190 页。

［12］Sebastiano Timpanaro，*On Materalism*，*trans.* Lawrence Garner，（London，1975），p. 56.

［13］Yvor Winters，*In Defense of Reason*（Chicago，1947），pp. 30－74.

［14］See Burke，*Counter-Statement*（1931；reprinted Berkeley and Los Angels，1986），pp. 123－183.

（林　慧　陈　昱　译）

消失的调解者；或作为讲故事者的马克斯·韦伯

马克斯·韦伯的社会论文组成了在神话与其他类型的想像文学的研究中发展起来的特别适宜于分析技巧的一组叙述文献。这样一种方法要求与韦伯的作品保持相当距离，同时还要求一种与权威社会学十分不一样的对他著作的态度，因为后者会十分自然地首先希望查究韦伯描述的精确性与他提出的解释这些描述假设的确实性。然而，在目前的这一研究中，为了更清楚地解开这些文本的内部结构，我们一开始还不能作出这样的判断，因为这种判断涉及这些文本所提及的“符号或事件”。

当然，在一个理论上矫揉造作地在他自己的作品中明确讨论模型的用处与功能的学者的事例中，或者，事实上在史料编纂的实践中，如同他称它们为“理想的类型”的情形一样，不可能存在引起实证哲学愤慨的对某一种方法的反应，这种方法就像我们自己的方法一样，似乎能彻底了解社会学与散乱的散文从而应用于各种其他公开的或伪装的幻想或叙述故事。诚然，人们还是能承认在对某一个人的著作中个人的或无意识的，抑或是“心理”的结构的搜寻中固有的悖论的，这一作家的目标是把社会学的建立当作一种“价值自由”的学科，他同时也力图为社会事业机构的纯客观与科学分析提供一个方法论的基础。但是，越来越多的人以激进观点[1]来重新评价韦伯的价值自由作品使得这一点变得很清楚，即韦伯的价值自由（wertfreiheit）本身是一种出自热情的价值判断，这与实证学和学术的客观形式毫不相干，而美国的那些韦伯的解释者们却已如此经常地将它与客观形式同化了。因此，在对韦伯用这样的名称完成了他这一实际工作做分析之前我们必须首先确定这一概念的意义。

一

毋庸置疑，韦伯最初发展“价值自由”这一学说是把它作为对具有政治导向的教义的论战中的一个武器，这一武器主要不是针对左派，而更多的是针对远方的右派，他也特别提到了刺耳的本族的与反闪族的特赖奇克的那些演讲。然而，一个民族，像价值自由的民族与客观探索一样，不能不受到它的起源与发挥着某种作用的因素的影响。因此，对我们来说，这不是一个无足轻重的问题，这不是某种科学研究中排气管的产物，而是一种价值观强加于其他价值观的断言。

因此并不奇怪，这样一种武器、这样一种意识形态上的战略概念，后来能同样如此有效地被用来对付左派；也许是指出韦伯的反马克思主义被经常误解的时候了，一般被认为是等同于批判马克思主义的许多材料，作为一个整体（如，新教伦理）实际上是明确针对庸俗马克思主义与恩格斯本身就反对的第二国际的经济主义的。[2]我在后面的第二部分还要重新谈到这个问题。这里，我要指出的是他的关于论述宗教因素对经济发展的影响的著作，根本没有将历史唯物主义作为一种理论加以怀疑，恰恰应该被充分地认为是对这一理论的贡献。

实际上，韦伯的最有影响的反马克思主义武库中的遗产不是以唯心主义反对唯物主义，因为他本人也明显地赞同马克思的唯物主义，而是在于他的战略性的替代，存在于他自己的研究与理论阐述，他以政治领域取代经济领域作为研究的主要对象（客体），从而含蓄地最终确定历史的真实。这样，韦伯就制造了政治与社会的历史——官僚机构的增长，具有超凡能力的个人的影响与他在政治机构中的作用——一个能够在相对游离于经济发展问题之外得到验证的自主的研究领域。这样一种取代，在我们的时代，采取传统的战略形式，对资本主义的分析就可以被政治自由的讨论所回避，经济异化的概念与商品制度的概念可以被对政党官僚的抨击所代替，如“新的阶级”等诸如此类的词。

作为一个政治家与一个政治理论家，毫无疑问，韦伯确实是极度反社会主义的，而他（根深蒂固的）对社会民主党领导国家统治民族的能力的怀疑只不过是一种更为顽固的观点在外部与实践上的加强而已，这一点我将在随后的部分作详尽的解释。从这一意义上来说，韦伯是一个在传统的19世纪意义上有关自由主义的一切意义含糊的权威表现而已：对德国贵族地主与威廉二世、对特赖奇克的各种各样的民族主义的辩解怀有敌意，但是，他本身却肯定面临着马克思式社会主义的有阶级导向的国际主义民族的最终价值给予范畴。被称为“德国式的马基雅弗利”（迈纳克）与“我们时代最伟大的德国人”（雅斯贝尔斯语）的韦伯，是一个忧郁得令人迷惑的人物，他在魏玛共和国一开始时就去世了，他的死使得他的历史意义在由威廉明娜时期向希特勒时期的过渡中留下了永远的疑问。

“价值自由”作为一种科学的价值确实与那些政治状态密切相关，当然在某种程度上还有待于进一步确定，这恰恰如同与韦伯困惑的感情生活肯定有关一样。从心理分析来看，韦伯的确具有重病人的一切迷惑，一个杰出的精神病人，在这种状态中他智力的生产能力与无意识力量的周期性的跛足行走的效果有密切关系。他传记中的事实——不常见的父母的冲突、在活跃的事业高峰之时整整四年的实际上的智力瘫痪，以及其他更近些时候在阿瑟·密泽曼的《铁笼子》一书中揭示出来的严重的症状——所有的一切证实了韦伯身上更为严重的恋母情节的骚动的存在，用H·斯图亚特·休斯（H. Stuart Hughes）的话来说，引起了“悖论式的猜疑，即我们时代最具探查性的社会理论是一个典型的弗洛伊德类型的未解决的精神神经病的间接结果”[3]。

然而，韦伯的崩溃不仅仅只是临床的好奇，它本身必须放在一个更广阔的欧洲与北美的道德危机的范围中来理解，而这一道德危机还没有发现它自己的历史学家。在19世纪末各种不同的民族情境中，没有比下列事情的同时出现更惊人的了：这就是对精力残缺的相似的看法，对哲学悲观主义的相似的表达——这种悲观主义是对某种更具体的实际经验的理性发泄。人们想起了福楼拜，或者是对一些更为具体的《悼念》中的丁尼生；想起了哈代，或者是于斯曼；想起了马克·吐温的“苦难的经验”；想起了托尔斯泰晚年的自愿强加的悲凉，想起了易卜生或马拉美的“不育”。

这些现象当然都成了仔细研究的对象，但只能是在各种不同的民族的框架之中，每一个民族的框架似乎都已经提出了自身特有的解释模式。因此，在法国，精力的丧失被视为本质上是一个政治困境的结果：1848年大革命的失败，不断增加的幻想的破灭，首先是对第二帝国的，最后是对第三共和国的。另一方面，在英国，这种精力的丧失从宗教与哲学方面来说，通常被认为是从“信仰之海”的一个缓慢的撤退，是达尔文影响的结果，然后是胜利的实证主义与由于在有组织的包围英国国教的环境中的自然科学的发展。最后在法国与美国，这种普遍化了的文化压抑常常被认为是经济上的原因，即一个粗鲁无礼、放纵不羁的商业文明的突然复兴，是一个“镀金时代”的突然发展，在这个镀金时代里，新的工业主义者的物质主义与实利主义在日益扩大、令人生厌的大城市里，如芝加哥或柏林，找到了标记。因此反对者们也就倾向于带有审美主义者的色彩，不管是在托马斯·曼的艺术家身上还是在美国知识分子向更为古老的欧洲城市的逃走过程中。这些解释模式当然不是互相排斥的，甚至还常常伴随着第四个调查分析，至少对新教国家是这样的，即在性的问题上对维多利亚女王时代的特征进行诊断，维多利亚时代是名副其实的，它的这一方面的特点体现在权力主义族长式管辖的家庭，严禁性的表达与“品行端正的”妇女的强制性性冷淡的三重外衣之中。

毫无疑问，所有这些因素都起着作用，但有一点是根本的，即在对任何一个因素作出估价之前，应该更仔细地审视被要求用这些因素来解释的那些具体经验的性质，换言之，这些经验在当代通常被称作“颓丧”（spleen），或者“厌倦”（ennui）。为了勾勒出一幅到底在韦伯身上发生了什么的图画，我们需要一个彻底的关于这种心理状况的现象学的描述，而要这样做就是要懂得厌倦本身是一个历史现象，一个在其他文化中或者是在我们自己文化的各个阶段不一定有对应物的现象。例如，我们必须在19世纪后期的状况与同世纪初期浪漫主义的绝望之间作出一个结构上的区分。在后者，苦恼者从世间彻底退出，对拜伦式的诅咒再也置之不理，或者在邪恶的无赖与社会敌视者的伪装下重新杀回。对于这样一种状况来说，其基本姿态是拒绝，如果不是英雄式的，就是沮丧式的，弗洛伊德将他所描绘与诊断的这种状况称为“忧郁病”（melancholia），这也许是最适用的了：“忧郁病最显著的精神特点是极度痛苦的沮丧，对外部世界兴趣的取消，爱的能力的丧失，一切活动的抑制，将自尊感情降低到用自我谴责与自我辱骂来发泄的程度，甚至达到妄想性期望惩罚的顶点。”[4]对弗洛伊德来说，这种症状源于已被注入“力比多”与自我自恋的相联系的对象的丧失："对真实现实的检验，已经显示所爱的对象不再存在，就需要立即将诸多对象的一切'力比多'全部撤回。针对这一要求，当然也就引起了一切斗争——也许普遍观察到的情况总是这样的：任何一个人永远不会自愿地放弃一个'力比多'立场，甚至在一个新的替代物已经向他招手示意时也不会。这一斗争是如此的激烈以至于随之发生的就是避开现实，而这一对象是通过一种幻想的愿望，精神变态的媒介，附着于现实的。"[5]我们或许可以过于性急地表明，如此被浪漫主义者们忘掉的那个对象实际上是贵族世界本身，即便是"复辟"（the Restoration）也不能使他复生。

我们也许可以这样把浪漫主义运动描述成在震惊与愤怒中对某些东西从根本上丧失的一种觉悟，一种监狱栏杆愤怒地开始意识到了并格格作响的觉悟，一种采用将自己的命运押在"有趣的"的途径中以求恢复失去的一切的无助的尝试。但是到了19世纪中叶，这种震惊已经过时，而丧失的那个对象也已经被遗忘；苦恼者也不能记得一种与他自己的在性质上不同的局面了，并且十分自然地认为，一切生命就是这样虚无的。同样，厌倦与其说是一种受苦的形式，不如说是一种在普通意义上的感情的缺乏，在一种静止被动的精神气氛中，如同维多利亚时代的本性一样，只有时间的推移被牢记于心而真正的活动是没有的。厌倦的根本姿态不是反叛而是放弃。就像亨利·詹姆斯与冯塔纳的英雄人物身上所表现出来的那样：厌倦它不是从世间退出而是呆在里面，用爱利斯的贪心汉的一切麻醉性的冷漠注视这种世界的活动，并在人类雄心的目标的长长的目录中得到了特有的体现，福楼拜就从目录的始终一直在朗诵（复述）世俗虚荣的祷文。（在这一意义上，惠特曼的得意洋洋的目录，作为尝试，可以理解为第二等的恢复，并不像尼采那样，在某种狂躁的快乐中，通过意志的努力，重新拥有死去的世界。）

然而同样重要的是必须区分厌倦与我们时代最典型的那种情感，即，焦虑（不安，anxiety），因为后者是一种活动的、有活力的要素，海德格尔与萨特的权威描述说得很清楚：苦闷与习惯（praxis）密切相关，它起因于一种作为没有正当理由的道德标准根源与一切行动根源的自我的突然觉察，一种只能在作出抉择时而不是在笼统的静止的形势中发生的觉察。在这一意义上，我们也许能纲要式地把浪漫主义的沮丧、厌倦与苦闷理解为在同一历史进程中的三个阶段：在得出某种结论之前，对突然发现自己所处的新的却又思想贫乏的世界首先表示出震惊与苦恼的灵魂，用一种麻痹的超然姿态，开始编制周围事物的目录，这个结论就是：灵魂本身正是后者忙碌骚动着的烦乱的原因与虚无的道德标准的来源与基础，这些活动正是依赖于这样的标准的。因此这样一种历史的病状能说明人的精神能适应一个日益人格化了的世界。

然而，有些自相矛盾的是，传统上对厌倦的描述绝不是现代的那种。托马斯·阿奎那将“淡漠忧郁症”（acedia）称为“不关心，由此在精神活动方面人就变得懒惰呆滞，因为它们使身体变得疲倦”[6]。阿奎那的富有特征的描述也许说明了被争论的经验的另一个本质的部分。阿奎那的话表明，厌倦（ennui）或者淡漠忧郁症（acedia），并非一种原始的而是一种非常复杂的非自然状态的反应，是一种传教士的疾病：“根据大马士革人的说法，懒惰（acedia）是‘一种压制的悲哀’，也就是说，它沉重地压在人的心头，以至于他什么也不想做（因此酸性的东西[acida]也是凉的）。因此懒惰（acedia）暗指某种对工作的厌倦，如同《诗篇》106：18 中说的那段话那样，他们的灵魂厌恶各种各样的肉，而且从某些人的定义中也说明这一点，他说，懒惰是一种心灵的不活泼，它不求上进。”[7]懒惰就是这样一种发生在知识分子身上的东西，它与禁欲的环境的关系呈现出更新的意义，这对韦伯来说是有用的，如果我们想到禁欲主义是合理化本身的早期形式之一的话。因此，不是农民对新技术这一事实的惊恐，而是知识分子专家的厌倦，因为他们非常清楚它是什么样子，所以便开始怀疑为什么是这样：这就是出自早期述说中的厌倦的图画，它也许可以帮助我们形成一个由对经验本身的现象的描绘向已经用传统的哲学思想将它概念化的方法的过渡。

已经表现为概念化的这一主要形式对我来说似乎是手段与目的的分离，如果这种分离被认为是作为制定计划的人类的普遍特性的话，只要将它与人类社会的各种形式的关系显示出来，就足以领悟他们总是这样注意到这种分离的。在一个以传统为指导的社会里，确实，任务是由出身或仪式分配的，但标志着目的和实现目的滞后特征的那种行为本身内部的内在的时间断裂还没有出现。达到预定目标的方法本身是神圣的，因此，它们是为自己的缘故依据自己的权力而被应用的。因此，这样的社会缺乏这样的“行为”的抽象概念，一个在它自身的表面之下包含人类努力的最异类的形式的概念；而这种形式被认为与图腾制的动物以及各种各样的有社会组织的昆虫一样是自主的，而且是具有内在意义的，因为它们的实施者就是按照这种形式组织起来的。

值得注意的是，即使我们延伸到古希腊哲学抽象的诞生，亚里士多德精细的四因体系（质料因、形式因、动力因与目的因）[8]在手段与目的之间与我们全然反对的对待活动的态度也没有显示出多大的区别。亚里士多德的概念反映一种工匠的文化，给具体的场所本身留出更大的空间，因为制造与手工艺的行为，运用继承下来的技术，可以被视作传统倾向的社会与我们自己技术社会之间的一种妥协方案。这样，对亚里士多德来说，粘土（质料因）仍要求被做成陶罐；工业仍然具有一种内在的逻辑，一个它自己的声音；而原先存在着的形状与式样并没有一个“目的”的现代意义的概念上的全然独立。很明显，现代意义的概念是隐含在亚里士多德式的方案中的，但已具有抽象的非人性化力量的概念并没有在现代普通的市场文化与失去神圣化色彩的技术世界里发挥作用。

可以肯定，关于行动的现代两分法观点的出现与普遍意义上的现代世界中行动的世俗化有关，与摆脱传统的双重奴役有关，这是法国大革命与市场制度发展的结果。现在，在人类历史上，道德价值领域本身首次变得有了疑问，它能够被隔离，而且能被独立地考虑。现在，在新的中产阶级文化中，人们第一次开始衡量各种各样的互相对立的活动；我们所说的私生活，或者是个人主义的主体性的东西，实际上恰恰是允许它们这样做或者将它们职业的事业性牢牢控制住的那种距离。因此，举例来说，便出现了司汤达的探索“做什么工作”的小说中的独创性。司汤达的作品似乎是以微观的方式探索各种职业工作者和政治体制对选择生活方式的影响。然而，这样一种探索已经暗含了某种厌倦的存在：日内·吉拉德所称的天然的激情与天生的才能的“浪漫主义谎言”已经消失，不知道用你的生命做什么，你事先把你自己限制在了某种本体论的对任何可能的最终选择都不会满意的囹圄中。最后，对于司汤达的崇拜者尼采来说，这种本质上脱离一切价值的距离第一次形成了价值的理论；但是将价值本身作为客体的理论，会同等地看待一切价值，即使它们不能互换，也意味着超越一切价值观念的观点的存在，超越或跨越所有的价值。韦伯对尼采的描述是非常深刻而切题的，因为具有讽刺意味的是，与此同时，尼采的诊断是令人信服的。“想创造新价值观念的人必须善于无情地摧毁现存的价值观念：创造通过毁灭来实现，善与恶总是手拉手地走来的。但是，由于这种创造超越了对善与恶的考虑，因此，存在着的道德标准并没有什么用处，只有他追求真理的决心才能在他的大搏斗中指导创造者。因为追求真理的决心也是一种‘追求力量’的形式，——甚至可能是它的最高形式。真正的智慧追求者的任务是要评价价值观念本身，是一个有效地阻止他参加人们互相间的物质斗争的任务，但这种不干涉并非是软弱的标志，而是恰恰相反。”[9]

弗莱希曼对韦伯那种本质上是尼采主义的描述，进一步确认了前面关于价值的解释，即作为一种积极的争论的武器，一种在尼采式的“权力意志”意义上的自我肯定和理性征服的方式。[10]一旦目的与手段被这样分开，就不可能重新在已有的经验与反映它的理论中将两者放在一起，在较旧式的传统倾向的文化中恢复“天真”、“原始”、本能的行动一致性，恢复具体的观念、深入世界的实际，以及作为整个过程的实践，是当代哲学的重点，这一重点可以理解为是针对这些分离的背景的。厌倦，就像我们已经说过的那样，是现代世界最具特点且最具标志性的经历之一，它现在可以被看作预先假定的作为它自身经历的一个意图与行为之间的裂口：为了懂得忧郁（spleen），苦恼者（sufferer）必须具有把活动看作是纯技术的而不是有任何内在目的、内在价值的行为的能力。

实际上，关于这样一种经历所具有的悖论性质是，它与历史上最活跃的时代之一是同时代的，是与维多利亚后期的城市生活机械的生气勃勃同时发生的，是与在新的生活条件下工商业的迅速发展中的一切烟雾和运输同时发生的，是与实证科学实验的胜利和宇宙系统的征服同时发生的，是与新的中产阶级政权忙乱的议会制度和官僚活动、新闻报道的传播普及、扫盲与文化的普及、适合消费者文明而大量生产的新的商品的无处不在的影响等同时发生的。因此，我们面临着这样一种特殊的印象：生活变得没有意义是与人们对环境的控制成正比的，世界的人格化常与日益扩大的哲学和存在主义的绝望手拉手地走来。只要这个世界的一部分——一个不被完全控制的自然——一个盲目的神权主义与等级社会的传统——悬于人类不能企及的地方，那么世界的无意义的状态好像就会保持着；好像只有中产阶级能自由地完完全全地创造或再创造他自己的世界之时，才能使他沉痛地感到它最根本的荒谬之所在。

很明显，在这种情况下，最有创造性的思想家不是那些对世界的无意义性连看也不看一眼的人；也不是那种有了惊人的洞察力却着手在纸上对着虚无发明“虚无哲学”（philosophy of as it）的人。实际上，可以这样说，这一时期最令人感兴趣的艺术家与思想家选择并以意志力控制这无意义性本身的经历，并把它作为最终的真实，从而牢牢地抓住某些他们不愿意被欺骗的最终存在的真实：“人更愿意要这种虚无”（“lieber will noch der Mensch das Nichts wollen”），尼采大叫着，“而不是不要”（“als nicht wollen”）。在这一意义上，韦伯的“价值自由”是对意义本身错觉的一个情绪激动的拒绝，一个对一切哲学的批判——黑格尔世界的精神与马克思主义辩证法，同样还有基督上帝——这些哲学都是设法要我们相信，一些目的论的运动在另外一些混乱的、任意的、以经验为根据的生活的焦虑中是固有的。“只要理性的经验论不管以什么结果，已经能够完成世界非神圣化的过程，那么这种确定性的结果应是一种带有伦理的先决条件的紧张，也就是世界应被视作一个由神安排的井然有序的宇宙，它在某种程度上是朝着有伦理意义的方向安排的。”在引了韦伯的《社会学与宗教》里的这段话之后，沃尔夫冈·J·蒙森继续指出：“正是怀着这种坚定信念，韦伯坚定地与他那个时代设计成五花八门的历史哲学作斗争……而韦伯有时候倾注于这一斗争的完全失控的激情是尤其值得注意的，也是令人难忘的。”[11]这种态度，我们称为“英雄的愤世嫉俗”（heroic cynicism），很明显，是与纯粹的科学的客观完全不同的东西，它构成了一个真正地由此引起保守立场的最有趣的局面。在这种局面中，存在者与现状不知什么缘故成为了本体本身，因此革命的方案，同样还有天真与怀旧的幻觉（想）似乎变得同等的“不现实”了。正是这种在本体中的既得利益才应全面地对大多数伟大的现实主义小说家的反动的政治见解负责，而对于带有韦伯印记的社会学家应该替他分辩几句：社会功能的研究要求你预先假定整个社会机械论应是完整的，它就出现在你的眼前；想用它来做些拙劣修补的幻想家正冒着使你通过试验测量仔细记录下的结果无效的风险。

然而，韦伯（和尼采）对一切价值的悬置所暗示的多元论，与现代自由主义辩护者虔诚地要求的宽容共存相去甚远，这情形如同韦伯的“价值自由”，后者与占支配地位的实证主义客观性的崇拜也相去甚远。对韦伯来说，多元论意味着泛神论，不是和平共存，而是荷马式的战场，在这个战场上，“不同的神互相斗争着，现在如此，将来也如此。我们像古人那样生活着，那时候他们的世界还迷恋着神怪，只不过我们生活的意义不同罢了。作为希腊人，有时候献祭给阿佛洛狄忒，有时候献祭给阿波罗，而且，首先，如同每个人献祭给他城市的神一样，我们现在仍这样做，只是人类的举止已显得沮丧，神秘的内在的可塑性已不复存在。命运，当然不是‘科学’在这些神与他们的斗争中占主导地位。人们只能有时从这一角度，有时又从另外一个角度来理解什么是神性”[12]。这些不同种类的神不仅仅是不同种类的世界观（人生观），是现代市场竞争的思想体系，而且首先是各种各样不相关的领域与范围，现代世界里的个人生活就散落在这些领域与范围里，而这种领域与范围使得生活的过程变成了某种无目标的牺牲，一会儿献祭给公众，一会儿献祭给个人，也就是献祭给不同形状的神和不同的思想观念。这一现代生活的多种多样的价值目标之间的不可调和的斗争具有实际的效果，即不可避免地将“强权政治”的范畴与先入为主的伦理分离，这情形如同印度史诗巴格瓦达·吉塔结尾处一样，阿朱纳，尽管怀有被杀死的恐惧，还是被力劝回到战场去，“做必须要做的事”。这些都是在韦伯的另一个出色的讲座末尾“作为职业的政治”里所描述的。

为什么这个“宗教上不和谐”的韦伯会被宗教如此强烈地吸引，答案现在已变得明晰起来。上述所用的泛神论的比喻性语言强调了这样一点，即对于韦伯来说，宗教现象在一般意义上而言正是价值的基础，一种从外部被一个不再相信任何价值观的人观察到的价值，而对于这个人来说，这样的生活信念因此而变成了一种更古老的仪式意义上的神秘。在这一方面，即在宗教的美学评价传统中，韦伯有着自己的地位，这一传统据说是由夏多勃里昂在他的《基督教的魔仆》（*Le Genie du christianisme*）中开始的，并在诸如马尔罗的《沉默的声音》（*Voix du silence*）中延续到我们自己的时代。这是一种好奇的态度，它将宗教上同路的不可知论魅力的某些东西与内心的低劣、在信仰方面重要的内心的渴望联系起来，它提供了一个如韦伯科学研究概念的任何其他标志一样显著的标志，即令人难受的苦行与自我克制，它使得价值作为一个研究对象变得可见与明显，它导致了一个非常有特点的结论，这一结论出自“作为职业的样子”见诸前面引文的同样段落：“鉴于这一理解，不管怎样［视生活为神与神之间的斗争］，这一问题已达到了极限，因为到目前为止，这一问题已能够在学术报告厅里由教授加以讨论。”

因此，我们也许能得出这样的结论，韦伯对价值标准的态度非常卓绝地构成了一个名副其实的价值，于是有人固执地认为他有一种内心矛盾，将一种瘫痪、悬而未决的行动与判断的态度强加于他，在通常的学术意义中，常常将它误解为客观性。那个“价值自由”，对韦伯的追随者来说，变成了简单的客观性并不令人感到惊奇，因为韦伯自己曲解的尼采式的解决办法并不能长期继续下去，或者说个人也不会作出最大的努力。但我们完全赋予权力的这一手段需要调查韦伯系统的意识形态的内容，如同调查他的研究中的科学正确性与精确性一样。确实，这一系统的神话般的结构或者世界观，似乎要求一些超过纯语义的或认知的范围的方法。因为从今以后，历史学家与社会科学家被要求叙述各种各样“神”的故事，与他们互相之间斗争的故事，一个有时像尼采讲的那样，牵涉到一个神的死亡的故事。那么，还有什么更合适的对象适合叙事分析呢？

二

马克斯·韦伯的思想为某种最初是纯逻辑的或纯概念的分析提供了一种特殊的客体，因为它尽管复杂，但却明确以成对的方式构成一系列的二元对立。“当人们企图孤立韦伯的分析的主要逻辑大纲时”，塔尔科特·帕森斯告诉我们，“二元对立模式的卓越性是非常显著的”[13]。作为韦伯心目中的这样一种对抗一览表，我们可以回忆一下所有对抗中最有名的那个对抗，即官僚政治与领袖气质的对抗，但同样还有禁欲主义与神秘主义、职业人与专业人、强权政治与伦理、政治与科学等的对抗。

同时，由这些不同名称之间的联合所造成的格外的错综复杂——特别是在晚期的韦伯身上，如同赫伯特·马尔库塞所说的，“形式的定义、分类与类型的方法是没有节制的”[14]——如果试图一个术语一个术语地阅读韦伯，试图孤立地理解语义现象，或没有区分与它概念上对立的另一类而来理解它，那就等于是一个令人痛苦的、漫长的、无效的复杂而冒险的计划。最多，我们只能希望通过隔离那些较简单的较为主要的形成规模与定义的途径和办法来超越这种令人困惑的结果；而要这样做，由 A. J. 格雷马斯设计的方法或“语义长方形”也许可以提供最有用的工具，来整理出组成韦伯体系的基本的要素：

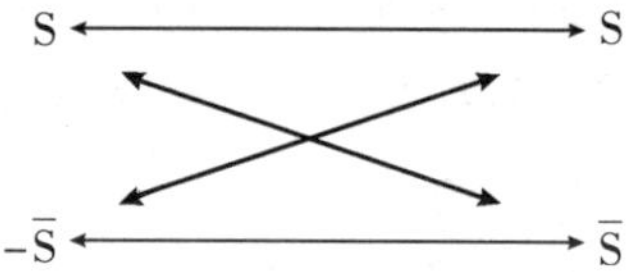

这一图表的前提，区分了一个给定的术语 S（－S，或我们所称谓的“反－S”［“anti－S”］）与它简单的否定或矛盾（S̄，或“非－S”［not－S］）之间的对立，它表明一切概念，直接地或含蓄地是用概念对立的字眼来定义的，其优越性存在于它所表明的从起初相反的一对术语中产生出其他补充的及有关的因素的可能性。因此，举例来说，我们观察到，S 的相反，或－S（反－S），从逻辑上来说，具有一个本身存在于非－反－S（not-anti-S 或 S）的对立因素。此外，我们还应该注意到，在长方形的每一侧形成了一个假想的（综合的）名称的可能性（S 与－S 的联合被称为一个“复杂的”名称，而－S 与 S 的结合是一个“中性”的名称），这一可能性在某种程度上，划出了表示异议的思想体系的关闭与外部范围。[15]

这样一种途径与韦伯思想的精神并非完全格格不入，这可以依据最基本的韦伯式分类方案之一来判断，即社会行为四模式方案：“像所有的行为一样，社会行为也能用下列方法加以划分。(1) 作为目的—理性的：通过对外部对象行为与其他人的行为的期望，而这种期望是作为理性追求的与朝成功方向设想的个人目的的‘条件’与‘手段’而被利用的；（2）作为价值—理性的：通过有意识地（自觉地）相信一个给定的行为模式的无条件的一种价值（评价）——不管这种价值是伦理的、美学的、宗教的，不管是什么性质的——而且不考虑有疑问的行为的最终成功；（3）作为情感的，特别是情绪上的：通过自觉情感与感情状态的直接经验；（4）作为传统的：通过习惯变成本能。”[16]

格雷马斯的方案允许我们将上述情况作为一组相互关联的逻辑范围概念的潜在评价，这或许会引起我们另一方面的兴趣，把它视为相对无系统的凭经验观察到的分好类的行动模式的一张表：

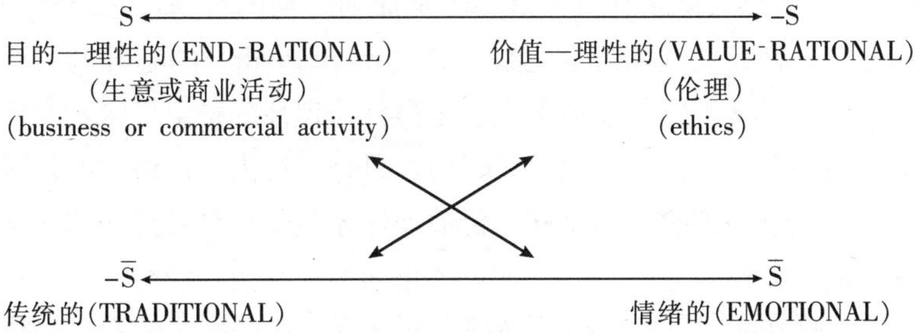

这样一个逻辑的再构成对不时地、或多或少有些朦胧地吸引韦伯的读者的印象作出了解释，即在最初的对立（目的—或价值—理性）与那些随后的对立（传统与情绪）之间，存在着一个质的差别。现在变得很清楚，后者并不是凭本身权利的肯定解释，而是个人的解释，一种对肯定术语的简单否定，因此，在某种意义上，是存放各种各样不适合官方体系分析的材料的容器。适合 S 与—S 两类的例子是可以按照社会科学家给予的定义解释的（也就是说，在韦伯的术语中，称为“理性的”!），因为在这样标明的两种行为模式的任意一种中，我们可以发现一个目的—手段结构的存在（在—S 中，对手段来说，目的是内在的——此处误称为“目的—理性的”，而韦伯的意思是强调手段与技巧的主导地位——当在一S中目的超越手段与技巧的时候)。但在所谓的情绪类S中，我们感兴趣的是等同于S本身的简单无序的材料：某个目的很明显地被寻求到了，虽然它没有作为一个凭价值本身的权利而变换成主导位置，但是内在的动因（agent）已失去了对为达到那个目的的他的手段与技巧素养的控制。在更为令人感兴趣的以传统为导向的行为的实例中——集体的行为，而不是如同在S中的个人的行为——我们发现了似乎不是由任何看得见的目的或价值所支配的例子，虽然它们显示出观察得到的规律性，因而据此可推测它们在某种意义上是“可以理解的”，或“理性的”。以传统为指导的行为事实上是成为习惯的行为，它最初的目标——被某些领袖或价值给予者（value-giver）的超凡魅力所赋予——已从视野中逐渐消失。于是价值理性变得走了味，变成了某些不能辨认出的东西，它表明，只是在过去，以最初的被遗忘的超凡魅力的举止为榜样，价值理性才显示出是有意义的或是理性的，而现在它只是这一魅力举止的痕迹与消亡的纪念碑。实际上，这样的一个术语似乎必须，甚至可能在纯形式的意义上作为一个真正的历史转变的开端来理解，因此，它超越了全面理解后者要素的范围。在此范围内，它具有所有出发点的任意性，由于找不到较好的表达方式，它也许可以被描绘成“假装—认识的”(Sham-cognitive)，因为它只呈现出能被解释的外貌或理智范畴的外貌（因为，很清楚，如果我们在较早的时间定好暂时的交叉坐标这一框架，那么，此处的“传统—定位”［tradition-orientation］也许成为类似魅力习惯化一类的东西，换言之，一个与后来官僚化学说本身有密切联系的现象，用理性的话来说，是完全可以这样理解的)。在这一类分析的下一步，很明显应是对以整个概念体系为根据的两重对立的起源加以调查。我们已在开头部分概要地描述了目的—手段两分法的历史发展与演变；对韦伯个人对这样一个概念对立的兴趣的解释将在这一段的结论部分提供。

但是，在一个明显静止的与逻辑的图表中，近似于一个真正历史变化（换言之，原先价值一定位导向行为的失误变成了传统一定位导向）的那个存在，表明韦伯式的类型学（typology），甚至是最抽象的，如同这里所示的那样，隐藏了一种在分类表面之下的叙述手法。我们或许可以以韦伯的宗教社会学作为这一类型的例子，在这里，起作用的差别是围绕被称作魔法师的人组织起来的崇拜与由教士指导的崇拜之间的区别："那些通过崇拜手段影响神的职业人员就是这样明确地与那些用魔法手段强制压迫恶魔的魔法师形成鲜明对比的。"[17] 韦伯的学生在这里认识到了他的伟大的主题之一，即生活的非凡魅力和非理性形式与那些理性的集体安排之间的对照；现代官僚是集体安排的极端例子，但不是惟一的例子。同时，非常清楚的是，在这一区别中不一致的地方并非仅仅是将特定的宗教现象划归为这一类或那一类的问题，而是一个解释从一种形式向另一种形式的历史过渡的难题。

魔法师与教士之间的区别实际上不是一个首要的区别，当我们将它还原成基本概念的术语与组成它的有效范围来解释的时候，韦伯从明显地静止的、分类术语的体系中作出历史解释的能力就变得更清楚了。对韦伯来说，魔法师的力量依靠他所用的方式，他把某些独特个人的或超凡的威望与魔法力量的作用结合起来，从而获得直接的个人利益，不管是精神类型的（得救）还是物质类型的（降雨）。用这些说法将魔法师与教士并列起来，我们就能懂得魔法师的个人威望等于是一个纯粹个人的要求的权利，而教士身份的神圣的力量则是基于对所赋予的称为普遍教义的参与。教士身份的官僚组织因此可以被解释为对魔法师的纯粹自身的与个人的力量的否定，我们可以尝试性地将这些各种各样的特点的相互关系用下列形式来表示：

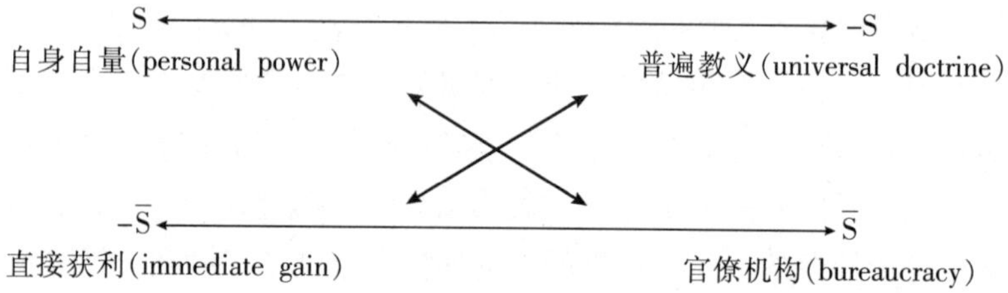

在这样一个图表中，每一个历史的动因似乎都概括了长方形的对立的一面，格雷马斯把它称为“真证”轴，因此，魔法师的图表等同于左侧两个术语的综合，即 S 与 $-\bar{S}$（或“自身力量”与“直接获利”），而教士身份将右侧的两个属性——－S 与 $\bar{S}$ 联合了起来（或“普遍教义”与“官僚机构”）。

但直观的语义长方形图案的检查清楚地告诉我们，两个更深一层的逻辑上的可能性还是未填充上，即“复杂的”（complex）与“中立的”（neutral）术语的可能性，S 与—S，和—$\bar{S}$与 S 各自的综合。

这些附加的概念上的可能性，确实给韦伯提供了某种依据，它允许韦伯解释从早期的巫术的起源向后来变成法典的官僚结构的宗教的历史转变，因为由这一体系在逻辑上提供的复杂的术语，现在可以把它当作两种形式之间的调解人（媒介者，mediator）。为了真正认识把自身权威的特点与对普遍教义的要求联合起来的这一复杂术语，我们必须求助于那个先知人物，因为那个先知对韦伯解读历史有着决定性的意义。因为那个先知（而韦伯将《旧约全书》的预言作为这一社会学功能的原始模型来看待）在本质上是合理状态本身的拥有者（载体，bearer）：“在所有的时代，粉碎巫术力量，建立生活的理性行为只有一种手段，这种手段就是伟大理性的预言，不是每一个预言都可以通过任何手段消灭巫术的力量的；但对于一个以奇迹或其他方法提供凭证的预言家是有可能打破传统的、神圣的戒律的。预言已经使世界从巫术中解放出来，而且在这样做的过程中，创造了我们现代科学技术与资本主义的基础。”[18]

这样，这一预言家（先知）能够调解两种社会形式或宗教实践的危机之间的矛盾，能够通过同化从对立的形式中择选出来的特点，批判另外一些特点，提供一个由这一时期向另一个时期的历史过渡。他因此充当了一个结束魔法者对直接获利兴趣的工具，充当了一个准备这样一种局面的工具：在这一局面中，一个超越它自己的历史功能，同时从此以后使这一功能变得没有必要的一个官僚机构会最终出现。

按照一个明显静止的分类的逻辑图案向一个历史的本质上是叙述过程的转变，用不着强词夺理，我们就能看出在长方形某一横线下的中立项（术语），即将官僚机构与直接获利相联合的那项，指明了一个将由它取代教士职位（身份）而且确实将代替普通组织的宗教的历史形式；因为这样一个描述出色地叙述了现代官僚与资本主义状态的无个性特征的“驯顺成员”（organization man）的特性，“驯顺成员”是预言者历史使命的最终的非神圣化产物。这一长方形图所示如下：

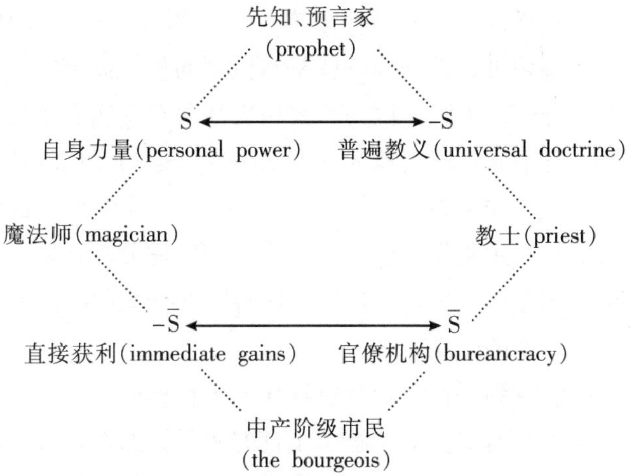

因此，在这一点上，我们发现我们自己面临着一个理论上的难题，是将它描述成历史特性的还是描述成叙述特性的呢？这要看我们是分别将它与我们研究的对象联系起来，还是与我们自己分析那个对象的方法联系起来。历史变化与叙述结构两种解释要求我们掌握结构术语中为大家所知的“历时的”（diachronic）部分；然而，问题也就来了，问题来自必须在基本上是共时性的东西中来把握历时性，或者以静止的和系统的方式来把握历时性。因此，情形似乎是这样的，要懂得历史，就意味着涉及将不断的变动与变化翻译（改变）成一些在两种状态及时刻之间相对固定的关系——历史变化的“之前”（before）与“之后”（after）。“每一个意思的领悟”，格雷马斯告诉我们，“作为它的结果都包含了历史的转变，转变成各种各样的长久不变的人、物或地位：不管我们是否乐意探究个人生活的意义，还是一个故事的意义（或者是历史本身［在法语中历史与故事都叫作 *histoire*］这样的探究），换言之，在一个语言上的证明之前，我们假定一个信息接收的态度的事实，会有这样的结果，即历史的算术会被当作状态来感知，它可以说是静止的结构”[19]。因此，在某种意义上，叙述分析的难题可以被视作一些基本概念的重大突破，一种对历史作出叙述分析的失败。因为只要历史涉及对现实的改变与普遍意义上的历时语言学的现实人，那么一些基本的变化的感觉已成为叙述的前提（先决条件），我们被要求用共时性的分析性的语言对这些变化的感觉作出说明。换言之，叙述分析，要求我们用那些必须是固定的叙事方法的成分解释那些变化的、时间的，或历史本身的想像的幻觉。

我们已经看到了这一转变过程在由各种各样在语义长方形图案中固有的组合所提供的调解中孕育的途径。然而，考虑一种明确设计好的解释叙述转变本身的模式，也许是有用的。这样一种模式似乎更适合对韦伯那些作品的分析，如《新教伦理与资本主义精神》，那些与论述涉及预言家的讨论类似的历史材料（换言之，从较旧的宗教形式向较新的宗教形式的大变更，除此之外，向一个整个世俗化的世界观的大变更），但那些作品论述历史材料是用一种明晰的叙述方式而不是用分类的解释性的方式。

这样一种模式在列维-斯特劳斯广泛讨论的神话结构的形式化中对于我们来说是最现成不过了，它将这种形式化以下列方式提出来："因此，似乎很明显，每一个神话（作为它变体的整体来看待）都能够限制在下列模式的一个公式里：

$$Fx(a) : Fy(b) \backsimeq Fx(b) : F{-a}(y)$$

在这个公式里，两个名称 a 与 b 是与它们的功能一起给定的，由名称与关系的颠倒所分别定义的两种形式之间，一个相等的关系被确认了，当然是要符合两个条件：（1）其中的一个术语被它相反的所代替（即上面的分式中的 a 与 $-a$）；（2）相关的颠倒必须在两个成分的（即分式中的 y 与 a）功能价值（the function value）与术语价值（the *term value*）之间作出。"[20]应该指出的是，如果这一公式从纯语义的意义来说被当作神话的"深层结构"的基本结构的话，那么，就没有必要包含表面的叙述变化，我们仅仅是在论述一个二律背反的问题，在二律背反中，原始的心灵提出了两个明显矛盾的认识系统等值（$\backsimeq$）的问题（在列维-斯特劳斯的俄狄浦斯神话分析中，亲属关系与宇宙论）。另一方面，如果我们运用它来讨论叙述的事件，它的有利之处是使人想到某些方法，运用这些方法，不用增加任何新的术语，一些变化与转变的幻觉就仍然有可能产生，这是由移动从肯定到否定的帷幔及将原来称为术语的那部分转换成某种功能（反之亦如此）来完成的。我应进一步说明的是，这一公式用法的大量实验使得我能具体说明下列两个可操作的附加规则，即：(3) 不管它们的名称从哪方面说（x 似乎没有必要与 y 相联系），在实践中，这两种功能在感觉上总是一定互相对立的；(4) 在术语转向功能的过程中，一定有一个不对称的和谐，一方面在 x 与 b 之间，另一方面在 y 与 a 之间（这样一种不对称对产生变化的幻觉是必要的，因为等式左边必须在感觉上是一个不稳定的、不牢靠的情形，一些突然重建的模式一定是因它而出现的）。

现在让我们根据正在讨论的公式试着重写韦伯论述新教的著作，一本大家熟知的书，它试图至少部分地解释封建农民的欧洲居民的心态，因为他们很明显地适应现代工业劳动中固有的严格的纪律与延迟的满足。这一问题对我们来说是很熟悉的，它源自第三世界我们自己的时代的工业化，也源自刻板的、前资本主义“天真的”一类人的形象，这一形象就是懒惰、不可信赖、有酗酒倾向，而且通常对欧洲人的线性时间观念与言语行为规则一无所知。[21]不管怎样，这样一种当代参考资料可以帮助我们审视韦伯论说中的高度抽象的含蓄之意，对韦伯来说，“理性化”并非仅仅是欧洲资本主义发展中的地方性的与历史性的阶段，而是一种即将发生的劫数，预示着那个苦行的理性主义“铁笼”的降临，我们现代人在余下的文明时间里注定要被囚禁在里面。[22]这样一个历史的观点，毫无疑问，正是韦伯枯燥的书页中所论述的，其中还混杂着过时的神学理论，最不可忍受的学究式的注释，它们情绪的作用：一个多么啰唆的叙述者！对此，韦伯的专著有着弗洛伊德的《文明与不满的缘由》或是 H. G. 威尔斯早期小说中的困惑的悲观主义，同时具有类似弗洛伊德与威尔斯的悲观主义思想的这些作品，对渺茫的未来给予了同样冷峻的审视。

《新教伦理与资本主义精神》一书旨在论证现代生活的理性化（作为其结果的非神圣化与它向一个有组织的严格的市场体系

的转变）与路德·加尔文的禁欲观念及宗教约束的世界本身许可的苦行僧式的生活的发展之间的亲密关系。宗教约束的力量与世俗化的力量分别统治着人类目的与手段的活动的基本要素，因此，按照上述概述的程序，我们可以将韦伯的论题中的术语与功能描述如下：

x=理性化

y="宗教化"，或转化为纯粹的宗教价值或约束力

a=目的

b=手段

但是在显示这些部分如何组合成一个叙述（故事）之前，也许值得提一提叙述分析能够说清韦伯文章特有的论辩特点的方法。因为，就像所有的历史论文一样，韦伯是针对另外一种观点在写作；它的文章是用来纠正一些流传较广的对新教本质及新教与商业伦理关系的误解的：很清楚，这一误解就是庸俗的经济主义的马克思观点，即新的宗教形式应视为在基础结构中变化的"反映"，换言之，视为市场资本主义新发展着的经济形式。[23]

在庸俗马克思主义的唯物主义面前，在某些"理想主义者的"世界观面前，韦伯对上述观点的评论牵涉到比纯粹辩护更为复杂的东西，《新教伦理与资本主义精神》等同于某些更实在的东西，而不是根据对成形的支配社会历史的精神力量的确认（例如，宗教价值与概念）。以上诸点可由他书中作为结论的警告来评价："当然，我的目的不是要以对文化和历史所作的片面的唯灵论因果解释来替代同样片面的唯物论解释。"[24]

韦伯为自己提出的第三个观点是什么？我们马上就可以对此作出评价。然而，现在，我要说明的是，在庸俗马克思主义者对资本主义兴起的叙述中，韦伯所反对的不是它的唯物主义，而是

它所要叙述的故事的幼稚的直线性。换言之，按照叙述分析的方法，我们在这里遇到了目前被称为“互文性”（intertextuality）的现象，在此情形中，被研究的文本必须置于张力和重叠较早的一些文本的联系中，没有较早的文本的参考，前者是不能够被恰当地理解的。因此，所谓的现实主义小说是依据一些较早的占支配地位的形式写成的，它具有纠正先前形式的功能：《堂吉诃德》必须要依据罗曼司的背景才能被读懂，要读懂福楼拜必须要依据巴尔扎克与浪漫主义的背景，等等。因此，凡涉及叙述，就没有“天真的现实主义”一类的东西，更确切地说，后者总是需要承担一个对叙述传统手法的内在的结构上的批判，它用“常识”从根本上动摇与从结构上削弱这些传统手法（在小说史上，经常会有一个等级甘愿于这样的贬值，旧一些的形式意味着贵族式的样式，“现实主义”的形式具体体现新的小资产阶级的唯物主义、常识与金钱的价值标准）。

列维-斯特劳斯的公式给我们提供了一个《新教伦理与资本主义精神》依据的、使故事类型戏剧化的有用的样式。因为庸俗马克思主义对新教发展的叙述，可以被视作这样的一个过程：随着基础结构的不断理性化，随着经济组织的不断增大，首先是目的，然后是手段本身，在此过程中，在上层建筑中发生了相同的变化，这样，旧的目的的宗教与其他非精神的价值标准让位于新的精神手段的理性化，换言之，让位于新的加尔文宗教思想。为了符合这一历史叙述的一致性，我们必须重写列维-斯特劳斯的公式如下：

$$Fx(a):Fx(b)\trianglelefteq F-y(a):F-y(b)$$

其中，目的的理性化等同于手段的理性化，如同目的的世俗化（换言之，如新教徒反对中世纪人、神学）等同于手段的世俗化，或一般说来，等同于现代世俗状态与官僚状态的发展。关于这一公式给我们的印象是它缺乏术语与功能的转换，而列维-斯特劳斯正是运用这种转换力图传递某种真正的历史飞跃的感觉以及与无论从历史上还是质量上新的没有预料到的某些事物的感觉。从这一意义上，我们就能将韦伯对庸俗马克思主义观点的反对描绘成具有美学的特性，它通过后者叙述结构中的不足察觉到了早期解释中的弱点（顺便提及一下，也许可以这样认为，一切历史的“修正”，一切关于历史解释的“大争论”，不管是英国内战的阶级基础的解释还是起因的解释，均可以确切地用这样的模式，用叙述的术语来理解）。

让我们回到最初的公式。现在我们更能判断韦伯本人在危急关头用以传达这一历史变化时刻的本质的转变的恰当性。如此说来，韦伯的命题就可以这样来表达：目的的理性化［$Fx(a)$］等于目的的宗教化，如同手段的理性化［$Fx(b)$］等于宗教的“非结束”（nonfinalization）［$F-a(y)$］，上述结论性陈述的互换提供了一个新的看法，即宗教，现在被当作一个术语（名称）而不是功能，再也不会使人感到是一个名副其实的目的或价值了。因此，这一历史事件一直延续到现代世俗的荒漠，在最初的命题中就是固有的。

更重要的是这里对我们不得不称为手段“理性化”的作用的强调，在我看来，这是韦伯论证中最主要的和最具独创性的一面。公式中举足轻重的一点［$Fy(b)$］所表示的远非像庸俗马克思主义者分析的那样，宗教仅仅是上层建筑变化的一些反映。实际上，它将重点从宗教与“目的”，或意识的、上层建筑的价值标准做了转移，并将我们的注意力吸引到宗教变化对手段本身组织的效果上来；公式中的这一重要之点表明正是这种效果触发了在讨论中的历史的调整。这样，具有悖论性质的是，宗教化本身成为整体意义上的世俗化过程中的主要作用力。

怎样才能用更为传统的韦伯式的语言懂得这一点呢？这也许可以通过扼要重述韦伯论证的要点来达到：通过打破禁欲苦行的传统惯例，路德使得追求来世的目的变得不可能，因为现在不再存在那些鼓励支持从日常工作的世界中逃避现实的机构了。然而，这样一种慈善机构转变的结果，如庸俗马克思主义者所说的那样，并不是手段的直接世俗化，或者是日常生活组织的世俗化。恰恰相反，我们需要一个集这些手段而成的新的彻底的统一整体，运用加尔文主义，将之融入一个宗教的框架中。因为加尔文面临着一个目的与手段如此绝对的分离，以至于生活的最终目的与价值被强行推入到来世与不可知的世界这样的问题，所以他发现只有手段，也就是世俗本身的存在，仍然是一个考验的场所，仍然是一个试验与准备的场所。因为拯救的戏剧是这样的：来世的生活就这样经历“一个系统的理性的作为一个整体的道德生活的安排结果”[25]。“生活神圣化的过程”，韦伯告诉我们：“几乎可以这样呈现出一个商业企业的特点。生活整体的彻底基督教化是这一井井有条的、伦理行为特性的必然结果，而加尔文宗在本质上不同于路德主义之处在于加尔文宗强迫人们选择这样的行为。”[26]这确实是同代人的观点，如塞巴斯蒂安·福兰克(Sebastian Franck)，他“从现在每一个基督徒一生都应该成为一个僧侣这一事实中看到了宗教改革（the Reformation）的意义”[27]。因此，我们在这里注意到了一个目的理性化［$Fx(a)$］的两种对立观点所显示的与手段“宗教化”［$Fy(b)$］之间的一个辩证的强化：引导我们趋向于依据线性的庸俗马克思主义的叙述而可能已经预言的完全不同的结果的某种东西——手段现在已经变得更加宗教化，即便是目的变得更为世俗化的时候。

在等式的右面，由此而产生的特殊的张力与不平衡就这样出人意料地解决了，因为加尔文宗的回答增加的目的的理性化，或者世俗的行为，[$Fx(b)$]，导致最后术语（名称）的突然变更，换言之，导致宗教本身作为一种最终价值，从今以后从完全理性化的和非神圣化的资本主义市场世界的消失。

为了评价得出这些结论的列维-斯特劳斯公式的恰当性，让我们现在打开方法论的圆括号。它胜过格雷马斯方案的地方在于它主张论述的历时性，或者，换言之，论述叙述与历史变化的不可逆转的特点。然而，事实上，它的主要力量恰恰是它提供的与其他对同一事件作不同叙述描述的比较的可能性，以及准许我们将韦伯论题的“互文性”（intertextuality）戏剧化的方法。另一方面，格雷马斯的相对静止与符合逻辑的方案所能论证的，列维-斯特劳斯制定的公式所缺少的[28]，是一些主要的有助于调解的数学与机构的假设，它们能解释从一个暂时的历史的状态向另外一个状态的过渡。换言之，列维-斯特劳斯的公式，如同带着某种类似叙述的深层结构的东西在运转着，它展示给我们各种各样起作用的概念要素与数据，当它们联合并互相起作用的时候，并没有给我们提供一个恰当的将这些要素与数据系统转为基本的表面的叙述单元的描绘，而这些单元正是叙述的人物（当然，在历史上，这些单元经常是团体或运动，如“新教”）。

如果我们试图设计一个更合适的可以将这一对孪生的要求，即叙述的不可逆转的要求与将轮廓和系统转为行为者与人物的要求结合起来的方案，这就变得很清楚，不管从哪方面说，新教（运动）本身应当作在传统的中世纪世界与当代世俗化了的世界之间的一种调解，而新教正是从中世纪出现的，反过来它又为世俗化的世界做了准备。至于作为依据韦伯的论述才可以被理解的庸俗马克思主义的叙述，这一调解将会采取一个更加平庸的过渡状态的形式，在这一形式中，生活由于新的神学教义（新教）而变得更少宗教意味了，而新的神学系统地摧毁了传统的中世纪宗教的结构，并让不折不扣的世俗的结构来代替它们。

正是依据这一点，韦伯的假设重新找回了某些他的原先的东西与似非而是的执拗：从宗教向“失去魔力”(Entzauberung)的过渡，从中世纪向现代的过渡，韦伯告诉我们，它的实现，不是由于使生活变得更少宗教的而是使它变得更为宗教的原因。加尔文没有使世界非神化；相反，他把整个世界变成了隐修院。因此我们必须设计一些标志来表示这明确的、具有自我意识的、宗教的、由加尔文所作的生活投资与那相对不能变换的、传统主义的中世纪的普通生活之间的区别（一些我已经试图传达的东西由下面图表中的方括号表示）。历史进程中的三个总的阶段的基本的术语现在可以这样表述：

	中世纪 (medieval)	新教徒 (protestant)	现代 (modern)
宗教目的或意义 (religious ends or meaning)	[+]	[+]	[−]
手段的理性组织 (rational organization of means)	−	+	+

因此，从手段的角度考虑，由传统的非理性主义的组织向现代的理性的数量表示的组织的转变，在这一框架中，甚至可以说，是在一个增加的手段“理性化”的掩盖下实现的，换言之，是由一个从目的与价值观念的角度考虑的新的宗教变换实现的，由移去方括号来实现的。

但在目前的情况下，我们还没有充分利用这一图表对列维-斯特劳斯设计公式的优势，因为后者的内在结构局限性的另一个标记可以被视作一种障碍，它迫使我们将新教的、路德的神学转折时期与加尔文的神学转折时期这两个不同的重要时期缩折进一个单个的“手段宗教化”的术语中。事实上，韦伯的文本提出的不是三个而是四个历史时期，它们相当于一切可能的逻辑互换的实质性的结合，一方面是目的与手段之间的互换，另一方面是精神世界与世俗世界之间的互换。

从这一角度看，韦伯对路德的描绘，对他来说，仍是一个中世纪的人物，这可以按照叙述战略来理解：路德的重要性不在于他把新的内容带进了神学，就像加尔文将要做的那样，而在于他实现或变换了中世纪制度中已经固有的东西，换言之，在于他的——用我们图表表示的话来说——将方括号从中世纪的宗教思想中移走。确实，现在是回忆韦伯把中世纪的修道院视为在传统占主导地位的世界中的一块理性的土地的时候了：“在那个时代，僧侣是理性地生活着的第一人，他有条理地工作着，而且用理性的手段面对一个目标，即未来的生活。时钟只为他而敲响，昼夜的钟点只为他而划分——为祈祷人。隐修院社区的经济生活也是理性的。”[29]

正是因为路德代表了一种自觉的而且确实是公认的习惯的宗教的中世纪思想的重生，所以他打破了人为的隐修院生活的隔离。因此，他的目标是宗教价值或目的——定位的新生；但在这样做的过程中连他自己也不知道，他解放了诞生中的隐修院的理性主义，现在隐修院式的思想能传播到生活的各个领域。

应用另一组韦伯式的对立意见，我们就可以描述中世纪路德面对的状态。路德发现自己处于一种精神世界的超世俗（公共机构认可的超世俗状态，换言之，隐修院）与精神世界的现世（换言之，一般意义上的普通的世俗日常生活）共存的状态中。路德没有给这种状态带来任何新的东西；然而通过勾销其中的一个术语，消除公共机构性的超世俗的精神世界实践的可能性，他为加尔文的更加具有决定性的改变准备了一条道路，这就是一个新的超世俗的现世，或者，你喜欢的话，一个精神世界的苦行主义出现了。所以正是存在于隐修院中手段的理性化与目的的宗教化之间的亲密关系，现在突破了隐修院机构的控制，进入到外部世界本身生活的一般行为之中，允许我们再次列表将其基本重点表达如下：

		新教徒 (protestant)		
	中世纪 (medieval)	路德 (luther)	加尔文 (calvin)	当代 (modern)
宗教目的 (religious ends)	+	+	+	−
理性手段 (rational means)	−	−	+	+

现在尚需描述向当代资本主义状态最后过渡的特征，而在此处特别要强调的是新教承担着作为一个“消失着的调解者”的功能。因为在此处发生的本质上是新教曾经完成了的允许精神世界的生活理性化发生的任务，它没有更进一步存在的理由，从而在历史场景中消失了。因此，从这个词的严格的意义上来说，正是“催化作用”允许两个不同的互相排斥的术语之间能量的互换。我们可以说，随着方括号的取消，宗教本身的整个社会公共机构（换言之，在这里称作为“新教”）接着作为一种包括一切的方括号或框架，在它内部发生变化，而当它的用处一旦结束，它就会被取消或移走。

这样一幅历史变化的描述——与庸俗马克思主义不管是多么不可调和——确实是与真正的马克思主义的思想不完全矛盾的，而且确实与下面一点，即马克思本人提出的 1789 与 1848 年的革命模式是不矛盾的：在 1789 年雅各宾主义扮演了消失着的调解者的角色，起着自觉的几乎是加尔文主义的革命道德、中产阶级的普遍民主理想的守卫者的作用，一种能够在热月（Thermidor）中被取消的守卫，当资产阶级的实践性胜利已确定无疑，货币与市场制度明确地形成，在那个对 1789 年的拙劣模仿中，即 1848 年的革命，也正是在相似的传统与大革命的价值观念及随之而来的帝国的幌子下，第二帝国新的经济社会才得以出现。

这就意味着，我们可以将图表所表示的作为目的的领域与马克思式的上层建筑概念联系起来，而手段的领域如所指的那样构成了基础。因此，在韦伯与马克思看来，上层建筑可以被说成是在按照我们描述过的思路的基础结构变化的调解中发挥了根本的作用；而要懂得“作为”消失着的调解者这一点，就是要避免站不住脚的优先权的问题、因果关系的问题，在这两点上，庸俗马克思主义者与理想主义者的观点束缚了我们。

但本研究的目的比这要广泛得多，因为它的假设不外乎是正在消失的调解者的概念描述了韦伯全部的社会与历史思想的特点，而且可以被视作他想像的主要结构。然而，由于本文的材料所限，我不能阐明韦伯的这一概念在最具变化、最具多样化的历史材料中完整的应用范围，即从他对俾斯麦在当代德国的统一中的作用的分析，到他对罗马法律在现代法制演变中的重要性的讨论。因此我十分乐意凭借早些时候的预言家的例子论证一个正在消失的调解者的概念而使我们讨论过的资料系统化，这是一个更为合适的方法。由于在魔法阶段与本质上理性的教士宗教组织阶段之间的过渡时期中预言者的超脱立场，在目前的背景中，预言者应被理解为把传统的魔法师机构中固有的非凡魅力的影响力从方括号中移出去的人。因为预言者与魔法师一样，需要“非凡魅力的确实证明，在实践中这意味着魔法。……［但是］有代表性的预言者宣传思想是为他们自己的利益，而不是为钱，至少没有用明显的固定的形式。……因此，通过这样的解释，那些精心教化过来的人认定，传教士、语言家或者古代基督教的教士不能使他的职业宣讲专业化”[30]。这除了说明预言者比魔法师为自己要求更多的东西之外，还能说明什么呢？这样一种使自己个人权力与欲愿制度化的确认同非凡魅力的强化作为一种社会力量合并在一起：

	魔法师（magician）	预言者（prophet）	教士（priest）
非凡魅力之力量（charismatic power）	[+]	+	−
理性宗教之组织（rational religious organization）	−	+	+

然而，这样一种历史的叙述所描绘的东西是非凡魅力本身的“冷却”与凝固，——就像后者——一个最真实意义上的正在消失的调解者——作为一个变化与社会改革的运载工具，一旦变化认可了机构、制度的现实性，就只能被遗忘。

三

我们可以注意到，如果一种单一的阐述模式一次又一次地贯穿于韦伯的著作之中，这样的重复几乎可以准确无误地用下述事实来说明：在某种意义上，韦伯采用了种种不同的形式，一次接一次地论述了某个单一的社会现象；或者是，如果你们觉得目前这篇文章的语言是可取的话，他就是想方设法进行伪装，然而在各个相异的表象后面，是他一次又一次讲述的同一件事情。他所讲的当然是经过理性化（rationalization）的故事。韦伯发现这个理性化的过程在古代预言和现代官僚机构中起作用，在普鲁士农业和新教神学中也同样如此。但是这样一个发现只是替换了问题，因为显而易见，理性化是榜样（model）而绝非经验的事实，是“理想化的典范”（ideal type）而绝非可观察到的社会机构。还有，马克斯·韦伯迷恋于他认为在处处起着作用的理性化过程，这本身是个问题，现在这个问题又一次摆在人们面前。

在开头部分中，我已经对所发现的方法与目标的分离从其文化、历史的背景方面做了大致的勾勒——它在理性化中有着具体表现，就像从无聊中找到主观的表达一样。但是有一点是确定无疑的，那就是，单单从社会和文化背景这样稀薄的空气中，不足以提取出构建无与伦比的、有关生活和某部著作的主题：萨特只是距我们最近的一位坚持下述观点的人，他认为童年至关重要，在这个时期“悬而未决的概念”（ideas in the air），在文化中能够扮演的角色和获取的主题，像是第一次，通过个体的存在这个独特的媒介重新得到确立。在萨特看来，心理分析的功能在于为社会和历史研究提供一种工具，这种工具从个人在其中成长的、特定的、有重大意义的家庭结构中来研究个人的形成，并且上述这些都被看作是自己特许的目标：“存在主义……认为它可以整合（integrate）心理分析的方法。这种方法发现了在个人和他所属阶层之间嵌入（insertion）的关键一步——也就是那个特定的家庭——作为宏观的阶层和个体之间的中介。家庭实际上是由历史总体运动过程，并在其运动过程之中形成的。但是另一方面，它在无知与懵懂的童年却被体验为一种绝对。”[31]萨特分析认为福楼拜的个性模式（以及其作品中令人着迷的主题）来自于他双亲个性结构（personality structures）之间的对抗（个性结构的内容从根本上来说是社会学的）。我们当前的工作是要对我们所作出的结构描述（structural description）进行阐释。萨特的分析方式或许能够作为这项工作的模板。

然而，只有到了距今相当近的时期，家庭才成为核心的单位，查尔斯·莫拉泽（Charles Morazé）告诉我们：

> 庄园（manor）或王室（household）在过去的政治体制下一直是一个庞大的集体，并且始终向新婚的夫妇敞开大门。在一张普普通通的桌子上有他们的位置。在同一个屋檐下，几代人和不计其数的姻亲愉快地生活在一起……在18世纪最后的10年，人们的生活习惯发生了变化，才致使年轻的夫妻建立自己的家庭。他们渴望生活在自己的房子里，渴望自己照料自己。随着社会生活的范围扩大，大量报酬优厚的工作可供他们选择，这加速了这个进程。新的家庭从它的亲人那里分离出去。现在它只由有限的人员构成——父亲、母亲、孩子……责任越来越多地落在个人的身上……每一个男人都感到自己是命运的主人并且对他的孩子们负有责任。[32]

在童年里，基本的生活“场面”（scene）大幅度地减小了，至关重要的人物阵容大大地收缩了，这样的变化不会不影响到有关自我塑造、符号体系建立的心理机制，正是通过所建立的符号体系，后者才得以破译外部世界。

与此同时，资产阶级家庭的外部环境正发生着更加显著的变化，因为随着新阶层在政治和社会经济上的胜利，作为他者（other）的那个阶层——贵族阶层——就会起来反抗业已形成的中产阶级身份的体系，使之遭到削弱或完全消失，以至于对中产阶级个体迄今仍在外部进行的侵犯行为，现在必须找到一个新的目标并在新资产阶级核心家庭相对自治和封闭的环境中重新定位。在一篇引人注目的篇章中，阿瑟·密茨曼（Arthur Mitzman）

描述了这种重新定位的结果：

> 我认为，在19世纪60年代之前的数代人身上，是维多利亚式超我的极端压抑性（archrepressiveness）激发起了欧洲资产阶级在经济上的成功以及要求社会地位和政治权利的呼声。只要资产阶级在政治上一直不能获取成功，就会存在由攻击性的连续偏差造成的某种平衡，这种攻击性不会由于对自然的征服而消失在掩盖的怨恨中，消失于自觉的敌意或反对传统力量的公开斗争中。换言之，存在一条在精力旺盛的维多利亚人的灵魂中积攒起来的发泄精神怒气的理性防御的政治途径。因为资产阶级反抗贵族的斗争看起来合情合理，所以俄狄浦斯式的敌意，为摆脱枷锁束缚而进行的战斗，以及19世纪资产阶级与生俱来的攻击性，以**进步**（Progress）与**理性**（Reason）的名义，就得以合理化了。但是，当最后那代反抗的资产阶级于19世纪60年代末、70年代初取得胜利，其后代不像父辈那般备受压制也不再具有攻击性了。他们也就丧失了父辈们夺取最后胜利的幻想——正是借助于这种幻想，他们的先辈才使自己的敌意得以升华。攻击性以前曾被伪装成政治热情，引发了反抗贵族阶级的斗争。然而上一辈的资产阶级政治家现在不是替代保守的贵族在执政，就是同他们一道执掌大权：对执政的那代人的反抗不再允许像早期那样，把弑父情结般的进攻行为移情到被**理智**（Reason）和**历史**（History）宣判死刑的敌人身上。[33]

资产阶级家庭外部环境发生的这些变化，必然地会对其内部结构同时产生影响，尤其是对于母亲角色的发展演化产生影响。资产阶级家庭之间交换的目标，理所当然地是为了得到一位母亲或妻子，甚至对于规模更大的传统家庭也是如此。但是一直以来，这种交换在为这些家庭之间结成联盟对抗阶级敌人发挥着作用。然而现在，妻子开始在其资产阶级家庭**内部**（within）代表一种可供选择的生活方式，一种不同的家庭传统，一种对迄今为止毫无争议的父性价值质疑的生活模式——我们这样说，仅仅是为了重新解读资产阶级妇女获取的越来越多的自由、越来越高的地位。所以，过去资产阶级的元老和暴虐的贵族之间的斗争，越来越趋向于自身的重组，演变成中产阶级家庭内父母本人之间结构性的对抗。**祖辈资产阶级**（grands bourgeois）的后代呈现这样的特点：他们评价父母双方具有的相互对立的特性，并且认为自己是这些特性概然性的或者是辩证的结合体（想一想，比如说，安德烈·纪德［André Gide］对诺曼底［Normandy］与米迪［Midi］的共存怀有的兴趣，想一想他本人身上所体现的新教与天主教的混合，或者是托马斯·曼［Thomas Mann］对汉萨同盟的北方［Hanseatic North］与地中海文化之间的联系所作出的类似的召唤。）

不管怎么说，这就是马克斯·韦伯思考父辈影响的方式，因为玛丽安·韦伯（Marianne Weber）最有权威来表达直接来自她丈夫的下列看法：

> 在［青春期的］那些年里，我们不能确定［马克斯（Max）］是否甘心接受他父亲或母亲的性格类型。他已经隐约地感觉到，一旦他开始对自己负责并有意识地塑造自己的个性时，这样的选择就会摆在他的面前。一方面，在他母亲心中，教义的力量占有统治地位，爱的奉

> 献和自我牺牲已经成为第二天性。然而她奉行崇高得令人忘却舒适生活的英雄主义原则；她每天在一种道德准则带来的、持续不断的紧张状态中，有条不紊地操持着家里过多的杂务；她小心谨慎以求避免犯错，并且心平气和地将每一件有意义的事情同上帝本身联系在一起。她极其果断又精力充沛地把握着每一日的存在，欣然地接受生活中一切美的东西——她的笑声真是酣畅淋漓！——但是每天她会潜入内心的深处，停泊在来世的港湾。相比之下，他的父亲则令人肃然起敬。他对政治和工作事务完全不感兴趣但是头脑灵敏。另外，他性情平和，当事情随其所愿时，显得热情友好。但他不过是典型的资产阶级一员，满足于自己和现实。他直截了当地拒绝承认生活中还有或然性的方面。在晚年，他依恋家庭的舒适生活并且从痛苦与憾事中抽身出来。他怀有的自由主义政治理想没能得到实现；那些可能会要求他为了服务于这种或那种事业献身的新的意识形态，已经对他不再具有什么吸引力了。[34]

在玛丽安·韦伯怀着崇敬心情润饰的描述里，读者可以在字里行间察觉出俄狄浦斯式冲突的在场。它导致马克斯·韦伯神经的崩溃。对于这种在场，密茨曼能够首次给我们作一完整的陈述。[35]但是玛丽安的记录提供了丰富的资料，使人们能够分析韦伯生活背景中其父母性格特点之间复杂的相互影响。从某种意义上说，他父亲作为成功的政治家似乎代表着行动（action），与之相对的是他母亲长久保持的新教思想性的传统。由于他父亲的生活方式来自于旧时的商业贵族阶层，显得有些无动于衷和通达权变，丝毫没有他母亲道德感和责任心给予之的那种责任感和强制力。那么，从这种角度来看，他父亲的行为可同“括在括弧内的”（bracketed）和重视传统的那些类型相比。这些类型在追求目标的过程中，完全没有将其中的价值或绝对事物主题化。假使这样的话，政治上的追求被当作符合传统、实现个人抱负和树立社会威望的动机。他的母亲就有些自相矛盾了——她出身于普鲁士的官僚主义背景，并且在她个人身上兼备了理性化的行为和宗教的价值观。马克斯·韦伯本人个性的演化和生成有理由认为是出于某种“选择”（choice），这样，他的“选择”就绝非像从两种相对单一的符号中任选其一那般简单。那么，若是以韦伯童年生活为背景来考虑他那常常令人恼怒的、凡事一分为二（dichotomization）来看的习惯，可能并不是太牵强。对于童年中发生的每一次冲突，他必定会对牵扯其中的父母的价值结构进行判断。然而，在目前的语境中引起我们兴趣的是，他们三个人的位置与我们为了分析韦伯式叙述所发明的图表非常完整地吻合：

	父亲 (father)	母亲 (mother)	马克斯·韦伯 (max weber)
终极宗旨或意义 (ultimate purposefulness or meaning)	[+]	+	−
强制性工作 (compulsive work)	−	+	+

很显然，对于持怀疑态度的读者来说，这样的吻合并不能指望证明任何东西，也不能因此把一场争论拍板定案。原因是我对韦伯家庭环境的解读与对待任何其他文本一样，有些经验主义的味道并且完完全全是先结构的（prestructured）。但是联想到下面，我想我可以最充分地预料人们对于我现在这个假设持有的误解，甚至可能还会是毁谤：我考虑上述问题的过程、方法不同于并且远远复杂于戈德曼（Goldman）那种要在不同种类、不同层

面的现象之中发现其同源性（homologies）的主张——若应用到眼下这个例子，那就是在韦伯的文本，即他的生平经历和当时德国社会结构之间的相应关系了。

恰恰相反，我认为我们在这里涉及一个过程，这个过程在某人生平传记的层面上发现了他最为原始的遗传学上的（genetic）表现方式。这个过程可以被定义为某种自我界定，或者可以用更为权威的术语描述为俄狄浦斯情结。我们构建这个过程旨在阐明韦伯是如何着手解决给他带来困难的情形的，即，男孩必须认同于自己的父亲从而复制后者的性格结构。眼前这个假设所要表明的是，这种认同的实现付出的代价是父性价值体系的变形，这种变形是如此之彻底以至于后者几乎无法辨识。在这样的占为己有的性格重构中，很显然母亲的价值体系充当了催化剂和媒介：母亲强烈的、注重精神生活的价值观使韦伯得以观察到父亲的存在是一种与母亲截然对立的、纯粹机会主义的存在，一种在机械的、未加权衡的事物体系中惯常的行为。那么，在这种情形下，对父亲的敌意和反抗获得了一种保卫个体“精神性”（spirituality）与深邃性（inwardness）、反对资产阶级惯常行为的社会意义。

另一方面，韦伯与母亲的关系更加矛盾，如果不抓住这个事实，那么我们便无法理解这个过程。的确，对于父亲的攻击毫无疑问意味着对母亲本人所代表的事物的保护，那就是价值，还有义务性、强制性的工作，以及必须的行为。这些与来世伦理价值所倡导的、无法实现的、理想的品质辩证地关联着——而她就是这些品质的使者。韦伯摒弃父亲遗留物中那些他认为本质上缺乏价值或道德内容的、非主题化、有传统倾向的行为。自相矛盾的是——这种自相矛盾对于韦伯本人的成长历程以及他的作品来说，都是最为核心的——他不得不反对母亲笃守伦理道德的做法，或者恰恰相反，他不得不向母亲所代表的纯粹价值屈服——以某种其他的方式，而不是皈依它们或者为之献身。早期韦伯在理智上对伦理道德的教条持怀疑的态度，例如钱宁（Channing）——海伦·韦伯（Helen Weber）[36]钟爱的一位思想家——所宣扬的。这表明在韦伯的意识里，正是母亲和社会主义式独有的、不现实的“理想主义”——后来决断地被韦伯极端的悲观怀疑所厌弃——被联系在了一起。因为这种理想主义伴随的，正是一种作为精神惩戒的强制性工作。在这个语境下，韦伯随后的崩溃和长期的精神瘫痪不仅可以看作是自我惩罚与反抗父亲而由之生发的负疚感，同样还可以看作是对母亲所坚守的原则的冒犯行为，一种对母亲代表的价值体系象征性的拒绝。无论如何，从海伦·韦伯对儿子的病所持的怀疑态度来看，她毫无疑问就是这样理解的。[37]

所以我们可以把上面勾勒出来的图式当作一种过程来解读：韦伯首先利用从母亲那里所继承的东西去改造从父亲那里遗留给他的东西，在母亲的价值观念实现了它们的媒介功能后，随即也被抛弃。母亲的价值观念使得韦伯最终获得学者风范，从事着艰苦繁重而又不得不为的工作。但是这只发生在观念得以自我清算之后——其之所以得以完成全凭它们自身作为学习的目标主题化的结果。因此，韦伯成为杰出的宗教社会学家也绝非偶然，虽然他“与宗教精神不合调”（religiously unmusical），因为他躬行实践母亲的宗教信条时，无法同她分离开来。另一方面，韦伯不能将上述特性消弭殆尽、不留痕迹，因为他在成长过程中接纳了母亲作为媒介所发挥的决定性的作用。所以我们用以解决问题的是一种古典的、被弗洛伊德冠为“升华”（sublimation）的方法：对宗教的迷恋尚存，但是移位到了“更高”的层次上。在这里，同对象之间保持的关系类型不再是出于信仰，而是出于科学兴趣。

然而，这不是韦伯心理发展过程进入其作品并对之施加影响的惟一的方式，甚至都不是主要的方式。为了推荐一种理解这样的影响的方法，我简单回顾一下列维-斯特劳斯对于神话结构的阐释，对此所作的描述性分析已经提供了我们所采用的某些分析工具与程序。在广为人知的对俄狄浦斯神话的处理方法中——我在上面的论证中就借用了其中的叙事模式，列维-斯特劳斯表明，神话叙事是在两种不同起源的理论之间发生了概念性踌躇而产生的结果。这两种理论本身就是部落或家庭组织这两个不可调和的模式的反映，然后它们被投射到一幕一幕的故事当中去。这些故事给原始人们提供了一种假相，仿佛他们找到了解决根本的社会对立和概念矛盾的途径。[38]在他的《神话学》(*Mythologiques*) 后面的几卷中，他对神话的本质和功能做了好像不大一样的描述，他言语晦涩地告诉我们，后者，"代表了依靠自身为其中一部分的世界来阐述它们的那种精神"[39]。从列维-斯特劳斯的思想这个大语境来看，他的意思是神话把来源于自然的文化（从而也包括神话故事的叙述）看作是最深刻的主题，或者说得更简练一点，所有的神话都是有关起源（origins）的神话——那些为了给以下类似问题提供答案而构思的故事：豹子身上的斑点是如何得来的？火是从哪里来的？诸如此类。为了我们眼下的目的，我们可以叠缩这两个概念并且提出，神话是一种探究起源的故事，是为了解决某种潜在的、表面上不可调和的对立而作的尝试。

在马克斯·韦伯这个实例中所讨论的对立，很明显指的是存在于他双亲价值系统之间的对立，但这是一种以他本人为解决办法的对立！对起源这个奥秘的迷恋接着在逻辑上变成一种探索——有意识或无意识地探索他自己个性的形成，探索那个从双亲之间巨大而又很显然无休止的对立中诞生的、被称作马克斯·韦伯的那个不可思议的事物的出现。但是对这个过程的兴趣等同于对整体上称为理性化过程的兴趣，因为韦伯的个性，他对“科学的客观性”原则的拥护——虽不能说是他的发明——却等同于对双亲行为理性化的探询与其旧有方式的分离。韦伯的注意力进入每一个历史阶段，深入到每一类的社会学材料，以求准确地找到那些可以被称作理性化过程的标志或痕迹，这也就并非偶然了，因为他为自己的起源着迷，无意识地采取了这种方式。如果换作另外一种说法，那么理性化这个主题本身就构成了韦伯科学探察的“自我可指性意义”（autoreferentiality）。在这种方式中，历史的或社会学的叙事表明自身，或者用列维-斯特劳斯的表达方法，即“代表”（signify）自己的力量。所以，我不需要提议什么韦伯性格结构同历史和当今社会发展这些“外部”（external）现实之间的类似性，是他本人在其作品中将两者联系在了一起，说得更确切一些，是他本人将前者当作解读后者的方法了。这样，他抓住了“失去魅力”（Entzauberung）这个社会和历史的事实，采用的方法是给它一种遗传学的外形——这种遗传学外形来自于属于同种现象的他本人的经历；换言之，他将私人的隐情投射到现代纯技术化世界的异化现象中去，投射到原来传统主义的、有魅力的社会生活形态消损殆尽的情形中去，这样，他使这些隐情客体化了。因此，“我是怎样成为现在这样的”这个问题就浓缩、主题化、“升华了”；当进入到“客观”历史调查的领域中，它就获得了以下的问题形式——“理性化过程是如何发生的?”“当今世俗化的世界其根源是什么?”

我们现在可以扼要重述一下韦伯基本主题产生的过程，以便作出结论。只要对格雷马斯的矩形图式稍加扩展，我们就会看到韦伯的主题呈一系列的否定而累进、渐增；每一个否定在保留它固有的完整性的同时，还反映出处于不同主题层次的前一个否定的特性：

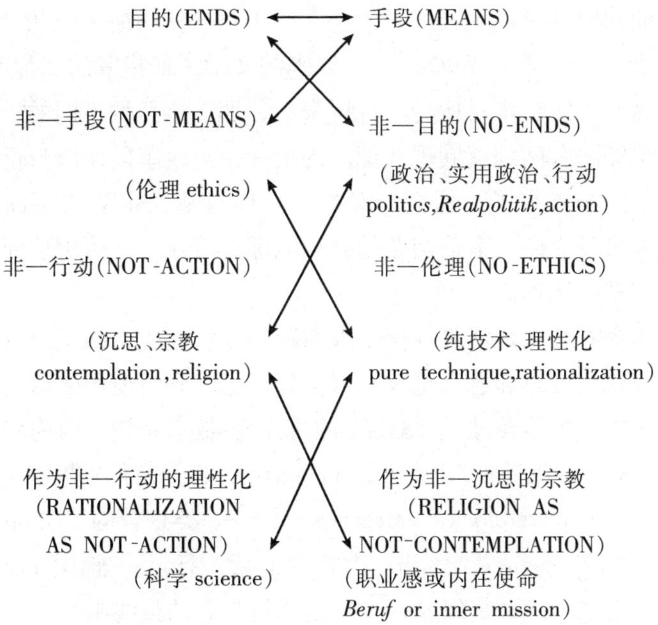

这样一个自生的（self-generating）结构生动地表述了存在于韦伯生活以及作品中令他痛苦的裂痕——沉思与行动之间，意义与行为之间，对伦理、宗教的迷恋与政治、组织的理论和实践之间。但是我们绝不能留下这样的印象，以为可以从纯粹个人或临床方面去理解这些利益相关者。因为在研究的结论部分中，我们有一个基本的假设，即这些“主题”存在的基本模式是社会的：实际上，我们把手段—目的的对分（dichotomy）与马克斯·韦伯双亲个性间的冲突联系在了一起。但是，这个冲突只是在个人存在的层面上，戏剧性地描述、反映和体现了一种根源于社会阶层本身范围内的张力。从这种意义上来说，父母双方可以看作各代表 19 世纪中叶德国资产阶级两个迥然不同的派别，并各具特色：母亲在普鲁士官僚阶级的价值观和生活方式熏染下成长，强调贡献和经过严肃地吸收同化而内在化的责任感；而父亲体现了前工业化时期重商主义的老传统，属于对从托马斯·曼的《布登勃洛克一家》(*Buddenbrooks*) 以来的文学了如指掌的那种类型。对于这两个阶级本身所处的位置来看，那么这两种不同的资产阶级传统的融合问题就同现代德国的统一，与改革以期跻身世界工业的强国相一致了。那么，就个人心理与私人生活的层面上来说，解决马克斯·韦伯问题的办法就标志着在社会历史层面上对可行方案的选择。

那个看起来是解决纯粹个人问题的办法对于德国历史的研究者来说，变得更加意义重大。可是我们意识到所使用的语义学的矩形图式，虽然经过了大幅度的扩展，还是不完整。因为我们还未生成最终的施动者 (the ultimate agents) 以及韦伯思想中性格学的范畴 (characterological categories) ——一类复合的 (complex)、一类中性的 (neutral) 术语。图式的最后一行，一连串的否定中那对否定术语的最终组合，一边是“科学”的最终组合，一边是“职业感”或“内在使命”。两者必定在韦伯本人生活选择中，在他所雄辩地描述的“作为职业的科学”(science as a vocation) 中有所体现。那么我们已经能够体会到韦伯的“不带有任何评价色彩的完全客观性”，即“价值自由”(Wertfreiheit) 中弥漫着深刻的歧义与张力。

但是这个中性术语本身，同韦伯式体系中存在的他种类型组合的可能性辩证地联系着，同作为目的和方法之综合的复合术语辩证地结合在一起。如果这样的情形是可能的，那么两者之间固有的裂痕就会被超越和忽略。这种状态只可能在韦伯社会学惟一的一个环节上才能找到，也就是在那个有魅力的主人公露面的那一刻找到：怀旧情愫对于富有魅力的人来说，当然不仅仅是将那个理想的父亲投射到过去和未来；它还是，并且无疑最根本上来说就是在一个王国里——一个富有意义的行为再一次成为可能、手段和目的相一致而且从此以后并行不悖的领域——对一个解放了的自我的幻想，一个超越了存在于历史现在时（historical present）所叙述的堕落的世界（the fallen world）中的偶然性（contingencies）、完整的自我。然而，正如所有那些未曾提高到意识层面上来的、非直接的愿望满足（wish-fulfillments）一样，这样一个幻想伴随着极大的风险，其影响也绝不会总是有利：德国自己今后的命运就会成为它的佐证。

但是对韦伯来说，那个富有魅力的主人公依旧是一个完美典型。关于现实——无论是有关他自己的生活还是历史现象——他使我们看到了“新教伦理”（The Protestant Ethic）尚存；那是一首致母性原则之力量、多少有点自相矛盾的挽歌；它内省的结构向外投射，直至最终与那不再令人眷恋的现代世界中索然寡味的官僚主义景观混为一体、无从分辨。

【注释】

[1]我发现下列的这些研究著作很有用：Herbet Marcnse，“Industralization and Capitalism in the Work of Max Weber，*Negations*（Boston，1968）pp. 201－226；Wolfgang J. Mommsen，“Univerlgeschichtliches und politiches Denken bei Max Weber”，*Historische Zeitschrift*，201，No. 3（December 1965，）pp. 558－612；Eugène Fleischmann，“De Weber a Nietzsche，” *Archives europennes de sociologie*，5（1964），pp. 3－74；Hams Gerth and C. Wright Mills，“Introduction”，*From Max Weber*（New York，1958），pp. 3－74；Arthur Mitzman，*The Iron Cage：An Historical Interpretation of Max Weber*（New York，1970）。

[2] 与韦伯比较：“对那些认为不以经济方法（或物质方法，不幸的是今天仍然这样称呼）解释的任何因果关系都不清楚的人，可以这样说，我认为经济发展对宗教观念的命运带来的影响的确十分重要，我将在后面试图说明在我们所指的情况下两者互相适应的过程是如何发生的”（*The*

Protestant Ethic and the Spirit of Capitalism, trans. Talcott Parsons, New York, 1958, pp. 277, n. 84)；恩格斯："根据历史唯物主义的观念，历史中的最终决定因素是现实生活的生产与再生产。我和马克思所论述的仅此而已。因此如果有人将它歪曲，说成经济因素是惟一的一个决定因素，那他就把这一论点变成了一个无意义的、抽象的、愚蠢的空话"（letter to Joseph Bloch, Sept. 21－22, 1890, in Marx and Engels, *Basic Writngs on Politics and Philosophy*, ed. L. Feuer, New York, 1959, pp. 397－398)。

［3］H. Stuart Hughes, *Consciousness and Society* (New York, 1961), p. 298.

［4］Sigmund Freud, "Mourning and Melancholia" (1917), in *General Psychological Theory* (New York, 1963), p. 65.

［5］Ibid., pp. 165－166.

［6］Thomas Aquinas, *Summa Theologica*, pt. 1, question 63, article 2.

［7］Ibid., pt. 2, question 35, article 1.

［8］Aristotle, *Metaphysics*.

［9］Fleischman, "De Weber a Nietzsche", p. 237.

［10］See Nietzsche, *Zarathustra*, pt. 2, "Von der Selbst-Ueberwindung," and *Jenseits von Gut und Böse*, "Wir Gelehrten," section 211.

［11］Mommsen, "Universalgeschichtliches und politisches Denken," pp. 562－563.

［12］"Science as a Vocation", in *From Max Weber*, p. 148.

［13］"Introduction", in Max Weber, *Sociology of Religion* (Boston, 1963), p. xxxix, n. 11.

［14］Marcuse, "Industralization", p. 203.

［15］See A. J. Greimas, "Les Jeux des contraintes semiotiques", (with Francois-Rastier), in *Du Sens* (Paris, 1970), pp. 135－155; "The Interaction of Semiotic Constrains", in *Yale French Studies*, 41 (Spring 1968), pp. 86－105. 关于这一模式的进一步讨论，见本人的 *Prison-House of Language*

(Princeton，1973)，pp. 163-168.

[16] Max Weber，*Gesammelte Aufsätze our Wissenschaftslehre* (Tübingen，1968)，p. 565.

[17] *Sociology of Religion*，p. 28.

[18] Max Weber，*General Economic History* (New York，1961)，p. 265.

[19] *Du Sens*，p. 104.

[20] *Structural Anthropology*，trans. C. Jacobson and B. G. Schoepf (New York，1967)，p. 225.

[21]“因为，在这里不仅高度的责任心是绝对必不可少的，而且，一般地讲，至少在劳动时间内容不得半点的分心，来计算怎样才能最省事最省力地挣得已经习惯的工资。相反，劳动必须是被当作一种绝对的自身目的，当作一项天职来从事。但是，这样一种态度绝对不是天然的产物。它是不能单凭低工资高工资刺激起来的，它只能是长期而艰苦的教育的结果。”(*The Protestant Ethic*，pp. 61-62)

[22] See ibid.，pp. 181-182.

[23] 韦伯的研究（1904—1905）毫无疑问有它含蓄的目标，即 Karl Kautsky's *Vorläufer des Neueren Sozialismus* (1895)，而不是恩格斯较早的著作 *Peasant Wars in Germany* (1850)。

[24] Ibid.，p. 183.

[25] Ibid.，p. 126.

[26] Ibid，pp. 124-125.

[27] Ibid.，p. 121.

[28] 不是因为列维-斯特劳斯没有注意到调解演示的功能（他在同一篇文章的后面对此做了详细的讨论)，只是他的公式似乎没有将这些数字调整好。对此可供选择的解释见 Elli Kaija and Pierre Miranda，“Structural Models in Folklore”，*Midwest Folklore*，3，no. 3 (Fall 1962)，pp. 137-139.

[29] *General Economic History*，p. 267.

[30] *Sociology of Religion*，pp. 47-48.

[31] J. P. Sartre, *Search for a Method* (New York, 1968), p. 62；关于萨特对心理分析论述的进一步讨论，见本人的 Marxism and Form (Princeton, 1972), pp. 214－229.

[32] Charles Morze, *The triumph of the Middle Classes* (Cleveland, 1966), p. 82.

[33] Mitzman, *Iron Cage*, pp. 8－9.

[34] Marianne Weber, *Max Weber: Ein Lebensbild* (Heidelberg, 1950), pp. 71－72.

[35] "不容置疑，在他父母亲结婚周年纪念日或是在纪念日后不久，他要求他父亲搬出他的（即小马克斯的）房子，以保证他与他母亲相依为伴、不受干扰地享受生活。这是韦伯第一次向他的父亲表示他深深的怨恨。自此以后他再也没有在他父亲去世前见过他。"(Mitzman, *The Iron Cage*, p. 152) 在结婚周年纪念日第六个星期之后，这一明显的一半是象征性的，一半是真的"弑父之罪"的自我惩罚开始了，韦伯的神经也开始崩溃。

[36] Marianne Weber, *Max Weber*, 102 页及以后诸页。

[37] Ibid., p. 275.

[38] See *Structural Anthropology*.

[39] Claude Levi-Strauss, *The Raw and the Cooked*, trans. Don and Doreen Weightman (New York, 1969), p. 341，译文做了修改。

（毛卓亮　苏　擘　译）

现代主义及其受压抑性；或作为反殖民主义者的罗伯-格里耶

提供了大多数分析材料的语言是一种净化了的语言，清洗掉了……表达任何内容的手段，只有社会提供给个人的那些内容不在其列。语言分析家发现这种净化了的语言是一个既成事实，并把这种贫乏的语言当作他所认为的那样，将它与它所没有表达的内容隔绝开来……语言哲学［因此］又一次压制了在话语和行为领域中不断被压制的东西。

——赫伯特·马尔库塞：《单面人》

在当今美国文学研究暂时停滞期间，新批评的辞令像自由主义意识形态本身一样声名狼藉，原型批评被证明只不过是一种类型学或分类上的操作，以前那种数一数形象，探讨一下主题的舒舒服服的方法又卷土重来占有了这个领域，这时，两个较新的欧洲模式好像有什么新的东西要提供。它们一个是法意结构主义及其方法上的符号学编纂，另一个是法兰克福学派的现代黑格尔主义，其毫无吸引力的特征——对美国知识分子而言——在于它大量提供一种没有马克思主义者实践的马克思主义者理论。

困难在于——正如对这两种倾向越来越多的翻译开始表明的那样——这两种方法在其基本的哲学预测方面和日常批评活动方面都显得互相排斥。要给这些不相容之处列出一张清单并不十分困难：共时性思维同历时性思维的对峙，科学至上主义同对实证主义的批评的对峙，语言至上同社会至上的对峙，建立小型模式同直观的、总结性的、跨文化或跨历史的概括之间的对峙，等等。更困难的是要找出这两种“方法”发生这样一种冲突的某个领域或对象，以便它们各自的解释能力能够得到具体的比较。

雅克·莱恩哈特（Jacques Leenhardt）那本论罗伯-格里耶的书[1]可以有助于让我们一瞥此种对抗可能采取的形式。作为对罗伯-格里耶的马克思主义研究，它的献词提醒我们，它被看作是已故的吕西安·戈德曼那本论新小说的著作的延伸；而其语言和图表，就语言学方向而言，都是一种较新的符号学研究的语言和图表，并且因此而在它们不总是明确表达的时候吸引人们去作我们提议的那种比较。然而这本书的框架，尽管已经是一种策略上的选择，却将同时使用两种方法的尝试中所包含的困境戏剧化了，因为作为对单一文本广泛深入的诠释，它的观念既排斥确定了戈德曼的文学分析范围与权威性的有关全部著作的比较研究，同时又使将《嫉妒》与其他历史时期或社会结构内的艺术作品的表现力进行比较变得不可能，正如阿多诺本人顽固地要做的那样，结果往往是很清楚的。因此——由于这部著作的构想本身从一开始就是这样——我们就不能指望在莱恩哈特的研究中会发现对整个新小说特征的探讨，也不能指望对其作为现代主义发展过程中的一个时刻的意义作出评价。但是，我们以后将看到，这些都不是作为批评家的特权可以出于某些更全面的考虑而加以忽视或拖延的简单的外加话题，却正是反过来使这种研究的固有力量受到损害的基本限制。不管怎么说，这种固有力量，尤其由对一部特定小说的这样一种系统的深度社会学解读构成的挖掘力，有着足够的爆炸性潜力，会从自身出发，相当严重地损害形式主义全貌。

然而莱恩哈特的书还是提示了符号学和批评理论之间一种进一步的不一致，可能比以上列出的任何一种不一致带有更大的根本性，而这种不一致，我将描述为对于两个系统的否定性（negative）的态度以及这种否定性所扮演的角色。否定性的意义和对辩证思维中关于矛盾和不在场的评价的意义众所周知；而将否定降至它曾经在前辩证哲学中的状态，即仅仅是一种逻辑范畴或者准数学价的表记，也许对于任何研究过列维-斯特劳斯或格雷马斯的人来说都是很熟悉的。在所谓后结构主义思想家如德勒兹或利奥塔的著作中，也许只有在现在才变得清晰起来的，是对否定性加以拒绝和新的哲学寻找一种仅仅由确定性构成的模式的深刻愿望的思想意义：这种对辩证逻辑及其关于矛盾和不在场的评价的扬弃，从尼采生机论的复兴中为它现在的趾高气扬汲取了一种新的权威性。同时，一种相似的实证主义（列维-斯特劳斯不是在一个值得纪念的场合将自己描述成一个“机械唯物主义者”吗?）宣称符号学本身的科学主张将所有主体的痕迹连同否定性一起从它对于客体的说明中驱逐出去。其含义可能很快会以文学分析的观点被提出来：符号学是后结构主义者著作中明确宣布的规划的隐性发展，即试图**不加解释**地继续谈论一个既定现象的尝试，无论它是对一个症状的心理诊断的尝试，还是对历史上一种文化的辩证解读的尝试。科学或精神分裂症，激情、结构或弗洛伊德的死亡愿望——全都是暂时联合起来抵制马克思或弗洛伊德的同床异梦的盟友!

解释同否定性的纠缠不清的关系现在可以具体用莱恩哈特通过解读《嫉妒》所能做或不能做的事情来衡量。这种解读相对于其他解读的优越性，它同其他解读的不可比性，以及对于正统新小说学术来说真正带丑闻性的东西，就在于他表明了罗伯-格里耶的小说有内容；表明了它是“关于”某事的，并拥有一种真正的“所指对象”：风云变幻的非洲、殖民状况、帝国主义和新帝国主义、种族主义、民族解放战争——似乎和新小说相提并论就完全是风马牛不相及的，完全像我们被告知说詹姆斯·乔伊斯是爱尔兰共和军最伟大的小说家一样！而莱恩哈特批评程序的复杂性在这里也许可以通过“所指对象”与“意义”之间的一个区别暗示出来，换句话说，就《嫉妒》的美学标准提出了某种纯粹的所指游戏，即相对自由浮动的语句的结合与变化而言，这种对书的“所指”的坚持，这种对作品意义或信息之类事物的探求，也许足可以被看成是拒绝整体理解作品的一种方法。“意义”已被现代艺术最能说会道的发言人贬损为只是一种解释，对它的探求可谓是偏执或被误导的。可当我们回想起雅克布森的术语用“语境”（context）一词代替“所指对象”一词时，我们就瞥见了一种全然不同类别的解释方法的可能性，其特征连“语义学”这个术语——就它也可适用于关于“所指”的研究而言——也容易搞混，也许它最好被描述为关于材料和所指**先决条件**的研究对作品的内在形式经验的超越和对所指的超越。这在我看来，正是莱恩哈特适合做的事情，在一部将旅游小册子和有关殖民地经历的社会学论文并立的著作中，探讨小说的形象，并密切关注香蕉树的形状，这样的异质性的确是经过深思熟虑的，等待着纯文学学生的震惊不仅是健康的，也是有示范作用的，并象征着任何真正的唯物主义批评应该完成的作品和读者的那种同样的颠倒，这一点我们不久还要回过来讨论。无须赘言，我们这么说就足够了：莱恩哈特的方法比罗伯-格里耶自己的计划走得远得多，根据罗伯-格里耶自己的计划，新小说所“关于”的现实，以及它可以被认为是“现实的”[2]的道理，仅是我们这个时代的世界的现象学经验的一种改变，以及随后发生的主体、时代、事物等之类的范畴的崩溃；罗伯-格里耶确实构成了一个他自己小说的法兰克福学派意义上的深刻批判价值，及其在叙述上对日常生活的意识形态范畴去神秘化的案例。这提示了一种对《嫉妒》的独特解读，它介于纪德的《刚果之行》和伏尔泰的哲理小说之间。但是，一个罗伯-格里耶概括的方案实质上是将我们关于现实的思想和对现实的体验，而不是将这种体验的物质起源和原因作为其目标的**理想主义的**方案，如果这一点怎么强调也不够的话，它真正的含混之处，正如莱恩哈特所说明，而且也如我们不久就要看到的那样，在于那种关于"较新"现实的概念，对较早的现实的批评就是以这种"较新"现实的名义进行的。

无论如何，这种对罗伯-格里耶一般性叙述技巧的整体目的的描述必须给对《嫉妒》一书的解读本身的更加具体的局部传统让路。在我看来，莱恩哈特的论文——必然是超批评的也同样是批评的——在这里面对两种主要的形式主义策略，或者说，面对两种版本对这部小说的权威性形式主义立场，有点像一弱一强两个版本，一个是严格意义上的，一个是比喻性的；一个是局限的方法，一个是全面的方法。这些立场中更纯粹的一种——利卡多（Ricardou）或许可被看作是它最有活力的代表——拒绝以文本自身名义作出的解释，它被看作是隐喻功能与描述功能的结合最终使表达方式本身中立化的过程。这个过程有它内在的逻辑。

> 在本书如此缜密的结构中，所有要素的系统组合会最终要求和时间的中断一起实现各种要素的所有可能性，也就是说，尤其是实现其所有的对立面。伴随着这种关系的饱和，文本空间也引起了一种中立化的概念，这确实是这部小说最终归于沉寂的原因所在。[3]

我怀疑，就如我在别处提到的[4]，甚至这种极端的十分绝对的形式主义也并不是如它本意真的想要的那种形式主义，并且事实上——远非构成一种对解释的扬弃——它本身就是一种有寓意的解释，其“所指”或寓意的关键只是语言，或者说文字，或者说文本本身的解释。

然而，即使这种怀疑被证明是没有事实根据的，以下观点也无可否认地是真实的：利卡多的观点过于苛刻而无法被保留太久；它趋向于不知不觉地转向另一个有其特定解释内容的相当公开的解释学观点，即那种精神分析的观点本身。（德里达或许会被看作是这个过程的一部教科书的图解，一本《文字学》那样的书是从它考虑要同化为更形式化的延异和踪迹模式的真正弗洛伊德主义中汲取它最基本的内容和说服力的。）就罗伯-格里耶而言，这种转向无疑是小说中某些深层的结构含混造成的，这种含混中伴随着表面上无尽的文本变化，产生出某种更加全球化的精神病理学氛围，无论是折磨儿童（《窥视者》）以及具有脑损伤特征的大脑功能下降（《在迷宫里》），还是后来作品中的性虐待狂与性受虐狂，其与色情出版物更为传统的关联之处，标志着早期作品一些更有意思的紧张状态和过失的一种弱化。在《嫉妒》这一例子中，莱恩哈特注意到，以前的任何一个批评家都没能摆脱标题的魔力，摆脱一本书必然是关于一种三角婚姻的直接的第一印象。

> 人们的确会惊讶地注意到，所有批评家，从最传统地进行心理解释的批评家，如布鲁斯·莫利塞特（Burce Morrissette），到让·利卡多（Jean Ricardou）那样对叙事技巧最严格关注的那些人，都从性爱嫉妒，从戴绿帽子的丈夫等方面讨论这部小说。这种惊人的一致性传递着神话的力量，没有一个批评家能够超越它以

求得某种二等的休养生息。

因此他的首要任务就是对这种未言明的心理学解释和精神分析解释的优势地位进行攻击，这种解释的相对自由将现代社会生活的深刻的破碎性反映到私人和公众的心理层面，同时——在眼下这个例子中——它为回避用真正历史或社会的方法评论文学材料提供了最后一条防御策略。因为即使最私人、最独一无二的事实也仍然是一个**社会的**事实，而且精神分析因素与政治因素之间的调解的发明干脆以这样一种方法要求扩大所指意义的范围，以致有关心理现象的社会性就变得具有可见性了。我想，这就是莱恩哈特之所以用最能概括的方式，即认定这部小说（以及这位作家的其他作品）是一种强迫症机制，来开始他对《嫉妒》的经典精神分析解读的重建的。这样一种解读[5]，同其他一些通用的弗洛伊德法则（恋母情结、男性生殖器象征、灵魂的比喻等）形成了对比，由于其固有的文本变化的现象学描述，它本身已经是调解性的：它是那样一种循环往复，句子依照它开始过起了一种一发而不可收拾的生活（“在《嫉妒》中，病态的、嫉妒的东西的确干脆就是作为整体的语言本身了”［131页］），突然着魔似的开始计算种植园中所有的香蕉树，描述土地的几何排列，甚至列举对整个耕地计划最无关紧要的偏离。[6]这些句子的非个性化自治于是开始想像歇斯底里症患者要借以从强加于意识的焦虑压力中转移开来的那些机械程序一类的东西；而就其本身而言，安杰欧（Anzieu）的解释和利卡多以上的解释是不一致的——后者只是为它提供了初步的内容。从更一般性的意义上说，关于《嫉妒》文体的特征描绘纠正了关于新小说的两种标准观点的抽象性，即把新小说看成物的小说（客观形式），或是注视派小说（主观形式），不但坚持这两极都是一个过程的组成部分，而且尤其提出这一过程本身有权需要针对一个确定现象的解释。

将这个过程描述为强迫症确实就是将主体与客体相提并论并引起一种活动，外部环境就是通过这种活动，以某种方式被一个外观所抵消，而这个外观从一开始其本身就整个非个性化了。因此，就这一点而言，这不是一个重新引进主体的精神病理学的问题，而是一个对作为意义独立于个人心理的一种社会现象的看进行一种现象学分析的问题。这里莱恩哈特用萨特来反对罗伯-格里耶本人对《恶心》的批评。关于这部作品，这个晚辈小说家一针见血地说："此书一开始记录的最初三种知觉都是通过触觉获得的，而不是视觉……这种触觉在日常生活中构成了一种比视觉更私密得多的感觉"（《为了一种新小说》，65 页）。实际上，在现代争论的核心，通过强调萨特小说中嗅觉、触觉和色感的关键作用，罗伯-格里耶继续抨击了萨特在对世界及其物体的描述中含糊不清的悲剧式人道主义——或称为无意识的神人同形同性论——在这种描述中，人类无论如何都仍然处于一种无法摆脱的境遇。

> 淹没在物的深渊里，人最终甚至不再能感觉到它们的存在：他的角色不久就被限制于只能体会以它们的名义完全人性化的印象和愿望……以这样的观点，视觉成为有特权的感觉……视觉上的描述实际上是最容易造成距离的：视觉如果寻求简单地保留那样的情况，那么它就让物停留在它们各自的位子上。（《为了一种新小说》68、73 页）

对几种感觉的去神秘化当然是罗伯-格里耶美学工作的一个基本组成部分，也是以上说过的对关于日常生活和知觉的思想方式的那种叙事批评的一个关键的策略性做法。但是如果有人会用一种全然不同的方式来评价这一切该怎么办？如果单纯的看确实是外部世界之上的类似于权力**意志**的东西的传达工具的话，该怎么办？如果对神人同形同性论和它的悲剧精神（关于它，我们满可以同意，它在法国存在主义的经典时刻继续过着一种地下生活）的拒绝本身并不是完全无辜的，并且表达了一种将一个人的自我从世界以及有自己原始政治内容的物中解放出来的渴望，又该怎么办？我们于是回到萨特本人对看的分析上，尤其是在“黑色的俄狄浦斯”（他为桑戈尔的黑人气质诗人的历史文选写的序）中所概括的那种分析，其中看和主体提出的观点（“不被看而看的权力”）被攻击为白人优越论和殖民地状况的因素。看这一举动的象征意义，或者换句话说，社会内容，干脆就是对我自己白色皮肤的一种重申：为小说中庄园居高临下的位置所确定的一种解释，庄园占据着一个斜坡，从那里越过一段保护性的距离，周围世界的物可以尽收眼底。

我们需要一种比仅仅是现象学分析的术语更好的术语，来命名眼下这样一个活动的历史起源和受压抑的情景内容——强迫性视觉观察中固有的那种特殊审视——借以恢复为现象本身的方式，就此构成它的解释，并揭示到目前为止看似一个心理行为或知觉方式之物的社会重要性。这实际上就是尼采谱系学的社会学版本，在其中，较早的具体情况的痕迹通过似乎不再与它们有任何共同之处的现代“文明”现象中一种 X 射线过程的非神秘化而揭示出来；所以尼采显示了较早的贵族傲慢如何在现代价值判断的贫乏词汇的词源学中继续存在，而英雄时代本身的各个阶级——征服者与被征服者们——继续身体力行他们那种伪装的奋斗，在工业城市中穿着破烂的白领，被怨恨搞得面目全非。然而，这一过程现在应从具体的社会学的意义上，而不是从尼采的历史神话意义上来理解。我们期望作为《嫉妒》中注视的谱系，来揭示它在资本原始积累的那个最初商业世界的理性化和量化的遥远起源，并承受整个世界转变成一个巨大的簿记系统而造成的创伤，这一创伤是因金钱的传播和市场经济的膨胀而引起的。然而，到了20世纪中期，这种视觉审视已经进入了一个晚期病理学阶段，莱恩哈特正确地指出，精神分析在这方面称作强迫症的东西，在被他描述为整个殖民地体系中“病态的几何化”的东西中有它精确的社会历史等同物，那种对数字和几何排列而不是对人类的非个性的迷恋，如此典型地代表了各种殖民地活动和反暴乱活动的绥靖政策（54～55页）。所以这种显然纯粹形式上非实体的强制性越野注视，有真正的政治内容和经济内容，这些内容远远超越了甚至被罗伯-格里耶归于他自己的写作模式的思想意义，尽管有这样一个事实，即我们从未亲眼目睹“叙述者”作出的对本地人的公然压制行为，甚至是在田野工人本身实际不在场的情况下。

这样一种对看这一行为的现象学或谱系学的解读，现在提供了一种向更单纯的小说主题内容的过渡，尤其是向光明与黑暗的无所不在的效果的过渡，以及由百叶窗本身的叶片投射出的光与暗的交替。然而前面的论述使我们处在从标准的“象征”意义以外的意义上来理解这些“形象”（我们最好还是承认当前文学批评中使用的形象概念是很成问题的）的位置上。莱恩哈特对这些材料的精彩分析，让我想到它提供了一种对于其他各种文学来说同样具有可概括性的模式：对他来说，《嫉妒》的主题意象可以恰恰是对殖民地状况和本地人的那些更基本的现实的补偿和替代，就如我们以上指出的那样，这些现实受到严格的弗洛伊德意义上的神经质拒绝或否定（拉康所说的否认）的系统抑制和排斥。在这样一个替换符号系统中，**光**显然将继续成为侨民本身的要素和他的支配地位的媒介，而它的反面，黑暗，本身同周围人口一样是不确定的，发展不完善的，表达了对通过在自此之后不可见的世界中主人的易受伤害性及其宅邸的易受伤害性而造成威胁的不在场的恐惧。

莱恩哈特的分析同样暗示出在这一点上符号学工具和方法论的关联与多产。他甚至指出，将这些因素组织到一个完整的符号系统中的不可能真正是光明与黑暗之间的对立这样一种陈腐的东西。而应该说，这种对立被重新组织到一个新的人为的，因而处于突出地位的符号系统中，在这个符号系统中，光明的对立面并没有**自然**本身那么多的黑暗："光明和自然就这样相互排斥而又相互补充。我们可以观察到，小说从头到尾，两者都在一种二元论式的斗争中不断交替。"（70 页）这个新符号或总体主题效果的内容变成一系列组成要素，我们可以将其列举出来：本地人自己和他们的歌曲，还有本身在总体上"十分"受压抑的有机生命，同非洲有关的大型动物，以及在此被某些它们最少实体性的显现所代表的各种象征性的野生动植物群，即昆虫（蜈蚣!），最后是以声音形式出现的存在的提炼物，以至于光和声最终的对立得知了它自己的一个丰富的谱系学内容。如果有什么地方的话，那么在这里，我似乎觉得，由格雷马斯得出的分析机制找到了它合适的位置，并且有许多东西以新的洞察力和确切的资料的方式提供了这样的社会学工作。

然而在我看来，对这一部分的基本异议还在于别的地方，在于可以称之为莱恩哈特对这些主题材料的不够激进的处理方法中。因为我认为，匆忙的读者可能完全无视支持这个作品的相当复杂的模式，并且反而得出结论认为——完全与其整个精神背道而驰的——光明、声音、自然之类的形象对莱恩哈特来说恰恰不过是那些退化的明喻意义的"象征"。我们于是由这样一种误读回归到一种介于对一部作品所指的"解释"和我们以上谈过的对作品有所指的先决条件的推论或解构之间的混乱。在提出这种误解怎样能被避免之前，让我们无论如何继续追随莱恩哈特关于《嫉妒》的说明来到它似乎最公开地向这样的异议敞开自身的那一点上。

当然，这就是给予作品以标题，并对中心的三角关系产生影响的"政治阅读"，也就是说，批评家必须完成自己的诺言，将显然是小说情节的心理上的材料（妻子和她的情人弗兰克到城里的旅行，丈夫—叙事者无名的复仇幻想和非个性化的嫉妒）转变为按社会学秩序排列的现象。也许在此处，吕西安·戈德曼的遗产能最强烈地被感觉到；这里也是莱恩哈特的解读最容易成为对一般意义的马克思主义批评提出的传统异议之一，即它本质上是**寓意性的**（代表各种社会阶级的"典型"人物）。对莱恩哈特来说，两个男性对手无疑"代表"了从西方传统帝国主义阶段到第二次世界大战后的非殖民化演化过程，换句话说，就是后来被称作新殖民主义阶段期间的历史演变。他整理了大量细节来支持这种解读：叙事者和弗兰克在关于本地人手艺上的不一致看法，弗兰克的席间举止（令叙事者极度反感，就像一般来说，前者的肉体性和他性欲活力—攻击性活力令他反感一样），弗兰克本人的机械能力（修理卡车），最后是对所谓非洲小说中的各种看法和采取的立场，关于这部小说的讨论于是有助于从意识形态上安置人物角色。在此关系中，关键的段落就是作品临近结尾处关于"小说中的小说"的长篇情节简介，其中"事实"以一系列令人难堪的诙谐的颠倒与矛盾改写自己，其内在逻辑，以上的假定现在是这样来澄清的：

> 这部作品的主角是一个海关官员。这个角色不是一

> 个官员而是一个古老的商业公司的高级雇员。这个公司的生意不景气，迅速地衰败。公司经营十分良好。主要人物——人们了解到——不诚实。他很诚实，他试图重建在一场车祸中丧生的前任所建立的状况。但是他没有前任，因为公司是最近才组建的，那根本就不是一场车祸，等等。(《两小说》，137 页)。

以最极端的形式出现的两种选择，显然一个是新创业类型的私人企业，另一个是受政府庇护的古老家族商行，往往已同化成殖民地行政本身；而从情感投资和戏剧预测的观点来看，这一段故意在弗兰克之死（着火的卡车，在小说中早先已经详细记叙的幻想）和叙事者本人生活方式的历史性替代之间疑虑重重。正是在这一意义上，《嫉妒》的叙述，对莱恩哈特来说，最终戏剧化了将在第五共和国上台掌权的新科技精英的价值观念，标志着一种演变的尝试，即演变为“一种对应于在生产层面上技术官僚集团或阶级分支的意识形态，其基本使命是要克服被社会主义者思想符号化的那些阶级对抗，以及同传统小说和右翼政治思想相关联的个人主义”(36 页)。

因此，终于——尽管莱恩哈特显然想回避公认的现实主义/现代主义争论的术语——马克思主义者美学的典型窘境，也就是**评价**的窘境，又一次慢慢地进入视野。情况就像他所陈述的，和马克思主义本身显现出的浪漫主义文化境况并不十分不同：一种既“进步”又“反动”的文学，它在对资本主义和初期的商业文明的贵族化批判中是“进步”的，在对一个有限群体和阶级的特权的防卫中是“反动”的。使这一答案对新小说来说不太适合的，正是现代主义本身的质的改变，换句话说，是不仅同内容的意识形态，而且也同形式的意识形态、媒介中固有信息意识形态、以审美知觉本身进行的实验的隐含价值的意识形态妥协的需要。较早的马克思主义，也就是20世纪30年代的马克思主义，认为自身强大到足以拒绝无法控制的现代主义文化，然而它的力量依赖于某个真正的大众和工人阶级运动的存在，对于这种存在，它能够寻找真正的文化替代品。同时它的力量还依赖于一个文化领域，当时还不像今天那样渗透着和消费社会本身穿一条裤子的现代主义的可感知的实践。因为在第二次世界大战之后的第二次“大改造”中（对美国来说，我们也许可以简便地从电视的使用以及同时在1947年开始的冷战算起），现代主义审美观耀武扬威地渗透到我们心灵空间的每一个角落，并且来得似乎和手机、污染或平装书那样不可避免。也许不太被广泛理解的是，强调有计划的报废和越来越迅速的风格样式改变的消费社会经济本身，正密切依赖于作为新外形和样式的实验室与发源地的现代主义和新的或现代主义的感受力的程度。

对“现代主义”的最终评价因此与对新的消费社会本身的诊断相一致，而我们必然不同意——虽然带着遗憾——法兰克福学派对伟大的现代艺术作品的持续否定性和颠覆效果的信心，正如最近哈贝马斯在如下发言中所说的那样：“现代艺术和普遍价值体系一样很难适合去满足政治制度对合法化的需要……艺术的批评潜力以及艺术为颠覆性的反文化释放出来的权力是明白无误的。”[7]这种错觉在欧洲也许是可能的，但是从美国的优势地位来看，它却更应该说是特里林（Trilling）教授的苦恼，这种苦恼反映了更加现实主义的评价，在《文化的彼岸》中，他惋惜第一代现代主义在被同化为课程、改造为真正的文化制度时，其伟大的反社会纪念碑的爆炸性力量衰落了。

要坚持消费社会能不费吹灰之力地吸收和同化像贝克特和罗伯-格里耶那样的形式主义作品的否定性，并非必定要说明一种不同种类的审美观会面对一些较容易的情况。相反，我本人甚至倾向于走得更远，倾向于声称**所有**形式的艺术，当本身被作为客体时，在今天都是能同化的，这适用于一种有革命意图的作品——海报、歌曲、小说——就像适用于现代主义作品一样。如果需要证明，那么目睹一下迅速发展的布莱希特工业，它忙于从心理角度解释那些政治宣传模式，将它们变成学者细读的对象并就此将整个文集转变为某种真正可怕的文化“制度”，从而得意洋洋地恢复了布莱希特剧本中一切危险的东西。（有人会想到戈达德［Godard］的《中国女人》中的那个时刻——其导演是这样一种同化的另一个主要目标——当时“革命的”英雄们将他们黑板上从索福克勒斯到斯特林堡一大堆戏剧人名一个接一个地擦去，最后终于伤心地将黑板擦擦到了布莱希特本人那孤独地幸存下来的名字上。）

尽管如此，却不是因为形式主义的和革命的文学之间没有区别，而是因为作为审美客体的艺术作品的概念本身就是一种恋物倾向与抽象化。真实的东西恰恰不是孤立的手稿或文本本身，而是情境中的作品，演出中的作品，其中有一个简短的时刻，生产者与消费者之间，放送者与接受者之间的鸿沟会暂时沟通起来，失踪的观众和没有社会功能的艺术家的双重危机也暂时被克服了。我们需要美学自身层面上的演讲行为理论一类的东西来粉碎“艺术作品”的学术性物化，并使我们相信，具体的艺术作品——换句话说，演出中的布莱希特作品，也是由革命剧团演给政治上有觉悟的观众看的作品——永远不能被同化或除去其颠覆因素。

这当然就是戏剧那样的表演艺术之所以比小说更容易适应一种革命性审美观的原因，它本身已经是我们刚才提到的那种双重危机的物化产物。而恰恰是作为物和可携物品的小说的这种固有物化给了激进批评以存在的理由。如果关于罗伯-格里耶小说本身有一个深刻的歧义，那么这个歧义必定会要么在和演出的具体情境的那种近似情况中，也就是学术研讨班中，要么在和像莱恩哈特那样的批评著作的关联中遭到削弱，莱恩哈特的著作致力于削弱的正是那些歧义，并为有关的现代主义物品的“正确使用”提供精确的使用说明。

那么那些使用说明应该是什么呢？我们能不能发明一种新的解读方法，使政治、历史意识的需求和这一特定审美形式的具体要求调和起来呢？尽管是以某种新的、复杂的、二流的精神方式。因为很显然，简单地将《嫉妒》变回到对殖民地状况的一种更似小说的展示是不成问题的——不管是自然主义的还是革命性的。我们已经说明，尽管从“所指事物”的意义上看，这部小说确实是“关于”殖民主义的，但是必须马上补充说，它也同样尽力**避免**这样；它的形式结构必须被精确地描述为一种**压制**那种指示内容和使小说素材含义失去爆炸性的努力。也许按照萨特的不义的有意行为，而不是经典精神分析的无意识行为来考虑这一做法，会更恰当，因为每一个读者在阅读关于香蕉树和本地仆人、昆虫和凉爽走廊上的热带饮料的语句时，都知道叙事“打算”将非洲作为其最终的对象或所指事物，真正的问题仍然是“知识”被投入运用的问题。

这里也许立体派绘画会提供一个方便的类推，因为立体派也拥有和描绘与描绘性的复杂关系：观察者以同样方式充分意识到他或她的注视“意在”一瓶瓶的葡萄酒、五弦琴、花瓶、桌子和切面包刀；然而绘画要求我们以某种方式不考虑或悬置那种知识，并试图以某种新的完全非指示性的方式来“看”所有那些对象。这些对象，换句话说，不再是要用来作为一种真正的对象世界的因素而被注视，就像在夏尔丹的画中或伟大的荷兰静物画中那样；毋宁说，它们代表着最后无法抹去的现实的痕迹，对于观赏者纯粹的画面接受，这种痕迹必然顽固地作为一种前提存在然而——这是莱恩哈特的书中试图要为《嫉妒》完成的关键性翻转——可事实仍然是立体派绘画也有内容，那内容干脆就是，如果你愿意接受的话，画家的阁楼、戏衣船、“我的美人”、1900年的巴黎，还有艺术家本人在其中的情况，他在知识分子和贵族中的赞助人、收藏家和商人、美国人、第三共和国，最后是整个文化历史时刻本身，它在玻璃酒杯留在松木桌上的一圈污渍中留下了它集中的痕迹。

我们现在能够看到的东西不像较早的马克思主义会说起的那样，仅仅是能把我们对现实的注意力转移开来的方式，也不简单地是替代琐碎的忧虑、鼓励“颓废”的价值观念和活动的方式（这些价值观念我们今天可以简单地看作——在我们所有人中普遍规划的——消费社会本身的价值观念)。这样的作品（也?）是歪曲和压制现实的方式：它们不谈论根本不同于革命艺术内容及素材的东西；应该说，同样的恐惧和忧虑，同样的历史洞察力和政治焦虑也贯穿在它们中间，它们要做的不是表达，而是**能应付**那些恐惧，将它们乔装打扮，并驱赶至地下。因此，在《嫉妒》本身当中，殖民主义者和被殖民者之间的冲突被压制了，还有殖民主义者本身中间更加本土化的冲突给其决定性的地下现实戴上了面具；在经典马克思主义理论中，我们会把这种做法描述成用次要的或非对抗性的霸权阶级本身内部的矛盾，也就是它的两种倾向，即用较老的殖民地心理和较新的独立后新殖民主义技术官僚心理之间的矛盾，来代替阶级之间的冲突。

我认为，要扬弃这些现代主义的艺术作品，或甚至要在现代文化博物馆的安静而恐怖的物品上，行使偶像破坏的戏剧性选择，那么这干脆就是要再确认物化的声望，就好像是这些物化的名字和名声的神圣光环。然而我们需要的是在精神分析进行程序上，而现在又是在政治和意识形态内容层面上的东西。可以期待这个过程来消除伟大的现代派作品的物化，并将这些艺术与学术“纪念碑”作为在一个物化社会中孤立个人的私人语言还原为它们的原始现实。毫无疑问，在许多情况下，这会在这一过程中破坏作品本身：只有作为一场梦，通过以分析来穷尽它的内容及其魅力，从而使它受到摧毁，只剩下一个要被抛弃的躯壳。它无疑也使我们更不舒服地意识到作为学者，我们对精确地保留与我们的专业身份必然有联系的这些学术“特殊化对象”有着自己的既得利益。然而当它在当代文化和媒介语言的大规模充实中柔弱地间歇地动弹时，只有通过这样一个非物化过程和进行过程，我们才能恢复有审美价值的剧本的脆弱性与同情。“每一部大师级的作品”，乔特鲁德·斯泰因曾经说过，“都带有一定量的丑陋来到这世界上……（这是）创造者努力用一种新的方式讲述一种新的事物的标志……作为批评家，我们的任务就是站在拉斐尔的西斯廷圣母像面前，恢复其丑陋”[8]。丑陋之处同样也是笨拙、业余、犹豫不决……所有这许多草率的技法都标志着物化的艺术品被消解回它原来的**常规**中，把我们从艺术商品的魔力中解放出来，又一次允许对真正的成就，对两难境地，对资本主义世界中孤独的、主观化的艺术家作出公正、友好的评价。

【注释】

[1] 本章原本是作为关于雅克·莱恩哈特的《小说的政治解读：阿兰·罗伯-格里耶的〈嫉妒〉》（巴黎，1973）的评论而写的。

[2] See Alan Robbe-Grillet, *For a New Novel* (New York, 1965), "From Realism to Reality", pp. 157–168.

[3] Jean Ricardou, *Problemes du nouveau roman* (Paris, 1967).

［4］ See Fredric Jameson，*The Prison-House of Language*（Princeton，N. J.，1972），pp. 182－183.

［5］ See Didier Anzieu，“Le Discours deL'obsessionnel dans les roman de Robbe-Frillet”，*Temps Moderns*，223（Oct. 1965），pp. 608－637.

［6］ 作为例子，see Alan Robbe-Grillet，*Two Novels*（New York，1965），pp. 50－54。

［7］ Jurgen Habermas，“The Place of Philophy in Marxiam”，*The Insergent Sociologist*，2（Winter 1975），pp. 44－45.

［8］ Gertrude Stein，*Four in America*（New Haven，1947），p. ⅶ.

（董斯维　译）

小说中的世界缩影：乌托邦叙事的出现

包裹着皮毛的人们瑟瑟发抖，积雪被压得结结实实，脸上却流着汗水，大白天点着火把，一把仪式上用的铲子挥动起来，奠基石晃晃悠悠安放到位……我们进入的是《黑暗的左手》（*The Left Hand of Darkness*）中的另一个世界，这个世界像所有的虚拟世界一样，不可避免地让人们回想起真实的世界——这里不太像爱森斯坦的古俄罗斯人（Muscovy），也许更像是遥远的中世纪的爱斯基摩人的生活场景。然而这种表面的异国情调（exoticism）掩盖着一系列所谓的“基因不连贯”[1]的东西，这部小说可以被看作是由一组异质叙述模式巧妙地叠加交织而成，于是不同种类的叙述如一股股绳索拧在一起，形成一部真正的叙述模式大全。由此我们发现这里各种叙述方法交错：游记叙事（带有考古数据）、神话的混合、政治小说（狭义上的宫廷矛盾戏）、直白的科幻小说［海尼人（Hainish）的殖民化，环绕葛森星（Gethen）的太阳转的宇宙飞船］、奥威尔式的反面乌托邦（在志愿农庄和移民代办处的禁闭生活）、历险小说（穿越冰川的飞行），以及最后甚至还有些类似于多种族间的恋爱故事（两种不同的文化和种族之间交流的戏剧）。

跟只使用一两种叙述方法的作品比较起来，这种结构上的不连贯虽然使《黑暗的左手》效果更好，但是也立刻提出了小说的基本问题，即根本统一的问题。接下来，我想作一个主题一致性的个案分析，这种一致性与其情节没有足够的联系，但是似乎对一般小说叙事中的世界建构过程有一定的揭示作用。小说的主题可以分为四种，其中最令人称奇、最明显的是葛森星居民雌雄同体的主题。然而，这本书“正式”要传达的似乎根本不是这个信息，而是要从社会和历史的角度研究卡海德国（Karhide）的国家机构，研究该社会或者其他任何一个社会在多大程度上能够达到全民皆兵。在此之后，毫无疑问，我们要提到该星球上奇怪的生态环境，这种环境及其所带来的生活方式，使《黑暗的左手》有点像是反《沙丘》似的。最后我们还要提到这个星球上的神话和宗教仪式，这本书正是因之而得名。[2]

现在的问题在于我们是否能够找出所有这些主题中共性的东西，要是能够把它们当中某种基本结构上的同源（homology）分离出来就更好了。首先来看一下葛森星［被艾库曼人（Ekumen）称为冬星］的气候，第一个调查员对此提出的解释是这种冰期环境不利于人类生存：

> 冬天的气候太冷酷无情，几乎难以忍受，尽管他们适应寒冷，也只有靠他们的战斗精神与寒冷搏斗。边缘的人们，刚到的种族，并不是什么勇士。最终，在葛森星人的生活里，决定的因素不是性，也不是其他的人类，而是他们的环境，他们的寒冷的世界。在这里，人有一个比自身更残酷的敌人。

然而，也许严寒的内涵还不仅如此；这个母题也许还有其他更加深刻的、隐含的象征意义，这种意义兴许最好用最近的科幻小说中相关的热带雨林的象征意义来解释，特别是J. G. 巴拉德（J. G. Ballard）的科幻小说。炎热在这里传递的意思是一种消融，身体融入外部世界，失去那种与衣服和外在客体的明显分离感，从而使你获得自治，可以自由活动，同时，在你的身体有机体与周围接触的时候，例如沐浴在潮湿的空气里，或者碰到蕨类植物的叶子时，增加了污染和不自然的感觉。这是因为，丛林本身虽然不是或反对华兹华斯描述的那种自然，但却被人觉得是某种庞大的、异域的有机体，我们的身体冒着被吸收进去的危险。在科幻小说里，对这种焦虑最惊人的表达也许是西尔弗伯格的《降落在地》（第八章）里那种可怕的景象，在那个场景中，主人公发现一对人类夫妇变成了某些不知名的寄生虫的寄生体，它们在他们仍然活着的躯体内像古怪的胎儿一样蠕动。

这种人体自治的丧失——通过整个丛林环境被戏剧化了，而欧洲人消融到丛林之中——可以被理解为一种心理自治丧失的修辞比喻，其中道德沦丧、殖民地的饮酒，以及热带英雄的消解，则是文学中的经典象征。（与当前的研究更相关的是极端炎热和性焦虑之间的关系——这个主题在非科幻小说对类似素材的描写中更加明显，例如天主教小说家格雷厄姆·格林和弗朗索瓦·莫里亚克。对他们来说，炎热与青春期性折磨的等同，为后来主要人物经历的性无能提供了足够的心理原因。）

巴拉德的作品具有暗示性，他把心理和道德的消融转变成了意识形态的熵的神话，在这种神话里，大英帝国的历史性衰落被投射到外部某种庞大的宇宙的衰落，以及它的分子建筑群的衰落。[3]这种意识形态的信息使它很难摆脱这样的感觉：前面所说的热的象征在这里是一种奇怪的西方的、种族中心论的象征。如果需要证据，不妨看看冯尼格特的《猫的摇篮》，在这部作品里，系统的行动置换——从纽约州北部到加勒比，从非人化的美国科学家到欢乐而多疑的勃克侬主义的宗教实践——暗示着一种几乎不加掩饰的思考：思考美国霸权和第三世界的关系，思考在资本主义世界压迫和科学知识之间的关系，思考在更古老朴素的文化中以怀旧和原始的方式召唤更真实的人类的种种可能。对炎热的偏见，对流汗作为我们存在的某种消解的恐惧，相当于对热带田野劳动的某种无意识的焦虑。（一种类似的文化上的象征，在我们自己的富裕社会里也有历史性的反响，这就是北部工厂蓝领工人的工作。）因此，关于热带的梦魇表达了一种掩饰起来的对不可名状的威胁的恐惧，害怕第三世界的大众会威胁到我们自己的繁荣和特权，同时它也提出了一种新的解释勒奎恩小说里葛森的冰雪天气的框架。

在这种解读中，**冬星**上的寒冷天气绝不可首先理解为一种恶劣的不适合人类生活的环境，而应该理解为一种对有机体的自治的象征性的肯定，它是对身体完全脱离其环境或生态体系的某种幻想的实现。寒冷的孤立，以及葛森的寒冷气候，使小说中的人物（和读者）意识到他们作为分离的个体的心理独立以及他们自由的地位，他们的鸡皮疙瘩使皮肤本身变成了某种外壳，星球低于零摄氏度的气温迫使他们的有机体转而依靠自己内在的资源，使每个人都成为自足的火炉。这样，葛森就代表着想像某种实验场景的努力，在这种场景里，我们在世界的存在被极端简化，其中我们在感觉上与周围多重的、变化的视界的联系被彻底抽象化，就像要对人类现实的最终性质作出某种新的观察。

在我看来，重要的是坚持叙事的这种认知作用和实验功能，以便把它与其他更可怕的表征分开，因为这种表征把意识与外部世界隔绝开来（例如，在菲立普·狄克的小说《尤比克》中死者的"半死半活"的情况）。作为一种形式，科幻小说最有意义的潜能之一，就是以我们经验的世界为基础提供某种类似实验的变化的能力；而勒奎恩自己说她虚构的葛森人的性活动，恰恰沿用了伟大的物理家的"思想实验"的方法："爱因斯坦把一条光的射线射过运动的电梯；斯克洛丁格把一只猫放进盒子。没有电梯，没有猫，也没有盒子。但实验仍被进行，于是在思想里提出了问题。”[4]只有一个人会想到“高雅文学”也曾肯定过这种目的。很久以前，左拉关于遗传的概念，以及他对克劳德·伯纳德解释的实验研究的天真的迷恋，其情况可能就是如此。在现代主义出现的前夕，那种实验小说的自然主义的概念，等于是再次肯定了文学的认知功能。他的断言似乎再不可能被人相信，这一事实表明，我们自己的特殊的环境——晚期垄断资本和消费社会的整个体制——令人觉得规模如此巨大，无处不在，它的物化现象压倒一切，难以抵制；严肃的艺术家再不能自由地对它修补或提出实验性的改革。[5]作为一种文学形式，科幻小说的历史机遇与所谓的高雅文学的这种瘫痪密切相关。一般认为科幻小说的“非严肃的”或通俗的特征，恰恰是它放松那种专制的“现实原则”的能力的固有特点，而对高雅艺术来说，那种原则却是致其残缺的一种审查。科幻小说还使“副文学的”形式可以继承文学的使命，为我们提供可以选择的不同的世界，而在其他地方这个世界甚至可能抵制任何想像的变化。（这种把文学最重要的传统功能转换到科幻小说方面的变化，似乎得到了当前“艺术文学”日益努力的确认——例如托马斯·品钦——以便把那些形式的能力重新纳入到文学的小说之中。）

这种叙事的主要技巧——通过科幻小说我们周围的经验和历史世界的系统变化的技巧——最方便的是编到**类推**和**推断**这对孪生的标题之下。[6]但是，我们建议的那种对勒奎恩的实验生态学的阅读表明，还有第三种颇为不同的变化的技巧，而它正是有待这一分析加以说明的问题。当然，人们可以把葛森的环境看作是对我们地球四季之一的推测，这种推测根据它自己的内在逻辑展开，并推向它的极端的结论——例如，当波尔和考恩布勒斯在

《空间商人》里把他们的想像投射到外星球时，那里的商业趋势在20世纪50年代新出现的消费社会里已经可以看到；又如布鲁纳，当他在《仰望的绵羊》里描写灾变性的环境污染加速时，我们地球上的污染正在扩展。然而我觉得这些对勒奎恩的实验是最少意义的东西，勒奎恩的基础是一种排斥体制的原则，一种对实际经验现实的外科手术切除，有些像本体论衰减的一个过程，其中实际存在或我们所说的现实的多样性的涌现，通过基本的抽象和简化活动被有意淡化或消除，而这种抽象和简化的结果我们此后将称为世界缩影。一旦我们抓住了这种技巧的本质，它在小说其他主题领域就变得不可回避，例如在葛森上面明显没有其他动物种类的存在。当然，删去整个生物进化的亲缘关系可以通过前提加以说明，即葛森的殖民化以及它的居民的反常性行为乃是原来的海尼文明所作的某种已被忘却的生物实验的结果，但这并不能消除那种缺失带来的不安："冬星上没有任何共同的昆虫。葛森人不会分享他们的土地，就像特兰人对旧社会那样，那些数不清的城市由小小的无性别的工人组成，他们不具备任何本能，只知道屈从于群体，屈从于整体。"（第13节）

但是，在勒奎恩后来的小说《被剥夺的人》里，这种情境被推到了它最终的后果，它提供了一个行星（阿纳里斯）上的景象，在那个星球上，人类生活中没有任何生物学意义上的伴侣。

> 从生物学上说，这是一种奇怪的情境。我们阿纳里斯人被非自然地隔离开来。在旧的世界上，有十八类地面动物；像昆虫一样，有纲有目，有数不清的品种，有些品种有几百万之众。想想看：到处可以看见动物、其他生命与你共享大地和空气。你会觉得更像是一个**部分**。（第6节）

于是就有了谢维克的惊恐。当他到达尤拉斯时，他被一个面孔仔细观察，这面孔“不像人的面孔……像他的胳膊那么长，死人一样苍白。呼吸时从那个一定是鼻孔的地方喷出雾气，非常可怕，然而又肯定无疑，而且只有一个眼睛”（第1章）。然而，在《被剥夺的人》里的阿纳里斯上，没有像毛驴那样的大动物，这也使谢维克惊讶。这种缺失是一个更肯定的删除的否定的对应面，也就是达尔文的生命循环本身及其弱肉强食的对应面：它所表示的意思是，人类已经超越历史决定论，自己单独相处，自己创造自己的命运。因此，在《被剥夺的人》里，世界缩影的原则变成了一种有意识地阐述乌托邦的工具。但在葛森上面，它的结果仍然更具悲剧性，海尼人的实验导致了试管主体的无意的进化，而不是某种伟大的、自觉的、社会进化的实验，以及集体的自我决定。

> 你们的种族在自己的世界上令人可怕地孤独。没有其他任何哺乳动物。没有其他任何两性的物种。没有任何动物有足够的智慧，甚至不能像宠物那样驯养。这必然改变你的思想，这种独特性……它是如此团结一致，处于一个如此充满敌意的世界：它一定会影响你的整个世界观。（第16节）

然而，这种细节更深刻的含义，以及在它们当中发生作用的构成原则的含义，只有在我们仔细考察小说的其他主题领域的类似模式之后，才会变得清晰起来，例如葛森人宗教信仰的主题。在保持作品的对立构成当中，与两个主要的民族群体——卡海德和奥戈瑞——相对应的是两个恰相对立的宗教派别：麦什的奥格塔有些像是原初卡海德的汉达拉教派的异端或分支，与基督教源出犹太教的情况颇为相似；麦什的知识教派反映出一种神秘的经验，它产生于这种经验，而在这种经验中，一切时间和历史都变成了盲目的共存。不过，对知识的强调暗示着一种实证主义偏见，人们会认为，这种偏见正好适合奥戈瑞的商业社会，就像新教适合西欧新兴的资本主义那样。不过，正是另一种宗教，即卡海德教派，才直接关系到我们当前的论点：汉达拉与后来的派别相对，完全是一种神秘的黑暗，不相信知识，与对葛森气候的极端简化相同。它的精神实践的目的是使思想脱离其非实质的东西，把它归纳为典型的简化了的功能。

> 汉达拉的神的戒律……是一种出神入定——汉达拉人尽管否认，却把它称作一种非出神入定——它包含着通过极端的肉体感觉的接受和意识而引起的自我消失(自我膨胀?)。虽然这种方法与大部分神秘主义的方法完全对立，但却可能是一种神秘的方法，倾向于那种内在性的经验。(第5节)

因此，有关预言的仪式习惯的根本目的——在小说最突出的一章里被戏剧化了——就是通过回答不可能回答的关于未来的问题，“表明对错误的问题即使知道答案也毫无意义”(第5章)，最终，实际上提出问题的整个活动也就毫无意义。关于这些错误的或无法回答的问题的真正意义，我们将在后面再谈；但这种对天真的神秘限定无疑与活跃的商业好奇心明显不同，由于商业好奇心，昂弗伊到达奥戈瑞时才高兴地惊讶不已。(参见第10节)

现在，我们应该检验一下关于《被剥夺的人》的基本构成原则的前提，而背景是那种两性人的画面——实际上，是一种两性社会——它是那种人的最突出的、最原始的特征。这种描绘用显而易见的陌生化对一般的感官的读者（lecter moyen sensual）进行挑战，男性科幻小说中的性放纵和反文化传统也使用陌生化方法（defamiliarization），如在法默（Farmer）或者斯特金（Sturgeon）的作品中，但是，这两种写作的陌生化方法并非完全一致。坚持勒奎恩小说的女性主义，坚持她的小说中的性角色本身的非神秘化（demystification），比对各种各样的性行为采取更加宽容的立场更适合（像勒奎恩本人在后来的一篇文章中坚持的那样）。关于葛森星人的性别的出发点在于，跟我们的社会不同，性别角色不再给一切都打上烙印，而是被仅仅包含、缓和以及减少到每月的短短几天当中，在这几天里，像我们的动物种群一样，葛森星人处在“酷暑”或者“发情期”（kemmer）中。于是艾库曼人派出的第一个调查员强调了葛森星对于“按照一般的”性别划分的人类的“陌生化效果”（estrangementeffect）。

> 如果选派人去冬星的话，第一个被选中的人（the First Mobile［活动的个体］——译者），必须得到如下警告：除非他是极有自信或者是上了年纪，否则他的自尊心肯定会受到伤害。男人都希望刚强有力能得到承认，女人也希望她的娇柔能被欣赏，无论这种承认和欣赏有多么间接和隐晦。在寒冬星上却不存在这种承认和欣赏。一个人受到尊重、受到评判仅仅是因为他是一个人。这种经历真可怕。（第 7 节）

作者在一篇文章中坦率地承认，把这些表现出来很困难（例如，英语的代词指代性别不可避免）。还有，令读者读不懂并非全是她的错，而且学生们总是要把葛森星人说成“无性”的，这种根深蒂固的倾向也在某种程度上说明他们的想像力受到有关性别的刻板观念的限制。的确，葛森星上的生态环境远远没有达到取消性别的一步，只有消除性别压迫（repression）的效果。

> 葛森星人的性冲动受到本性的严格规定和限制，实际上受社会的影响不大：对性的编码、引导和压抑比在我所知道的任何一个双性社会中都少。禁欲完全出于自愿；沉湎于性也完全可以接受。性恐惧和性沮丧都极其罕见。（第 13 节）

事实上，作者用心良苦，她不仅仅指出这些人不是太监，而且在一个特别恐惧的场景中，就是描写配有反发情药品（anti-kemmer）的劳役农场的那一幕——通过对照太监们在这个社会中将如何生活，来表明他们不是太监（第 13 节）。

诚然，公共发情所（public kemmer-houses）的场景（还有《被剥夺的人》中乌托邦的性执照）应该赢得最坚定的傅立叶空想社会主义者或者性解放主义者的欢呼。[7]如果不能，那是因为有另外一种迥异的意义，按照这种意义，我的学生们作出那种反应并无不当之处。同时，从这种意义上来说，我们再次碰到了我们称为世界缩影的现象。因为如果说勒奎恩的葛森星没有排除性别的话，也许就暗示着它排除了跟性别有关的重重困难。基本来说，葛森星人的生理机制解决了性别难题，毫无疑问这一点我们这种人中没有哪一位能够做到（主要原因在于人的欲望本质上是非生物性，而不是“自然的”或者本能的动物需要）。欲望之所以永远都是丑恶的，原因恰恰在于没有任何可以解决欲望问题的“办法”——性乱、性压抑或者二者兼而有之，但都同样让人不可忍受。只有虚构出葛森星上的这种人，并且把他们的欲望局限在每个月的几天之中，才有可能解决这个难题。这种虚构暗示：

性欲能够从人的其他活动中完全去掉，使我们能够看到那些活动的本来的、没有掺任何杂质的原貌。于是，在建构这种欲望的具体投射即葛森星人的双性同体过程中，我们再次找到了一种起作用的过程，这种过程在结构上类似于我们前面描述过的世界缩影或者本体论的减弱的作用：通过对真实世界进行删减、通过极端抑制人的难免带有强大的幻想投入的性活动，尝试着制造某种想像的情境。那种难以想像的摆脱性的自由的梦想，实际上是一种非常古老的人类的幻想，而且非常有力，几乎与性欲满足的愿望同样有力。对于《黑暗的左手》所包含的更普遍的象征意义，只有抓住它与小说其他重要主题之间的关系才能发现，而这个主题就是葛森星人各种社会制度的本质，尤其是它们各自发动战争的能力。

乍一看似乎这里的平行关系（parallelism）很明显，而且，在这种特定的层面上，我们一直称为世界缩影的东西只能是机构战争本身，而它在卡海德国的封建系统中尚未形成。毫无疑问，勒奎恩的作品整体上来讲具有强烈的和平主义色彩，而她的中篇小说《世界的名字是森林》（“*The Word for World is Forest*”）[连同奥尔迪斯（Aldiss）的《黑暗的光年》（*Dark Light-Years*）]是一部重要的谴责美国在越南实行种族灭绝大屠杀的科幻小说作品。然而它仍然是从种族方面而不是从社会经济上描写帝国主义，而且这篇小说最后的一句话把暴力的罪恶甚至延伸到国家解放战争中，在这次战争中暴力刚刚取得胜利：“也许在我死后，人们会像在我出生之前、在你来到之前那样生活。但是我觉得不会这样。”（第 8 节）然而要是没有正义的暴力的话，那么地球上漫长的下午和黄昏结果就真的会成为科幻小说作家期待之中的沉重的反乌托邦。

在勒奎恩小说中，这种适当的自由主义的而非激进的立场，通过她对淡泊无为的主人公的偏好，以及她对反政治、反行动主义态度的限定，似乎得到了强调；不论是在卡海德国的宗教或“克里奇人”（creechies）的和平传统里，还是在谢维克自己的反思性的性格当中，无不如此。但是，使她的立场更加暧昧、更加有趣的是，勒奎恩的作品拒绝的是暴力的制度化而不是暴力本身：在《被剥夺的人》中，没有什么比谢维克被一个人打昏的那一幕更令人震惊，那个人被他们名字的相似之处惹恼了。

> “你是靠上学保持双手干净的小投机分子中的一员”，那个人说，“我一直都想要把你们中间的某个人打得屁滚尿流。”“别叫我投机分子！”谢维克说。但是这并不仅仅是一场舌战。谢维克踢了那人两脚。他被回敬了几脚，出乎那人意料的是，他胳膊很长，很有力，但是他还是没打赢。有几个人停下来观阵，看见打得不相上下，但却没有什么意思，就又都走了。单单暴力既不会惹恼他们，也不能吸引他们。他醒来时发现自己仰面躺在两个帐篷之间漆黑的地上。（第 2 节）

换句话说，在乌托邦之中，人类不是摆脱了暴力，而是逃脱了历史本身的多种决定论（经济的、政治的、社会的）：在乌托邦之中人类与古老的集体宿命论划清了界限，目的恰恰是想要随心所欲地处理各种人际关系——无论是为了暴力、爱情、怨恨、性还是别的。所有这些都是原始的、有力的（all of that is raw and strong），跟《被剥夺的人》中所提供的对经济和社会机构的任何解释比起来都更进一步地证实了勒奎恩的幻景——是对基本原则的回归而不是对现实的粉饰。

在勒奎恩作品中看起来像传统的自由主义的东西（当然从意

识形态上讲，它在多大程度上还能继续“看起来像”自由主义还不明朗），实际上本身是使用杰弗逊和梭罗的传统来与当今在美国占主导地位的意识形态——帝国主义化的自由主义——的各种重要的政治特征抗衡，一如她在最近的小说《天堂的车床》（*The Lathe of Heaven*）中坦率地指出的那样。显然，奥尔（Orr）的性格是道教般的被动顺从，而哈伯则痴迷于各种明显具有改良性、改革性的工程，毫无疑问，两种性格形成鲜明的对照意义就在于此。

> 明确地说，权力意志的特点在于增长。达到目标方能罢休。为了存在，权力意志在每一次得到满足后都必然会增加。得到的权力越大，就越想得到更多的权力。哈伯通过奥尔的梦行使的权力似乎永无止境，因此他改善世界的决心也没有尽头。（第 9 节）

因此，《黑暗的左手》的和平主义倾向，是对当今美国自由主义以发展为导向的权力驱动的普遍否定的组成部分，甚至它所暗示的那种在机构化的战争、集权化和心理侵略之间的关联，也使我们觉得像是某种典型的自由主义的偏见。

但是，我认为在这种正式（official）的战争的主题下，整部小说中零散地分布着的一些细节使人想到存在着对历史进行重新构想的某种更加根本的尝试。对于下面这些描述，哪个读者会不受到震撼呢？也许连为什么被打动都还不知道，如对奠基开幕仪式的描述：“下面的石匠们启动了一个电绞车，随着国王上到更高的地方，吊索捆着拱顶石越过他的头顶继续升高，几乎在无声无息之中，达吨重的巨型拱顶石被抬高然后放下来，安放在两个桥墩间，把它们联结起来成为一个拱桥。”（第 1 节）或者是描述第一个春天的商队开赴北方要塞的情景："二十辆满载货物的货车安静地行驶，都装有履带，看上去像船一样，一辆接一辆地沿着尔恒壤城（Erhenrang）深处的大街穿过早晨的浓荫向南行驶。"（第5节）当然，如果它指定的不是诸如此类的细节的话，在科幻小说中推断（extrapolation）的概念就没有任何意义，在细节中，经验（empirical）的真实世界中的各种不同的或者矛盾的因素并置在一起，重新合并成为有趣的蒙太奇。显然，这里的前提是封建文化或者中世纪文化，却拥有电和机器技术；但是，机器所起的作用跟在我们这个世界里不同："卡海德国的机械工业发明的时代至少已经有三千年的历史，而在这三千年中它们造出了使用蒸汽、电力和其他基本原理的非常完善的、经济的中央取暖设备，但是他们却不在自己的房屋里安装。"（第3节）在我看来，造成这一切比通常的推测设想更加复杂的东西，乃是它所包含的巨大的时间跨度，以及卡海德国伟大的古代的科学技术，但它不是要强调把我们自己实际经历的地球历史的不同历史阶段结合起来时发生什么，而是特别强调没有发生什么。事实上，那也是卡海德这个实例最有意义的地方，就是说，什么都没有发生，古老的社会秩序保持着原状，电力引进失败了——对我们来说难以理解，令人吃惊——未能给一个基本上是静止的、非历史的社会的稳定性造成任何冲击。

科技对所谓的西方（即西欧和北美各资本主义国家）的发展起什么作用？现在显然有对这个问题进行讨论的空间。对于马克思主义者来说，科学的发展既是技术需要的结果，又是新兴的市场体系中固有的量化思维模式的结果；然而一种反马克思主义的史学则强调在如今被策略性地认为是工业革命（而不是资本主义）的过程中技术和发明所起的重要作用。要不是技术和资本主义在我们自己的历史上如此互相交织密不可分的话，这种分歧无论如何都是难以置信的。勒奎恩在她对卡海德国的投射（projection）中所作的是把二者有些霸道地、戏剧性地分开。

> 在那四百年里电动机造出来了，收音机、绝缘电线束、电力机车和农用机械以及其他的一切都开始投入使用，一个机器时代渐渐形成，没有任何工业革命，根本就没有任何革命。（第 2 节）

卡海德国是设想存在着一种类似西方却对资本主义闻所未闻的社会的一种尝试，除此之外，对此我们还能作出什么解释呢？社会秩序基本上是封建秩序，其中却存在着现代技术，这标志着想像的作用，也是衡量其成功的标准：在所有那些身穿皮毛和封建统治轮换的条件下，奇迹般地存在着这种具有象征意义的安静、祥和地发出嗡嗡声的技术，证明我们在卡海德面对的不是又一种描写封建制度的科幻小说，确切地说，它是对我们自己世界的一种选择性的替代，在这个世界里——不知道是什么奇怪的命运所致——资本主义根本就不曾发生。

得出下面这个结论越来越不可避免：这种重新设想一种没有资本主义的西方历史的尝试，从结构上和在其普遍精神上与我们在前面描述过的设想没有欲望的人类生态是一致的，因为基本上来说它是市场体系的内在动力，这种市场体系把我们过去常常称为进步的发热和躁动带到前资本主义社会的编年史的、季节性的、循环的节奏之中。性别作为存在难题，叫人无法忍受，几乎没有任何理由；资本主义是变化和毫无意义的进化过程之病；二者潜在的一致性于是就被这个方法——世界缩影的方法——本身有力地强调，而这个方法的使命就是把性和资本主义这两个现象都用乌托邦的方法排除掉。

当然，卡海德国不是一个乌托邦，而在那个意义上，《黑暗的左手》也不是一部真正的乌托邦作品。的确，现在很清楚，这部小说起的作用有些像各种方法的实验场，在《被剥夺的人》中这些方法才被有意识地使用在乌托邦的建构上。在后面这部小说中世界缩影的方法开始演化成关于乌托邦和匮乏密不可分的社会政治假设。于是，奥登人对贫瘠的安拉瑞斯的殖民化使我们能够把这种方法最彻底地应用于文学，同时它对当今把美国的富足和消费者的商品变成"伟大社会"的终极蓝图的巨大的财富（parlay…into…）的种种企图构成有力的、及时的谴责。[8]

我并不是想说，历史上所有的乌托邦均围绕我们称为世界缩影的想像活动来建构。似乎的确有可能是晚期资本主义巨大的商品环境唤起了这种特殊的文学和想像的策略，于是这种策略也近似于一种政治立场。因此在威廉·莫里斯（William Morris）的《乌有乡的消息》（*News from Nowhere*）中，主人公——一位生活在19世纪的对未来进行探访的人——吃惊地看到在阴暗的工业城市早已褪色的铭文下，自然的轮廓重新出现，关于河流本身的古老的名字本是无聊的俚语，却唤起人们对草地风景的回忆，斜坡和溪流很久以来就埋在经济公寓建筑的人行道底下，被改成排水沟，如今在光天化日之下重新出现。

> 伦敦，我曾经把它当作现代文明的巴比伦城的这个城市，似乎已经消失……那些巨大的漆黑的地方，据我们所知一度是制造中心，它们已经消失，就像伦敦的砖和砂浆的沙漠一样，只是因为它们曾经是"制造"中心而不是任何别的中心，满足的只是赌博市场的目的而不是别的目的，它们所留下来的存在过的遗迹比伦敦城留下的还要少……相反，在小一些的城镇里却很少清理，

> 虽然重建很多。的确，它们的郊区（要是它们有过郊区的话）已经融入了广阔的乡村之中，空地和自由活动的空间在它们的中心出现，但是还有些城镇里有街道、广场和市场，于是正是凭借这些小一些的城镇我们能对旧世界里的城镇是什么样子能有所了解，——我的意思是说，它们最兴盛的时候是什么样子。[9]

于是，莫里斯的乌托邦正是具有审美的和性欲倾向的社会蓝图而不是贝拉米（Bellamy）的《回顾》[10]中的具有技术和工程倾向的社会蓝图的原型——因此这种蓝图沿袭的是傅立叶而不是圣西门的传统，对于新左派而不是苏维埃中心主义的价值观更具有预言性，在此蓝图之中，我们看到铲除资本主义巨大的浪费的同样的过程，也看到从拥挤不堪的城市系统地清除大量的建筑物给手工艺人带来的满足。这种想像的投射是否暗示着并且支持军事政治的立场呢？当然在莫里斯的书中的确如此，但是我们时代的问题总的来说是生态政治的好战性（the militancy of ecological politics）。我倾向于认为这些“乌有乡”所提供的只不过是一个喘息的空间，只是从无所不在的晚期资本主义中得到暂时的解脱。“乌有乡”恬静（却是挽歌式的）温馨，色调柔和，使人从更加肮脏的维多利亚时代现实中徒劳无益地抽身，这一点似乎由莫里斯的《乌有乡的消息》的副标题“休息的纪元”（*An Epoch of Rest*）十分恰当地刻画了出来。似乎——甚至是在想像之中，在做了巨大的努力把自己从无孔不入的消费资本主义对我们自身的头脑、价值观念和习惯的感染中解放出来之后——当灵魂突然而且出乎意料地进入一个极其另类的叙述空间（radically other）时，没有受到所有那些旧的生命和旧的偏见的特点的污染，灵魂只能躺在那里，在全新的静寂中喘息，太虚弱，太新，在重建的世界中除了无力地看上一眼之外什么都不能做。

《黑暗的左手》的某种吸引力——以及它最终的模糊信息——毫无疑问来自其中隐含的动机，它追求那种乌托邦的“安宁”，那种不受性别或历史折磨也不受文化过剩或与人生无关的客体世界折磨的某种最终“无地位区分”的集体性。然而，在我们得出结论之前，我们必须注意小说在这方面也包含着它自己的批判。

这确实是对小说严密性的一种贡献，小说非常严密地想像出它的框架，在这个框架里，历史并没有被马上排除，而是被非常重要地重新做了安排；作为一种没有发展的社会秩序而出现的卡海德，随着叙事本身的开始而开始发展。在我看来，这似乎就是前面所提到的正确和错误问题的母题的最终意义，接下来继续讨论这个母题：“要了解哪些问题不可能回答，而且不去回答，在紧张和忧郁的时候最需要这种技巧。”并非偶然，这个箴言起因于另一个要实际得多的关于政治和历史问题的讨论。

> 要明白这一点，如果你背对米施诺瑞城(Mishnory)往外走去，你还是行走在米施诺瑞城的路上……你必须到别的地方去；你一定要有另外一个目标；于是你就走上不同的路。叶盖（Yegey）今天在在第三十三厅说：“我坚定不移地反对禁止出口谷物到卡海德，也反对导致禁运的竞争精神。”十分正确，但是他不会从米施诺瑞城的路上下来向那个方向去。他必须提出另外一种解决办法。奥戈瑞人和卡海德人都必须停下来，不再走他们正在走的通往不同方向的路；他们必须到别的地方去，要打破这个循环。(第 11 节)

但是，当然，解决这种两难处境的真正的方法，惟一可以想像得出的从封建主义和资本主义之间选择的恶性循环中脱身的方法跟作者和她的主人公们所提出的自由的“解决办法”——作为一种巨大的联合国的艾库曼联盟——很不相同。有人不禁要问，汉达拉教不问问题的策略（用马克思的话说，“人类常常只注意自己能够解决的问题”[11]）是否并不能保护乌托邦想像自身，使它不至于注定要回归到那些它本应该提供解救的历史矛盾之中。果真如此的话，勒奎恩的《黑暗的左手》这部小说最深刻的主题就不会是这种乌托邦，而是我们自己不具备首先就想到乌托邦的能力。这样，它也会成为《被剥夺的人》的实验场。

【注释】

［1］See Jameson，“Generic Discontinuities in SF：Brian Aldiss' *Starship*，” SFS 1（1973），pp. 57-68.

［2］在伊恩·沃森的重要论文《勒奎恩的〈天堂的车床〉和迪克的角色》中我找到了从这个名单中把交流—头脑—语言和预言的主题去掉的证明，参见 SFS 2（1975），67～75 页。

［3］熵当然是 19 世纪晚期资本主义的一个典型神话（例如，亨利·亚当斯，韦尔斯，左拉）。这种解释的更多证据见我的论文“In Retrospect”，SFS 1（1974）：272～276 页。

［4］Ursula K. Le Guin，“Is Gender Necessary?” in *Aurora*：*Beyond Equality*，ed. Susan J. Anderson and Vonda McIntyre（in press at Fawcett）.

［5］在《马克思主义与形式》（Princeton，1971），248～252 页中，我讨论了历史小说的类比还原的可能性问题。

［6］See Darko Suvin，“On the Poetics of the Science Fiction Genre，” *College English* 34（1972），pp. 372 - 382，and “Science Fiction and the Genological jungle，” *Genre* 6（1973），pp. 251-273.

［7］见注释［4］。有一些问题勒奎恩并没有注意到——例如，发情期

的协调和情人伙伴的性别角色的连续性问题—被逻辑性极强的斯坦尼斯瓦夫·莱姆在《失去的机会》中指出，参见《科幻小说评论》，第 24 期，22～24 页。

［8］跟《被剥夺的人》一样——这无疑是斯金纳的《瓦尔登湖第二》以来最重要的乌托邦——似乎肯定能够在政治反思中起重要的作用，把安纳瑞斯当成一个“无政府主义的”乌托邦来质疑也是很重要的。于是她无疑想要把它的去中心的机构与传统的苏维埃模式区分开来，而不考虑马克思主义的“国家消亡”的重要性——这个政治目标最近得到中国的文化大革命和实验性的农村公社以及别的地方的各种工人自助合作发扬光大。

［9］William Morris，News From Nowhere（London，1903），pp. 91，95，96.

［10］19 世纪美国小说家爱德华·贝拉米（Edward Bellamy）的长篇乌托邦小说《回顾：2000—1887》（*Looking Backward*，2000—1887），以虚构的笔法描写 2000 年资本主义制度在美国消亡，社会主义社会制度取而代之。——译注

［11］Karl Marx and F. Engels，*Basic Writings on Politics and Philosophy*，ed. Lewis S. Feuer（Garden City，N. Y.，1959），p. 44.

（陈　煜　译）

科幻小说理论的语境转移

卢克·德·沃编：《就在另一天：缝合的未来论文集》，安特卫普，莱斯屯特，1985

乔治·E·斯勒塞、艾里克·S·拉布金编：《硬科学幻想小说》，卡本代尔与爱德华兹维尔，伊利诺伊，南伊利诺伊大学出版社，1986

沃尔夫冈·卡萨克编：《东欧的科幻小说》，柏林，柏林出版社，1984

我对前两本书的评论的虚构准则是它们让我们对欧洲和美国的科幻小说评论的状况进行比较。德·沃的这个集子尤其包括了来自比利时，而且还包括来自英国、法国、德国、瑞典和其他国家的学者用英文、法文、德文以及弗莱芒文写的文章。第二本书收集了1983年4月在加利福尼亚大学利弗塞德分校召开的“第五届伊顿幻想与科幻小说大会”上发表的论文。因此，我们还必须注意到一本包含各种各样广泛话题的书和一个专注于单一主题的研讨会之间的根本区别。但是，欧洲科幻小说批评和美洲科幻小说批评之间的传统差别仍然存在：在没有低级黄色传统情况下写作的欧洲人觉得没有必要为批评活动辩护，他们根据学术上公认的不同范畴——科幻小说的符号学，体裁的“史前史”（文艺复兴文本，俄语、西班牙语的乌托邦和科幻小说文本）等处理不同的文本。他们也关注瑞典的科幻小说和英国的乌托邦传统，关注格兰维尔作品中的“末人”主题，关注一系列兴趣不同的作品，包括：倡导“农民”生产方式的伟大的苏联理论家查亚诺夫所写的非常有趣的农民乌托邦；卡萨克在1947年所写的哲学的反面乌托邦著作《大河后面的城市》；海塞的《玻璃球游戏》。德·沃的这本书还包括为马丁逊的《阿尼亚拉》写的相当单薄的导言，以及关于戴维·林赛（David Lindsay）和多丽丝·莱辛，关于迪克（Dick）、卡尔维诺（Calvino）和莱姆（Lem）等人的一大批文章。在这些较新的文章中，尤其是在约拿旦·本尼生写的关于巴拉德的一篇鲁莽文章中，人们开始捡起了后结构主义的回声；除此之外，它们超出了纯粹的批评——评价范围而进入到彻底的意识形态分析，正如一篇关于 E. E. 史密斯（E. E. Smith）身上的认知——法西斯思想的振聋发聩的文章中的情况那样。但是除了迪克（欧洲人把他奉为圣徒，他看起来像博尔赫斯和威廉·布莱克一样有“文学”素养）以及对美国和英国科幻小说作家的几次插入的访谈（放在这里似乎很不是地方）之外，低级黄色书刊的事实，科幻小说源于娱乐和大众文化的“原罪”，并未在这里露面，因此在美国科幻小说评论中，尤其是在对娱乐和商业媒体（或倒过来，科幻小说在学术上摇身一变，成了“伟大的文学作品”）这些“严肃产业”的好莱坞式的肯定中经常出现的防御性也未露面。这些特性，我要赶紧说，只残留在斯勒塞-拉布金的集子里，尽管我一会儿要谈到这一点，但这本著作对“硬科学”的关注，在我看来，似乎仍然受到了科幻小说是否有理由作为一种潜在焦虑形式这一问题的困扰。

比利时的这本集子激发了各种不同的复杂情感：我希望一些被谈论到的瑞典作家和俄罗斯作者的作品能译成英文；我欣慰地发现莱辛的小说以它应有的严肃性被人们讨论着，即使这些讨论并没有唤起人们立刻重新开始讨论冗长的“老人星”系列的渴望。但是我可以不谈海塞，或仅仅提及赫胥黎和奥威尔，考虑到除此之外都是不大熟悉的英国资料。一次装装门面的女性主义研究（有关露斯［Russ］和提普翠［Tiptree］）是远远不够的。尽管我很高兴地发现人们对林赛给予很大的关注（比如，关于《大角之旅》中音乐意义的有趣资料），但是在这里，越熟练地把这本书中的讽喻意义梳理出来，人的失望感也就越强烈——甚至最后只有了失望。（我恐怕在读有关迪克的文章时会有同样的反应；德·居伊珀关于整个作品的小文章倒是某种意义上的一部杰作。）

除此之外，我的感受是这些文章描述了一种轨迹，这种轨迹从我过于匆忙地称作“结构主义”关怀或“符号学”关怀转向后结构主义关怀，在我看来本身是非常有意义的。“符号学”的文章有预见性地做了一般性的努力，来为科幻小说下定义，或者描述其特点。这些——连同两个明显的例外（以及本·耶呼达［Ben-Yehuda］关于神秘学的非凡文稿）——在某种程度上令我感到很厌倦，这使我思考是否值得将这种探询继续进行下去（除非它被某种真正的需要或危机唤起，见下文）。其中的一个例外是苏文（Suvin）的一篇关于隐喻的重要文章，这篇文章将他的“认知陌生化”理论扩展到叙事与转义词语微观系统之间的联系（这篇文章将重新登载在他即将出版的选集《科幻小说中的立场与预设》中）。另一个例外是编辑的自己的文稿，他没有为玛丽·雪莱（Mary Shelley）的《富兰肯斯坦》这一类作品争取典范的地位，而是为她的《末人》这类作品力争典范地位。德·沃的观点或许不太清晰明了，但却无疑表明了一种好奇，它使我从关于这类作品的较为静止的符号学理论转向我所说的一种科幻小说文本的更加后结构主义的框架，这种框架，无论有什么样的理论来源——精神分析、解构、权力、精神分裂分析和假象——都倾向于按我们的瞬间在我们“系统”中的历史原创性将这些理论呈现出来。这种视角显然包含了一种转向，即从所有的科幻小说类文本一般所具有的共性转向对某些更加突出的文本结构关于当代事态，尤其是关于我们自己的形象世界与假象世界所展示给我们的东西的关注。我曾把本尼生写的有关巴拉德的文章作为这方面一个特别强化集中的活动提及过，这篇文章运用了大量的理论来源（波德利亚尔是中心来源），在我看来，这些理论对巴拉德而言，比对那些莱姆或卡尔维诺之类的自我哲学意识很强的作家更合适。（或许我应该用一种不同的方式表达这一点：即本尼生的理论化本身接近一种科幻小说的状态——但是，在这种情况下，它更像莱姆或卡尔维诺那样接近"哲学式的"科幻小说，而巴拉德则不同。）这些理论谵妄没有一个能在那本较为清醒的美国文集中找到与之特别等值的东西。

正如我所说的那样，这种后结构主义包括一种探讨历史的方法，一种探讨我们的历史的方法，一种意识，意识到当代科幻小说文本和当代理论是在提供一种接近我们当前独特而又独特的可供选择的宇宙的特有方式。但我现在还必须说明的是，这本美国文集比这更加真实得多，它以一种更明显的方式根植在当前历史中（或许是一种不同的当前历史），尤其是因为作者是当前的，读者很快认识到科学的地位这一问题是一个实际的问题，它将对未来写作的各种书产生影响。这并不是说主题要特别时髦（尽管本福特［Benford］的出现和他的作品——在这段时间以来成为典范——连同越来越多的其他书籍一起，逐渐使读者最终相信"硬"科学幻想小说当前正在开始复兴）。但或许正是由于这个原因，它为新的问题的出现提供了一个崭新、有趣的视点（新的问题通常是理论讨论的最有趣的结果）。如果仅仅是因为新的"硬"科学幻想小说（又是本福特）同黄金时代的小说类别很少有相似之处，而新的"软"科学幻想小说同那个时期的等值作品（布雷德伯里的作品？凡·高的作品？）的相似之处更少的话，那么人们立刻想要说明的是，它不是旧有的争论的一种再现。然而，奇怪的是，尽管在这些讨论中出现一些新的区别（布林［Brin］提醒我们在“科学的”科幻小说和“实践的”科幻小说之间存在着一个明显的区别），但令人惊讶的是，在其他领域对科学的讨论中（在科学的历史中，在马克思主义中，在科学模式同哲学或历史学的关系问题中），对看似重要的生活事实却很少承认，即：对今天的科学本身的特点和运行中的“伟大的转换”的概念的承认。实际上，这一观点以两种形式出现：一种是今天人们追求的科学在本质和运行方面同实证主义鼎盛时期的科学截然不同，更不用提牛顿或伽利略；另一种是科学一直是以这种方式被人们实践着，但它的这种“无序的”特点到现在为止被一系列科学哲学或伪哲学思想所遮盖（实证主义只是其中最臭名昭著的一个）。如果这些观点中的任何一个是这样的话，那么或许“科学的”科幻小说的演变和转化将和它们一起受到有用的启迪。（当然，斯勒塞-拉布金文集的一些作者确实注意到对科学的当代描述的主要特点，即科学的共性、科学的社会基础这一事实，但显然这一事实本身自 1662 年英国皇家学院建立以来已经大大发生了变化。）

我本人倾向于认为这个专题论文集的重点有些模糊不清。一方面，它本应该吸收进被我早先贬低的一些欧洲的观点——尤其是对“硬”科学幻想小说叙述话语的“符号学”的注意以及对这种话语如何产生效果等情况的注意，这些肯定同幻觉有一定的联系（正如在历史小说或历史电影中那样，我们必然会感到在文本之外存在着尚未被人们认可的“规则”）。但我主要想指出的是，詹姆斯·根（James Gunn）的《硬科学幻想小说的读者》一文的标题所反映的立场有着某种防范性有点太强的东西，文章首先预设了一个由某种别的东西的读者组成的充满敌意的读者群体，然后以一种不得不保留的歉意口吻（不管具体作家写得多么具有挑衅性）从“科学”群体内部来说话。再次为我自己辩护的是，我认为这不是一个准确的模式：我私下里将此比作马克思主义内部针对“正统性”的一些争论，尤其是布莱希特关于“粗俗的思想”的看法，这种看法暗示，即使新马克思主义的最深奥、最难以形容的形式也必须要坚持“庸俗”马克思主义或“正统”马克思主义的坚强核心才能保持马克思主义的本色。在科幻小说中也能找到类似的东西。我想指出的是，即使在“软”科学幻想小说的最忠实的读者——即社会学的科幻小说、“新浪潮”唯美主义、从迪克到现在的“当代作家”作品的读者——内部，也不得不坚持某种最终的“坚强核心”对老式的“科学的”科幻小说的忠诚，其目的是保持科幻小说的特性，而不至于使其消解在文学、幻想或其他的文体中。

我自己对硬科学幻想小说具体乐趣的体验似乎在于对发现、对大演绎（是归纳法还是不明推论式，我不记得）的体验——这种过程绝不像人们想像的那样同侦探小说解决问题的形式有着密切的联系。比如，在布鲁纳（Brunner）的《全蚀》，或莱姆的《伊甸园》、《不可征服》等作品中，都有情节高潮的时刻，在克拉克（Clarke）的《罗摩的聚会》中，有更令人费解的高潮。所有这些，我认为，都包含一种对科学发现的模仿，尽管细心的读者将会在我提到的所有书中都注意到这一点，这是一个发现陌生生活的本质的问题（对物理法规的发现似乎不起作用，至少对我来讲不起作用）——或许那是一种欺骗（一会儿我要重新谈到这一点）。但或许这一类内容解释了为什么我发现工程与科学的区别能引起人们的兴趣，因为前者的“解决办法”同后者的“伟大的推理”在吸引力上是如此不同（如果尼文［Niven］被归在工程范畴中，那么显而易见我也会这样做的，尽管《上帝的小毛病》同我先前提到的"发现小说"也有着一脉同源的关系)。无论怎样说,我惦念这样的讨论,这种讨论既是更加个人式的(因为它必须从我们对各种各样的书的反应开始),又是更加亚里士多德式的(因为它确实非常确切地提出了**种类**这一问题,不管提出得有多么笨拙)。

然而,"种类"或形式的多样性这一概念将会帮助我们摆脱掉时刻给伊顿研讨会构成威胁的二元论——在这不可避免的时刻,人们探寻"硬科学幻想小说"的"反面"(并在不同的地方找到了它)。撰稿者充分意识到他们一直深陷的(或被安排的)这种进退两难的境遇,他们对此抱怨、担心、试图摆脱,但却知道这最终将会使一切退回到另一种关于"两种文化"类型的讨论中——其中最无伤大雅的是"科学"对"人文社会科学"的讨论,最触目惊心的是普尔奈勒(Pournelle)推崇的暴力对勒·奎恩(Le Guin)的人道主义及其全部反城市化、反科学的偏见(但是也让我们用一分钟时间来为她的战斗性和为她继续说她所说的、攻击她所攻击的而喝彩)。本福特的政治排序计划(左翼/右翼,中央集权主义/反中央集权主义)是一种展示所有这一切,并揭示其政治寓意的有趣方式;但他最后阐明的是所有这些二元论(包括软/硬科学幻想小说),基本上讲是意识形态——而且是一种思想上的进退两难——在这样的境遇中,我们应当拒绝为自我定位。对待这种二元论的另一种更加黑格尔式的方法是斯勒塞的方法,他那篇最后的文章令人震惊地采用这种方法,并综合两个彼此对立的角度采取了一种复杂的辩证立场。这有助于对尚未解决的争论作一个最全面的评价,但这也不可避免地指引我们走向一种综合(本福特),而这种综合并不是所有的读者都对它满意或认为它是有决定性的。

我不得不略去许多值得一提的文章(有关城市、计算机、莱姆的信息理论等文章)，但是我却想选出三篇文章，这三篇文章似乎能把我们引向一个完全不同的方向。第一篇文章是阿尔康(Alkon)写的关于17世纪的“大众科学”或“宇宙学”的一篇非常好的“考古学”文章。阿尔康开始提出话语本身这一问题——这一问题指的是一个看似科学的解释却基本上具有叙事的特点，比如像《神圣的地球理论》(1681)的作者伯内特(Burnet)那样。第二篇文章是亨廷顿(Huntington)写的一篇很直白的文章。亨廷顿让“硬”科学幻想小说的整个问题返回到它在科学思想体系中所处的确切位置上去讨论。最后一篇文章是菲尔姆斯(Philmus)对莱姆的“控制论范式”写的一篇专题研究的文章。在我看来，这篇文章似乎把我们引向了菲尔姆斯原本无意提出的问题，这些问题我已经在这里提到过——即有关硬科学幻想小说内容的符号学地位等。那类科幻小说必然包括“所指事物”之类东西的建构，包括读者被要求以某种方式向外投射的外部现实，尽管关键是像莱姆的情况那样，那种“所指事物”是不可判定的，是不可知的。但是，作家仍然必须巧妙地将这一雷同语言结合在一起——这当然造成一种欺骗，不管是审美上的，话语上的，还是思想意识上的。(亨廷顿在谈到“冷漠的等式”的思想见解时，揭示了这一点——宇宙的规律是固定的，人类无法改变它——他写到：“毕竟，‘在宇宙中’有一个人能改变这些事情，那就是作者自己。”)这种“有所指的”建构的美学问题同文学的存在主义的一些问题有关(最明显的是，同萨特的《恶心》的结构有关，它不得不用词语表明词语不起作用)。或许莱姆20世纪60年代末和70年代作品中叙事的消失(像《恶心》的“无情节”一样)是对这种美学困境的一种认可，在这种困境中，人们必须用“感官”建构“所指事物”，用语言建构语言和思维应该无法呈现的某种非语言的“现实”。无论怎样，我所说的困境是一种美学和语言上的困境，同时它也是一种历史的困境；它发生在某种文学类别中的特定时刻，因此应该将我们的注意力既转向历史，又转向作为“话语”的科幻小说（确切地说包括“硬”科学幻想小说）的一般问题上来。我又回到这一问题上来是因为我最终对伊顿研讨会的理论框架不很满意，这个研讨会就科幻小说（硬的和软的）的内部区别而言，呈现了我们当前面临的困境，但是我认为当下最迫切的事情是将科幻小说同那些对它日益产生影响的非科幻小说区分开来：一方面包括幻想作品，另一方面是“畅销书”或450页的“重要小说”开本。当然，科幻小说中的科学这一问题至少在第一个这样的一般区别中具有战略上的重要性：不论是什么样的“幻想作品”，其内部对科学的本质扬弃都要远远大于“软”科学幻想小说。但奇怪的是，这样的话题从未提出来过（女性主义科幻小说和幻想作品的相关话题也未提出过）。至于更可怕的“重要小说”综合症，我都不知道我们已经开始公开对它进行讨论了（这一问题同系列小说的问题不一样），但可以肯定的是，我们许多最好的科幻小说作家正在被这种诱惑毁掉（包括一些“硬”科学幻想小说的作家——这是脱离黄金时代的又一个非常基本的历史变化，因此，我会认为，至少在这里是一个与最低限度相关的问题）。

然而，这本选集是令人振奋的，因为它提出了有关当今科幻小说生产的问题，因此以一个说明来结尾，说明还会有一个第三卷，像比利时出版的那本选集一样，是欧洲的，具有理论和历史的维度，而且也像美国出版的那本选集一样，非常关注当代生产，这不是毫不相干的。当然，我指的是由卡萨克编的那本书，包含了联邦学者对东欧科幻小说作出的研究——不仅仅是指其中历史论文或考古学论文（有关波格丹诺夫、爱伦堡、恰佩克的令人耳目一新的文章），而且甚至指的是那些同当代东方科幻小说世系和早期乌托邦或反面乌托邦在那个（活的）传统中所扮演的角色有关的文章。这本书还包括一篇对艾特玛托夫写于1980年的小说《一天长于一百年》（使用的是印第安纳大学出版社1983年译本的标题）所作的评论文章；一个对阿卡迪·斯特路加茨基所作的不能让人信服但却非常有意思的采访（他告诉我们塔尔科夫斯基的影片《追猎》之所以采用这种宗教的、寓言的形式主要是因为电影制作人拍摄的《路边的野餐》这部电影的第一个更为忠实的版本在技术上被证明是不可应用的）；由罗特斯泰纳（Rottensteiner）写的一篇对波兰科幻小说所作的很有见地的评论；还有一个40页长的，对原苏联、波兰、捷克科幻小说所作的评论文献索引。

卡萨克的这本书并不完全是有关理论的，然而它提出了一个在另两本选集中尚未触及的一个根本性的问题，这个问题在克利斯汀·恩格尔（Christine Engel）的最初的论文中明确提到过。克利斯汀·恩格尔的文章驱除了一个我们经常忽视的种族中心主义的幻觉——实际上，这是一个到目前为止已被我的观点接受的幻觉。她提醒我们在当今的世界不是存在着两种类型的科幻小说（即活跃的、“通俗的”美国大众文化传统和孤立的、“文学性的”欧洲文本）而是三种。第三种文本虽然同美国文本一样是“通俗的”、广为阅读的，但却不是源于商业的低级黄色书刊，而是源于政治教诲或说教艺术的传统（除此之外，或许还源于农民的童话故事）。第三种类型主要包括苏联的科幻小说（科学幻想作品），其中最好的作品绝没有局限于“不同政见”以及对“国家”的带有伪装的批评中。“不像你们”，已经列举的采访中一位科幻小说的主要实践者这样说道，“我们相信共产主义将最终变成现实”。恩格尔在两种传统（苏联传统和美国传统）之间所作的相当初步的比较如同她所提出的“综合”一样是一个有意义的开始：这种综合是将苏联传统中的道德同美国文本中淋漓尽致的叙事性和刺激性结合在一起的一种科幻小说。这种综合产生的治疗意义尤其对那些关心可供选择的世界的读者而言，在于它承认今天在别处存在着一种“可供选择的”科幻小说文化，一种截然不同于我们自己文化的文化。

（林　慧　译）

图书在版编目(CIP)数据

詹姆逊文集. 第2卷，批评理论和叙事阐释/王逢振主编；陈永国等译. —北京：中国人民大学出版社，2015.12
ISBN 978-7-300-16407-6

Ⅰ.①詹… Ⅱ.①王…②陈… Ⅲ.①詹姆逊，F.-文集②文化理论-研究 Ⅳ.①C53

中国版本图书馆CIP数据核字（2015）第301834号

"十二五"国家重点图书出版规划项目
詹姆逊文集　第2卷
王逢振　主编
批评理论和叙事阐释
陈永国　等　译
Piping Lilun he Xushi Chanshi

出版发行	中国人民大学出版社		
社　　址	北京中关村大街31号	邮政编码	100080
电　　话	010－62511242（总编室）		010－62511770（质管部）
	010－82501766（邮购部）		010－62514148（门市部）
	010－62515195（发行公司）		010－62515275（盗版举报）
网　　址	http://www.crup.com.cn		
	http://www.ttrnet.com（人大教研网）		
经　　销	新华书店		
印　　刷	涿州市星河印刷有限公司		
规　　格	150 mm×228 mm　16开本	版　　次	2016年3月第1版
印　　张	27.25 插页4	印　　次	2016年3月第1次印刷
字　　数	325 000	定　　价	1380.00元（全14卷）